유연한
완벽주의자

HOW TO BE ENOUGH
Copyright ⓒ 2025 by Ellen Hendriksen
All rights reserved.

Korean translation copyright ⓒ 2025 by Across Publishing Group, Inc.
Korean translation rights arranged with Aevitas Creative Management, New York through
Danny Hong Agency, Seoul.

이 책의 한국어판 저작권은 대니홍에이전시를 통해 저작권사와 독점계약한
어크로스출판그룹(주)에 있습니다.
저작권법에 의해 한국 내에서 보호를 받는 저작물이므로 무단전재와 복제를 금합니다.

유연한 완벽주의자

내 안의 가혹한 비평가를 버리고
자신에게 너그러워지는 법

엘런 헨드릭슨 지음   문희경 옮김

어크로스

에이드리언과 데이빈에게
사랑을 담아 이 책을 바칩니다.

차례

프롤로그 완벽주의자의 두 가지 길　9

1부
완벽주의가 나를 가둘 때

1장	내 안의 가혹한 비평가	25
2장	완벽주의자의 7가지 특징	48
3장	불안이 시작된 곳을 찾아서	59

2부
유연한 완벽주의자를 만드는 7가지 변화

변화1 비판보다 친절에 익숙해지기

| 4장 | 적당한 자기연민의 힘 | 90 |
| 5장 | 남들은 내 마음과 다를 수밖에 없다 | 127 |

변화 2 일과 성과는 당신이 아니다

6장 나의 이미지보다 중요한 것 — 160

7장 당신은 사실 교감을 원했다 — 176

변화 3 "해야 한다"에서 "하고 싶다"로 이동하기

8장 내면의 규칙서 다시 쓰기 — 200

9장 재미가 자꾸 의무로 바뀐다면 — 227

변화 4 과거와 미래의 실수 놓아주기

10장 인간은 본래 그런 존재이므로 — 244

11장 시험보다는 실험이 즐겁다 — 265

변화 5 미루기보다 시작에 힘을 얻기

12장 문제는 시간 관리가 아니다 — 290

변화 6 비교에 집중하지 않기

13장 비교하는 마음도 통제할 수 있다 — 312

변화 7 감정에는 정답이 없다

14장 내면에서 진정한 나로 살아가기 — 330

15장 겉모습도 진정한 나로 살아가기 — 354

에필로그 충분히 괜찮은 나를 위하여 387

감사의 말 397

주 401

일러두기

* 모든 〈건강보험 이전 및 책임에 관한 법률Health Insurance Portability and Accountability Act, HIPAA〉 ID 및 신원을 드러낼 수 있는 그 밖의 세부 정보는 변경했다. 이는 치료의 비밀 유지 서약을 존중하고, 본인을 비롯해 그 누구도 사례의 주인공을 특정하지 못하게 하면서도 사례의 본질은 전달하기 위해서다. 나아가 더 철저히 신원을 감추기 위해 위해 여러 내담자의 사례를 조합해 가상의 인물을 설정한 사례도 많다. 타이스와 브라츠라브스키, 바우마이스터의 사례는 해당 연구자들의 방법론에서 직접 가져왔지만 1975년의 일기와 '테트리스', 〈피플〉, 아로마테라피 향초의 색상은 저자의 창작이다.

프롤로그
완벽주의자의 두 가지 길

1937년 12월의 그날 저녁, 가장 밝게 빛난 것이 무엇인지 분간하기 어려웠다.[1] 그것은 로스앤젤레스의 캐세이 서클 극장 상공을 어지러이 비추던 서치라이트의 강렬한 빛줄기였을까? 레드카펫에서 뿜어져 나오는 스타들의 아우라였을까? 턱시도와 보석으로 치장한 클라크 게이블, 마를렌 디트리히, 캐리 그랜트, 셜리 템플 같은 스타들이 극장으로 들어가는 사이, 수많은 팬이 거리로 쏟아져 나와 잠깐이라도 스타들을 보려고 목이 빠지게 기다리고 있었다.[2] 아마도 그중 가장 밝게 빛난 것은 그날 밤 첫 공개를 앞둔 세계 최초의 장편 애니메이션 영화 〈백설공주와 일곱 난쟁이〉의 제작자인 서른여섯 살 월트 디즈니가 품은 희망이었으리라.

그런데 벅찬 기쁨에 들떠 극장에 들어서면서도 디즈니는 깊은 불안에 사로잡혔다. 그날 아침, 그는 찰리 채플린에게서 이런 전보를 받았다. "오늘 밤 우리의 가장 큰 희망이 모두 실현될 것을 확신함."[3] 이후 88분에 걸쳐 희망은 현실이 되었다. 스크린에 캐릭터가 등장하지 않는 배경 장면에서도 관객들은 박수를 멈추지 않았다. 백설공주가 독이 든 사과를 베어 먹고 관 위로 쓰러지는 장면에서는 객석 곳곳에서 코를 훌쩍이며 눈물을 훔쳤다.[4] 지난 몇 달간 디즈니는 과연 애니메이션 캐릭터가 관객의 감정을 이끌어낼지 노심초사했으나, 영화가 끝난 후 모든 관객이 일어나 박수를 보내는 모습에 마음속에 엉킨 매듭이 풀리고 안도감을 느꼈다. 모든 게 괜찮았다. 사람들이 이 영화를 좋아했다. 그는 실패하지 않았다.

이렇게 〈백설공주〉는 역사적 성공을 거두었을지라도 성공에 이르기까지는 고난의 길이었다. 디즈니는 아티스트 600명의 작은 군단을 꾸려 하루 여덟 시간씩 삼교대로 밤낮없이 작업하도록 몰아붙였다.[5] 이들은 스틸 컷 25만 장 이상의 드로잉과 잉크 작업, 채색에 매달렸다. 작업 시간을 모두 더하면 무려 200년에 달했다. 원래 예산은 25만 달러로 책정되었으나, 결국에는 여섯 배 이상 초과했다. 대공황 한복판에서 디즈니 스튜디오는 은행에 100만 달러라는 막대한 빚을 졌다.

그러나 디즈니에게는 시간이 중요하지 않았다. 돈도 목적이 아니었다. 그의 관심사는 오로지 하나, 끈질긴 의지와 노력으로 잡힐 듯 잡히지 않던 '완벽히 맞아떨어지는' 느낌을 마침내 찾았다는 사실이었다. 이 영화가 그의 뼛속까지 '맞아떨어진다'고 느껴지지 않았다면 이 작품뿐 아니라 그 자신도 실패한 셈이었다. 디즈니 자신이 곧 영화였다.

바로 그 느낌을 좇는 여정은 디즈니만이 아니라 주변 사람 모두에게도 격정적이고 고통스러웠다. 모든 셀(애니메이션 제작에 사용하는 투명한 셀룰로이드 시트—옮긴이)을 손수 그릴 순 없으니 디즈니로서는 절대적 통제권도 내려놓아야 했다. 하지만 그는 자신이 직접 고르고 고른 세계적 수준의 스태프들을 온전히 믿지 못했고, 또 애니메이션 작업이 시작되고도 백설공주의 모델을 찾기 위해 젊은 여성 150명 이상을 스크린 테스트하며 지루하고 소모적인 비교에 시간을 쏟았다.[6] 채색 단계에서는 스튜디오에서 직접 갈아 만든 안료를 사용하게 했고, 당시 전 세계에 20대밖에 없던 분광계로 안료마다 정밀하게 측정했다. 이로써 기존 테크니컬러(초기 영화에서 색을 더 선명하게 표현하게 해준 기법—옮긴이) 기술을 한참 뛰어넘는 1200가지 방대한 색상의 도서관이 만들어졌지만 무의미한 작업으로 끝났다. 디즈니는 이에 굴하지 않고 스태프들에게 높이 2미터가 넘는 차트를 제작해 각 안료가 화면에서 어떻게 구현되는지 정확히 시각화하도록 지시했다.

〈백설공주〉 개봉 직전 긴장감이 최고조에 달했을 때도 디즈니는 세세한 부분까지 끝도 없이 간섭했다. 가령 "벌새가 먹이를 먹는 장면을 여섯 번 대신 네 번으로 줄이라"고 지시했다.[7] 난쟁이 하나는 "장면 후반부에 나오는 엉덩이가 너무 높다"고 지적했다. 여왕의 눈썹이 너무 강렬하다고도 콕 집어 말했다. 투덜이의 손가락 하나가 너무 크다고도 했다. 스태프들이 질려하며 알아차린 사실이 있다. 아이러니

프롤로그 11

하게도 디즈니 역시 끊임없는 수정 작업이 영화의 자연스러움을 앗아갈까 봐 매우 걱정했다는 점이다. 디즈니의 사무실에서 멀리 떨어진 스튜디오 현장에서는 총감독이 스토리보드를 내던지며 절규했다. "이 영화를 어떻게든 내보내야 한다고!"⁸

영화가 완성되는 순간에도 디즈니의 눈에는 결점만 보였다. 그는 한 기자에게 털어놓았다. "하도 많이 봤더니 이젠 아쉬운 부분만 눈에 들어옵니다. 이 작업을 시작하고 나서 정말 많은 것을 배웠어요! 처음부터 전부 다시 만들면 좋겠어요."⁹

결국 〈백설공주〉는 엄청난 성공을 거두었고 디즈니가 영화사에서 확고한 입지를 다지게 해주었다. 이 영화는 한동안 미국 영화사상 최고의 수익을 올린 작품이라는 타이틀을 잃지 않았고, 첫 개봉 당시 현재 화폐 가치로 약 9200만 달러를 벌어들였다.¹⁰ 그러나 스포트라이트를 받는 자리에서 멀어지자 디즈니의 끝없는 불만은 더욱 확고해졌다. 그의 성공은 '디즈니 마법'의 기준을 더 끌어올렸을 뿐이다. 그가 공들여 창조한 수줍음 많고 소탈한 '월트 삼촌'의 이미지와 달리, 스튜디오를 방문한 한 기자는 월트 디즈니가 "내면의 악마에게 쫓기는 것처럼 보였다"고 적었다.¹¹

전쟁이 끝난 후, 예산과 은행 대출이라는 현실의 벽 앞에서 디즈니 스튜디오는 감원과 예산 삭감을 감행해야 했다. 디즈니는 사기가 꺾이고 의욕을 잃었다. 그는 후속작들이 초창기 작품들만큼 섬세하고 화려하지 못하고, 영적 체험에 가까운 보석 같은 걸작이 되지 못할까 봐 안절부절못했다. 그는 주어진 조건을 최대한 활용하지도, 다가오는 제약을 자신이 뛰어넘어야 할 도전으로 받아들이지도 못한 채 갈수록 낙담했다. 완벽한 영화를 만들지 못하는데 뭐하러 영화를 만드냐는 생각이었다.

그러던 디즈니는 관심사였던 모형 기차에 빠져들었다. 말로는 "골치 아픈 문제를 잊기 위한 취미일 뿐"이라고 했으나 결국 여가 시간에도 얽매이고 제약받는 느낌에 시달렸다.[12] 그는 집 뒷마당에 사람도 태울 만큼 커다란 모형 철도를 설치한 어느 철도 애호가에게 의미심장한 편지를 보냈다. "하고 싶은 대로 하는 용기가 부럽군요."[13]

디즈니는 완벽과 실패라는 잘못된 이분법에 갇히고, 스스로 정한 기준과 은행의 예산 압박에 짓눌려 갈수록 자기 안에 움츠러들었다. '디즈니'라는 브랜드는 행복과 공동체를 중시했지만, 정작 디즈니 자신은 나날이 자신을 고립시키며 외로워했다. 그는 공식 만찬에 초대받으면 빨간 크레용으로 "NO!"라고 적고 강조의 의미로 밑줄까지 그었다.[14] 정신없이 돌아가는 스튜디오 한복판에서 의자에 몸을 웅크리고 앉아 "이곳은 너무 외롭군요. 그냥 누군가와 얘기를 하고 싶을 뿐이에요"라고 하소연하기도 했다.[15] 그러다 누군가 그에게 귀 기울이면 험난한 어린 시절을 길게 늘어놓았다. 하지만 상대가 자신의 이야기를 꺼내면 벌떡 일어나 말했다. "이제 가봐야겠군요!"

월트 디즈니가 창조한 세계, 환상과 순수, 별을 바라보며 꿈을 이루는 그 세계는 그가 사는 현실 세계와는 극명한 대조를 이루었다. 그는 지독히 불안정한 현실 세계에서 한순간도 긴장을 늦추거나 진정한 관심에 이를 수가 없었다. 스태프들에게는 엄격한 품질관리자

프롤로그 13

가 아닌 친구가 되어주지 못했다. 디즈니 스튜디오를 방문한 〈뉴욕 타임스〉 기자는 세상의 상상력을 사로잡은 이 기발한 인물이 의기소침하고 완고한 상태로 인정을 갈구하면서도, 극심한 외로움 속에서 문제를 회피하며 장난감 기차로 소일하는 모습을 보니 "서글퍼졌다"고 적었다.[16]

팝콘 기계에 옥수수 알갱이가 넘칠 듯 차 있었다.[17] TV 프로그램 〈어린이 코너〉를 촬영하는 동안, 팝콘 기계의 뚜껑이 튕겨나가고 갓 튀긴 팝콘이 사방에 흩날렸다. 촬영이 끝난 후, 이 프로그램의 공동 제작자로 서른세 살의 프레드 로저스는 말했다. "자, 다시 찍어야겠어요."
활달한 젊은 여성 조시 캐리는 이 프로그램이 낳은 스타였다. 그녀는 의아해서 물었다. "왜요? 재밌잖아요! 애들이 좋아할 거예요." 하지만 로저스는 팝콘이 넘치고 어수선한 분위기가 되면 아이들이 불안해질까 봐 걱정했다. 캐리는 두 손 들고 말았다. 그가 지나치게 예민하고 철저하다는 뜻이었다. 캐리가 보기에 팝콘이 사방으로 튀는 장면은 그저 흥미진진하고 TV를 볼 때 재밌을 만한 요소였다.
하지만 프레드 로저스가 TV를 시작한 이유는 단순히 재미만이 아니었다. 전기 작가 맥스웰 킹에 따르면 로저스에게 TV의 사명은 "좋은 프로그램을 만들고, 어린이들에게 적합하고 교육적인 프로그램을 제작하는" 데 있었다.[18] 초창기 TV에 많이 나오던 슬랩스틱 코미디나 사람 얼굴에 파이를 던지는 장면 등은 로저스가 가장 바꾸고 싶어 한 요소였다. 로저스는 높은 기준을 세우고, 진지하게 헌신하며,

명확한 비전을 확립했다. 세세한 부분도 놓치지 않았으며, 아무도 알아채지 못할 뉘앙스와 세부 요소에도 공을 들였다.

1961년, 캐나다방송공사CBC의 어린이 방송 책임자는 프레드 로저스가 어린이 교육에 조용한 혁명을 일으킬 적임자라고 생각했다. 그는 로저스에게 말했다. "당신이 아이들과 대화하는 모습을 봤어요. 카메라 렌즈를 아이들이라고 상상하고 바라보세요."[19]

31시즌에 걸쳐 총 895편의 에피소드를 내보낸 〈로저스 아저씨네 이웃〉은 이렇게 시작되었다.[20] 각 에피소드가 시작될 때마다 로저스는 정장 재킷을 카디건으로 갈아입고, 구두를 벗고 운동화로 갈아 신었다. 푸근하고 신뢰가 가는, 시그니처가 된 장면이다.

제작진은 모든 에피소드를 섬세하게 관리하고 신중히 검토했다. 이때 허용되는 유일한 기준은 탁월함이었다. 대본은 여러 단계의 검토를 거쳤다.[21] 로저스와 제작진, 피츠버그 대학교의 아동심리학자로 로저스의 멘토이자 자문 역인 마가렛 맥팔랜드 박사가 그 검토를 맡았다.

한번은 이미 여러 번 검토를 거친 대본인데도 로저스는 촬영 중 어쩐지 적절하지 않다고 느꼈다. 이로 인해 전례 없는 상황이 발생했다. 로저스는 촬영을 중단하고 대다수가 노조 소속인 고임금 스태프들을 촬영장에 그대로 대기시킨 채 대학으로 맥팔랜드 박사를 찾아갔다.[22] 그리고 한 시간쯤 지나 스튜디오에 돌아와 촬영을 재개했다. 지극히 로저스다운 사건이었다. 어린이를 위한 일이라면 뭐든 완벽해야 했다.

이토록 높은 기준을 철저히 지키는 사람이라면 까다롭거나 비합리적인 독재자 부류이거나 적어도 몹시 따분한 사람일 것만 같다. 하지만 프레드 로저스는 그런 부류가 전혀 아니었다. 그는 높은 기준과 유연성을, 책임감과 창의력을 마법처럼 잘 버무렸다. 장로교에서 목사 안수를 받은 그는 헌신적 봉사와 도덕적 강직함을 친근함과 겸손함에 자연스럽게 녹여냈다.

피츠버그 신학대학원 시절에 골초이던 스승 윌리엄 오어William Orr 박사는 로저스에게 '지향성 있는 방랑'이라는 철학을 가르쳤다.[23] 자신의 원칙을 지키면서도 삶의 흐름에 맡기라는 뜻이었다. 또한 진정성을 유지하면서도 위험을 감수하라, 엄격한 규칙에 얽매이기보다 변화와 우연에 열려 있으라는 뜻이기도 했다.

이 철학은 로저스의 프로그램과 사생활에도 잘 드러났다. 어느 날 촬영 중 로저스는 평소처럼 정장 재킷을 벗고 카디건으로 갈아입으며 단추를 채우다가 채워지지 않은 단추 하나를 발견했다. 첫 단추를 두 번째 구멍에 끼운 것이다.[24] 제작진은 로저스가 엄격한 기준에 따라 "컷!"을 외치고 처음부터 다시 시작하리라 예상했다. 하지만 그는 즉흥적으로 한마디 던지고는 단추를 다시 채웠다. 누구나 실수할 수 있으며, 무엇보다도 실수를 바로잡을 수 있다는 의미였다.

한번은 대본에 세트장의 수조 속 물고기가 먹이를 먹는 장면이 있었다. 그런데 리허설 동안 수조에 비친 조명 때문에 카메라를 조정하는 사이 조연출이 물고기들에게 먹이를 넣어주었다. 막상 촬영이 시작되자 물고기들은 배가 불렀는지 가만히 바라만 보았고, 먹이는 바닥에 가라앉았다. 스태프들은 물고기들이 다시 배가 고파질 때까지 한참 기다릴 각오를 했다. 그와 오래 함께 일한 제작자 엘리자베스 시먼스Elizabeth Seamans는 이렇게 회상했다. "프레드는 그 상황을 무심히 바라봤어요. 그러더니 카메라를 향해 '물고기들이 지금 배가 안 고픈가 보네요. 우리도 가끔 그럴 때가 있잖아요'라고 하더군요."[25] 더없이 합리적인 설명이었고, 로저스는 어린이 시청자들도 이런 상황을 받아들일 수 있다고 믿었다. 그 순간은 제작진에게 일종의 주문呪文이 되었다. "물고기들이 꼭 먹이를 먹어야 할까?" 이날의 사건은 예상치 못한 상황에 유연하게 대처하면 계획된 대본에 억지로 짜 맞출 때보다 더 나은 프로그램이 나온다는 교훈을 주었다. 물고기만이 아니라 인생도 그랬다.

이처럼 남들에게 유연한 로저스였으나 스스로에게는 엄격했다. 1979년, 방송 일을 시작한 지 10년이 넘었을 즈음 그는 타자기에 종이를 끼우고 쉴 새 없이 두드리며 생각을 써 내려갔다. "또다시 대본을 쓸 수 있다는 건 나만의 착각은 아닐까? … 나는 왜 스스로를 믿지 못할까? … 이토록 긴 시간이 흘렀는데도 여전히 똑같이 힘들다니. 모든 창작자가 이렇게 저주스러운 창작의 고통을 겪는 걸까? 어서 정신 차리고 해내, 프레드!"[26]

하지만 프레드 로저스를 진정 압박한 것은 이런 식의 자기비난보다 훨씬 깊은 그 무엇이었다. 톰 주노드 기자는 1998년 〈에스콰이어〉에 로저스를 주제로 한 커버스토리 기사를 썼다. 촬영장에서 로저스를 관찰한 그가 말했다. "로저스는 과연 대단한 완벽주의자이면서도 사람들을 밀어붙이지는 않았다. 그렇게 표현한다면 틀린 말이다. 다만 그는 무언가를 원하는 순간 무엇을 원하는지 명확히 알았고, 원하는 것이 나오지 않으면 하루를 끝내지 못했다."[27] 스태프들 역시 그의 태도가 얼마나 진지한지 알고 있었다. 시먼스는 말했다. "로저스에게는 즉흥적 면모가 전혀 없었어요. 그는 준비 안 된 상태에서 일하는 걸 정말 싫어했죠."[28]

하지만 주노드와 〈로저스 아저씨네 이웃〉 제작진 모두는 로저스의 열정이 단지 좋은 프로그램을 만드는 것보다 더 큰 가치를 추구하는 데 있는 것을 본능적으로 이해했다. 로저스는 기준이 높으면서도 유연하고, '지향성 있는 방랑'의 철학에 충실하며, 어린이들에게 변함없이 봉사했지만 그의 열정은 무엇보다도 단 한 가지를 향했다. 바로 인간의 연결이다.

로저스는 누구와도 빠르고 깊게 연결되었다. 열 살 소년 제프 얼랭거는 이 프로그램에 출연해 자신의 전동 휠체어 작동법과 휠체어를 타는 이유를 설명했다.[29] 20년이 지나 휠체어를 탄 제프가 턱시도를 입고 'TV 명예의 전당' 입성 축하 무대에 나와 로저스를 소개했다.[30] 촬영 후에도 그와 연락을 주고받았으나 직접 만나지는 못했던 로저스는 이날 자리에서 벌떡 일어나 환하게 웃으며 곧장 무대로 올라갔다.

로저스는 프랑수아 클레몽과도 '연결'되었다. 흑인이자 동성애자 배우 클레몽은 25년 동안 이 프로그램에서 클레몽 경관 역을 맡았다. 두 사람은 플라스틱 튜브 풀장에서 함께 발을 담그며 조용히 인종 장벽을 허물었다.³¹ 1969년으로서는 혁명적 행동이었다. 클레몽은 회고한다. "그에게는 진지하면서도 위안이 되는, 빗장을 풀게 만드는 뭔가가 있었어요. 손이 아닌 그 눈빛이 나를 따뜻하게 안아줬지요."³²

또 언젠가 로저스는 펜 역에서 공허한 눈빛으로 장난감 칼을 휘두르는 소년과도 '연결'되었다. 소년은 스타를 만나 들뜬 어머니의 성화에 못 이겨 억지로 인사를 했다. 로저스는 소년에게 다가가 속삭였다. "너의 내면이 얼마나 강한지 알고 있니?"³³ 자신에게 필요한지도 몰랐던 말을 듣고 당황한 소년은 거의 보일 듯 말 듯 고개를 끄덕였다.

로저스는 심지어 수화를 배운 고릴라 코코와도 '연결'되었다.³⁴ 코코는 알고 보니 로저스 프로그램의 열성 팬이었다. 둘은 마침내 만나게 되었고 코코는 그를 꼭 껴안고 놓아주지 않았다. 그러고는 자신이 좋아하는 프로그램의 오프닝 장면에 경의를 표한다는 듯 다정하게 그의 구두를 벗겼다.

톰 주노드 기자는 〈에스콰이어〉에서 로저스에 대해 이렇게 썼다. "그에게는 독특한 에너지가 있었다. … 거침이 없고 수줍어하지 않으면서 당연하다는 듯이 친밀감을 요구했다."³⁵ 그리고 다음과 같이 의미심장한 말을 적었다.

옛날 옛적 프레드 로저스라는 남자가 천국에서 살겠다고 다짐했다. 천국은 착한 사람들이 죽으면 가는 곳이지만 그는 죽어서 가고 싶진 않았다. 그는 지금 여기, 이 세상에서 천국을 살고 싶었다. 어느 날 그는 살아가며 사랑했던 사람들에 관해 이야기하다가 나를 바라보고 말했다. "우리가 살면서 맺는 연결, 이게 천국일지도 모릅니다. 우리는 이 세상에서 수많은 연결을 만들어요. 지금 우리도 보세요. 방금 만났지만 나는 당신이 어떤 사람인지, 앞으로 어떤 사람이 될지 관심이 많아요. 이런 건 멈출 수가 없어요."

◆

디즈니와 로저스, 둘 다 우리의 어린 시절을 대표하는 거물이다. 그리고 이들의 창작물은 지금까지도 많은 사랑을 받는 불멸의 작품으로 남아 있다. 두 사람은 성격 면에서 모두 높은 기준과 강렬한 열정, 직업윤리 그리고 투덜이의 손가락 크기에서 팝콘 튀기는 속도까지 세세한 부분에 집착하는 전형적 사례였다.

그러나 이들은 같은 재료로 전혀 다른 결과물을 내놓았다. 한 사람은 경직되고, 또 한 사람은 유연했다. 한 사람은 증명하려 하고, 또 한 사람은 공유하려 했다. 한 사람은 실수할 가능성을 피하려 하고, 또 한 사람은 봉사와 그 자신보다 더 큰 무엇에 대한 사명감으로 불가피한 실수와 난관조차 신념을 가지고 허용했다. 한 사람은 주변 사람들과 단절되고, 또 한 사람은 진정성으로 온전히 연결되었다. 한 사람은 인정을 갈망하며 절박하게 고립되고, 또 한 사람은 친밀감을 갈망하며 통제가 아닌 연결을 기반으로 삶을 창조했다.

디즈니와 로저스는 각자 다른 삶을 살았지만, 완벽주의 perfectionism

라는 핵심 세계관을 공유하며 필요한 수준 이상의 높은 기준을 자신에게 설정했다.[36] 기준이 높아도 그 기준이 합리적이고 유연하면 건강한 완벽주의가 될 수 있지만, 기준이 비현실적이고 경직되면 이내 해로워진다. 무엇보다도, 건강하지 못한 완벽주의는 그저 좋은 사람이 되기 위해 엄청난 성과를 요구한다. 완벽주의는 공식 진단명이 아니다. 하지만 가볍게는 불편한 정도부터 심각한 마비까지 다양한 영향을 미칠 수 있다. 완벽주의는 성격적 경향으로 내면에서 비롯되기도 하고,[37] 까다로운 환경에 대한 반응으로 외부에서 형성되기도 한다.[38]

이 글을 읽으며 묵묵히 고개를 끄덕인다면 바로 당신을 위한 책이다. '완벽주의'라는 용어가 당신에게 마지막 퍼즐 조각처럼 딱 맞아떨어지지 않아도 상관없다. 사실 대다수 사람은 하등 도움이 안 되는 디즈니식 완벽주의가 문제의 핵심으로 자신을 관통한다는 사실을 모르고 살아간다. 나 역시 그랬으니까. 임상심리학자인 나는 이 문제에 관해 나름대로 객관적 자기인식을 해왔다고 자부했지만, 완벽주의라는 개념이 제대로 와닿은 건 이전에 출간한 《지나치게 불안한 사람들 How to Be Yourself》 집필을 위한 연구에 착수할 무렵이었다.

사실 당신과 나는 아주 큰 배를 함께 탔다. 그리고 그 배는 점점 더 커지고 있다. 완벽주의는 갈수록 증가하는 추세다. 《완벽이라는 중독 The Perfection Trap》의 저자 토머스 커런 박사와 앤드루 힐 박사는 1989년에서 2016년까지 한 세대에 걸쳐 4만 명 이상의 대학생을 대상으로 완벽주의를 연구했다. 그리고 2019년 이 획기적 연구를 발표하면서 완벽주의가 꾸준히 증가하는 추세라는 결과를 내놓았다.[39] 27년간 쌓인 데이터에서는 젊은이들이 자신은 물론 타인에게서 더 많은 것을 요구하며, 타인 역시 자신에게 더 많은 것을 요구한다고 느끼는 경향이 점차 강해진다고 나타났다.

당신은 자신에게 많은 것을 요구하는 태도 덕에 지금 이 자리에 왔을 수 있다. 나 역시 그랬다. 당신이 이 책을 읽는 건 아마 당신도 나와 비슷해서가 아닐까. 많은 것을 요구하는 태도는 대가를 치르게 할지도 모른다. 완벽주의는 우리를 월트 디즈니의 길, 즉 고립과 탈진, 만성 불만족으로 이끌지도 모른다. 한편으로는 운 좋게 프레드 로저스의 길, 즉 탁월함과 유연함, 관대함으로 이끌 수도 있다. 둘 중 어떤 길을 걸을지는 우리의 선택에 달렸다. 바로 그 점이 중요하다. 비록 자신에게 엄격하도록 설계된 정신을 가지고 태어났어도 우리는 스스로를 너그럽게 대하는 법을 배울 수 있다. 배울 준비가 되었다면 이제 함께 그 길로 가는 여정을 시작해 보자.

1부

완벽주의가 나를 가둘 때

1장

내 안의
가혹한 비평가

이 책을 펼친 사람이라면 월트 디즈니나 프레드 로저스의 높은 기준과 열정, 성실한 직업윤리, 일을 잘 해내기 위한 헌신적 노력이 쉽게 와닿을 것이다. 남들의 눈에는 우리 같은 사람들이 능률적이고 생산적이며 모든 일을 척척 해결하는, 마치 멋진 액자 속 사진처럼 보인다. 그래서 우리는 이런 칭찬을 많이 듣는다. "기대 이상의 성과를 내는 사람" "모든 일을 잘 챙기는 사람" "재주가 많은 사람" "성공한 사람".

그러나 당신은 멋진 액자 밖에 어수선한 모습이 살짝 감춰져 있다는 것을 알고 있을 것이다. 나도 마찬가지다. 우리는 가장 엄격한 잣대로 자신을 평가한다. 설정한 목표를 달성하면 잠깐은 기분이 좋아져도, 트림처럼 금방 사라질 감정이다. 마음속 압박감이 끊임없이 앞으로 내몰기에 '투덜이'의 손가락 크기를 재작업하거나, 걱정스러운 생각의 흐름을 타자기로 입력하며 대본을 다듬는다. 마음속에서 뒤처지고, 부족하고, 소외되고, 남들과 다르다는 생각에 사로잡힌다. 내면의 품질관리자가 모든 일을 올바르게 처리하도록 매의 눈으로 감시하는 가운데 여전히 남들을 실망시킬까 봐 두려워하고 평가와 비판에 대한 걱정을 떨쳐내지 못한다. 그래서 종종 꼬리표를 달게 된다. 가령 'A 유형(경쟁적이고 조급하고 걱정이 많은 성격 유형을 이른다―옮긴이)', 강박적, 과제 중심적이고 목표 지향적 인간, 일중독자, 결벽증 환자 등으로 불리는 것이다. 월트 디즈니와 비슷한 기분에 사로잡힐 때도 많다. 외롭고 고립된 상태, 과제와 목표로는 메워지지 않는 단절감도 자주 느낀다. 그러면서도 연민, 목적, 공동체, 소속감 등 프레드 로저스의 천국을 갈망한다.

  오해하지는 말 것. 완벽주의는 높은 기준과 강한 직업윤리, 신뢰감, 배려심 등 마법 같은 능력을 선사하기도 하니까.¹ 그러다 엉뚱한 방향으로 나아가 격랑에 휩쓸리기도 한다. '더 해야 해, 더 잘해야 해, 더 나아져야 해, 더 완벽해야 해.' 겉으로는 모든 일을 훌륭하게 해내는 듯 보여도, 속으로는 매번 패배감에 시달린다. 그러니 이런 문제를 안고 사는 사람들에게 **완벽주의란 잘못된 꼬리표**다. 완벽해지려고 애쓰는 상태가 핵심이 아니다. 그보다는 끝내 충분히 기분 좋게 느끼지 못하는 상태가 문제인 것이다.

  흥미롭게도 완벽주의의 중심에는 마법과도 같은 자질이 있다. 바로 성실성conscientiousness이다. 성실성은 가장 매력적이지 않은 초능력이지만 세세한 부분까지 주목하는 매우 뛰어난 시력이다! 성실성은 마시멜로 테스트(스탠퍼드 대학교 부설 유치원에서 처음 시행한 실험으로 어린이들에게 눈앞의 마시멜로를 15분 동안 먹지 않고 참으면 마시멜로를 한 개 더 주겠다고 제안함으로써 자제력이나 의지력을 측정했다—옮긴이)를 단숨에 통과하게 한다! 성실성은 한 번의 도약으로 가장 높은 기준을 뛰어넘게 해준다! 무엇보다도 성실성은 바람직한 삶을 위한 가장 강력한 자질이 되어준다. 《그릿Grit》의 저자 앤절라 더크워스 박사와 그녀의 세 동료가 미국인 성인을 1만 명 가까이 연구한 결과, 성실성은 객관적이고 주관적인 성공의 예측에 있어 가장 일관된 요인이었다.[2] 성실성은 소득부터 행복과 삶의 만족도에 이르기까지 모든 면에서 중요한 요인이 된다.

성실성이라는 말은 뿌리가 깊다. 그 기원이 1600년대로 거슬러 올라가는 이 말은 결국 옳고 그름에 대한 내적 감각인 양심conscience으로 귀결된다.[3] 성실성은 깊이 마음을 쓴다는 의미다. 말하자면 일을 올바르게 해내도록 마음을 쓰고, 좋은 일을 하고 좋은 사람이 되도록 마음을 쓴다는 뜻이다. 우리는 주변 사람과 주위 상황에 관심을 기울이고 마음을 쓴다. 그러다 한순간에 성실성이 나에게 해만 끼치는 쓸모없는 완벽주의로 돌변할 수 있다.[4]

옥스퍼드 대학교의 선구적 연구자 로즈 샤프란, 자프라 쿠퍼, 크리스토퍼 페어번 박사*는 쓸모없는 완벽주의가 치료를 요하는 임상 문제에 이르는 순간을 부정적 결과를 보고도 계속 밀어붙이는 순간으로 정의한다. 이를테면 망치로 엄지를 내려치고도 계속 못을 박으려는 순간이다. 임상적 완벽주의clinical perfectionism의(임상적으로 유의미한 수준의 완벽주의를 의미하며 부적응적 완벽주의maladaptive perfectionism와 동일한 의미이다—옮긴이) 핵심에는 두 가지 요소가 있는데, 나 역시 그 두 가지 모두에 절로 고개를 끄덕였다.[5]

첫 번째는 자신과의 지나치게 비판적인 관계다. 우리는 자신에게 가장 혹독한 비평가 역할을 한다. 잘되는 부분보다 결점에 집중하고, 좋은 면보다 부족한 면에 주목한다. 자신에게 설정한 높은 기대를 충족하지 못하면 가혹하게 자책하고, 또 기대를 충족하면 애초에 기준이 높지 않았다고 깎아내린다.

두 번째는 과도한 개인적 기준의 충족에 대한 집착이다. 샤프란과 연구자들은 이를 과평가overevalution라고 하는데, 자신에 대한 평가가 자신의 성과에 달려 있다는 뜻이다. 다시 말해 자신에 대한 모든 기대의 충족(혹은 충족하지 못함)을 정체성과 혼동하는 것이다. 기준에 미치지 못하는 상태를 '실패'로 정의한다면, 애초에 기준이 비현실적이어도 실수나 결점이 실패를 의미하게 된다. 성적이 곧 자신이라고 정의하는 모범생, 몸무게나 몸매로 자신의 가치를 판단하고 그에 따른

---

* 이 책에는 여러 학파를 대표하는 저명한 연구자들이 나온다. 다소 역설적이게도 완벽주의에 관한 이론은 다양하고(완벽주의가 유익할 수 있는가, 완벽주의의 핵심 요인은 몇 가지인가), 관련 문헌은 열띤 논쟁과 정중하면서도 날카로운 반박으로 가득하다. 나는 특정 학파의 기치를 세우기보다는, 임상가이자 실용주의자로서 다양한 관점을 조망하고, 내담자와 임상가 모두에게 고통의 경감과 더 나은 삶을 위한 요인으로 공감받은 것들을 강조하고자 한다.

자아상으로 고통받는 사람, 팔로워 수와 자신의 가치를 혼동하는 소셜미디어 유저, 경기 성적에 기분이 좌우되는 운동선수, 모든 인간관계를 자신의 인격에 대한 평가로 여기면서 사회공포증에 시달리는 사람 등이 흔한 사례다. 사실 거의 모든 일이 과평가 대상이 될 수 있다. 오늘 얼마나 건강하게 먹었는지, 직장 동료의 불쾌한 언사를 얼마나 능숙하게 받아쳤는지, 집이 얼마나 깨끗한지, 오늘 얼마나 많은 일을 했는지 평가하는 것이다.

우리가 모든 일을 항상 완벽주의로 대하지는 않는다. 완벽주의는 개인적으로 중요한 일에서만 발현된다. 높은 기준의 충족 여부가 나라는 사람에 대해 무언가 말해 준다고 믿기 때문이다. 사실 나도 일과 사회적 행동에서는 완벽주의적이지만 서재에서는 전혀 그렇지 않다(마구 쌓아두는 것도 정리라면 정리일까?).

나는 앞에서 완벽주의에 익숙한 우리는 아주 큰 배를 함께 탔다고 말했다. 사실 그 배는 세 종류로 나뉜다.[6] 첫 번째 배인 **자기 지향적 완벽주의**self-oriented perfectionism는 스스로에게 지나치게 엄격한 유형이다. 흔히 '완벽주의'라고 할 때 떠올리는 전형적 완벽주의다. 우리가 바꿀 수 있는 사람은 자신밖에 없으므로 이 책에서는 주로 이 첫 번째 유형을 다룰 것이다.

완벽주의 연구자의 원조 격인 고든 플렛과 폴 휴잇 박사에 따르면 두 가지 유형의 배가 더 있다. 두 유형에 대해서는 5장에서 다룰 것이다. 두 번째 배인 **타인 지향적 완벽주의**other-oriented perfectionism는 주변 사람들에게 엄격한 유형이다. 배우자나 자녀, 직원에게 필요 이상 높은 수준을 기대하고, 그 기대에 미치지 못하면 비판적으로 평가한다.

세 번째 배는 **사회적으로 부과된 완벽주의**socially prescribed perfectionism다. 이는 남들이 부과하는 높은 기대에 부응하지 못하면 가혹한 비난을 받는다고 느끼는 것을 말한다. 자기 지향적 완벽주의가 내면에서 나온다면 이 유형은 우리를 둘러싼 모든 것, 즉 자본주의와 갖가지 형태의 억압, 소비주의 등 우리가 속한 문화라는 미네스트로네 수프(각종 채소나 파스타로 만든 이탈리아 정통 수프—옮긴이)에서 비롯된다.[7] 이는 가장 해로운 완벽주의로, 현재 기하급수적으로(결코 과장이 아니다) 증가하는 유형이기도 하다.[8] 오늘날 세 유형의 완벽주의 모두 증가 추세지만, 토머스 커런 박사와 앤드루 힐 박사의 연구에 따르면 사회적으로 부과된 완벽주의는 완만한 곡선이 아니라 로켓 발사 곡선에 가까운 가파른 상승세를 보인다.

이런 추세는 앞으로도 이어질 가능성이 크다.[9] 플렛과 휴잇 박사가 관련 연구 열 편을 메타 분석한 결과, 오늘날 아동과 청소년 3명 중 1명이 어떤 형태로든 '명백히 부적응적'인 완벽주의를 겪는 것으로 나타났다. 이 아이들은 자신의 기준을 충족시키려고 땅바닥에 담배꽁초를 짓이기듯 자신을 몰아붙인다.

그러면 어떻게 될까? 성장한다. 브리티시컬럼비아 대학교 마틴 스미스 박사와 연구자들은 25년 동안 축적된 완벽주의 성격에 관한 연구를 메타 분석했다.[10] 가장 주목할 만한 결론은 다음과 같다. 사람들은 대체로 나이가 들면 다소 유연해져 자신에게 부과하던 부담을 줄여나가고 타인의 말에 신경을 덜 쓰게 된다. 하지만 A 유형은 다르다. 이런 유형의 삶에서는 균형이 깨지기 시작한다.[11] 이들은 자신에게 부과하는 불가능한 기대에 번번이 미치지 못하면서 점차 자신을 실패자로 여긴다. 결국 프레드 로저스가 아닌 월트 디즈니의 길로 흘러간다.

혹은 번아웃되기도 한다. 스미스 박사와 동료들의 표현을 빌리면, "완벽주의자는 도전적이고 혼란스럽고 완벽하지 않은 세상에서 나이가 들수록 번아웃이 되며, 점점 불안정해지고 불성실해진다".[12] 완벽주의자에게는 삶이 끝내 수월해지지 않는다.

완벽주의는 실제로 장애를 일으켜 삶이 수월해지는 것을 막는다. 완벽주의는 질병으로 진단받지 않지만, 284편의 연구를 메타 분석한 결과에 따르면 완벽주의와 우울증, 섭식 장애, 사회공포증, 강박장애OCD, 비자살성 자해의 연관성이 거듭 확인되었다.[13] 완벽주의는 무관해 보이는 여러 문제에도 촉수를 뻗는다. 이를테면 성기능 장애나 양극성 장애의 기분 변동, 공황 발작, 편두통 같은 문제에도 영향을 미친다.[14]

더 나아가 45편의 연구를 메타 분석한 어느 연구는 완벽주의와 자살의 연관성에 관한 충격적 결과를 제시했다.[15] '알래스카 자살 추적 연구'는 2003~2006년 알래스카에서 발생한 자살 사례를 추적했다. 연구자들은 청소년기 자녀를 잃고 비탄에 빠진 부모들과 조심스레 인터뷰를 진행했다. 의도된 질문을 하지 않았는데도 부모 62퍼센트가 먼저 세상을 떠난 자녀가 완벽주의적이었다고 기술했다. 가장 충격적인 점은 완벽주의와 관련된 자살은 아무런 사전 징후 없이 발생한다는 결론이었다. 많은 부모가 자녀가 고통받는 것을 눈치채지 못했다고 말했다. 이 유망한 청소년들은 주변의 모두에게 고통을 숨겼다. 그러면서 마음속으로는 자기만 없어지면 세상이 더 나아질 거라고 생각할 정도로 고통에 시달렸다. 완벽주의는 질병으로 분류되지 않는다 해도 이토록 치명적일 수 있다.

나는 20년 동안 여러 내담자 및 연구 참가자와 함께 완벽주의의 상승세가 미치는 영향을 목격했다. 거스는 업무 성과를 최대한 끌어올리고 싶다며 상담을 받으러 왔다. 큰 키에 콧수염을 기른 거스는 조리 기구 회사의 제품 디자이너로 온 힘을 다 쏟아붓거나 아예 멈춰버리는 행동 양상을 보였다. 그는 "내게는 두 가지 기어가 있어요. 과속과 정지예요"라는 말을 자주 했다. 그는 전부 아니면 전무의 태도로 살아갔는데 '전부'의 기준을 충족시키느라 지나치게 많은 시간과 에너지를 쏟다가 '전무'의 상태에 빠질 때가 잦았다. 거스는 업무에 많은 시간을 할애했으나 그중 많은 부분을 미루기에 소모했다고 부끄러워하며 털어놓았다. 겨우 생산적 순간을 맞이했을 때도 즉석에서 결정하고 상황을 파악하는 중요하고 주목받는 업무보다는 이미 익숙한 사소한 업무에 치중했다. 그는 두 번이나 승진한 후에도 이렇게 말했다. "내 머릿속에는 늘 떠오르는 장면이 있어요. 상사가 부르더니 내가 놓친 실수를 찾아냈다며 결국 날 해고해요. 그러면서 '당신이 해낼지 늘 의심스러웠어요'라고 말하는 장면이죠."

전부 아니면 전무라는 거스의 사고방식은 삶의 다른 영역에서도 나타났다. 장거리 달리기에 열심인 그가 최근의 달리기에 대해 하는 말을 듣고 나는 깜짝 놀랐다. "심박수 모니터를 착용하고 휴대전화로 데이터를 기록한 다음, 집에 돌아와 두 가지 앱에 모든 데이터를 업로드했어요. 그중 하나는 코치에게 보냈죠." 그는 달리기를 좋아하지만 최근 들어 달리기가 일처럼 느껴진다고 했다. 거스에 대해서는 7장에서 성과 외의 무엇에 집중할지를 다루면서 자세히 알아본다.

완벽주의가 어떤 영향을 미치는지 보여주는 또 하나의 사례로 프란체스카를 들 수 있다. 어린 자녀들을 둔 사십 대 전업주부 프란체스카는 우울증 때문에 늘 게으르고 의욕이 없는 상태로 상담받으러 온 내담자였다. 그녀는 명백히 우울했는데 그 원인은 자신에 대한 과도하게 비현실적인 기준에 있었다. 그녀는 유치원에 다니는 쌍둥이를 키우면서도 잡지 화보에 나오는 멋진 집을 바라고, 인생 최고의 몸매를 꿈꾸었으며, 주위 사람 모두를 행복하게 하되 그 일을 손쉽게 해내고 싶었다. 그러다 결국 소파에 앉아 엠앤엠즈 초콜릿을 먹으며 낮 시간대 토크쇼만 보는 신세가 되었다. 프란체스카가 게으름이라고 여긴 상태는 알고 보면 철저히 압도당하는 느낌이었다.

"남들은 다 하는데 왜 나만 못 할까요?" 기대 수준에 대해 묻자 프란체스카가 답한 말이다. 그녀는 끊임없이 남과 자신을 비교했다. "풀타임으로 일하면서 저녁 식사도 척척 차려내고, 아이들 축구팀 코치도 하고, 집도 근사하게 꾸미고 사는 친구들이 있어요. 나도 그 정도는 해야죠."

프란체스카는 때로 자신의 기대 수준을 입 밖에 꺼낸 후 그것이 얼마나 터무니없는지 자각하기도 했다. "나는 스무 살 때의 몸매를 되찾아야 한다고 생각해요. 말도 안 되지만 속으로는 예전에 그랬으니 다시 해보기로 결심하죠."

지난해 가을 프란체스카는 아이 친구의 엄마와 학교 바자회를 열었다. 그 엄마는 표지판과 배너 디자인, 활동 부스 기획, 바자회장 장식 등 프란체스카가 평소 좋아하고 나름 잘한다고 자부하던 예술적이고 창의적인 일을 척척 해냈다. "할 일이 눈에 띈다 싶으면 그 엄마가 벌써 다 끝냈더군요. 그것도 완벽하게." 프란체스카가 눈물을 훔치며 말했다. "그렇게 쓸모없는 느낌은 처음이었어요." 프란체스카에 대해서는 8장에서 '내면의 규칙서'를 다시 쓰는 방법을 다루며 자세히 알아보자.

다음으로 나는 대학생 카터에게서도 완벽주의의 영향을 발견했다. 카터는 처음에는 가벼운 우울증으로 상담받으러 왔다가 이내 기저의 문제를 드러냈다. 그는 "나는 항상 남들을 실망시키는 것 같아요"라고 말했다. 카터는 매사추세츠 중부 작은 마을 출신이다. 수십 년에 걸쳐 마을의 섬유 공장이 대형 매장으로 대체되고 오피오이드(마약성 진통제) 단속 현장이 되었다. 그는 마을의 자랑거리일 정도로 똑똑했고 재정 지원이 부족한 공립 고등학교에서 A 학점만 받는 모범생이었다. 그가 꿈에 그리던 대학에 합격하자 온 마을 사람들이 떠들썩하게 축하했다. 하지만 대학 기숙사에 들어가고 나서 그는 화려하고 뛰어난 졸업생 대표들이 잔뜩 모인 거대한 연못에 내던져진 현실을 깨달았다.

카터는 부모님과 친구들, 여자 친구, 교수님, 고향 사람들을 실망시키지 않으려고 최선을 다했다. 하지만 대학 캠퍼스에서도 중요한 인물이 되어야 한다는 기대 때문에 어디론가 숨고만 싶었다. 그는 기계가 아니었지만 하루 24시간이라는 제약을 무릅쓰고 모든 일을 해내야 했다. 모두들 그가 강렬한 카리스마로 승승장구해 세계 무대를 장악하기를 기대한다고 그는 믿었다. 그러나 현실의 그는 항상 압박감을 느끼고, 남의 눈을 지나치게 의식하며, 스스로를 기만한다는 느낌에 사로잡혔다. 괴리감이 커지면서 그는 사람들과 점점 동떨어지며 신뢰를 잃었고 급기야 그토록 피하고 싶던 바로 그 상황, 곧 모두를 실망시킬 위기에 몰렸다. 카터의 이야기는 14장에서 진정한 감정을 느끼는 것에 관한 주제를 다루면서 자세히 살펴보기로 하자.

마지막으로 자밀라도 비슷한 증상을 보였다. 직설적이고 솔직한 대학 4학년생 자밀라는 졸업 후 무얼 할지 방향을 잡지 못해 상담을 받으러 왔다. "수업 듣고 시험 보는 건 잘하지만 그 이상은 전혀 모르겠어요." 자밀라는 평생 '해야 하는' 일을 착실히 해내며 다음 단계로 넘어가고자 고군분투했지만, 이제 원하는 길을 선택할 상황이 되자 자신이 좋아하는 게 무엇인지 모른다는 사실을 깨달았다. "남들의 보편적인 '옳은 일' 개념을 좇느라 바빴었나 봐요."

어느 날 상담 중 자밀라는 영화 〈썸원 그레이트〉(2019)의 한 장면을 이야기하며 눈물을 글썽였다. 지나 로드리게즈가 분한 주인공 제니는 술에 취해 가장 친한 친구와 함께 티셔츠와 속옷 차림으로 주방에서 장 본 물건을 꺼낸다. 그러면서 큰 소리로 리조의 노래를 따라 부르고 우스꽝스럽게 춤을 춘다. "난 그런 친구가 없어요. 그런데요, 설령 있다 해도 그렇게 마음 놓고 즐기진 못할 거예요." 그러면서 자밀라는 한숨을 쉬었다. 그녀는 늘 친구들 주변에서 겉도는 느낌이라고 했다. 뮤지컬 〈디어 에반 핸슨〉(2019년 토론토에서 초연된 뮤지컬로 사회공포증을 앓는 소년의 성장 스토리를 다루었다—옮긴이)의 노랫말처럼, "항상 밖에서 안을 들여다보는" 기분이라고 했다. 자밀라는 더 가까워지고 더 깊은 관계를 맺고 싶었지만 방법을 알지 못했다. 자밀라의 이야기는 15장에서 더 가까운 관계를 만드는 방법을 다루면서 자세히 소개할 예정이다.

다음으로, 솔직히 말하면 내 안에서도 완벽주의를 발견한다. 작가를 위한 격언 중 "자기에게 필요한 책을 쓰라"는 말이 있다. 《지나치게 불안한 사람들》이 20년 전의 내게 필요한 책이었다면, 지금 여러분 손에 있는 이 책은 **현재**의 내게 필요한 책이다.

내 안의 노력하는 자질은 대체로 유익했다. 나 자신에게 높은 기준을 부과했으며, 덕분에 학교 성적이 좋았고 거듭 높은 성취를 이루었다. 사람들은 "와, 엘런, 당신은 목표를 세우면 기어이 해내는군요"라고 말하곤 했다. 게다가 나는 세세한 부분에도 주의를 기울이는 유형이었다. 집에서는 가위를 둔 장소나 화장지 구입 시기를 체크하는 사람도 나였다. 사소한 일처럼 보여도 급히 필요할 때면 매우 중요한 문제다. 또한 나는 신중한 사람이다. 아이들이 내가 미래를 내다본다고 믿게 했으니까. 이를테면 아이들이 거실에서 물풍선

던지기 놀이를 하거나 '아야라고 말하게 하기' 게임을 지어내며 놀 때(이전의 '넘어뜨리기' 게임보다 낫다고 해야 할까), 나는 결과를 예상하고 적절한 조치로 위험을 방지한다.

하지만 문제적 완벽주의로 치우치는 영역도 있다. 몇 년간 나는 지나치게 일을 많이 맡고는 결국에는 다 해내지 못해 스트레스에 시달렸다. 극심한 압박감을 받으며 일을 미루고는 도대체 무엇이 문제인지 고민하며 스스로를 비난했다. 그리고 나서는 제대로 하는 일이 하나도 없다는 생각에 더 많은 일을 벌였다. 그러다 기적 같은 하루가 찾아왔다. 그날 나는 할 일 목록의 모든 항목을 실제로 다 해냈다. 하지만 그러는 데 16시간이 걸렸고, 머리와 배가 아픈 상태로 침대에 쓰러졌으며, 다시 정상으로 돌아오는 데 사흘이나 걸렸다.

오랫동안 나는 사전 계획 없이 맞이하는 시간은 놓치고 살았다. 그것은 바로 관계 형성에 꼭 필요한 시간, 곧 즉흥적 대화와 만남의 시간이다. 한번은 컴퓨터 앞에서 점심을 먹는데 벨기에서 방문한 연구자가 연구실 문을 두드렸다. 그녀는 놀라서 "쉬는 시간은 없나요?"라고 물었다. 나는 친구와의 만남이나 학생 진로 상담 등 일정이 있을 때만 점심시간을 따로 냈고, 휴식만을 위한 점심시간이 필요하다고는 생각해 본 적이 없었다. 늘 할 일이 넘쳐났다.

그중 가장 자랑스럽지 못한 부분은 문제가 많은 전형적 완벽주의 성향이다. 내가 직업적 성과를 온전히 즐기지 못한 이유는 항상 더 잘할 수 있었다는 후회가 자리하기 때문이다. 비판을 견디지 못해 방어적이고 짜증스러운 반응을 보이기도 했다. 몇 년 전만 해도 남한테 일을 맡기는 건 상상도 못 했다. 아무도 내 마음을 제대로 읽을 수 없고 (당연하지) 내가 원하는 방식으로 해내지 못할 게 뻔하니 그냥 혼자서 다 하겠다고 발버둥을 쳤다. 삶의 굽이굽이에 만난 친구들 이름이 빼곡한 연하장 주소록이 있지만, 그 목록을 한참 들여다보다가 그중 많은 이와 지난해 한 번도 연락하지 않았다는 사실을 깨달았다.

마음속으로는 더 나은 방법이 있다고 생각하고도 시작 지점을 알지 못했다. 그래서 전력을 다해야 했다. 더 열심히 일하고, 더 멀리까지 계획하고, 더 효율적으로 진행하려고만 했다. 더욱이 나 자신도 변화에 저항하고 있었다. 그러다 이런 의문이 들었다. 잘 짜여진 일정, 내가 믿을 만한 사람이라는 사실, 화장지를 충분히 구비하는 데 무슨 단점이 있지? 결국 나는 유능하고 통제력이 있다고 느꼈다. 그 느낌은 대가를 치러야 할 때조차 매우 매력적인 감정이었다.

그러나 내면 깊은 곳에서 나는 이런 삶이 지속 가능하지 않다는 사실을 깨달았다. 치러야 할 대가가 눈에 보일 정도로 커져갔다. 우선 위장병 진단을 받았다. 어느 날 아침에는 목 근육이 뻣뻣해져 오른쪽으로 고개를 돌리지도 못했다. 컴퓨터 앞에 너무 오래 앉아 있다 보니 목에 무리가 간 것이다. 친구들과는 단절되었고, 이제 모든 일이 의무로만 느껴졌다. 나는 번아웃 상태였다.

거스와 프란체스카, 카터, 자밀라, 나(그리고 당신)의 공통점은 무엇일까? 우리는 인간이고, 사회적 동물이라는 사실이다. 우리는 집단과 공동체, 부족의 일부로 태어났다. 내가 20년 가까이 내담자 및 연구 참가자와 함께 연구하면서 알아차린 한 가지 사실이 있다. 저마다 나를 찾아온 이유가 달라도 결국에는 모두 인간의 보편적 욕구로 귀결된다는 점이다. 즉 그들은 안전하고, 수용되고, 연결된 느낌을 얻고자 한다.[16]

이런 욕구는 원시적이고 보편적이지만, 현대사회에서는 충족시키기가 쉽지 않다. 예를 들어 요즘 '외로움 전염병'이 대유행이라는 경고를 자주 접한다. 미국인의 절반 이상이 외로움을 느낀다.[17] 예전에는 더 끈끈한 사회적 유대를 보여주던 공동체, 이웃, 종교 생활과 같은 제도적 참여도가 점점 떨어지는 추세다.[18] 사람들은 필터와 조명으로 무장한 비현실적 인플루언서와 자신의 평범한 삶을 비교한다. 소셜미디어는 이런 식으로 사람들의 영혼이 피폐해지게 한다.[19] 그러다 전 세계에서 전염병이 대유행하면서 서로가 완전히 고립되어 세상이 확연히 조용해졌다.[20] 자연히 사람과의 연결을 찾는 일이 물살을 거슬러 헤엄치는 것처럼 여겨졌다.

흥미롭게도 완벽주의는 연결의 대용품을 제공하기도 한다. 완벽주의는 우리가 최선을 다해 바람직하게 행동하고, 생각하고 느끼고, 좋은 품행을 유지하도록 부추기며, 이를 통해 인정받고 성취감과 찬사를 누리게 한다(적어도 거절과 비판으로부터 자신을 보호하는 것처럼 보이게 한다). 그러면 우리는 안전하고 수용되고 연결된 느낌을 받는다. 하지만 시간이 지나면서 인정과 성취감과 찬사가 마치 마음의 패스트푸드처럼 느껴진다. 즉 매력적이지만 진정한 영양가와 만족감이 떨어진다.

게다가 우리는 완벽주의에 배신당하기도 한다. 받아들여지기 위해 열심히 노력했다는 바로 그 이유 때문에 오히려 단절감을 맛본다. 이것은 잘못된 방향이다. 소속감을 느끼고 싶을 뿐인데 완벽주의는 우리를 #목표 달성을 향해 몰아간다. 그저 받아들여지고 싶을 뿐인데 완벽주의는 우리에게 집단에 들어가려면 무언가를 잘해야 한다고 말한다. 애써 타인의 비판을 피해 안전해지려 하지만, 완벽주의는 우리를 끊임없는 자아비판에 놓이게 한다. 전반적으로 완벽주의는 공동체의 유대감보다 개인의 주체성을 우선에 두고, 사람보다 목표를 우선에 두어야 사회적 연결을 찾을 수 있다고 속삭이는 세이렌의 노래와 같다.[21] 완벽주의는 개인의 문제로 보이지만 사실은 사회적 문제다.

나의 내담자 중 완벽주의의 무게에 짓눌린 사람들은 모두 열심히 일하고, 세심한 마음 씀씀이로 남들에게 잘하려 애쓰는 멋진 사람들이다. 하지만 정작 그들은 스스로가 얼마나 유능하고 매력적인지 알지 못한다. 완벽주의는 그들이 자신을 평가하는 기준으로서 마치 고슴도치가 입은 비옷 같은 그들의 자아감에 구멍을 숭숭 낸다.

따라서 이 책의 목표는 완벽주의의 거짓 약속을 파헤치는 대신 가능한 대안을 제시하는 것이다. 이 책은 《지나치게 불안한 사람들》이 멈춘 부분에서 다시 이어가려 한다. 사회공포증의 핵심이 완벽주의이기 때문이다. 사회공포증을 깊이 들여다보면 결코 충분히 괜찮지 않다는 인식, 우리를 남들과 분리하는 왜곡된 인식에 그 시작점이 있음이 드러난다.[22]

완벽주의 해체 작업은 가끔 닭에게 양말 신기기처럼 좌절감을 맛보게 하는 불필요하고 통제 불가능한 일로 느껴진다. 우리가 흔히 사용하는 완벽주의 전략, 즉 밀어붙이고 내면의 규칙서를 따르고 체크리스트를 완성하려는 전략은 갑작스레 붕괴한다. 얄궂게도 완벽주의야말로 우리가 가장 해결하지 못할 것 같은 문제로 보인다. 브리티시컬럼비아주 트리니티 웨스턴 대학교에서는 65세 이상 참가자 수백 명을 몇 년에 걸쳐 추적하는 흥미로운 연구를 했다.[23] 그 결과 완벽주의 수준이 높은 사람은 연구 기간에 사망할 가능성이 더 컸지만, 성실성이 높은 사람들은 사망할 가능성이 더 낮았다. 오히려 희망찬 결과가 나온 것이다. 해답이 생각보다 가까이에 있다는 뜻이기 때문이다. 성실성은 이미 완전히 구축되어 있고 상당히 능률적이다. 완벽주의를 벗겨내 그 아래 있는 성실성을 드러낼 때 삶은 더 나아지고, 행복해지며, 만족스러워진다. 그뿐 아니라 더 오래 이어질 수도 있다.

따라서 앞으로 이 책에서는 우리에게 효과적인 부분은 유지하고 그렇지 않은 부분은 재구성하는 방법을 제시할 것이다. 다행히 효과적인 부분이 많으며 '모두 삭제' 키를 눌러 자신의 모든 것을 다시 시작할 필요는 없다. 성실성과 인내, 탁월함에 대한 헌신이라는 드림팀 같은 자질을 활용만 하면 된다. 강력한 직업윤리와 세세한 부분에 대한 관심도 그대로 유지시킬 것이다. 원래 있는 능력은 활용하고 새로운 능력은 발굴해 키울 것이다. 죄책감 없는 휴식과 목적 없는 즐거움, 불안 없는 유연함, 과평가 없이 성공(과 실패)을 받아들이는 법, 실수를 용서하는 법(자신과 타인 모두에게), 그리고 자신을 더 다정하고 온화하게 대하는 법 등이 그것이다. 우리는 자를 든 내면의 엄격한 수녀를 대신해 약간의 친절을, 내면의 채찍을 대신해 약간의 여유를 허락할 것이다. 삶이라는 거대한 과업과 우리 자신을 진지하게, 동시에 조금 덜 진지하게 받아들일 것이다. 물론 그 과정에서 실수도 저지를 것이다. 하지만 역설적으로 그 실수를 자연스럽게 받아들이는 태도야말로 우리를 앞으로 나아가게 할 것이다.

대다수 사람은 자신의 행동을 바로잡고 싶다는 이유에서 심리학 책을 읽는다. 하지만 당신은 그 대다수와는 다르다. 실제로 당신은 지나치다 싶게 잘 행동하고 있을 것이다. 우리 같은 완벽주의자는 자신을 통제하는 능력이 통제 불능에 이른 사람이다. 이 문제에 관해서는 나도 당신과 같은 처지임을 믿어주길 바란다. 나도 당신과 동일한 여정을 걷는 중이다. 이 책은 당신이 무언가를 잘못하고 있다고 지적하는 자기계발서가 아니다. 당신은 이미 자신을 몰아붙이고 있지 않은가. 그보다 이 책은 하나의 허락, 숨을 돌릴 때 당신의 삶이 어떨지 탐구하게끔 하는 허락이다. 열심히 밀어붙이는 것을 멈추는 시간, 성과보다 삶을 의미 있게 만드는 일에 집중하는 시간이다. 당신은 계속 완벽주의자겠지만 이제 그 완벽주의는 당신의 적이 아니라 조력자가 될 것이다. 이를 공식 용어로는 **적응적 완벽주의**adaptive perfectionism라고 한다. 단순히 말해 대가를 요구하기보다 이익을 가져다주는 완벽주의라는 의미다.[24]

내 경우 완벽주의의 강도를 낮추려는 시도는 해본 적이 없는 새로운 도전이었다. 이 책을 쓰기 시작할 때, 나는 전형적 완벽주의자의 자세로 몰두했다. 책과 논문을 몇 미터씩 쌓아놓고 읽어치웠고, 새로 배운 내용을 실천하는 데 최선을 다하기로 다짐했다. 말하자면 다른 모든 과제처럼 내 A 유형 성향을 극복할 문제로 접근한 것이다(놓아버리기 위해 더 열심히 노력하는 모습이 역설적인 것을 모르지 않았다). 전에는 내 삶에서 무언가를 바꾸고 싶을 때(팟캐스트 개설, 체력 단련, 연구 경력의 글쓰기 전환) 체계적으로 접근하여 목표를 설정하고, 일을 시작하고, 할 일을 하나씩 지워나갔다.

그런데 이번에는 애초에 체크 표시를 하고 지워나갈 목록이 없었다. 체크리스트 자체가 문제였다. 밀어붙이기보다 있는 그대로 놔두는 법을 익혀야 했다. 목표를 향해 나아가기보다 목표 설정을 뛰어넘어 가치와 즐거움, 공동체 등에 집중해야 했다. 모든 일을 혼자 다 하려 들기보다 남들에게 내 취약한 모습을 보여줘야 했다. 내 안의 규칙을 따르기보다 좀 더 유연해져야 했다. 내가 거쳐온 과정을 세상에 보여주어 최종 정답만 강조하기보다 과정에서 발생하는 좌절과 문제점도 드러내야 했다.

내 안의 성실한 자아는 몇 가지 변화에 쉽게 적응했다. 나는 수면과 운동을 중시하며 더 이상 담배와 카페인에 기대지 않는다. 친구들에게 내 실수와 성공 모두를 솔직히 말하려 한다. 물론 여전히 할 일 목록을 만들기는 해도 지금은 시간순으로 정리하거나 마무리하지 못한 일에 매달리기보다는 내가 이룬 부분을 보려 한다.

또 비효율적으로 계속 밀어붙이기만 하던 습관도 많이 개선했다.

최악의 시나리오를 예상하는 버릇을 내려놓으려고도 노력했다. 아이들이 화면을 너무 많이 들여다보거나 설탕을 과다 섭취했을 때도 성장 문제를 걱정하기보다 '애는 애'라는 사실을 떠올리려 애쓴다. 여전히 버거움을 느끼지만 일을 할 때면 〈내가 좋아하는 살인My Favorite Murder〉이라는 팟캐스트를 들으며 나 자신을 훨씬 너그럽게 받아들인다. 동료들에게 업무를 맡기고 함께 일하다 보면 예전에는 왜 이렇게 하지 않았는지 의아해진다. 비판을 꾹 참고 방어적으로 반응하기보다 수긍이 가는 지점을 찾아보려 한다. '치료사의 치료사'를 찾아가 나 혼자 모두를 돌보겠다는 생각을 내려놓고 마침내 누군가의 돌봄을 받도록 허락한다.

한마디로 나는 쉬는 법을 배우는 중이다. 손을 내밀어 도움을 청하는 법을 배운다. 강렬한 인상을 주기보다 진솔해지는 법을 배운다. 더 발전하려고 애쓰기보다 순간을 즐기는 법을 배운다. 나 자신에게 더 많은 자유를 주고, 스스로의 실수에 웃어넘기는 법을, 혼란을 더 많이 드러내는 법을 배운다. 인생의 줄다리기에서 더 세게 잡아당기지 않고 줄을 느슨하게 풀어놓는 법도 배운다.

프라이버시를 중시하는 내가 이처럼 불안감에 대한 글을 써서 돈을 번다는 사실이 믿기지 않는다. 문득문득 이런 자각에 가슴이 철렁 내려앉기도 한다. 내 문제는 부적절하며 사람들과 멀어지게 한다는 뿌리 깊은 믿음이 존재하는 것이다. 그러다 주변을 둘러보고 실제로 벌어진 상황을 본다. 내 약점을 친구들이나 독자들과 공유하니 오히려 더 많은 사람과 연결되고 사람들에게 받아들여진다고 느끼는 것을 깨닫는다. 그들 다수는 나와 똑같이 느끼고 있었다. 내가 계속 문제를 숨기고 살았다면 이런 연결을 경험하지 못했을 것이다.

이 책을 활용할 때 일러둘 점이 몇 가지 있다. 우선 우리 같은 완벽주의 성향의 사람들은 흔히 모든 것을 근본적으로 뒤집어 대대적 개조나 완전한 변화를 기본값으로 설정하려 든다. 하지만 사실 우리에게는 자기계발 프로그램이 필요하지 않다. 우리는 이미 좋은 자질을 갖추었고(성격 유형으로 볼 때 성실성은 최선의 자질이다), 이미 근면하며, 세심하게 배려할 줄도 안다. 변화라고 해봐야 자잘한 조정이 필요할 뿐이다. 5퍼센트 정도만 자신을 덜 몰아붙이거나, 10퍼센트 정도만 자신에게 더 관대해지면 충분하다. 이 책을 다 읽고도 당신은 겉보기에 아무것도 달라지지 않았을 수 있다. 그저 좀 더 유연하고 여유로운 마음가짐으로 접근하는 것이 바뀐 점이다.

다음으로, 당신은 내려놓는 태도에 대해 양가감정을 느낄 수도 있다. 많은 내담자가 말한다. 현재의 자신에 이르게 한 원동력을 완벽주의로 생각한다고. 이런 마음도 충분히 이해한다. 최선을 다하고 열심히 노력할 때 사회의 보상이 돌아온다. 나 역시 이런 식으로 먼 길을 왔다. 수면 부족, 사람들과 단절된 느낌, 매번 설렁설렁 일했다는 자괴감 등에 시달리지만 알고 보면 정말 많은 일을 해냈다. 그러니 양가감정을 느껴도 상관없다. 다만 이 책에서 제안하는 사고방식의 전환과 실험은 시도해 보기 바란다. 장담컨대 이 책을 다 읽고도 당신은 파자마에 과자 부스러기를 흘린 채 소파에 늘어져 있는 사람으로 변하진 않을 것이다. 해보고 마음에 들지 않으면 다시 원래대로 돌아가도 된다. 아무 문제 없다.

마지막으로 이 책을 읽으면서 자신이 110퍼센트 애쓰는 사람이란 사실을 발견했을지도 모른다. 이 책과 관련된 프로그램을 시행하겠다고 다짐할 수도 있다('하루 한 장씩 읽겠어' '다음 장으로 넘어가기 전 각 장에 나온 모든 내용을 실행하겠어' 등). 도움이 된다면 좋지만 그로 인한 압박감과 조건 때문에 이 책을 끝까지 읽기 힘들지 모르니 잘 살펴보자. 사실 "더 노력할수록 더 좋은 결과가 나온다"는 신념은 이 책을 읽는 동안은 방해가 될 수 있다. 그러니 처음부터 끝까지 읽기보다 마음에 와닿는 부분을 중심으로 읽는 편이 낫다. 이 책의 각 장을 식당 메뉴처럼 생각하면서 읽고 싶은 부분을 골라 읽어도 좋다. 화장실에 두고 짬짬이 들춰보아도 나는 전혀 기분 나쁘지 않다.

지금 이 순간 내가 모든 것을 완벽히 이해했다고 말한다면 거짓이다. 나는 완벽한 불완전주의자가 아니다(사실 이 개념 자체가 머리 아프다). perfection(완벽)이라는 단어는 그리스어 teleiōsis(완성)에서 유래했는데 그 어근인 telos는 끝이나 '목표 goal'로 번역할 수 있다.[25] 하지만 현대 번역에서는 '목적 purpose'이나 '성숙 maturity'으로 해석하는 경향이 있다. 이 단어는 흠잡을 데 없는 최종 걸작을 암시하기보다는 지혜와 의도를, 결과보다는 과정을 의미한다. 나는 여전히 고군분투 중이지만 이 책에서 다룬 변화를 실천하려고 애쓴 후 이제는 조금씩 길을 찾고 있다고 자부한다.

완벽주의가 가장 원하는 상태는 아무런 조건 없이, 어떤 성과를 내놓지 않고도 여전히 안전하고 수용되고 연결된 상태다. 당신은 참 오래 열심히 살았다. 당신을 **당신답게** 만들었던, 열심히 일하고 높은 기준을 충족시키려는 자세를 버리라는 말이 아니다. 다만 그 안에서 여유와 즐거움, 공동체, 연결을 위한 공간을 만들어보길 권한다. 이제 당신 자신과 당신의 삶으로 돌아올 때다. 숨을 깊이 들이마시고 주위를 돌아보며 뼛속까지 느껴보라. 나는 나인 채로 가치가 있다. 나는 **충분하다.**

2장

완벽주의자의 7가지 특징

판차넬라, 시저 샐러드, 젤로 샐러드…, 샐러드 종류가 이처럼 다양하듯이 완벽주의도 셀 수 없이 다양한 형태를 띤다. 완벽주의에 시달리는 100명을 한 줄로 세우면 100가지 형태의 완벽주의가 드러난다. 예를 들어 우리 완벽주의자 중에는 세세한 부분에 집착해 오타, 예의범절에 어긋나는 실수, 삐뚤어진 그림 따위를 찾아내는 사람이 있지만 모든 완벽주의자가 그렇지는 않다. 도움을 요청하거나 호의를 받아들이거나 남에게 업무를 맡기는 것이 어려워 어떻게든 혼자서 모든 일을 해내려는 사람이 있는가 하면, 남들에게 항상 좋은 모습만 보여주려고 안간힘을 쓰는 사람도 있다. 어떤 사람들은 속이 곯아 터지면서도 겉으론 아무렇지 않은 척 발버둥을 치기도 한다. 이런 조합은 끝이 없고, 그 결과는 프랑스 지역의 니스식 샐러드와 중동 지역의 타불레 샐러드만큼이나 다양하다.

    여기서 주목해야 할 사실이 있다. 지금 우리는 완벽주의의 특성과 습관에 대해 도덕적 판단을 내리려는 게 아니라는 점이다. 이 책에서 논의하는 대다수의 완벽주의 성향은 세상을 살아가는 데 유용하고 가치 있다. 다만 습관이 지나치게 경직되고 기대치가 비현실적으로 높아지면 우리에게 불리하게 작용하기 시작한다. 다시 말하지만 우리의 성향 중 어떤 것도 근본적으로 나쁘지는 않다. 사실 그중 대다수는 꽤 긍정적이며, 개인이 이런 성향을 어떻게 **활용**하는지가 중요하다.

    다시 샐러드 이야기로 돌아가자. 샐러드와 완벽주의자는 모두 무수히 다양한 형태를 띨 수 있다. 하지만 샐러드가 기본적으로 여러 재료를 드레싱 하나로 버무린 요리이듯이, 완벽주의 역시 몇 가지 공통된 성향으로 연결된다. 다음 쪽의 도식을 보자. 옥스퍼드 대학교의 동료 연구자들인 로즈 샤프란, 자프라 쿠퍼, 크리스토퍼 페어번 박사의 연구를 기반으로 한 이 도식이 빠른 이해를 도와줄 것이다.[1] 이는 과평가와 자기비판이라는 두 가지 핵심 성향을 중심으로 높은 개인적 기준, 전부 아니면 전무인 자기평가, 회피로 겹겹이 둘러싸인 심리 구조를 보여준다. 내담자들에게 이 도식을 보여주면 거의 모두가 "이건 딱 내 모습이에요"라고 답한다.*

---

*   그리고 "이 도식을 이메일로 보내주실 수 있나요?"라고 묻는 사람들도 많았다.

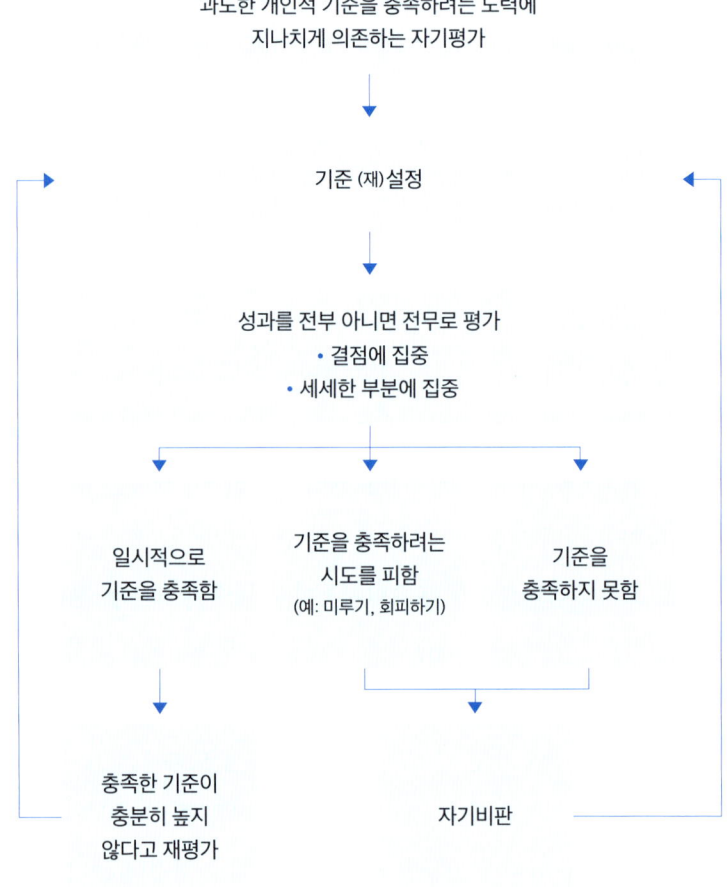

여기서 끝이 아니다. 연구 문헌과 나의 연구실 그리고 이 책에서도 이런 완벽주의 사이클과 함께 나타나는 일곱 가지 공통된 경향성을 발견할 수 있다. 완벽주의에 시달리는 사람이라고 해서 다음 일곱 가지 영역 모두에 해당하진 않겠지만 많은 항목에 공감할 것이다. 어떤 진술은 검증된 자기보고 질문지에서 요약한 것이다.[2] 다음 예시를 보면서 내 얘기라는 생각에 눈이 번쩍 뜨인다면 완벽주의가 당신의 사생활과 인간관계에서 중요한 비중을 차지할 가능성이 크다.

첫째, 자신과의 과도하게 비판적인 관계가 타인에게도 가혹한 태도로 이어질 수 있다. 다음 중 와닿는 문장이 있는가?

- 나는 실수하거나 잘못된 행동을 할 때 심하게 자책하거나 과도한 죄책감을 느끼거나 공황 상태에 빠지는 편이다.
- 나는 대다수 사람보다 상황을 더 심각하게 받아들이고 문제나 실수, 갈등에 더 오래 영향받는다.
- 나는 자주 내 아이디어나 업무, 성과가 충분히 괜찮지 않다고 생각한다.
- 나는 비판받을 때 위축되거나 남들을 탓하거나 방어적으로 반응하는 편이다.
- 나는 통제적이다, 지나치게 꼼꼼하다, 까다롭다, 비판적이다 등의 말을 많이 듣는다.
- 나는 속으로만 생각하든 겉으로 드러내든 혼자서 판단을 많이 한다는 점을 인정한다.

따라서 변화 1 '비판보다 친절에 익숙해지기'에서는 스스로에게 좀 더 관대해지는 법을 배울 것이다. 자신을 끊임없이 바꾸려는 시도뿐 아니라 가까운 사람들을 바꾸려는 시도도 멈출 것이다(우리 중 누구도 그렇게 해보지 않았겠지만). 비판이라는 잘못된 신념에 도전하고, 지금까지 자신을 판단하면서도 여기까지 왔다는 사실을 배울 것이다.

두 번째는 **과평가**다. 완벽주의자는 자신과 성과를 과도하게 동일시한다. 한 인간으로서 우리의 가치는 스스로 정한 모든 까다로운 기대를 충족했는지에 따라 등락을 거듭한다. 우리는 수용과 연결을 얻기 위해 과평가를 하지만, 역설적으로 이 모든 노력과 애쓰는 과정이 오히려 사람들과 가까워지는 것을 방해하고 나아가 스트레스를 유발할 뿐이다. 다음 진술에도 당신은 고개를 끄덕일 것이다.

- 내 성과(일, 성적, 체력, 외모, 집, 내가 즐기는 활동 등)가 내 성격이나 도덕성, 한 인간으로서의 나를 말해 준다.
- 나는 최선을 다하는 것과 일을 제대로 하는 것 사이에는 사실상 큰 차이가 없다고 생각한다.
- 나는 평소 나 자신을 가치 있는 사람으로 여기지만, 어떤 일을 잘 해내지 못하면 스스로를 무가치하거나 어딘가 잘못된 사람으로 느낀다.
- 나는 어떤 것을 바로 이해하지 못하거나 잘하지 못할 때 스스로를 탓하는 편이다.
- 나 자신에게 불가능한 기대를 하거나 정해진 마감일에 일을 마치지 못했을 때 스트레스를 받는다.
- 나는 어떤 일을 신중히 하면서도 뭔가 제대로 하지 못했다고 느낀다.

- 나는 목표나 성취를 향해 나아가야만 옳다고 느낀다.
- 나는 항상 무언가를 개선하려고 애쓴다(건강, 수면, 옷차림, 사회생활, 수입 등).

변화 2 '일과 성과는 당신이 아니다'에서는 '나는 곧 내가 하는 일이다'라는 사고방식에서 벗어나 의미 있는 삶으로의 방향 전환을 꾀할 것이다. 관계에 더 집중하고, 그럼으로써 즐거운 시간을 보낼 수 있다.

세 번째는 **규칙 지향**이다. 완벽주의자는 삶의 당위에 민감하게 반응한다. 의무와 책임으로 여기는 일을 신속히 정조준하며 체크리스트를 열정적으로 하나씩 완수한다. 아니면 회피하려다 아예 마비가 되어버린다. 예를 들어보자. 당신과 친구가 집을 완벽히 깨끗하게 유지해야 한다는 규칙에는 모두 동의했다. 당신은 조리대를 반짝이게 청소하고 밀폐용기들을 잘 정리해 그 규칙을 실현한다. 반면에 친구는 "어차피 다 못 할 텐데 뭐하러 애를 쓰지?"라고 말하며 다 포기해버리고 어수선한 집에서 산다. 이와 관련해 다음 진술이 익숙할 수도 있다.

- 나는 규칙과 기대를 파악하고 그것을 따르고 싶어 한다.
- 나는 고집이 세고, **융통성이 없고**, 자기 방식만 고집한다는 말을 들은 적이 있다.

- 나는 일을 제대로 하거나 올바르게 하는 것이 중요하다고 생각한다.
- 나는 일상적 작업에서 대다수 사람보다 높은 성과를 기대한다.
- 어떤 일을 해야 한다는 압박감이 들면 때로는 마지못해 하거나 아예 하지 않는 식으로 저항하거나 반항한다.

변화 3 '"해야 한다"에서 "하고 싶다"로 이동하기'에서는 '내면의 규칙서'를 다시 쓰면서 욕망을 당위로 왜곡하는 습관을 멈추고, 과도한 책임감을 적정한 책임감으로 되돌릴 것이다. 그리고 우리가 주저하는 이유를 배우고 그런 상태에서 어떻게 벗어날 수 있는지도 알아볼 것이다.

네 번째는 **실수에 대한 집착**이다. 완벽주의자는 실수를 하지 않으려고 열심히 노력하고, 과거의 실수를 깊이 후회한다. 다음과 같은 진술이 와닿지 않는가?

- 나는 내가 한 말이나 행동에 대해 걱정할 때가 많다.
- 나는 실수를 했을 때 위축되고, 남 탓을 하고, 방어적 태도를 보이는 편이다.
- 나는 사람들에게 내가 잘하고 있는지 혹은 올바르게 하고 있는지 자주 묻는다(안심하기 위해).
- 나는 실수를 개인적 실패라 느끼고, 실수가 내 성격의 부정적인 면을 드러낸다고 생각한다.

- 나는 지나치게 사과하거나, 아예 사과하지 않는 양극단을 오간다.
- 나는 대다수 사람보다 상황을 심각하게 받아들이고 문제나 실수, 갈등에 오래 영향받는다.
- 나는 결정을 내려야 하는 순간(예: 선물을 고르는 사소한 일부터 직장을 선택하는 중대한 일까지) 멈추거나 막힐 때가 있다.

변화 4 '과거와 미래의 실수 놓아주기'에서는 과거의 실수와 후회되는 일을 용서하는 법을 배우고, 실수와 난관이 개인적 실패를 의미하지 않음을 깨달을 것이다.

다섯 번째는 **미루기**다. 이건 꽤나 명확한 성향이다.

- 나는 불안하거나 무능함이나 압박감을 느낄 때 일을 자꾸 미룬다.
- 나는 어떤 일을 어디서 어떻게 해야 할지 모를 때, 성공에 대한 의구심이 들 때 자주 가로막힌다.
- 나는 더 큰 목표나 중요한 일에 집중해야 하는데도 사소한 일에 시간을 허비한 적이 많다.
- 나는 미루기 문제에 자주 시달린다.

변화 5 '미루기보다 시작에 힘을 얻기'에서는 미루기가 시간 관리의 문제가 아니라 감정 관리 및 미래의 나와 연결되는 문제라는 사실을 배울 것이다.

여섯 번째는 자신을 남들과 비교하는 것이다. 이 또한 명확한 성향이다.

- 나는 인간관계나 소셜미디어를 접한 후 내가 충분히 괜찮지 않다고 느낄 때가 자주 있다.
- 나는 남들의 성취와 실패를 통해 내가 충분히 잘하고 있는지 판단한다.
- 나 자신을 내가 아는 사람들과 비교할 때 고립감과 외로움을 느낀다.

비교는 불가피한 것일지 모른다. 하지만 변화 6 '비교에 집중하지 않기'에서는 비교로 인해 스스로를 한심할 정도로 부족하다고 여기거나 황당할 정도로 우월하다고 느끼는 악순환을 끊는 법을 배울 것이다.

마지막으로, 제대로 해내려는 열망은 감정에서도 나타난다.

- 나는 힘든 상황에서도 남들은 나보다 더 힘들다면서 나 자신이 힘들어하는 것을 용납하지 않는다.
- 나는 모든 것을 쉽게 잘하기를 기대한다. 불안해하거나, 확신하지 못하거나, 자신감이 부족하면 안 되고, 남들이 어떻게 생각할지 신경 써서도 안 된다고 여긴다.
- 나는 화가 나거나 정서적으로 불안정할 때 무언가 잘못하고 있다고 생각하거나 내가 잘못된 사람이라고 생각하는 편이다.

- 나는 여가나 사교, 취미 같은 활동도 올바른 방법이 있고, 특정한 방식으로 경험해야 한다고 생각한다("나는 편안해야 해" "행복하고 아무 걱정도 없어야 해" "현재에 집중해야 해" 등).

나아가 제대로 해내려는 열망은 남들에게 감정을 표현하는 방식에서도 나타난다.

- 나는 괜찮지 않으면서도 괜찮다고 말한다.
- 사람들 앞에서 감정을 드러내는 것(울거나 화를 내거나 불안해 보이는 것 등)은 창피한 일이다.
- 겉으로는 자신감 있고 태연한 척하지만, 속으로는 혼란스러워하거나 필사적으로 애쓸 때가 많다.
- 내가 웃거나 걱정스러운 표정을 짓거나 적절한 반응을 보이는 것은 실제로 그런 감정을 느껴서가 아니라 그런 반응이 상황에 적절하다고 생각해서다.

변화 7 '감정에는 정답이 없다'에서는 모든 상황에 들어맞는 감정이 존재한다는 생각, 곧 **감정적 완벽주의**emotional perfectionism와 어떤 상황에도 약한 모습을 보여선 안 된다는 **완벽주의적 자기표현**perfectionistic self-presentation이라는 개념에 의문을 던진다. 그리고 혼자 있든 남들과 함께 있든 사회적 안전감을 형성하고 진솔하게 존재하는 방법을 알아보기로 한다.

그전에 우리의 개인적 완벽주의가 어떻게 형성되었는지 돌아보기로 하자. 이런 성향을 자연스럽게 얻었으니 과거로 거슬러 올라가 처음에 어떻게 시작되었는지 알아보려는 것이다.

3장

불안이 시작된 곳을 찾아서

감정건강센터Centre for Emotional Health가 자리한 브루탈리즘 양식의 콘크리트 건물은 시드니 매쿼리 대학교의 푸르른 캠퍼스와 극명하게 대조를 이뤘다. 건물 밖에서는 앵무새들이 유칼립투스 나무에서 노닐고, 토끼들이 풀을 뜯으며 뛰어다녔다.

건물 내부에 들어가면 감정건강센터는 구소련의 지하 비밀 실험실처럼 보였다. 천장 모퉁이에 달린 폐쇄회로 카메라가 감시하고, 문 위에서는 '실험 중' 표지판이 번쩍였다. 음산한 분위기와 칙칙한 갈색 카펫이 주는 인상과 달리, 사실 이곳은 불안증을 겪는 아이들에게 안전하고 행복한 공간이었다.

아홉 살 샬럿도 그중 하나였다. 샬럿과 비슷한 상태인 많은 어린이들이 매주 이 센터에서 치료받으면서 각자가 느끼는 걱정에 대해 호기심을 갖고, 용기를 내보며, 복잡하게 얽힌 심리를 조금씩 풀어가는 방법을 배웠다.

그런데 오늘은 조금 달랐다. 토요일이어서 주말 특유의 고요함이 감돌았으며 샬럿은 처음 시도하는 연구에 참여 중이었다.[1] 샬럿은 어린이 책상에 앉아 책자에 있는 도형을 열심히 따라 그렸다. 매사 신중하고 꼼꼼한 샬럿은 종이와 책자를 번갈아 보면서 도형을 정확하게 그렸는지 거듭 확인했다. 대각선으로 나뉜 사각형과 꼭대기에 삼각형이 얹혀 있어 유치원 아이가 그린 집처럼 보이는 사각형, 작은 마름모 따위의 도형이었다. 샬럿은 자와 지우개를 들고 사용할지 말지를 망설였다.

박사 논문을 위해 이 연구를 진행하는 대학원생 제니 미첼이 스톱워치를 들고 샬럿 옆에 조용히 앉아 있었다. "좋아, 잘했어." 미첼은 웃으며 엄지로 버튼을 눌렀다. "1분 다 됐어. 잠깐만 여기서 기다리렴. 엄마를 모셔올게."

옆방 관찰실에서 샬럿의 엄마 카일리가 단방향 거울로 딸을 지켜보았다. 카일리는 미첼에게 연구에 관해 설명을 듣고 관심을 보였다. 실험에서는 우선 첫 1분 동안 샬럿이 혼자 도형을 따라 그리게 한다. 다음 1분은 카일리가 딸 옆에 함께 앉아 지시 사항을 전달하는데 완벽주의를 유도하는 혹은 느긋한 태도를 끌어내는 지시다.[2] 마지막 1분 동안은 샬럿 혼자 있지만 머릿속에는 엄마의 지시가 생생히 남는다.

미첼이 관찰실 문 앞에 와서 말했다. "좋아요, 이제 엄마 차례예요." 딸에게 가려고 일어서는 카일리에게 미첼은 지침을 다시 한번 주지시켰다. "두 번째 1분 동안은 엄마가 도형의 정확성이나 실수에 신경 쓰지 않는다는 걸 샬럿에게 말과 행동으로 보여주세요." 그러고는 덧붙였다. "편안하고 느긋하게 앉아 계세요." 그러면서 미첼은 직접 의자에 앉아 무덤덤한 자세의 시범을 보였다. "그런 다음 샬럿이 실수해도 엄마가 걱정하지 않는다는 것을 알도록 말해 주세요. '대충 맞아도 괜찮아' '똑같이 따라 그리지 않아도 돼'라는 식으로 말씀하시면 돼요. 또 '완벽하게 하지 않으면 뭐 어때?' 하면서 샬럿이 실수를 해도 아무 일도 없을 거라고 상기시켜 주세요. 마지막으로, 샬럿이 도와달라고 해도 대신 그려주지는 마세요. 그보다는 '너 혼자서도 충분히 잘할 수 있어' 하고 격려해 주세요."

"걱정 마세요." 카일리는 몸을 푸느라 준비운동을 하듯 어깨를 돌리며 대답했다. "잘할 수 있어요."

이 실험의 배경을 알아보자. 센터의 연구 경험을 통해 미첼, 미첼의 지도 교수 수잔 브로렌Suzanne Broeren 박사와 캐럴 뉴얼Carol Newall 박사 그리고 주 연구자인 제니퍼 허드슨 박사는 많은 부모가 자녀에게 최선을 다하고, 제대로 하고, 실수를 피하라고 지도한다는 사실을 알게 되었다. 하지만 과연 이런 지도가 효과가 있을까? 아니면 아이들에게 스트레스만 줄까? 이보다 느슨하게 지도하면 아이들은 나태해지고 게을러질까? 연구팀은 이 질문의 답을 알아보기 위해 가장 가치 있으면서도 노동 집약적인 연구법을 선택했다. 실제 아이와 부모를 대상으로 무작위실험을 진행한 것이다.

연구팀은 두 유형의 양육 방식(완벽주의적 양육과 완벽주의적이지 않은 양육)이 다양한 아이들에게 미치는 영향을 알아보기 위해 샬럿처럼 불안치료를 받는 아이들뿐 아니라 학교와 스포츠팀, 커뮤니티센터에서 모집한 평소 불안이 없는 아이도 포함했다. 이로써 임상적 불안이 있는 경우와 없는 경우, 완벽주의적 양육 방식과 완벽주의적이지 않은 양육 방식의 두 축으로 된 완벽한 2×2 구조를 만들 수 있었다.

샬럿은 완벽주의적이지 않은 양육 조건에 무작위로 배정되었다. 이 조건의 주된 특징은 느긋한 지도와 낮은 압박, "나는 네가 충분히 잘할 수 있다고 믿는다"는 격려다. 카일리와 이 조건에 속한 또 다른 엄마들은 아이가 실수를 해도 태연하게 반응하고, 아이의 독립성을 믿는다는 자신감을 보여주었다.

반면 나머지 절반의 엄마들은 두 번째 1분에 관해 완전히 다른 지침을 받았다. 압박감을 높이라고 주문받은 것이다. 엄마들은 도형의 정확성에 신경을 쓰도록 요청받았다. 가령 아이에게 선이 너무 짧거나 길다고 지적하고 똑바로 그으라고 지시해야 했다. 또 실수하면 결과가 나쁠 수 있다고 일러주어야 했다. "제대로 따라 그리지 않으면 최고 점수를 받지 못해"라고 경고하는 식이다. 마지막으로 엄마들은 아이들의 그림을 가져와 직접 그리거나 고쳐주고 "제대로 그렸는지 다시 살펴봐"라고 말해야 했다.

엄마들은 각각 낮은 압박감이나 높은 압박감 조건에서 두 번째 1분을 마쳤다. 그런 다음 아이들은 세 번째 1분 동안 혼자서 새로운 도형을 따라 그렸다.

샬럿처럼 "편하게 해"라는 말을 들은 아이들은 대체로 세 번째 1분 동안 생산적 결과를 보였다. 그들은 평행사변형과 도형을 고루 잘 따라 그렸다. 반면 미첼의 관찰에 따르면, 완벽주의적 지도 조건의 아이들은 여러 번 그림을 지우거나, 종이를 구기며 다시 시작하거나, 너무 느리게 그려 종료 시간이 다가와도 아직 첫 번째 도형을 그리는 경우가 많았다.

모든 데이터를 분석하여 나온 결과는 어땠을까? 첫 번째 결과는 직관적으로 일리가 있어 보였다. 완벽주의적 지도는 임상적 불안 여부와 관계없이 **모든** 아이에게서 완벽주의적 행동을 급격히 증가시켰다. 아이들은 그림을 확인하고, 지우고, 다시 그리면서 그림 하나하나에 긴 시간을 들였다. 심지어 실험이 다 끝나고 데리러 온 엄마에게도 "제대로 한 거예요?"라고 물으며 위안을 얻고자 했다. 반면 완벽주의적이지 않은 조건에서는 이런 행동이 상대적으로 드물었다. 아이들은 그림을 그리고 나서 곧바로 다음 그림으로 넘어갔다.

그런데 두 번째 결과는 뜻밖이었다. 아이가 따라 그린 도형의 질과 정확도를 객관적으로 높여주는 것은 의외로 완벽주의적이지 않은 지도 방식이었다. 아이들에게 실수해도 괜찮다고 말해 주자 실제로는 실수 빈도가 줄어든 것이다. 반대로 완벽주의적 지도 조건에 처한 아이들은 걱정하고, 지우고, 다시 그려도 결과물을 개선시키지 못했다. 그들이 그린 그림의 질은 실험이 진행되는 동안 전혀 나아지지 않고 정체되었다.

네 가지 가족 유형

이 연구는 3분간 진행된 실험의 결과를 제시할 뿐이다. 미첼과 동료들은 완벽주의적 기대가 단기간에 아이들에게 얼마나 큰 영향을 미칠 수 있는지 보여주었다. 그렇다면 장기적으로는 어떨까? 사람들은 부모의 양육을 받으며 부모의 규칙과 기준, 기대를 스펀지가 물을 빨아들이듯이 흡수한다.

3분이 18년으로 늘어나면 어떻게 될까? 2002년 선구적 연구자 고든 플렛 박사와 폴 휴잇 박사는 어린 시절에 완벽주의가 어떻게 발달하는지 분석해 평생 스스로에 대한 가혹함의 비옥한 토양이 되는 네 가지 가족 환경을 발견했다.[3]

"그냥 도와주려는 거야"

첫 번째 가족 환경은 매쿼리 대학교의 연구에서 미첼과 동료들이 실험한 유형이다. 공식적으로는 **불안 양육 모형**anxious rearing model이라고 하지만, "그냥 도와주려는 것"이라고 주장하며 행하는 과잉보호나 헬리콥터 부모 혹은 제설기 부모(아이 앞의 모든 장애물을 치워주려는 부모)와 밀접히 연관된다.[4] 불안 양육 가정은 필요 이상으로 신중하거나, 꼼꼼하거나, 지시적이거나, '도와주려' 한다.

이사벨의 예를 들어보자. 이사벨은 불안하고 과도한 관리가 어린 딸 미아를 망가뜨린다고 확신하면서도 어떻게 멈춰야 할지 몰랐다. "며칠 전 딸아이의 놀이 주방을 정리하는데 아이가 나무로 만든 과

일을 치우고는 날 보며 '내가 제대로 했나요?'라고 묻더군요. 정말 겁먹은 표정이었어요. 너무 가슴 아팠어요." 그녀는 이어서 말했다. "딸이 어떤 일을 끝냈을 때 내가 고쳐주면 안 된다는 걸 알면서도 멈출 수가 없어요. 미술 과제까지도 단속해요." 이사벨은 자기가 생각해도 어이가 없다는 듯 덧붙였다. "며칠 전에는 미아가 정말 아름다운 그림을 그려놓고도 그 위에 갈색을 덧칠해서 망쳤어요. 나는 '망쳤다'는 말을 하지 않았지만 아이는 그 그림이 더 이상 내 마음에 들지 않는다는 걸 눈치챘을 거예요."

불안 양육 모형의 가정에서 완벽주의는 무엇이든 '올바른' 혹은 '적절한' 방식으로 해야 한다는 강박으로 나타난다. 실수하면 안 된다는 강박은 주로 비판받거나 판단받는 것을 피하고 싶다는 뿌리 깊은 동기에서 비롯된다. 하지만 부모들은 아이들을 비판에서 보호하려다 오히려 자기네가 아이들을 비판할 때가 많다.

불안 양육 모형의 가정에서는 어떤 결과가 좋고 나쁘고 별로라는 식으로 평가하는 분위기를 조성한다. "도대체 걘 왜 그런 콧수염을 기른 거야?" "그 스웨터는 싸구려 같아. 스웨터는 메리노울 소재만 입어야 해" "쟤 정말 살이 많이 쪘네" 하는 식이다. 이런 분위기의 가정에서는 가족 구성원을 비롯해 결정, 외모, 행동, 구매, 물건, 목적지, 포부 등 사람만이 아니라 모든 것이 평가의 표적이 된다.

이런 분위기에 익숙한가? 그렇다면 당신은 아마 당신이 맞닥뜨릴 모든 위험을 경고하고, 혼자 뭔가를 해보려 하면 과도하게 걱정하며, 여느 가정의 아이들처럼 많은 경험을 허락지 않는 부모 밑에서 자랐을 수 있다. 애니메이션 〈니모를 찾아서〉에서 걱정이 많은 부모 말린과 상반된 역할인 도리는 말한다. "글쎄, 그 애한테 아무 일도 일어나지 않게 해줄 순 없어. 그러면 그 애한테는 아무 일도 일어나지 않을 테니까." 불안한 부모들은 도리의 이런 가르침을 놓치고 있는지도 모른다.

"나는 칭찬받기 위해 존재해"

두 번째 가족 환경은 플렛과 휴잇의 사회적 기대 모형social expectations model이다.[5] 이런 가족 역학의 핵심은 조건부 인정이다. 성적이 좋고, 모범적으로 행동하는 '쉬운' 아이, 혹은 똑똑하고 예쁘고 매력적인 아이가 됨으로써 이 가족의 자녀들은 어른들의 시간과 관심, 칭찬과 자부심을 획득한다. 이런 역학은 아주 어린 시절부터 시작된다. 네 살짜리 아이도 "커서 뭐가 되고 싶니?"라고 묻는 이모에게 "의사요"라고 답할 때와 "스테고사우루스요"라고 답할 때 반응이 다른 것을 알아챈다. 인정받는 대답을 하면 자신이 특별하다는 느낌이 든다.

나는 여섯 살에 방과후 걸스카우트에 입단했다. 우리는 펠트지로 책갈피 만들기 활동을 하면서 갈색 나무줄기에 부엉이가 둥지를 튼 모양으로 작은 조각을 오려 붙였다. 그때 부엉이에게 빨간 나비넥타이를 오려서 붙여주는 날 보며 걸스카우트 단장님이 "정말 창의적이구나"라고 칭찬하셨다. 그러고는 부단장님을 돌아보더니 "이 아이는 정말 창의적이에요"라고 되풀이하셨다. 그날의 칭찬은 꼼꼼한 여섯 살짜리 아이인 내 성향에 열쇠처럼 꼭 맞아떨어졌다. 자부심으로 부

풀어올랐다. 동시에 내 옆자리 친구의 상처받은 표정에 당황한 기억도 난다. 단장님에 따르면 나는 창의적인 아이였다. 하지만 친구는 그런 말을 듣지 못했으니 창의적이지 않다는 뜻이었다. 당시로서는 이런 상황을 표현할 어휘를 알지 못했지만 지금 생각하면 그 칭찬은 나를 북돋아주는 동시에 그 아이와 구별했다. 나는 특별한 동시에 분리된 존재였다.

더 나빴던 것은 내가 나를 특별하다고 느끼는 동시에 기대의 무게도 느꼈다는 점이다. '창의적'이라는 칭찬이 어린 내게 의무로 다가왔고 앞으로 내 공작의 결과물이 '창의적'이라고 평가받지 못한다면 그 칭호를 잃는다는 사실을 직감했다. 더욱이 나는 단장님 말이 틀렸다고 증명하고, 단장님을 거짓말쟁이로 만들지도 모른다. 나는 긍정적 피드백이 좋았다. 누군들 그렇지 않겠는가? 그러면서도 단장님을 실망시킬까 봐 두려웠고, 여섯 살짜리 내 마음은 그런 기대를 영원히 충족시켜야 한다는 압박감에 겁을 먹었다.

이건 나만의 이야기가 아니다. 수학을 잘하는 학생은 한 문제만 틀려도 실망한다. 지역 리그의 하키 골키퍼는 지난번 골이 막지 못한 최후의 골이 되게 하겠다고, 정말로 다시는 퍽(아이스하키 원반)이 골문을 통과하지 못하게 하겠다고 맹세한다. 평소 외모로 칭찬받는 사람은 바지 사이즈가 몇 치수만 늘어나도 실패자라고 자책한다.

이러한 감정은 때로는 거의 알아채지 못할 만큼 미세하다. 나의 내담자 마일로는 여느 내담자라면 부러워할 가정에서 자랐다. 부모님은 다정하고 자상했으며, 마일로는 부모님이 바쁘기는 해도 자신을 사랑하고 좋아한다는 데 한 치 의심도 없었다. 마일로가 자라는 동안 이 가정에서 명시적으로 드러난 조건은 단 하나, 바로 좋은 성적에 대한 보상이었다. 부모님은 A를 받으면 20달러, B를 받으면 10달러를 주었다. 그 밖에도 미묘한 조건들이 존재했다. 가령 고등학교 수영팀에 들어간 마일로가 수영에 흥미를 잃고도 계속 남은 이유는 그가 학교 대표 선수인 것을 어머니가 매우 자랑스러워했기 때문이다.

마일로의 아버지는 말했다. "네가 무슨 일을 하건 괜찮다. 청소부가 되고 싶어도 좋아. 다만 뭘 하든 최고가 되거라." 아버지는 좋은 뜻으로 한 말이지만 결국 '네가 하는 일에서 최고가 되지 못하면 너는 가치가 없어'라는 메시지로 들렸다. 학교 선생님들도 비슷했다. 마일로가 대수학 시험을 크게 망친 적이 있는데 교사가 시험지를 돌려주며 놀랍고 재밌다는 듯 말했다. "이건 너답지 않은데." 지나가듯 가볍게 던진 말이지만 마일로는 큰 충격을 받았다. 교사의 표정과 말투는 그에 대한 실망감을 전달했다.

이런 상황은 특별한 예외라기보다 알고 보면 꽤 가벼운 일화에 속했다. 하지만 마일로는 남들을 기쁘게 하고 실망시키지 않으려는 성향이 강한 편이라 어른들의 인정이나 실망을 예민하게 감지했다. 주변 어른들은 다들 온화하고 너그러운 편이었다. 그랬기에 오히려 사람들을 기쁘게 해야 한다는 견디기 어려운 중압감에 시달렸다.

마일로는 남들을 기쁘게 하거나 비판을 피하는 일이 아닌 진짜 하고 싶은 일을 스스로에게 허락하는 데 여전히 어려움을 겪는다. 그는 즐겁고 흥미로운 활동보다는 명확한 결승선이나 최종 결과물이 있는 활동을 선택한다. 즉 단계별로 더 높은 가라테 띠를 따고, 하프 마라톤에 참가하는 등 측정 가능한 성취가 있는 활동들이다.

한편 더 극단적 조건도 있다. 일부 가정에서는 극심한 압박을 가해야 다이아몬드를 만들어낼 수 있다고 믿는다. 나의 내담자 이반의 사례를 보자. 그는 경직된 표정의 육십 대 남자로 눈에 띄는 형광색 넥타이를 즐겨 맸으며, 극심한 불안증에 시달렸다.

이반은 공산주의 시대의 불가리아에서 태어났다. 출생 직후 아버지가 돌아가셨고 어머니, 누나와 함께 경제적 안정을 위해 고군분투하며 살았다. 어머니는 아들의 좋은 성적만이 가난에서 벗어날 유일한 길이라 믿었고, 이반은 어머니에게 사랑받는 것이 자신의 성적표에 달려 있음을 알았다.

덧셈과 뺄셈을 연습할 땐 어머니가 옆에 앉아 지켜보며 틀릴 때마다 손바닥을 때리고 "다시 해봐"라고 윽박질렀다. 세월이 흐르면서 이런 조건은 산수에서 초등학교 성적으로, 대학 입학으로 점차 진화했다. 오로지 성과만이 중요했다. 어느 날 어머니는 여자 친구와 어울릴 게 아니라 공부를 해야 한다면서 손에 집히는 대로 들고 아들을 때렸다. 마침 그녀는 저녁 식사거리로 준비한 소시지를 들고 있었다. 굴욕적이고 수치스러운 기억이지만 어떤 면에서는 당연히 효과가 있었다. 사랑이 성과에 달려 있다고 믿는 아이는 그 성과를 위해 온 힘을 다할 테고, 결국 잘 해낼 것이다. 결과적으로 이반은 저명한 엔지니어가 되었고, 공산주의 체제 붕괴 후 미국으로 건너가 안정된 삶을 구축했다. 어머니와 누나도 불러 가족에게도 안락한 삶을 제공했다. 하지만 이반은 극심한 불안도 함께 가져왔다.

현재 이반은 언젠가 일하지 못하게 되면 명성과 수입을 잃을 테니 아내와 아이들이 자신을 떠날 거라고 믿는다. 그날 팬에서 구워지던 뜨거운 소시지처럼. 이반도 머리로는 가족이 그가 벌어다주는 돈 때문이 아니라 그의 사랑과 친절함, 그라는 사람 자체를 사랑한다는 사실을 이해한다. 하지만 이런 이해는 머릿속에만 머물러 있을 뿐 마음 깊은 곳까지 뿌리내리지 못했다.

이반의 어머니처럼 냉정하고 가혹한 부모는 아니라도 당신의 부모도 많은 것을 요구했을 수 있다. 부모가 "최선을 다하거라"라고 말할 때, 그것이 단순히 최선을 다하라는 의미가 아니라 **최고가 되라**는 뜻은 아니었을까? 혹은 당신이 성과를 내면 기뻐하면서도 신나게 놀거나, 호기심을 좇거나, 깊이 감동받을 때는 별로 관심을 보이지 않았을 수 있다. 당신은 항상 여러 가지 활동을 하며 살아야 했을 것이다. 체조나 첼로 같은 한두 가지 활동에 집중해야 했을 수도 있다. 단, 이 모든 활동의 저변에는 그 목적이 즐거움이 아니라 성과라는 사실이 깔려 있었을 것이다.*

---

* '너는 너의 성과 그 자체'라는 사고방식을 담은 에이미 추아의 책 《타이거 마더 Battle Hymn of the Tiger Mother》에서 추아는 어린 딸이 바이올린을 배우기로 한 결정을 이렇게 기술한다. "나는 루루(딸)와 상의하지 않고 주변의 조언도 무시했다." 추아가 바이올린을 선택한 이유는 딸이 흥미나 관심을 보여서가 아니라 "어려움과 성취를 과도하게 숭배해서"였다. 이 책은 사회적 기대 모형 양육 방식을 보여주는 대표적인 예로 꼽힌다. 추아의 행동은 고개를 절레절레 흔들게 할 정도로 과도해 보인다. 그러면서도 그녀는 진지하게 자기를 반성하고 통찰하는 면모를 보여주기도 한다.

당신의 성과가 변변치 않을 때 어떤 상황이 벌어졌는가? 때로 부모가 노골적으로 실망감을 드러낸다. "너한테 실망했어" "이보다는 잘할 수 있잖아" 하는 식이다. 하지만 그보다는 암묵적 실망이 크다. 부모가 한숨을 쉬거나 화제를 돌리거나 독특한 어조로 아이의 이름을 부른다. 마일로의 어머니는 그가 부적절한 행동을 할 때마다 특이한 뉘앙스를 섞어 '마일로'라고 불렀다. 극단적 실망감의 표현이었다.

가족 문화와 아이의 성격이 열쇠와 자물쇠처럼 맞물린다면 특히 쉽게 성취하는 아이에게 강력한 영향을 미친다. 영리하거나, 재능이 뛰어나거나, 조숙한 아이는 어른들을 감동시키고 그에 대한 보상으로 어른들의 시간과 관심, 호의를 얻는다. 그런 다음에는? 아이는 이 메커니즘을 이해했기에 더욱 열심히 노력한다. 어른들의 인정을 가치 있는 것으로, 어른들의 실망을 '크립토나이트'(슈퍼맨의 치명적 약점으로 그의 힘을 무력화시킬 수 있는 유일한 물질—옮긴이)로 여긴다면, 남들에게 도움이 되는 이타적인 사람이 되고 뛰어난 성과를 내는 매력적인 사람이 되는 것이 삶의 중요한 기술로 굳어질 것이다.

그러나 이런 상황은 혼란을 유발한다. 자부심은 쉽게 사랑을 흉내 내지만 사실 사랑은 성취나 성과와 상관없이 무조건 주어지는 감정이다. 자부심과 달리, 사랑은 조건부가 아니다.

부모가 정신없이 바빠서 일에만 몰두하고, 과제 중심적이고, 따뜻함과 애정 표현을 극도로 어색해하는 가정에서 자랐다면 이런 혼란은 가중된다. 아이는 머리로는 부모에게 사랑받는 줄 알지 몰라도 본능적으로 부모님의 자부심을 알아챈다. 즉 부모가 좋아하고 가치 있게 여기는 일을 했을 때 그들의 얼굴에 떠오른 관심, 보상, 친절한 말, 만족스러운 표정 등이다. 아이는 여기서 원인과 결과를 배운다. 주목할 만한 성과를 내면 긍정적 관심을 받는다, 그러면 기분이 좋아진다. 그러나 이런 상황은 조건부 메시지를 전한다.

이런 방식으로 오랜 세월 순항할 수도 있지만 결국 언젠가는 벽에 부딪히고 만다. 가령 미적분이나 주립 음악 대회, 대표팀 선발, 대학 입학이라는 벽이다. 쉽게 성취하는 경험에 익숙하다가 갑자기 버거운 상황에 놓이면 이를 개인의 문제로 받아들이게 된다. '왜 나는 이걸 못 할까?'라는 좌절감에서 던진 질문은 '나는 원래 이 일을 잘하지 못한다'는 결론으로 이어질 수 있다. 플렛과 휴잇, 그들의 동료 연구자인 데보라 스토넬리 박사는 미국의 4학년과 7학년 학생들을 대상으로 한 연구에서 자신과 가족에게 받는 성취에 대한 압박감이 높은 수준의 두려움 및 슬픔과 연관된다는 결과를 발견했다.[6]

2018년 〈하버드 비즈니스 리뷰〉의 한 기사는 일류 기업들의 채용 전략을 언급했다.[7] 기업의 이사회에서 공개적으로 언급하진 않았으나 이 전략의 대상은 '불안정한 과잉 성취자'라고 하는 사람들이었다. 이들 불안정한 과잉 성취자는 동기 수준이 높고, 자제력이 남달랐다. 이들은 장시간 일하고 뛰어난 성과를 낸다. 기사는 이렇게 표현한다. "기업은 이들 불안정한 과잉 성취자에게 사실상 이렇게 말한다. '업계 최고인 우리가 당신을 원한다면 당신도 최고라는 뜻입니다.'" 그러나 이 전략은 착취에 가까운 결과를 낳는다. 이것은 사실 선의에서 시작된 부모들의 의도와는 거리가 멀다.

불안정한 과잉 성취자의 부모(마일로의 부모나 이반의 어머니 같은 사람들)에게는 공통점이 하나 있다. 바로 선의다. 하지만 지옥으로 가는 길처럼, 불안과 불안정으로 가는 길도 선의로 포장되어 있다. '너는 존재 그 자체로 충분하지 않아' '너는 성취와 외적 상징이 있어야만 충분히 괜찮은 사람이 될 수 있어'라는 메시지다. 결국 네가 무엇을 하는지가 네가 누구인지보다 더 중요하다는 메시지이기도 하다.

"내가 잘해야 안전해져"

세 번째 가족 환경은 학대받거나 극단적이거나 불안정하거나 혼란스러운 가정이다. 이런 가정에서 자란 아이는 부모의 중독과 정신 질환, 건강 문제, 양육권 분쟁, 지속적 빈곤 등의 압박 요인에 대처하기 위해 독립적이고 자립적인 성향을 강화한다. 플렛과 휴잇은 이를 **사회적 반응 모형**social reaction model이라고 부른다.[8]

케이티를 만나 보자. 그녀가 여덟 살 때 부모가 이혼했는데 얼마 지나지 않아 계모가 외동딸인 케이티에게 아빠와 같이 살 것을 강권했다. 케이티는 그때를 이렇게 회상한다. "새엄마는 '우린 새로운 가족이 될 거야. 언니 오빠들이랑 한 가족이 되고 싶지 않니?'라고 했어요." 케이티는 그 말에 완전히 넘어가 친엄마에게 아빠 그리고 새엄마와 같이 살게 해달라고 애원했다. 계모가 케이티를 부른 이유는 진심으로 원해서가 아니라 친엄마의 마음에 비수를 꽂기 위해서였다는 사실은 한참 뒤에야 깨달았다. 친엄마는 결국 케이티를 보내주었다. 아빠 집에 온 첫날 계모는 매질을 했고 케이티는 그 순간 '아, 앞으로 이렇게 살아야 하는구나' 절망했던 사실을 선명히 기억했다. 예상대로 이후 8년간 그런 일이 날마다 일어났다.

계모는 몇 달 뒤 케이티는 별도로 주는 음식 말고는 절대 먹어서는 안 된다는 새롭고 독단적이고 가학적인 규칙을 정했다. 어느 날 케이티는 너무 배가 고파 남몰래 마카로니 치즈를 조금 먹었다. 계모가 곧바로 알아채고 물었다. "네가 먹은 걸 어떻게 알았냐고?" 계모는 음식 용기마다 그어진 선을 보여주며 남은 음식이 얼마나 있는지 표시해 두었다고 말했다. 케이티는 기본적인 신체적 욕구라도 충족시키기 위해 계모가 정한 규칙을 어기면 화를 촉발한다는 현실에 순응해야 했다.

흐르는 시간 속에서 케이티는 계모가 시키는 건 모두 따르고, 최대한 순종적으로 공손하게 행동하면 덜 학대받는다는 것을 터득했다. 그러다 열여섯 살이 된 케이티는 자신도 계모를 때릴 수 있다는 사실을 깨달았고 비로소 학대가 멈추었다.

케이티의 계모처럼 학대를 일삼는 가족은 아니어도 부모가 허구한 날 싸움만 하는 가정에서 자라는 아이들이 있다. 혹은 도움이 없으면 안 되는 형제자매가 있어서 자신이라도 가족의 부담을 덜려고 모든 걸 스스로 감당하는 아이들도 있다. 어떤 아이들은 맏이로서 동생들을 보살피고 심지어 부모를 돌보기도 한다.

아이들은 본능적으로 세상이 자신을 중심으로 돌아간다고 믿는다. 이는 발달 과정에서 적절한 믿음이다. 그러니 나쁜 일이 생기면 그 또한 모두 자기 탓이라고 생각한다. 따라서 아이는 자신의 행동을 바꾸고 제약함으로써 통제 불가능한 상황도 바꿀 수 있다고 믿게 된다. 당신도 케이티처럼 생각했을지 모른다. 착하고, 책임감이 강하고, 도움을 주는 사람이 되면 계모에게 학대받지 않을 거라고. 혹은 엄마가 더 이상 우울해하지 않고, 아빠의 술주정과 고함이 멈추고, 여동생의 병이 호전되고, 가족이 드디어 '정상'이 되리란 희망을 품었을 수도 있다.

현재의 상황이 어떠하든지 간에 케이티처럼 혼란이나 불안정, 위험으로 점철된 어린 시절을 보낸 사람들은 성인이 되고도 통제를 통해 위안을 얻고 생존하려 한다. 케이티의 경우 순종과 공손함이 중요했다. 다음과 같은 생각이 나타나는 경우도 있다. "이혼은 막을 수 없지만 적어도 내 몸무게는 컨트롤할 수 있어" "아빠의 분노는 막지 못해도 내 성적은 관리할 수 있어" "새엄마의 폭행을 막을 수는 없지만 적어도 학교에서는 밝고 외향적이고 친구들에게 인기 있는 사람이 될 수 있어."

이런 대처가 단기적으로는 '효과'가 있다. 혼란스럽고, 일관성 없고, 자기중심적이고, 알코올의존이나 약물의존인 가족 안에서 쏟는 통제를 위한 노력은 아이가 내외적으로 헤쳐나가는 데 도움이 된다. 아이는 내면을 통제하려고 시도하면서 자기통제감과 자존감을 유지할 수 있으며 따라서 수치심이 상쇄된다. 외적으로 이런 노력은 피해를 최소화하고, 주변인의 관심과 긍정적 평가를 획득하는 데 도움이 될 수 있다. 하지만 그 효과는 아이가 자라서 상황이 변하기 전에만 유효하다. 안전해지고 원가족에 더 이상 의존하지 않아도 되면 어린 시절 생존을 위해 사용했던 과도한 통제적 전략이 더는 도움이 되지 않는다. 아니, 오히려 방해가 되기 시작한다.

"부모님처럼 했을 뿐인데"

네 번째 가족 환경에는 완벽주의가 공기처럼 자연스럽게 스며들어 있다. 플렛과 휴잇은 이를 **사회 학습 모형**social learning model이라고 부른다.[9]

사회 학습 모형 가족의 경우 완벽주의가 날씨처럼 항상 존재하면서 선택에 영향을 미친다. 철저한 규율이나 높은 성취, 강박적 추진력을 가진 부모는 자녀에게 모범이 된다. 가족은 자녀가 그들만의 미시 문화에 스며들게 한다. 아이들은 그 안에서 성취 기준, 예의범절, 건강 관리, 정리정돈, 꼼꼼함 등 많은 것을 배우고 이를 자신의 가치관으로 내면화한다. 부모가 소매점 직원이든 대법원 서기든 비서든 국무장관이든 간에, 스스로에게 허용되는 행동이나 성과에 대한 기준이 편협한 사람 혹은 충동을 억제하고 목표를 달성하는 데서 자존감을 찾는 사람이라면 자녀에게도 이런 기준이 정상적이고 당연하다는 메시지를 줄 수 있다.

디온의 어머니는 여느 흑인 부모처럼 디온에게 두 배로 잘해야 반은 따라갈 수 있다는 주문을 주입했다. '해야 한다'와 '하지 말아야 한다'에 관한 강한 규범이 있는 어머니였다. 어머니가 디온에게 무언가를 하라고 시키면 **지금 당장** 하라는 뜻이었다. 과자를 다 먹은 뒤,

TV 프로그램이 끝난 후가 아니었다. 디온은 반드시 "네, 어머니"라고 대답해야 했다. 혹시나 나중으로 미루고 싶은 이유를 말하기라도 하면 그의 어머니는 '변명'이라고 일축해 버렸다.

디온의 어머니는 오랫동안 간호조무사로 일하면서 야간에는 학위를 따기 위해 학교에 다녔다. 이런 모습을 보여주며 아들에게도 열심히 일하는 자세를 몸소 가르쳤다. 그러면서도 한마디 불평도 없었고 어떤 감정도 드러내지 않았다. 디온은 그것을 강인함이라고 여겼다. "어머니는 바위 같은 분이었어요."

디온은 자신이 얼마나 잘하는지 알아보는 방법은 욕망과 감정을 얼마나 철저히 억누르는지에 달려 있다는 메시지를 삼투압처럼 흡수했다. 그의 어머니가 그에게 자주 쓰는 표현 중 하나는 "네가 원하는 것을 위해 희생하지 않으면, 네가 원하는 것이 희생된다"였다. "네가 널 다스리지 못하면 세상이 널 다스릴 거야"도 빈번한 표현이었다. 그중에서도 가장 좋아한 말은 "가치 있는 일이라면 제대로 해야 한다"였다.

이런 사고방식은 사회 학습 모형에 완전히 부합하지만 디온의 가족에서는 또 하나의 층위가 보태진다. 가족은 더 큰 세상 속에 있다는 사실에 유념해야 한다. 모든 인간은 각자가 처한 환경에 반응하기 마련이다. 디온의 가족처럼 인종차별이나 성소수자와 장애에 대한 혐오, 그 밖에도 각종 편견이 만연한 사회 속에서 살아간다면 자신을 증명해야 한다는 압박감은 단순한 성격 특성이 아니라 사회적으로 부과된 완벽주의의 형태로 나타난다. 끊임없이 "너는 여기 있을 자격이 없다"는 메시지를 보내는 환경에서 사는 사람들이 보이는 이해할 만한 반응이다. 디온과 비슷한 가족 안에서 자란 내담자들은 스스로 충분히 기분 좋게 느끼지 못하는 경우가 많다. 이들은 문제의 원인을 자기 안에서 찾으려 하고, 사회가 구조적 불평등을 개인의 병리로 위장한다는 사실을 알아채지 못한다.

40년이 지난 지금, 디온은 금융회사의 임원이 되어 미 동부 휴양지 마사스 바인야드에 지은 집에서 휴가를 보낸다. 그런데 문제가 생겼다. 그는 어머니가 세상을 헤쳐나가기 위해 감정을 억누르며 살던 모습을 보고 자랐지만 그가 같은 방식을 시도하자 삶이 엉망진창이 된 것이다. 그는 아내에게 이혼을 요구받은 후 나의 상담실을 찾아왔다. 아내는 "일과 나 중에 선택해"라고 압박했다. 아이들은 아빠가 자기들에게 아무 관심도 없다고 불평했다. 디온은 불만스러운 어조로 털어놓았다. "어머니의 행동을 똑같이 따라 했을 뿐인데 왜 이런 대접을 받아야 하지요?"

네 유형 중 어느 한 유형의 가정에서 자랐든, 아니면 몇 가지가 조합된 가정에서 자랐든지 간에, 이 정보는 지금의 당신이 된 이유를 이해하는 데 도움이 된다. 부모는 우리의 믿음과 기준에서 첫 번째 요소이자 가장 중대한 영향을 미치는 존재다. 그러나 가족만이 우리의 삶과 성격에 영향을 주는 유일한 요인은 아니다. 요리의 맛은 주어진 재료에서 나온다. 이제 그 이야기를 해보기로 하자.

유전자의 힘

내 어머니는 오키나와 출신 미국인으로 150센티미터가 조금 넘는 키에 늘 꼿꼿한 자세였다. 키가 190센티미터에 가까운 노르웨이계 아버지와 나란히 서면 만화의 한 장면 같다. 애초에 진화론적으로는, 조그마한 아시아 여성이 거구인 바이킹족의 아기를 임신하도록 설계되지 않았을 것이다. 어머니는 나를 낳던 때를 떠올리며 내가 성문을 공격하는 공성 망치처럼 뒤로 물러났다가 다른 각도로 다시 나오기를 반복했다고 말한다. 이렇게 몇 시간이 흐른 끝에 주치의가 어머니와 나를 불쌍히 여겨 제왕절개수술을 결정하기는 했지만, 끈질김이 내 성격의 한 부분이라는 사실은 그때 이미 명확히 드러났다.

반대로 남동생은 느긋한 성격이다. 끈질기게 밀고 나가려 한 나와 달리, 4년 후 의사가 〈라이온킹〉의 아기 사자 심바처럼 들어 올려 세상에 처음 소개할 때 동생은 곤히 잠들어 있었다. 나는 동생이 스트레스를 받는 걸 본 적이 없다. 우리는 동생의 심박수는 40이 안 될 거라고 농담을 하곤 한다. 성인이 된 동생은 응급의학과 의사가 되었는데, 어쩌면 잔잔한 삶에 자극이 필요해서였을 것이다.

우리가 빵이라면 완벽주의는 우리가 오븐 속에 있을 때 이미 스며들었다. 즉 우리의 유전자에 각인되어 있다. 완벽주의와 관련된 장애, 가령 불안이나 우울, 섭식 장애가 유전된다는 점을 입증하는 연구가 계속 발표되고,[10] 일부 연구는 완벽주의 자체도 유전될 수 있다고 암시한다.[11] 완벽주의에 관한 종합적인 답은 크루아상을 처음부터 손수 만드는 과정만큼이나 복잡하겠지만 이를 밝힐 몇 가지 단서가 존재한다. 2015년 〈정신의학 연구〉에는 일란성 쌍생아 청소년 258쌍을 조사한 연구 결과가 발표되었다.[12] 이 연구에서 자기 지향적 완벽주의(자신에게 엄격한 성향)의 유전적 영향은 남자아이의 경우 23퍼센트, 여자아이의 경우 30퍼센트로 나타났다. 사회적으로 부과된 완벽주의(남들이 자신에게 엄격할 거라고 가정한다)의 유전적 영향은 남자아이 39퍼센트, 여자아이 42퍼센트로 나타났다. 완벽주의와 불안에 관한 연구에서는 유전적 영향이 최대 66퍼센트에 이르렀고, 이런 결과는 공통된 유전자의 역할을 시사한다.[13]

문화의 힘

완벽주의라는 둥그런 피자가 있다면 유전자와 가정환경은 그중 두 조각에 불과하다. 그리고 문화의 힘도 피자의 중요한 조각이다. 문화는 무색무취 가스와 같아서 끊임없이 들이마시면서도 그것이 항상 주변에 있다는 사실을 인식하기 어렵다.

프롤로그에서 언급한 연구를 실행한 토머스 커런 박사와 앤드루 힐 박사는 지난 30년 동안 완벽주의가 지속적으로 증가하는 현상을 보여주면서 다음과 같은 가설을 세웠다. 서구 문화가 "더 개인주의적이고 물질주의적이며 사회적으로 적대적인 방향으로 변해 왔고, 결과적으로 젊은 세대가 이전 세대보다 더 경쟁적인 환경, 더 비현실적인 기대, 더 불안하고 통제적인 부모들과 직면한다"는 것이다.[14]

달리 말하면 오늘날 아이들은 헬리콥터 부모가 위에서 맴도는 가운데 압력솥 같은 환경에서 쥐 경주를 벌인다는 뜻이다. 우리는 아이들에게 무엇이든 할 수 있다고 가르치지만, 아이들의 귀에는 모든 것을 해내야 한다는 말로 들린다.

이처럼 숨 막히는 분위기는 무엇으로 이루어졌을까? 우리 문화에는 자신에게 더 가혹해지게 하는 적어도 다섯 가지 요인이 있다.

첫 번째는 평가의 문화다. 측정해야 비교할 수 있다. 정량적 측정은 어디서나 볼 수 있다. 소셜미디어의 '좋아요'와 팔로워 수, 1점에서 5점까지 점수를 매기는 온라인 리뷰, 헬스장 점수판, 매년 건강검진 후 "당신의 경험을 어떻게 평가하시겠습니까?"라는 말로 날아오는 만족도 조사 이메일 등이다. 심지어 우리 집 전기 요금 청구서에는 이웃들과 에너지 사용량을 비교한 항목도 있다. 공항 화장실에서도 웃는 얼굴과 찡그린 얼굴로 경험을 평가하도록 요구한다. 그런데 비교는 전기 요금이나 화장실 평가에서 끝나지 않고 사람들에게 확장되어 결국에는 서열화와 분류로 이어진다.

완벽주의 증가 추세에 관한 연구의 공동 연구자 힐 박사는 "오늘날 젊은 세대는 과거 어느 때보다 더 많이 평가받고 분류된다"[15]고 말한다. 공동 연구자 커런 박사는 그 결과 "성취와 이미지, 장점을 무엇보다도 중시하는" 문화가 형성되었다고 지적한다.[16]

두 번째 요소는 소셜미디어다. 여기에는 소셜미디어의 하이라이트 장면이 설정하는 까다로운 기준뿐 아니라 그에 따라 자연스레 발생하는 비교가 포함된다. 《완벽이라는 중독》의 저자 커런은 사회적으로 부과된 완벽주의의 수준이 "2005년경까지는 대체로 안정적으로 오르내리다가 이후 급등했다"고 말한다.[17]

상관관계가 인과관계를 의미하지는 않지만, 나는 직감적으로 2005년을 떠올린다. 한때 '페이스매시Facemash'라는 이름이었던 기숙사 웹사이트가 '페이스북Facebook'이라는 새 이름으로 대중화된 연도다. 같은 해 유튜브가 탄생했다. 이어서 트위터와 인스타그램, 틱톡 같은 거대 플랫폼이 글로벌 문화라는 과녁을 명중시키듯 연이어 등장했다. 이들 플랫폼은 모두 완벽해 보여야 한다는 압박감과 무대 뒤의 열등감을 증폭시켰다. 우리는 온라인에서 보내는 시간 3분의 1을 소셜미디어에 소비한다.[18] 뉴스나 스트리밍, 음악, 심지어 미심쩍을 정도로 큰 규모인 '기타' 카테고리에 들이는 시간보다도 긴 시간이다. '기타'는 아마도 포르노를 의미하는 듯하다.*

소셜미디어에는 몰디브의 수상 방갈로 사진부터 치즈도 갈아버릴 듯한 복근을 자랑하는 헬스장 셀카까지 끝없는 하이라이트의 퍼레이드가 등장한다. 현실의 퍼레이드가 그러하듯 소셜미디어는 공적 공연의 성격을 띠면서 보이고 싶은 모습만 철저히 연출해서 보여줄 기회를 제공한다. 2010년대에는 완벽한 아보카도 토스트와 떡갈잎 고무나무가 인스타그램을 휩쓸었다. 2020년대의 틱톡에서는 '차

---

* 말이 나온 김에 언급하자면 포르노는 교묘한 방식으로 완벽주의에 영향을 미친다. 특정 몸매와 사이즈에 대해 매우 구체적이고 비현실적인 기준을 제시할 뿐 아니라 아직 어린 세대에 성행위에 대한 기준을 제시하기도 한다. 이들은 섹스가 종종 엉뚱하고 애정 어린 순간일 수 있으며, 누군가는 양말을 신은 채 섹스할 수도 있다는 현실을 알지 못한다.

안에서 치폴레를 먹으며 내뱉는 즉흥적인 한마디'처럼 의도적으로 꾸밈없는 '자연스러움'을 연출한다. 이 모두가 매한가지며 핵심은 변하지 않는다. 소셜미디어에서는 점차 '진짜 삶'마저 철저히 연출되고 선별된다. 우리는 여전히 남들이 선별해서 공유한 삶과 우리의 삶을 비교한다.

완벽주의 문화를 지탱하는 세 번째 요소는 '최고의 삶을 살라'는 기대다. 2005년 〈O, 오프라 매거진〉은 '최고의 삶을 살라Live Your Best Life'라는 제목으로 베스트 컬렉션 합본호를 발행했다.[19] 이때부터 이 표현은 대중화된다(나중에는 평일 숙취나 매운맛 치토스를 먹으며 넷플릭스를 몰아 보는 행동을 조롱하는 말이 되었다). 그러다 '인생을 새롭게 바꿔야 한다' '새해에는 새로운 당신이 되어야 한다'라는 지침으로 자리 잡는 식의 더 큰 결과가 발생한다. 최고의 내가 되어야 한다는 요청은 있는 그대로의 나로는 충분하지 않다는 의미다.

'최고의 삶을 살라'는 사고방식은 '현재의 나'와 '내가 기대하는 나' 사이의 간극을 강조한다. 이것은 단순히 명상을 시작하거나 케토 다이어트를 시도하는 데서 그치지 않는다. 예를 들어 대학 학위에 대한 기대 수준을 보면, 1970년대에는 미국 고등학생 절반 정도가 대학을 졸업하리라 기대했다.[20] 2010년대에는 그 비율이 85퍼센트로 증가했다. 하지만 실제로 이십 대 후반까지 대학을 졸업한 사람 비율은 여전히 25퍼센트 수준에서 맴돈다. 한마디로 기대치는 계속 높아져도 현실은 달라지지 않으니 자신의 기대에 미치지 못하는 사람만 계속 늘어난다는 뜻이다.

네 번째 문화적 요소는 '걱정하지 말고 행복하라'는 행복 운동의 부정적 영향이다. 1998년, 마틴 셀리그먼 박사는 미국심리학회 회장 자리를 발판 삼아, 병리학에 집중하는 분위기에서 벗어나 긍정심리학의 중요성을 강조하는 쪽으로 심리학계의 방향을 바꾸려 했다.[21] 그 결과 희망과 지혜, 창의성, 용기, 끈기, 회복 탄력성, 행복 같은 주제에 대한 연구가 활발히 이루어졌다. 셀리그먼의 시도는 시의적절했으며 심리학에도 중대한 변화를 가져왔다. 하지만 그 뒤로 쏟아진 행복 실천서와 각종 매체의 기사는 늘 활짝 웃고, 마음 챙김에 힘쓰며, 불안감 없이 자신만만하게 살아야 한다는 새로운 기대 수준을 설정하는 결과를 낳았다. 지루하거나 슬프거나 어색하거나 불확실하다고 느끼면 스스로 심각한 문제가 있다고 믿는 내담자가 한동안 증가했는데 특히 청년층이 그랬다.

불행을 용납하지 못하는 마음가짐은 단기적으로 문제를 일으킬 뿐 아니라 장기적으로도 삶을 어렵게 만든다. 진 트웬지 박사는 저서 《i세대 iGen》에서 미국 12학년 학생들에게 서른 살의 행복을 그려보게 했다. 그리고 행복 기대치가 높은 집단이 실제로 서른 살이 되었을 때 상대적으로 **불행하다고** 느낄 가능성이 더 크다는 결과를 제시했다.[22] 결론은 단순하다. 기대치가 높을수록 현실이 주는 충격은 더욱 크다.

마지막으로 인종, 성적 지향, 성별, 기타 특성으로 인해 사회적 기준에 미치지 못한다고 끊임없이 말해 주는 환경도 완벽주의를 부추긴다. 이런 환경에서는 스스로 자격을 입증하고 사회의 고정관념을 깨기 위해서는 자신이 속한 집단의 대변자로 나서야 한다고 압박감을 느낄 수도 있다.

이 모든 요인이 큰 부담을 준다. 볼티모어 공립학교에서 아프리카계 미국인 청소년 약 500명을 몇 년에 걸쳐 추적 조사한 샤론 램버트, 라봄 로빈슨, 니콜라스 이알론고 박사의 연구는, 실제로 7학년의 인종차별 경험이 8학년에서는 사회적으로 부과된 완벽주의로 이어지고, 이는 다시 9학년의 우울 증상으로 이어진다는 결과를 얻었다.[23]

완벽주의는 그야말로 겹겹이 쌓인 두툼한 페스트리만큼이나 복잡다단한 성향이다. 우리 같은 완벽주의자의 내면에는 자부심을 가질 만한 요소가 많다. 게다가 완벽주의자에게는 무한한 가능성이 있다. 완벽주의자는 상황을 잘 파악하고, 앞을 내다보며, 원칙을 중시한다. 우리 완벽주의자 덕에 세상이 더 잘 돌아가는 것이다.

동시에 완벽주의자는 인간으로서 주어진 상황에 반응한다. 유전자와 성장환경, 주변 세계라는 더 큰 맥락이 파도가 백사장을 깎아 해안선을 만들듯 우리를 형성해 온 것은 지극히 당연한 사실이다. 다음 장에서는 그 해안선을 단단히 다져 폭풍우도 견디게 만드는 법을 알아볼 것이다. 하지만 그보다는 (전에는 알아보지 못하던) 해안선의 자연스러운 아름다움을 더 잘 이해하고 감상하려 한다. 비현실적 기대치를 조정하거나, 자존감을 '개선'하거나, 자기비판을 멈춰야만 변화가 가능한 것이 아니다. 그저 해안선을 새로운 시각으로 바라보기만 하면 된다. 준비되었는가? 이제 시작하자.

2부

유연한 완벽주의자를 만드는 7가지 변화

변화 1

비판보다 친절에 익숙해지기

4장

적당한 자기연민의 힘

> 궁극의 성공으로 가는 세 갈래의 길이 있습니다.
> 첫 번째 길은 친절함입니다. 두 번째 길도 친절함입니다.
> 세 번째 길도 친절함입니다.
> ―프레드 로저스, 〈채플힐 뉴스〉(2013)[1]

뉴욕 맨해튼 메이시스 백화점 주니어 드레스 코너에서 애덤은 정신이 번쩍 들며 자신이 이상한 사람으로 보였을 거라고 자각했다. 혼자 씩씩대며 주방용품과 가구, 캐주얼 스포츠웨어, 여성 액티브웨어 코너를 지나면서도 그는 혼자만의 생각에 빠져 자기가 어디에 있는지도 알지 못했다. 애덤은 또 한 번 '분노의 산책'을 하면서 자신의 '멍청한 멍청함'에 대한 화를 삭이던 중이었다. 보통은 던킨도넛 냄새가 진동하는 보스턴 다운타운 크로싱의 인도를 씩씩거리며 걸어 다녔지만, 오늘은 비가 와서 하는 수 없이 백화점에서 무릎까지 오는 시폰 드레스 옆을 걸어 다닌 것이다.

애덤은 마지막 기회라고 생각한 3개월간의 코딩 집중 과정을 마무리하기 직전이었다. 신문사를 시작으로 야구 모자 판매, 레스토랑

관리에 이르기까지, 이제껏 중도 포기하지 않은 직장이 없었다. 이제는 스스로도 일정한 패턴을 알 정도였다. 그러니까 배움의 곡선 중간에 좌절하고 스스로에게 화를 내다가 마침내 분노에 휩싸여 그만두었다. 이것이 반복되는 패턴이었다. 이번에도 그 패턴을 다시 반복하면서 하필이면 꽃무늬 미니 드레스 진열장 옆을 지나고 있었다.

"도저히 이해가 안 됐어요." 온라인 상담에 접속한 애덤은 분노의 산책을 촉발시킨 충동에 대해 말했다. "코드를 노려보는데 짜증이 치밀었어요. 머리로는 잘 알았어요. 그 코딩은 고작 20분 전에 배웠고 코딩이 쉬운 일이 아닌 걸요. 하지만 나한테 뭔가 문제가 있다는 생각을 떨칠 수가 없었어요. 왜 나는 해결하지 못할까? 같이 수업 듣는 사람들은 다 잘하는데 왜 나만 헤매지?"

내면의 비판자는 여러 모습으로 나타난다. 우리는 거친 사포로 문지르듯 자신을 가혹하게 대한다. 속으로 '멍청이!'라고 중얼거리며 자책한다. 그리고 자신의 경험을 가벼운 것으로 치부한다. '징징대지 마. 별일도 아니잖아. 나보다 훨씬 힘든 사람도 많아.' 속을 후벼파는 질문을 던진다. '난 대체 왜 이럴까?' '난 왜 이걸 못하지?' 남과 비교하면서 '그는 1년도 안 돼 승진했어. 나도 그래야 해' 혹은 '왜 나는 언니처럼 못할까?'라고 자책하기도 한다. 비현실적 기대를 설정하고 거기에 미치지 못하면 '이 나이에 집 한 채는 있어야지' '이거보다는 잘해야 해'라고 자신을 깎아내린다.

그날 아침 애덤은 컴퓨터 실습실에서 자신을 실컷 비난하고 부글부글 속을 끓이다가 결국 분노를 못 참고 뛰쳐나갔다. 훗날 그는 말했다. "그냥 모든 게 멈췄어요. '아무도 나한테 말을 걸지 않아. 난 이해를 못 하고 있고, 앞으로도 아무것도 바뀌지 않을 거야' 하는 생각뿐이었어요."

애덤은 완벽주의적 자기비판의 세 가지 주요 요소를 모두 사용했다.*[2] 첫째는 '멍청한 짓이야' '내가 왜 이러지?' 하고 퍼붓는 가혹한 비난이다. 건강한 자기비판은 일이 원하는 대로 풀리지 않았다는 사실을 인정하고 실망하면서도 다음번엔 다른 식으로 해보겠다고 다짐하는 것이다. 반면 완벽주의적 자기비판은 끊임없이 자책하고, 다음번에 더 나은 성과를 내기 위해 무의식중에 자신을 수치스러울 정도로 깎아내린다.

둘째는 '난 이걸 이해하지 못했고 앞으로도 절대 달라지지 않을 거야' 하는 **전부 아니면 전무**의 사고방식이다. 완벽주의적 자기판단은 성과에 대해 완전무결한 잣대를 들이대기에 쿠키 한 개만 먹어도 다이어트를 망친 것으로 간주한다. 이런 사람들은 첫 데이트에서 잠깐만 어색한 침묵이 감돌아도 다 끝났다고 생각한다. 오늘 오후에 논문을 마치지 못할 바에야 아예 시작하지 않는 편이 낫다고 여긴다.

셋째는 '내가 문제야. 내가 문제라고!' 하며 모든 것을 자기 탓으로 돌리는 식의 **자기 내면화**다. 애덤이 '나한테 뭔가 문제가 있어'라고 자책하는 것도 완벽주의적 자기비판이다. 이들은 시도하는 일이 어

---

* 자기비판self-criticism은 연구자와 학계에서 선호하는 용어지만, 자기판단self-judgment이나 자기비난self-blame이라는 표현에 더 공감이 갈 수도 있다. 이 장에서는 세 가지 용어를 번갈아 사용하기로 한다.

렵거나 계획대로 풀리지 않아서 문제라고 생각하기보다는 곧장 자신이 부족하다는 결론으로 넘어간다.

세 가지 중 어느 하나도 기분 좋은 접근은 아니다. 그런데도 완벽주의자들은 왜 이런 행동을 계속할까? 애덤이 매번 직장을 그만둘 정도로 자신을 비난하는 이유는 무엇일까? 월트 디즈니는 왜 직원들이 좌절하고 사기가 떨어지는 상황에서도 계속 자신을 몰아붙였을까? 그리고 나는 왜 매 순간 레이저처럼 초집중하지 못하는 나 자신이 문제라고 생각했을까? 사실은 비현실적인 일정이 문제였는데도.

우리 같은 완벽주의자는 왜 이렇게까지 자신을 몰아붙일까? 자기판단은 득이 되기도 하지만 동시에 대가를 치르게 한다. 그렇다면 어떤 득이 있기에 이렇게 자기판단을 포기하지 못할까? 일리노이 주립대 심리학 교수이자 《병리적 자기비판Pathological Self-Criticism》의 저자 레이먼드 버그너 박사에 따르면 다양한 이유가 있다. 다음 여섯 가지 이유를 살펴보자.[3]

첫째, **자기발전**을 위해 자신에게 엄격한 경우가 있다. 이를 '엄격한 사랑'이라고 표현할 수도 있지만 사실 이때 사랑은 적고 엄격함이 크다. 실수할 때 자신을 거세게 비난하면 다시는 같은 실수를 저지르지 않는다고 믿는 것이다. 하지만 이는 피아니스트가 새로운 곡을 배우면서 틀렸던 음만 기억하려고 애쓰는 격이다.[4]

둘째, **자만심을 누르기** 위해 자신에게 엄격할 수 있다. 겸손하고 교만하지 않게 성장한 사람들은 자신이 독선적이고 특권의식에 젖은 나르시시스트가 될까 봐 두려워한다. 그래서 자신을 깎아내리고, 자신의 성과를 부정하며, 건강한 자긍심마저 억누르는 것을 미덕으로 여긴다. 하지만 이는 겸손함과 자기학대를 혼동하는 태도다.

셋째, 타인의 비판을 피하기 위한 시도일 수 있다. 남에게 비판받기 전에 먼저 자신을 비판하면 비난받거나 면박당하거나 평가받거나 거절당할 위험을 피할 수 있다. 이런 일이 벌어지기 전에 이미 자기 자신을 깎아내렸기 때문이다. 얄궂게도 이들은 자신을 비판함으로써 비판의 여지를 없애려는 것이다.

넷째, **사람들의 기대치를 낮추겠다는** 의도일 수 있다. 자기판단은 스스로를 제약한다. 스스로를 부족한 사람으로 판단한다면 누구도 과도하게 큰 기대를 걸거나 많은 것을 요구하지 않을 것이다. 또한 누구도 우리를 시험에 들게 하거나 큰 실패를 겪게 할 수 없을 것이다.

다섯째, **통제력을 얻기 위한** 시도일 수도 있다. 인생의 많은 도전은 자의적이고 무작위적이어서 잘못 설정한 알람처럼 뜬금없는 순간에 신경을 건드리거나 혼란과 스트레스를 준다. 이럴 때 자신을 탓하면 자신이 그 상황에 책임이 있고 결국 상황을 통제할 수 있다는 뜻이 된다. 다시 말해 추락하는 비행기에서 뒷자리의 무고하고 무력한 승객이 되기보다 차라리 조종석에 앉는 편이 낫다고 여기는 것이다.

마지막으로 **위안의 말을 듣기 위한** 시도일 수도 있다. 칭찬을 에둘러 유도하려는 것이다. 자신을 깎아내리면 남들은 "아니 아니, 넌 정말 잘했어. 대단해"라고 격려하면서 다시 일으켜 세우려 한다. 이들은 이런 식으로 자신을 비난해서 타인의 사랑을 얻으려 한다.

결론적으로 자기비판은 우리에게 많은 것을 안겨준다. 자기비판이 우리를 발전시키고, 적절하게 행동하도록 해주고, 타인의 판단에서 벗어나게 해주고, 압박감을 덜어주고, 통제력을 주고, "너 정말 최고야"라는 칭찬을 듣게 해준다면, 나라도 그렇게 할 것이다.

몇 년 전 중국에서는 '첸 아저씨'로 불리는 한 노인이 줄담배를 피우며 마라톤을 세 번이나 완주해서 화제가 되었다.[5] 그는 담배를 피우면서 달리면 피로가 덜하고, 또 입에 뭔가 물고 있으면 호흡이 더 잘된다고 이유를 설명했다. 그는 꽤 잘 달려서 전체 참가자 중 상위 3분의 1에 들었다. 물론 담배를 피우면서 세 시간 삼십 분 안에 마라톤을 완주할 수도 있겠지만 실은 다른 방식이 더 수월하고 효과적일 것이다. 감히 추측하건대 노인의 훈련과 노력의 공로를 담배가 가로챈 셈이다.

마찬가지로 자기비판도 공로를 가로챈다. 완벽주의자는 자신에게 느슨해지면 그동안 자기비판이 막아준 위험에 고스란히 노출될까 봐 걱정한다. 성과가 나빠지거나, 자만심이 커지거나, 남들에게 비판의 여지를 주거나, 모든 동기를 잃게 되진 않을까 염려한다. 그 밖에 혹시 일어날지도 모를 온갖 불안한 일을 떠올린다. 이렇게 완벽주의자는 자기비판을 줄이면 '비밀 무기'를 잃을까 봐 두려워한다. 그러다 결국 남는 건 나태하고 평범하고 수면 부족에 시달리는 게으름뱅이 아닐까? 꼭 그렇지는 않다.

흥미롭게도 첸 아저씨는 마라톤을 할 때 담배 없이 달리면 아마도 더 좋은 체력으로 달릴 수도 있다. 마찬가지로 우리가 높은 기대에서 자기비판을 빼면 남는 것은 바로 우수함이다. 연구에 따르면 **우수함**

은 현실적이고 지속 가능하며 건강한 성취의 형태다.[6] 우수함과 완벽주의의 결정적 차이는 비판에 있다. 예를 들어 러프버러 대학교 연구팀은 건강한 운동과 완벽주의적 운동의 차이가 자기비판에 있다는 점을 발견했다.[7] 자기비판을 줄이면 오히려 기분이 좋아질 뿐 아니라 더 나은 성과를 거둘 수 있다.

그렇기는 해도 실은 내면의 비판자는 우리를 도우려 한다. 자기비판은 불친절하고, 우리의 가치를 깎아내리며, 지치게 만들기도 하지만 사실은 우리가 원하는 것과 똑같은 것을 추구한다. 바로 안전하고, 받아들여지고, 연결된다는 느낌이다. 자기비판은 자제력의 핵심 요소다.[8] 건강한 자기판단은 우리의 행동을 평가하고, 개선을 위해 고쳐나가며, 궁극적으로 사람들과 더 조화롭게 지내게 해준다. 진화론적으로 자기비판은 우리를 발전시키고, 나아가 집단을 발전시켜 결국 전체의 생존 가능성을 끌어올린다.

그러니 문제는 "어떻게 하면 자기비판을 멈출 수 있을까?"가 아니다. 우리는 여전히 자신에게 많은 것을 기대하는데 이것은 'A 유형'의 전형적 성향이다. 다만 이에 대해 몇 가지 질문을 던질 수 있다. 자신에게 더 효과적으로 말할 방법은 없을까? 자기비판은 우리가 필요로 하는 것을 가져다줄까? 자기비난이 우리에게 안겨주는 이득보다 더 큰 대가를 치르게 하진 않을까?

이제 자기비판을 과도한 형태에서 건강한 형태로 바꾸어주는 네 가지 방법을 알아보자. 나는 소프트아이스크림 기계처럼 변화와 수용이라는 두 가지 맛을 제시하는 동시에 두 가지를 섞은 달콤한 맛의 조화를 제안하고자 한다. 여기서 핵심은 이것이 또 하나의 규칙이 되어서는 안 된다는 점이다. 아이스크림 맛에 정답이 없듯이, 자신을 친절하게 대하는 여러 방식을 시도하고 그중 자신과 가장 잘 맞는 방식을 선택하면 그만이다.

평가보다 정보가 중요하다

1965년의 일이다. 열여덟 살 카림 압둘자바(아직은 루이스 앨신더)는 벤치에 앉아 UCLA의 첫해, 첫 연습이 시작되기를 기다렸다.[9] 옆에는 같은 팀의 화려한 선수들이 있었다. 다들 몹시 들뜬 상태였다. 농구 역사상 최고의 신입생 팀으로 불리던 이들은, 미국에서 가장 주목받는 고등학교 선수 압둘자바와 미국인 고등학교 선수 다섯 명으로 구성되었고, 전설의 존 우든 감독이 이끄는 세계 최고의 대학 농구 프로그램에 갓 합류했다. 미래를 내다보는 수정구슬이 있었다면 앞으로 12년 동안 전미 챔피언십 열 번 우승, 그중 일곱 번 연속 우승으로 현재까지도 깨지지 않은 기록을 내다보았을 것이다. 개인적으로 압둘자바는 NBA 역대 최다 득점 기록을 39년간 유지하며 농구 명예의 전당에 이름을 올렸고, 시간이 지나 사회운동가이자 인도주의자로 대통령 자유의 메달을 받기도 했다.[10]

그러나 1965년 그날 오후에는 아직 이런 미래가 보이지 않았다. 우든 감독이 체육관에 들어와 선수들 앞에 섰다. "안녕하세요? 여러분."

"안녕하세요? 감독님." 선수들이 한목소리로 인사했다.

설레는 목소리였다. 감독이 무슨 말을 할까? 열띤 격려의 말? 귀한 지혜의 말? 들뜬 선수들은 몸을 앞으로 기울였다. 우든 감독은 목청을 가다듬었다.

"오늘은 농구화와 양말을 올바르게 신는 법을 배웁니다."[11]

압둘자바는 눈을 깜빡였다. 잠깐, 뭐라고? 다른 선수들도 서로 눈빛을 주고받았다.

"이제 농구화와 양말을 '당기고 맞추는 법'을 가르쳐줄게요." 감독은 천천히 다시 말하면서 핵심을 강조했다. "당긴다. 그리고. 맞춘다." 우든 감독은 신발과 양말을 벗었다. 압둘자바는 훗날 이렇게 회상했다. "감독님의 연분홍색 발은 빛이라고는 한 번도 받아본 적 없는 듯 보였어요."[12]

이 팀의 모든 선수는 미국 각지에서 순례길에 오르듯 UCLA로 왔다. 그중 압둘자바와 몇몇 선수들은 UCLA에 오려고 다른 대학들의 전액 장학금 제안도 거절했다. 모두 위대한 우든 감독 밑에서 배우려는 일념으로 모였는데 이렇게 발부터 시작할 줄은 꿈에도 몰랐다.

"양말을 꽉 잡아당겨 신지 않으면 주름이 생길 수 있어요. 주름이 생기면 물집이 잡힙니다. 물집이 잡히면 사이드라인으로 밀려나 벤치에 앉습니다. 그리고 벤치에 앉은 선수들은 그 경기를 놓칩니다. 그러니 단순히 당기는 데서 끝내지 않습니다. 단단히 맞추는 것까지 해볼 겁니다."

우든 감독은 양말을 단단히 당겨 신었다. 선수들은 그의 시범에 따라 양말을 당겨 신고 단단히 맞췄다.

이때 선수들은 자신도 모르는 새 우든 감독의 독특한 방식을 접했다. 그러면 그의 '비법 소스'는 과연 무엇이었을까?

몇 년 뒤, 교육 연구자 로널드 갤리모어와 롤랜드 타프 박사는 1974/75 시즌 UCLA의 오후 연습을 연구해 그 비법을 밝혀냈다.[13] 이 시즌 동안 UCLA는 열 번째 NCAA(전미대학체육협회) 타이틀을 차지하며 전성기를 누리고 있었다.

1970년대 중반은 교육 연구 분야에서 교사의 칭찬과 비판이 뜨거운 주제인 시기였다.[14] 갤리모어와 타프는 우든 감독이 선수들에게 칭찬도 비판도 거의 하지 않는다는 사실에 놀랐다. 우든은 그보다는 전직 고등학교 영어 교사답게 '가르쳤다'. 지시하고, 정보를 주고, 무엇을 어떻게 해야 하는지 구체적으로 알려주었다. 예를 들어 "키 작은 선수에게 볼을 패스!"[15] "걸어 다니지 않기!" "경기 중에는 슛 가능성이 있는 구역에서 슛을 많이 시도하기!" "가슴께에서 패스!" 등이다. 갤리모어와 타프는 감독의 이런 지시가 "짧고, 간결하며, 많았다"고 적었다.[16]

우든 감독의 선수들도 이에 동의했다. 나중에 프로 선수로 성장한 스웬 네이터는 "변화의 힘은 정보에서 나왔다. 감독님의 수정 전략이 긍정적 말("잘했어")이나 부정적 말("그건 아니야")에 그쳤다면, 나는 아마 평가만 받고 해결책은 얻지 못했을 것이다"라고 말했다.[17]

갤리모어와 타프는 동시대의 잘나가는 어느 미식축구 감독은 교육적인 말을 36퍼센트만 했다고 지적했다.[18] 또 어느 저명한 농구 감독의 교육적인 말은 55퍼센트였다. 그러나 우든 감독은 모두를 압도하며 75퍼센트를 기록했다.[19] 그의 발언 중 무려 4분의 3이 선수가 아닌 과제에 초점을 맞추었다.

평가에서 정보로의 전환은 대학 농구 스타만이 아니라 누구에게나 필요하다. 대중심리학에서는 긍정의 말로 자신을 격려하거나('오늘 최고의 내가 될 거야') 비판적 자기 대화를 긍정적 자기 대화로 바꾸라고('난 할 수 있어!') 독려한다. 하지만 부정적 자기 대화를 긍정적 자기 대화로 바꾼다고 해서 만사형통은 아니다. 평가하는 느낌은 계속 남는다. 그것은 여전히 한 인간인 우리 자신에게 초점을 맞추기 때문이다. 농구 코트, 직장과 자녀 양육, 가사 등 어떤 영역에서도 평가의 초점은 개인에게 향하게 한다. 그 결과는 '나는 형편없어' '나는 충분히 잘하지 못해' '나는 왜 이걸 이해하지 못할까?' '내가 다 망쳤어'라는 생각이다.

그러면 어떻게 해야 할까? UCLA 농구의 예에서 배워보자. 관심의 초점을 전반적인 자신에서 구체적인 행동으로 옮기자. 조각가가 대리석 덩어리를 응시하듯 접근하자. 주어진 과제를 자신과 별개의 독립적 대상으로 바라보고 이런 질문을 던져보자. 이 일이 더 잘되게 하려면 뭘 해야 할까? 이 일에서는 어떻게 해야 효과적일까?"

이처럼 자기평가에서 과제 중심 정보로 전환하려는 시도는 미묘하지만 심오하다. 평가 중심의 자기 대화는 개인적이고 일반적이며 항구적이다('나는 형편없어'). 반대로 과제 중심의 자기 대화는 외적이고 구체적이며 수정이 가능하다('키 작은 선수에게 볼을 패스'). 이렇게 하면 가혹한 자기비난과 개인적 내면화가 제거되고, 과도한 평가는 뱀의 허물처럼 벗겨진다.

게다가 이 방법은 훨씬 효과적이다. 자기비판의 기능이 더 잘하게 몰아붙이는 것인 반면, 지시적 자기 대화는 더 생산적으로 잘하게 해주고 고통을 훨씬 줄여준다.

비올라 전공생인 아바는 연습실에서 유독 어려운 악장을 연습할 때면 '왜 이렇게 안 되지?'라며 자신을 가혹하게 비난하던 자세를 바꾸었다. 이제는 '이 악장에서는 조금 느려질 수 있어. 메트로놈이 도움이 될 거야'라는 식으로 자신에게 구체적 지침을 준다.

대학 신입생 안토니오는 '이건 못할 것 같아'라는 생각이 고개를 들 때마다 틱톡을 보면서 기말 논문 작성을 미루곤 했다. 그러나 이제는 '일단 개요부터 시작'하는 것으로 생각을 전환했다.

이 장의 앞에서 소개한 분노의 산책자 애덤도 우든 감독의 예시에 따르기로 하고 코딩이라는 난관을 해결하기 위해 자신을 감독하는 실험을 해보았다. 그는 자신에게 말했다. '흐름도를 그려봐야겠어.' '지난번에 의사코드 pseudocode를 작성했더니 효과가 있었어. 그걸 다시 해보는 거야.' '문제를 아주 작은 단계로 나눠봐야지.' 무엇보다도 '프로젝트를 진행하다 화가 스멀스멀 올라오면 잠깐 쉬어가면 돼'라는 말이 도움이 되었다. 몸에 착 달라붙는 미니 드레스 진열장 앞에서 '난 대체 왜 이럴까?'라고 투덜대던 것과는 전혀 다른 접근이었다.

> **내 삶과 연결하기**
>
> 지지적이고 현실적인 감독의 관점에서 과제를 어떻게 풀어나갈지 지침을 내려보자. 자신이 아니라 작업에 초점을 맞추자. 혼자 있는 공간에서 소리 내어 말할 수 있으면 더 좋다. 작업에 주목할 때와 자신에게 주목할 때의 기분을 비교해 보자.

우리가 자기연민에 서툰 이유

유니스는 건강한 식단으로 하루를 시작했다. 계란 세 개로 만든 스크램블드에그와 토스트, 아보카도 반쪽, 포도 몇 알이 그녀의 아침이다.[20] 좋은 출발이었다. 점심 도시락으로는 닭고기를 곁들인 큼직한 그린 샐러드를 쌌다. 오늘은 달라지겠다고 다짐했다.

유니스는 극장의 의상 담당이다. 이날 주연배우가 의상이 마음에 안 든다고 짜증을 냈고, 중요한 이동식 옷걸이 행거 하나가 감쪽같이 사라졌으며, 직장 상사는 즉시 회의를 하자며 요령부득의 이메일을 보냈다. 퇴근하고 집에 돌아온 유니스는 이런 날에는 핼러윈 때 남은 사탕 몇 개쯤은 먹어도 된다고 생각했다. 그러나 땅콩버터 두 컵이 열 컵이 되었고, 시리얼 세 접시와 피자 네 조각까지 먹어치웠다. 곧이어 자기혐오가 고개를 들었다. 조금 시간이 지난 후에는 수치심과 죄책감, 분노의 소용돌이에 빠졌다. 그러고는 남자 친구 펠릭스에게 날카로운 문자를 보냈다. "도대체 넌 왜 나랑 사귀지? 훨씬 좋은 여자를 만날 수 있잖아. 내가 자기 발목을 붙잡나 봐. 뭐가 아쉬워서 나 같은 애를 골랐어?"

펠릭스가 답장을 보냈다. "너 지금 간식 먹었구나?"

간식. 이것은 폭식을 뜻하는 두 사람 사이의 암호였다. 10년 전 대학에 입학한 유니스는 뭐든 다 먹을 수 있는 자유를 만끽했다. 이민자인 어머니가 미국식 정크푸드를 철저히 금하던 가정환경에서 벗어나서 맛보는 기분 좋은 안도감이었다. 유니스는 이렇게 회상했다. "그땐 밥값으로 벤앤제리스 아이스크림이나 대용량 젤리 캔디를 사 먹었어요."

처음에는 중간고사 기간에 시험 스트레스 때문에 정크푸드를 조금씩 먹다가 점점 습관으로 굳어져 일상적 스트레스 대처 기제가 되었다. "나의 뇌가 발견한 기댈 곳이었죠." 유니스는 무엇보다도 스트레스를 받거나, 기분이 나쁘거나, 중압감에 시달릴 때 간식을 먹는다. 폭식하는 동안에는 위안이 찾아오고 최면에 걸린 듯한 무감각한 상태가 된다는 것을 터득했기 때문이다. "일단 간식을 입에 대면 어쩌다 먹기 시작했는지 까먹어요. 먹는 동안만큼은 모든 게 흐릿해져요."

유니스는 몇 년간 폭식을 보상하기 위해 달리기를 해왔다. "알죠, 알아. 달리기로 폭식을 해결할 수는 없어요. 그나마 달리기가 먹고 토하는 것보다는 좀 더 건강한 선택이라고 생각했죠." 그렇게 달리다가 발을 심하게 다쳤다. 일주일에 100킬로미터씩 달렸는데 이제 1킬로미터도 걷지 못하는 신세가 되었다. 기분이 바닥을 쳤고 그래서 더 폭식을 하는 가혹한 악순환이 되풀이되었다. 이렇게 해서 유니스가 나를 찾아오게 된 것이다.

유니스를 알아갈수록 자신에게 가혹한 그녀의 태도가 성격과 과거, 가족의 경험 속에 깊이 뿌리내리고 있다는 것이 분명해졌다. 유니스 어머니의 양육 방식은 "강하고 혹독한 피드백이 다정하고 건설적인 피드백보다 더 나은 성과를 끌어낸다"로 요약할 수 있었다. 야간 교대 간호사이던 어머니는 어느 날 병원의 직원 개발 교육을 받고 집에 돌아와 "부하 직원을 야단칠 때마다 세 가지 칭찬을 함께 하라"고 한 강사의 말을 전했다. 그러고는 이 말을 비웃었다. "일을 똑바로 하면 딱히 말을 해줄 것도 없어. 잘못했으니까 뭐라고 하는 거지."

유니스는 이런 말의 행간을 읽는 법을 터득했다. "어머니가 '난 네가 최선을 다하면 좋겠어'라고 말할 때 그 말 뒤에 숨은 의미는 선명했어요. '네 최선은 A를 받는 거야'라는 뜻이었죠." 의사가 되기를 바란 어머니의 기대를 깨뜨리고 유니스는 연극과 의상에 빠져 고등학교 때부터 연극 활동에 전념했다. 그리고 이런 반항적 진로 결정은 여전히 유니스를 괴롭혔다. "어차피 의사가 되지 않을 거라면 내가 하는 모든 일에서 최고가 되어 정당성을 얻어야 해요. 그러다 외부의 인정에 집착하는 건강하지 못한 태도로 이어질 수 있죠."

물론 매사에 자신에게 친절할 수는 없다. 늘어진 뱃살, 집 안을 점령한 잡동사니, 무의미하게 흘러가는 공허한 주말, 끝도 없이 쌓인 할 일의 목록을 보면 '이보다는 잘했어야 하는데'라는 생각이 든다. 게다가 유니스처럼 자기비판이 기본값으로 굳어진 후라면 이런 태도는 여러 방식으로 당신을 나약해지게 한다.[21] 자기비판이 미치는 영향은 다음과 같다.

- **스스로 부족하다고 느끼게 만든다.** 완벽을 기준으로 삼으면 대개는 충분하지 않다는 결론에 이른다. 대단한 성공을 거두지 않는 한 내면의 비판자는 우리의 노력을 실패로 낙인찍는다.
- **동기부여를 가로막는다.** 어차피 충분히 잘할 수 없을 테니 굳이 애쓸 이유가 없다고 생각하게 한다.
- **타인의 비판에 민감해지게 한다.** 자기 스스로를 비판하기는 해도 남이 자신을 비판하면 끔찍한 전기충격을 받은 느낌이 든다.
- **스트레스를 유발한다.** 욕설로 가득한 비난이든, 늘 부족하다며 불만스럽게 징징대는 것이든 모든 자기비판은 스스로를 공격하므로 상당히 부담스러운 것이다.
- **과정에서 맛보는 즐거움을 앗아간다.** 가는 길이 절반의 즐거움이라는 말이 자기비판에는 적용되지 않는다. 무언가를 하는 과정에서 아무런 즐거움을 느끼지 못할 수도 있다. 비유하자면 비행기가 이륙하기 전에 기장이 방송하는 말처럼 '긴장을 풀고 느긋하게 앉아 비행을 즐기는 것'이 어려워진다.
- **결과의 질을 떨어뜨린다.** 내면의 비판자가 감시하고 일일이 점검하며 수정하려고 들면 오히려 비효율적으로 행동하거나, 일을 미루거나, 선명하게 사고하지 못하거나, 시도와 새로운 시도 사이에 회복하는 시간이 길어진다. 그러다 보면 결국 성과를 저하시킨다.

- **관계를 방해한다.** 남들 앞에서 자기비판을 하면 그 말을 듣는 사람들은 그들에게도 똑같이 비판적일 거라고 짐작한다.

마지막 예는 특히 겸손하고 교만하지 않게 성장한 사람들에게는 언뜻 와닿지 않는 대목이다. 내 친구 하나는 입버릇처럼 자기비판을 하는 아내가 디너파티에 손님들을 초대한 일화를 들려주었다. "손님들이 요리를 칭찬하면 아내는 겸손하려고 애쓰며 부인했어. '고마운 말이지만 브라우니 가운데가 질퍽거리네요.' '아, 치킨이 맛있었다고요? 좀 퍽퍽하지 않았어요?' 매사 이런 식이었지." 자기비판은 완벽주의자의 기준이 얼마나 높은지 보여준다. 그 결과 주변 사람들까지 긴장시켜 "나도 그래요!"라고 공감을 이끌어내는 자기비하적 이야기를 하기 어려운 분위기를 조성한다. 내 친구는 이렇게 결론지었다. "그래서 사람들이 우리 부부를 초대하기 겁내는 것 같아."

이 장 서두에 나오는 프레드 로저스의 말에서는 성공(각자에게 성공이 무엇을 의미하든)으로 가는 첫 번째, 두 번째, 세 번째 길 모두가 친절함이었다. 로저스는 아마 남들에게 친절해야 한다는 뜻으로 말했겠지만 이는 자신에게 친절하라는 의미일 수도 있다. 여기서 자기연민이 시작된다.

텍사스 대학교의 심리학자이자 연구자인 크리스틴 네프 박사에 따르면 자기연민이란 고통받을 때, 실패할 때, 스스로 부족하다고 느낄 때 자신에게 따뜻함과 배려심, 이해심을 갖는 태도다.[22] 여기에는 자신을 친절하게 대하고, 자신의 고통에 깨어 있으며, 개인의 부족함이 인간 조건의 일부이기에 이를 통해 지구상 모든 사람과 연결된다는 사실을 인식하는 것이 포함된다.

자기연민이 꽤 괜찮은 자질임을 보여주는 연구는 무수히 많다.[23] 1만 6000명을 대상으로 한 79건의 연구를 종합적으로 분석한 결과에 따르면 자기연민은 더 행복한 삶, 더 나은 안녕감과 밀접히 연관된다.[24]

하지만 유니스 같은 완벽주의자들은 자기연민에 서툴다.[25] 나도 같은 입장이다. 가슴에 손을 얹으며 나 자신에게 '이건 힘든 일이야'라고 다정하게 말하고 싶어도, 내 안의 비판자가 튀어나와 귀에 대고 '아니, 전혀 힘들지 않아!'라고 외치는 소리가 들린다.

그럼에도 나는 내담자들에게 이 개념을 적용하려고 애썼다. 예전에는 "비슷한 처지인 친구에게 당신이라면 어떻게 말할지 생각해 보세요" 하고 고전적 접근법을 시도했지만 매번 어색한 침묵으로 끝나곤 했다. 그러면 둘 다 벽에 가로막힌 느낌을 받았다.

그리고 이것이 자기비판의 작동 방식이다. 나는 오랫동안 자기비판을 해오면서 그리고 자기비판적인 사람들을 상담하면서 자기판단에 맞서려 할 때면 그것이 얼마나 빠르게 반발하는지 깨달았다. 마치 피트 데이비슨(짧은 연애를 반복하는 것으로 유명한 미국의 유명 코미디언이자 배우—옮긴이)의 연애처럼 재빠르다. 자기비난은 우리를 안전하게 보호하고 통제하려 한다는 사실을 명심해야 한다. 따라서 자기비난은 허점을 찾아내고 예외를 들어 반론을 펼치려 한다. 성과를 내고 긍정적 측면을 발견했을 때조차 우리 안의 자기비난은 마법을 깨는 한마디, 그런데로 말문을 열며 가장 긍정적인 경험조차 깎아내린다. '그래, 승진하긴 했지. 그런데 만장일치는 아니었을 거야.' '달라이 라마를 만나다니 놀라운 경험이었지. 그런데 너무 긴장해서 바보처럼 횡설수설했어.'

자기연민이 왜 이렇게 어려울까? 자기연민은 세 가지 재료를 섞은 스무디와 같다. 바로 자신에 대한 친절함, 무비판적 마음 챙김, 더 큰 인간 경험과의 연결이다.[26] 하지만 완벽주의적 사고방식은 이 세 가지와 정반대로 작동하도록 설계되었다. 우리는 자신에게 친절하기보다 가혹하고, 무비판적이기보다 결점을 찾으려 하며, 우리의 고통을 남들과 이어주는 보편적인 공통점으로 보기보다 부족한 존재로 만드는 단점으로 여긴다. 요컨대 자기연민은 자기비판과 정반대일 뿐 아니라 세 가지 측면 모두에서 반대다. 그러니 자기연민을 시도하다 고꾸라지는 것도 어찌 보면 당연하다. 다행히 뇌는 자기연민을 수용하기 위한 다양한 방법을 장착하고 있다.

첫번째, 자기연민은 **인정**의 형태를 띨 수 있다.[27] 생각과 감정, 행동을 이해할 만한 것으로 인정하고 '그건 정상이야' '그건 일리가 있어'라며 받아들이는 것이다. 저마다의 고유한 개인사와 성격, 계기, 취약성을 고려하면 각자가 느끼는 감정과 행동은 나름대로 일리가 있다.

유니스는 자신을 인정함으로써 자기비판과 폭식 충동, 폭식 행위를 이해할 만한 것으로 인정할 수 있다. 그렇다고 책임을 방기한다는 뜻은 아니다. 어떤 행동을 해도 정당화되고 허용된다는 의미도 아니다. 그보다는 자신의 행동과 감정이 이해 가능한 것임을 인정하는 것이다. 그럼으로써 그녀라는 인간 자체가 잘못된 사람, 나쁘고 자제력이 없고 게으른 존재 혹은 내면의 비판자가 던지는 그 밖의 온갖 부정적 꼬리표로 존재하는 것이 아니라 이해할 수 있는 존재가 된다. 나아가 '비합리적' 감정과 행동마저도 기저의 원인을 알고 나면 일리 있는 것이 된다. 유니스는 자신을 이해함으로써 훨씬 수월하게 자신에게 친절해질 수 있다.

다음으로 자기연민은 말의 형태를 띨 수 있다. 그런데 완벽주의자는 '최악의 혹독한 비판자'인 뇌와 '전부 아니면 전무'의 사고방식을 가지고 있어서, 조리 있고, 효과적이고, 자기연민을 선전하는 말을 스스로에게 끊임없이 공급해야 한다고 생각한다. 물론 비현실적 방법이다. 다행히 쉬운 방법이 있다.

거창한 문장이나 완벽한 생각이 갑자기 떠오르길 기대하기보다 다음과 같이 단순한 한마디로 자기연민을 시작하면 좋다. '나에게 너 그러워지자.' '내게는 이런 게 필요했어.' '이건 일리가 있어.' '내가 뭘 하는지 알아.' '나 자신을 부드럽게 대하자.' 아니면 '친절하게' '천천히' '괜찮아'처럼 그냥 한마디 말로도 충분하다. 이런 친절한 말을 원하는 만큼 반복하면 된다. 말보다 행동이 강력하므로 손을 가슴이나 배, 어깨에 얹으며 문자 그대로 지지하는 제스처를 해도 좋다.

어느 독자는 이메일로 자신의 방법을 알려주었다. "가슴에 손을 얹고 토닥이면서 '나는 최선을 다하고 있어. 내가 널 지켜줄게, 애야'

라고 나직이 속삭여요."[28] 무엇이 더 필요하겠는가? 그 다정한 손에 숨결을 불어넣으며 이해와 배려, 반짝이며 빛나는 긍정의 에너지를 뿜는다고 상상해 보자.

자기연민은 **행동**의 형태를 띨 수도 있다. 루이빌 대학교 클라리사 옹 박사는 공저 《불안한 완벽주의자를 위한 책 The Anxious Perfectionist》에서 "행동은 우리가 가장 통제할 수 있는 것"이라고 말한다.[29] 생각이나 감정은 알라딘이 요술램프에서 거인을 일깨우듯이 쉽게 불러낼 수 없지만 행동은 스스로 선택할 수 있다. 옹 박사는 "나 자신을 사랑하는 마음을 억지로 끌어낼 수는 없지만 아침에 커피 마실 시간을 내는 정도는 할 수 있다"고 알려준다. 또 다른 독자도 내게 이메일로 자신에게 친절을 베푸는 구체적인 방법을 가르쳐주었다. "건강한 식단, 가벼운 운동, 휴식, 정원 가꾸기로 나를 잘 돌봐줘요."[30] "내게 기쁨을 주는 행동을 해도 된다고 스스로 허락해요"라고 말한 독자도 있다.[31]

자기비판적인 사람들에게 가장 적절한 자기연민은 꼭 하지 **않아**도 된다고 허락하는 것이다. 이는 쉬어도 무방하고 속도를 늦춰도 괜찮다는 허락이다. 어느 독자가 표현했듯이 "내 양심이 과도하게 나를 찌르더라도" 비현실적인 기대를 충족하지 않아도 된다고 허락하는 것이다.[32] 또 다른 독자는 이렇게 말했다. "내가 나 자신에게 기대하는 모든 걸 다 할 수 없다는 사실을 깨달았어요. 때로는 이 사실을 인정하는 것이 스스로에게 친절을 베푸는 거랍니다."[33] 또 어떤 독자는 "나 자신에게 불가능한 기준을 세우지 않는 것"이라고 했다.[34] 그리고 또 다른 독자는 "내가 할 수 **없다**고 말하는 거예요. 그리고 도

움을 요청하는 것이 어려워도 해보는 거죠"라고 했다.[35]

높은 기준을 설정하고 자신에게 많은 것을 기대하는 태도가 꼭 나쁜 것만은 아니다. 유능하고, 신뢰받고, 잘해내는 것을 원하지 않는 사람이 있을까? 그러나 이는 '해야 한다'는 당위 아래 계속 일을 하려는 끊임없이 타오르는 불길이 우리 안에 있다는 것을 뜻한다. 그것은 마치 오래된 내면의 채찍과도 같다. 반면 스스로 모든 당위로부터의 여유와 휴식을 허락하는 태도는 따뜻하고 너그럽고 배려하는 것이며, 결국 자신에게 연민을 보내는 것이다.

요컨대 자기연민은 꼭 거창하거나 완벽하거나 잘 다듬어질 필요가 없다. 스스로를 이해할 수 있는 존재로 인정하는 태도, 따뜻한 말 한마디, 가볍게 배에 얹은 다정한 손, 핫초코 한 잔과 함께 소설을 읽는 시간, 직접 저녁을 하지 않아도 된다고 스스로 허락하는 것이면 된다. 작은 친절과 이해만으로도 큰 효과를 볼 수 있다.

유니스의 상담이 중반쯤 접어들었을 때 우리 가족 모두 나라 반대편으로 이사를 했고, 나는 자기연민을 더 깊이 있게 다뤄줄 유능한 동료 상담사에게 유니스를 의뢰했다. 이후 4년 가까이 지나 다시 연락이 닿았을 때 유니스는 여전히 달리지 못하고 가끔 폭식도 하지만 훨씬 행복해졌다고 말했다.[36] 달라진 것은 자신에게 너그러워진 마음이었다.

그날의 대화에서 나는 유니스가 자신의 행동을 이해하고 너그럽게 받아들이는 모습을 보고 깊이 감동했다. 자기연민을 배우는 사이 자기비판이 누그러진 것이다. 이제 유니스는 간식을 먹을 때면 자신에게 친절하려고 애쓰고 스스로를 인정한다. '내가 이러는 것도 일리가 있어.' 유니스는 고통을 없애려는 마음을 친절하게 받아들인다. '나는 내가 뭘 하는지 알아. 장기적으로는 도움이 되지 않아도 단기적으로는 효과가 있으니까.' 또한 자기연민은 폭식 충동을 참을 때 따르는 현실적인 대가도 순순히 받아들이게 했다. 유니스는 자신에게 말한다. '여전히 기분이 나쁜 게 당연하지. 간식을 안 먹었으니까. 어떤 방법도 그만큼 효과적이진 않거든. 간식을 먹지 않으면 일종의 상실감이 찾아와. 아마 남들도 이럴 땐 똑같이 복잡한 감정을 느낄 거야.'

무엇보다도 유니스는 있는 그대로의 자신에게 친절해졌다. '내 뇌가 원래 이런 식으로 작동한다는 점을 생각해 봐. 내가 이러는 데는 합당한 이유가 있어.' 게다가 유니스는 이제 남편이 된 펠릭스에게 자기비하의 문자를 퍼붓지도 않는다. 그리고 이렇게 말한다. "펠릭스를 친절하게 대하는 면에서는 가끔 실수를 하지만 이젠 조절할 수 있어요. 가만 생각하니 나 자신을 가혹하게 대할수록 펠릭스와 함께하는 시간이 줄어들고 스스로가 싫어졌어요."

핵심은 유니스의 감정과 충동, 폭식 행동, 운동 능력이 크게 달라지지 않았다는 데 있다. 모든 사람이 그러하듯이 유니스도 여전히 기분이 나빠질 때가 있고 스트레스에 시달린다. 가끔은 폭식도 한다. 그리고 아직도 달리지 못한다. 다만 이 모든 상황에 대한 태도는 달라졌다. 유니스는 이렇게 표현한다. "걷지 못해도, 가끔 폭식해도, 내 삶은 훨씬 나아졌어요."

내 삶과 연결하기

자신을 가혹하게 대하는 순간 알아차리자. 이는 좌절감이나 절망감 같은 감정의 신호일 수 있기 때문이다. 혹은 특정 행동이 신호가 될 수도 있다. 가령 주의를 다른 데로 돌리기 위해 소셜미디어에 몰두하거나 수시로 부엌을 들락거리며 음식을 찾는 행동 등이다. 미루고 싶은 유혹이나 전형적인 자기비판적 생각도 그 신호일 수도 있다. 어떤 신호든 신속히 알아채고, 자신을 너그럽게 이해하자.

"이렇게 반응하는 것도 일리가 있어."
"나를 안전하게 지키려고 안간힘을 쓰는 거야."
"남들도 비슷할 거야."
"이러는 것도 이해가 돼."

역시나 핵심은 자기비판적 생각을 끊으려는 시도, 스스로에 대한 과대평가나 격려도 아니다. 그보다 모든 비판적 사고의 표적이 되는 한 인간으로서의 자신을 친절하게 대하고 인정하자는 것이다.

자책감에 거리를 두는 법

줄리는 보스턴에 있는 한 병원의 지역 소통 담당자로서 환자와 가족들이 미국의 미로처럼 복잡한 의료 제도를 잘 헤쳐나가도록 돕는 일을 한다. 매주 나와의 줌 상담 때 번갈아 착용하는 화려하고 독특한 목걸이와 땋아 내린 헤어스타일이 인상적인 내담자였다. 줄리는 평화를 사랑하고 선행을 실천하는 가정에서 자라면서 강력한 윤리의식과 공정함, 사회정의를 주입받았지만 그러는 사이 자기비판적 성향도 길러졌다.

줄리는 스스로 부족하다고 쉽게 느끼는 사람이었다. 동성 부부인 줄리는 평소 재미있고 호감이 가는 지인에 대해 아내가 못마땅해하면 '그래, 내가 사람들을 잘못 보는 면이 있지'라는 생각부터 했다. 줄리는 대중 연설에 대한 불안감을 내게 털어놓으면서 사소한 문제에도 자기 탓을 했다. 예를 들어 앞에 나가 발표할 때 가끔 '음…' 하고 뜸을 들이거나 청중의 질문을 잊어버리는 행동을 자책했다. 그러면서 '이제 이 정도는 잘해야 하는데' 하고 걱정했다. 승진을 앞두고 이력서에 자신의 능력을 열거하면서는 '에휴, 더 겸손해야 하는데'라며 죄책감을 느꼈다.

나는 줄리와 함께 그녀의 자기판단 사례를 모두 살펴보았다. 타인에 대한 견해부터 대중 연설이나 업무 성취에 이르기까지 줄리를 관통하는 한 가지 주제는 '나는 잘못하고 있어'였다. 줄리의 뇌는 하루에도 수백 번, 수백 가지 방식으로 잘못하고 있음을 지적했다. '이건 옳지 않아. 내 잘못이야.' 이런 상황은 습관처럼 자동적으로 순식간에 펼쳐졌다.

당신의 뇌도 줄리의 뇌와 비슷한 역할을 하고 있을 수 있다. 당신이 내뱉는 자기비판의 말을 모두 정리해 구글 문서로 저장한다면 어떤 제목이 적당할까? '나는 부족한 사람이다' '모두 날 비판한다' '이건 내 잘못이다' '나는 재미없는 사람이라 남들이 함께하길 원치 않는다' '나는 정상이 아니다' '실패하면 어쩌지?' 자기판단에 관해 저장하는 문서에는 이처럼 수백만 개의 제목이 들어갈 수 있다.

자, 이제부터 새로운 방식으로 비유해 보자.[37] 머릿속 컴퓨터 화면을 떠올린 다음 자신을 위해 빈 문서를 연다. 이제 그 문서에 자기비판의 말을 적어 넣는다. 맨 윗줄에는 제목을 넣는다. 줄리는 상상 속 문서에 '나는 잘못하고 있다'라고 제목을 입력했다.

화면 속 제목이 떠올랐다면 이제 글꼴을 바꿔본다. 줄리는 코믹 산스체Comic Sans를 골랐다.

다음으로 색상을 바꾼다. 줄리는 제일 좋아하는 파란색을 골랐다.

이제 글자 크기를 바꾼다. 글자 크기를 4포인트나 6포인트로 줄였다가, 36포인트나 48포인트로 키워본다. 줄리는 다양한 크기로 실험을 했다.

마지막으로 이 경험이 어땠는지 자문한다. 줄리는 웃으며 말했다. "솔직히 좀 재미있었어요. 그리고 내가 통제한다는 느낌이었고요."

이제 확성기로 외쳐보자. 줄리의 자기비판적 생각은 사라지지 않았다. 줄리는 '모두 선택해 삭제' 키를 누르지 않았다. 글자는 여전히 파란색 코믹 산스체였다. 사실 이 과정의 목표는 생각을 없애는 것이 아니었다. 억눌린 생각은 결국 두더지 잡기 게임의 두더지처럼 다시 튀어오른다. 대신 줄리는 그 생각을 가지고 놀았다. 그렇게 생각과 거리를 두면서 유연해지고 조금 가벼워졌다. 그러다 보니 결국 생각의 힘이 약해졌다. 무엇보다도 앞으로 나아갈 여유가 생겼다.

이것은 **인지적 탈융합**cognitive defusion의 무한히 변형된 형태 중 하나다. 모든 인지적 탈융합 기법은 자기비판적 생각도 그저 하나의 생각이라는 점을 알게 해준다.[38] 가장 단순한 방법으로는 자기비판적 생각 앞에 '나는 이런 생각을 하고 있다'라는 문구를 붙이는 것이다.

베스트셀러 작가이자 수용전념치료acceptance and commitment therapy, ACT(이하 '수용전념치료'로 표기) 전문가인 러스 해리스 박사가 대중적으로 널리 알린 변형된 방법에는 다음과 같은 것이 있다. 자기비판적 생각을 〈해피 버스데이 투 유〉 멜로디에 맞춰 노래하기, 생각을 노래방 스크린에 띄우고 한 음절씩 나올 때마다 공이 튀어오르는 모습 상상하기, 생각을 베개에 자수로 새긴 문구로 상상하기, 영화〈스타워즈〉오프닝 장면에서 스크린 위로 올라가는 텍스트처럼 테마 음악과 함께 생각을 떠올리기 등이다.[39]

생각이 머릿속에서 말이 아닌 영화의 한 장면처럼 떠오른다면 그것도 좋다. 주인공에게 광대 코를 달아주고 머릿속에서 과장된 억양, 화려한 몸짓으로 재생시킨다. 디스코볼 조명도 번쩍거리게 해본다. 이는 생각을 우스꽝스럽게 만들려는 것이 아니다. 당신과 생각 사이에 거리를 두어 그 생각이 반드시 진실은 아니며 그저 하나의 생각일 뿐임을 받아들이게 하려는 것이다.*

무릎을 치면 자동으로 다리를 뻗게 된다. 자기비판적 생각은 대개 무릎반사처럼 본능에 따라 자동으로 떠오른다. 이로 인해 당신 자신은 낮은 위치에 머물게 된다. 반면에 이런 생각을 가지고 놀 줄 안다면 선택과 영향력이 생기고 더 높은 위치로 올라갈 수 있다.[40] 줄리는 어느 정도 연습을 마친 후, 영화 〈파이트 클럽〉에서와 같은 깨달음을 얻었다(영화 속 두 주인공이 사실 하나의 인물이었다—옮긴이). 그건 바로 자기비판의 주체가 자신이었다는 깨달음이다. 그리고 자기비판이 내면에서 나왔으니 그 생각을 가지고 놀면서 변화시킬 수 있다는 사실 또한 알아차렸다. 이처럼 줄리와 생각의 관계에 변화가 찾아왔다.

당신도 하늘을 나는 비행기가 '나는 잘못하고 있다'라는 문구를 쓰면서 날아가는 장면을 상상해 보면 어떨까. 자기비판적 생각의 심각성이 사라지고 이런 생각에 사로잡혀 악순환에 빠지지 않게 될 것이다.

내 삶과 연결하기

당신의 자기비판 이야기의 제목은 무엇인가? 마음속에 제목을 떠올리고 다른 제목으로도 바꿔보자. 애니메이션을 삽입하거나 단어마다 다른 색을 칠해 보자. 단어의 발음으로 장난을 쳐봐도 좋다. 제목을 노래로 만들어 부르

---

* 인지적 탈융합의 가장 흥미로운 예는 채드 르쿤느 박사의 명저 《순수 강박 장애: 수용전념치료를 통해 강박적 사고에서 벗어나기 *Pure O' OCD: Letting Go of Obsessive Thoughts with Acceptance and Commitment Therapy*》에 나온다. 어느 내담자는 '성기가 잘리는' 이미지를 비롯해 온갖 끔찍한 강박적 이미지에 사로잡혀 고통받았다. 르쿤느 박사는 연민과 약간의 무례함 사이에서 아슬아슬하게 줄타기를 하며 물었다. "바나나를 잘라 시리얼에 넣는 것처럼요?" 자신의 강박에 대한 생각 때문에 거의 눈물을 흘릴 뻔했던 내담자는 이 말에 웃음을 터뜨렸다.

거나 〈세서미 스트리트〉의 주인공인 개구리 커밋이나 모건 프리먼의 목소리를 흉내 내어 말해 보자. 목표는 생각을 없애려는 것이 아니라 생각과 소통하는 것이다. 이 과정에서 자기비판적 생각과의 관계가 어떻게 달라지는지 관찰해 보자.

비난을 생산하는 뇌

맑고 청명한 세이지브러시 향(녹나무와 소나무가 섞인 향)이 풍경 속에서 피어오른다.[41] 초여름 아침, 몬태나주 경계 근처 해발 2400미터의 와이오밍주 빅혼산맥 중심부에서 여덟 살 제시는 여섯 캔짜리 펩시 상자 여러 개를 뜯어 냉장고보다 더 차갑게 음료를 보관해 주는 산속 샘물에 한 캔씩 가만히 넣는다.

제시는 빅혼산맥 고지대에서 할아버지부터 사촌들까지 대가족과 함께 산다. 이들 가족은 하루 종일 들판에서 일할 채비를 한다. 오두막을 손보고 겨우내 훼손된 길을 복구하며 광산을 관리하는 일이 앞에 놓여 있지만, 동시에 열심히 노동한 다음의 즐거움도 기다리고 있다.

태양이 머리 위로 넘어가고 일과를 마무리할 즈음 샘물에서 건져 올린 펩시를 하나둘씩 비운다. 제시와 사촌들은 빈 캔이 쌓이는 기회를 놓치지 않는다. 누군가는 트럭에서 비비탄 상자를 가져오고, 실수로라도 사람이 지나갈 리 없는 바위에 신중하고 안전하게 펩시 캔들을 줄지어 놓는다. 이곳의 바위는 세계에서 가장 오래된 암석 중 하나로 수십억 년 전에 만들어졌다. 하지만 제시와 사촌들은 지질학에는 아무 관심이 없다. 그들은 상상 속 적을 추적하는 스파이고 카우보이였다.

제시의 첫 한 발은 완전히 빗나간다. 제시는 총알이 캔에서 아주 미세하게 오른쪽과 위쪽으로 빗나간 것을 알아챈다. 흔한 일이다. 아동용 비비탄총은 조준기가 완벽하게 정렬되지 않아 정확히 맞히기 어렵지만 아무려나 좋다. 제시는 다시 적절히 조정한 후 이번에는 약간 왼쪽과 아래쪽을 조준한다. 이 같은 시행착오 끝에 드디어 캔이 튀어 오르고 핑 소리와 함께 비비탄이 캔 바닥에서 덜그럭거린다. 이 만족스러운 소리로 제시는 보상받는다. 스파이 임무 완료!

내가 제시의 이야기를 꺼낸 이유가 무엇일까? 지금 이 장을 읽고 있다면 당신의 뇌는 자기비판적 성향일 가능성이 클 것이다. 가족에게서 물려받은 유전적 특질과 타고난 성격, 태어난 순간부터 살아가며 쌓은 경험으로 인해 당신의 뇌가 그렇게 되도록 연결되어 있기 때문이다. 이는 뇌의 작동 방식일 뿐이며 여기에 도덕적 판단을 부여할 필요가 없다. 어떤 뇌는 내향적이고 어떤 뇌는 외향적이다. 어떤 뇌는 낙관적이고 어떤 뇌는 비관적이다. 또 어떤 뇌는 새로움을 즐기지만 어떤 뇌는 신중하다. 당신의 뇌는 그저 자기판단 쪽으로 살짝 더 기울었을 뿐이며 나의 뇌도 마찬가지다.

제시의 비비탄총처럼 당신의 뇌도 잘 작동하며, 알고 보면 유달리

실용적이고 기능적인 뇌다. 다시 말해 당신의 뇌는 음료수 캔을 맞힐 능력이 충분하며 당신이 잘 해내기를 바란다. 당신이 기대를 충족시키는 사람이 되고 겸손한 사람이기를, 불시에 어떤 일이 닥치더라도 당황하지 않도록 미리미리 준비하기를, 안전을 유지하기를 바라는 것이다. 하지만 그사이 발생하는 자기판단은 우리를 약간 빗나가게 만들기도 한다.

여덟 살 제시는 와이오밍과 몬태나 접경 지역을 떠났고, 하버드 출신 임상심리학자로서 보스턴에서 일하는 제시 크로스비 박사가 되었다. 그는 빅혼산맥에서 비비탄을 쏘면서 얻은 교훈을 지금은 내담자들에게 적용한다. 제시는 마음과 몸을 연결해 이렇게 말한다. "저는 제 머리가 문제인지, 몸이 문제인지 많이 생각해요. 치료를 받아야 할 만큼 근본적으로 잘못된 것은 아니에요. 조준기를 조금만 조정하면 괜찮아져요."[42]

이처럼 뇌의 작동 기제에 맞게 행동을 조율한다는 개념은 **기능적 맥락주의**functional contextualism라는 복잡한 이론에 뿌리를 둔다.[43] 철학적으로 복잡한 논쟁에 깊이 빠지는 것은 피하기로 하자. 이 이론의 핵심은 각자가 자신만의 개인적·역사적·상황적 맥락(유전, 성장환경, 현재 상황)에서 행동한다고 전제하고 각자의 행동에 대해 '여기서 무엇이 효과적일까?'라는 실용적 질문을 던지는 데 있다. 다시 말해 뇌가 하는 일에는 나름대로 이유가 있다고 전제하고, 각자의 생각과 느낌에 주목하며, 뇌에서 어떤 신호를 보내든 각자에게 중요한 가치와 목표에 따르는 방식으로 행동하라는 것이다.

그렇다면 결론은? 자기판단을 완전히 버려야만 앞으로 나아가는 것은 아니다. 삶은 공장에서 설정한 기본 프로그램을 완전히 다시 프로그래밍해야만 가능한 게 아니며 사실 우리는 그럴 생각도 없다. 뇌는 이미 잘 작동 중이므로 그저 자기비판적 성향에 맞게 약간 조정하면 된다.

그럼 어떻게 해야 할까? 자기비판적 성향을 완전히 통제할 수는 없다. 손가락만 까딱해도 이런 성향을 멈출 수 있었다면 벌써 했을 것이다. 통제할 수 있는 것은 우리의 행동뿐이다. 우리는 무엇을 할지 선택할 수 있다. 그리고 행동을 통해 조준점을 약간 왼쪽으로 옮길 수 있다.

다음은 내가 이 기법을 적용한 사례다. 참고로 내 뇌는 발표나 인터뷰같이 전문적 면모를 보일 자리에서 제대로 해내지 못했다고 생각하는 경향이 있다. 예를 들어 《지나치게 불안한 사람들》 출간 후 나는 매우 많은 청취자를 보유한 팟캐스트에 게스트로 나갔다. 기차를 타고 뉴욕까지 가서 다소 긴장한 채 진행자와 함께 스튜디오에서 녹음을 했는데 스튜디오 조정실이 마치 인공위성이라도 발사할 것 같은 공간으로 보였다. 나는 녹음하면서 눈감아줄 만한 사소한 실수를 몇 번 했다. 한번은 말하다 흐름을 놓치고 또 한번은 엉뚱한 말을 했는데 모두 편집하기로 했다. 녹음을 마친 후 프로듀서가 나와 진행자를 극찬했지만 나는 뭔가 부족했다는 느낌을 떨칠 수 없었다.

편집자 조와 축하주를 마시고 보스턴으로 돌아가는 기차에서 내 뇌는 '왜 그렇게 말했지?' '난 이번 기회를 날린 거야' '정말 엉망이었어' '이번엔 잘못됐어'라며 실수라고 생각되는 대목만 파고들었다.

내 뇌의 비판은 자동으로 나온다. 실제로 결과가 좋았든 나빴든 상관이 없다. 게다가 나는 지적 자극을 주고, 주제에 공감하는 청취자들을 돕고, 나의 작가 활동을 뒷받침하는 이런 기회를 소중히 여기기에 더욱 자책한다.

오랜 세월 이런 식의 롤러코스터를 많이 타본 나는 이제 '이건 망했어'라고 자책하는 건 그저 내가 마이크를 잡으면 내 뇌가 저절로 작동하는 방향이라는 사실을 알아챘다. 예전에는 이런 부정적 생각이 떠오르면 곧이곧대로 믿었지만 지금은 그렇지 않다. 이것은 진실도 아니고 개인적 문제도 아니다. 그저 대본의 일부이며 그냥 일어나는 일이다.

요즘은 인터뷰를 하고 망쳤다고 자책한 후 대체로 사실은 괜찮았다는 걸 깨닫는다. 정말로 모자란 부분이 있으면 이번에 배우고 다시 하면 된다고 생각하는 과정을 밟는다. 이제는 '이건 망했어'라는 이야기에 빠져들지 않으며, 내 뇌를 이해하고 내 가치를 떠올린다. 그러면서 조준기를 몇 센티미터 옆으로 조정하고 다음번 초대를 수락한다. 내 시끄러운 뇌보다 내 가치관에 귀를 기울이는 것은 붓에서 말라붙은 물감을 떼내는 것과 같다. 그러면 처음엔 잘못되었다고 느꼈을지라도 모든 게 느슨해지고 더 잘 작동한다.

다시 말하지만 자기비판은 완벽주의자의 뇌가 작동하는 방식이다. 이런 생각을 한다고 해서 나쁜 사람이 되는 것은 아니다. 자기비판 때문에 부정적 **감정**의 소용돌이에 휘말릴 수는 있지만 생각하는 뇌를 도덕적으로 판단할 필요는 없다. 심장이 뛰고 땀샘에서 땀이 나듯이 완벽주의자의 뇌는 자기비판적으로 사고할 뿐이다.

줄리는 '나는 잘못하고 있어'라는 생각이 고개를 들 때마다 당연하다는 듯 더 열심히 노력해서 바로잡으려 했다. 아내가 못마땅해하는 친구에게는 문자를 보내지 않고, 프레젠테이션 슬라이드를 필요 이상으로 만지작거리고, 이력서에서 과장된 표현을 덜어내는 식이었다. '내가 잘못하고 있어'라는 생각 자체가 문제는 아니지만 이런 생각은 줄리의 행동을 자신에게 불리한 방식으로 이끌었다.

제시가 약간 빗나간 비비탄총을 조정하고, 내가 인터뷰 후 내 뇌를 다루게 되었듯이 줄리도 자신의 뇌와 패턴을 이해하면서 자기비판이 아닌 자신의 가치관을 참조해 무엇을 할지 결정하게 되었다.

가치관에 대해서는 6장 '나의 이미지보다 중요한 것'에서 자세히 다루지만 여기서 간략히 소개하기로 하자. 가치관은 우리가 세상에서 어떤 사람이 되고 싶은지를 의미한다. 가치관은 목표가 아니라 방향에 더 가깝다. 이를테면 보스턴까지 가는 것은 목표다. 보스턴은 도달 가능한 목적지이며 체크리스트에서 지울 수 있다. 반면 '동쪽으로 간다'는 가치이며 방향이다. 언제나 항상 더 '동쪽으로' 갈 수 있다. 자신에게 중요한 가치에 따라 살아가는 일에 '완성'은 없다.

줄리는 가족과 보내는 시간과 친구들과의 관계, 고객들을 돕는 일, 주변 사람들을 다정하게 대하고 배려하는 태도에 가치를 두었다.

그래서 줄리는 자기비판적 생각 찾아내기 연습을 시작했다. 심장이 쉴 새 없이 뛰고 땀샘에서 계속 땀이 나듯이 줄리의 뇌에서도 줄

기차게 자기비난을 생성했다. 하지만 줄리는 이제 다음과 같은 패턴을 알아채기 시작했다. '아, 내가 잘못하고 있다는 생각이 또 고개를 드네.' '내 뇌에서 또 내 잘못이라고 말하는군.' '어이, 지금 또 그러잖아.'

다음으로 자기비난에 이끌리는 행동을 허락지 않고 자신의 가치관을 들여다보았다. 어느 일요일 오후 모임 때 줄리는 친구의 유제품 알레르기를 깜빡하고 크림이 잔뜩 든 브레드 푸딩에 커스터드 소스를 얹어 내왔다. 처음에는 '바보 같으니라고. 몇 년째 알고 있던 사실이잖아. 뇌 검사를 받아야 하나?' 하며 자기비난의 길로 빠질 뻔했다. 하지만 이내 스스로 멈췄다. 그다음 주 상담 시간에 줄리가 말했다. "평소라면 한참 자책하면서 대화에 집중하지 못하거나 연신 사과하다가 결국 친구를 짜증 나게 했을 거예요." 하지만 줄리는 이제 자신에게 일어나는 일을 알아챌 수 있었고, 이 친구와의 우정이 자신에게 얼마나 중요한지 기억해 냈으며, 친구와의 대화에만 집중했다. "'난 정말 바보야' 하는 생각이 사라진 건 아니에요. 그래도 친구에게 집중하며 함께 즐거운 시간을 보냈죠." 말하자면 줄리는 약간 왼쪽으로 조준해 표적을 맞혔다.

재밌게도 우리 뇌는 자기연민을 시도하는 것 자체를 비판할 수도 있다. '나는 내게 친절할 자격이 없어' '나를 관대하게 대하면 나태해질 거야' '나를 잘 대해 주는 건 나약하고 자제력이 없는 행동이야' '나한테 진짜 문제는 없어. 정말로 고통받는 사람들이야말로 나보다 더 친절하게 대우받을 자격이 있어.'

사실 이런 생각도 모두 생각일 뿐이므로 동일한 기법을 적용할 수 있다. '아, 내 뇌가 또 이러고 있군. 무슨 짓을 하는지 다 보여.' 이런 생각이 네온사인 간판에서 깜박이는 것을 상상하거나, 머그컵에 문구로 새겨진 모습을 떠올려본다. 혹은 이런 생각을 〈반짝반짝 작은 별〉 선율에 맞춰 노래해 본다. 그런 다음에는 자신을 잘 돌보아준다.

이것은 우리의 뛰어나지만 자기비판적인 뇌를 이해하고 다루는 작업의 일환이다. 여덟 살 제시는 경험을 통해 '이 비비탄은 약간 위로, 약간 오른쪽으로 치우쳐 날아간다'는 사실을 터득했기에 시행착오를 거치며 약간 아래쪽, 약간 왼쪽으로 조준해 적절히 행동을 조정했다. 처음에는 펩시 캔을 정조준하지 않으면 이상한 느낌을 받을 수도 있으나 시간이 흐르면서 이러한 조정 과정이 내면화된다. 그러다 보면 본능적이고 직관적인 반응으로 굳어지고 결국에는 표적에 적중한다.

> **내 삶과 연결하기**
>
> 당신의 뇌가 자주 내놓는 자기비판적 생각은 무엇인가? 이런 생각을 유전적 특성과 성장배경, 삶의 경험에서 비롯된 자연스러운 부산물로 받아들이자. 없애려고 애쓰기보다 생각을 우회해 앞으로 나아갈 수 있는 행동이 무엇인지 고민해 보자.

애덤의 코딩 과정이 끝난 후 한동안 그를 만나지 못했다. 그는 가끔 이메일로 소식을 전했고, 구직 중이라고만 했다. 취업은 좌절의 연속인 고된 과정이었다. 애덤은 계속 면접을 봤지만 다들 경력직을 원했기에 일자리를 구하지 못했다.

  1년 뒤 어머니가 돌아가신 후 그는 몇 번 다시 찾아와 상담을 받았다. 나는 그와 함께 애도의 감정을 털고 일어나는 것이 어머니에 대한 배신이 아니며, 애도에는 정답이 없다는 주제로 이야기를 나누었다. 그리고 애덤은 보험회사에서 벌써 두 달째 '클라우드 관련 일'을 한다고 당당히 말했다. 그는 여전히 회사에서 좌절과 자기비판에 빠져드는 날도 있지만 자신에게 더 건설적으로 말하고, 자신을 친절하게 대하려고 노력했다. 특히 그는 애도하는 동안 자신에게 연민을 보여주는 것이 훨씬 수월했다고 말했다. 애덤은 "이런 태도가 계속 이어지면 좋겠어요"라면서 스스로를 더 따뜻하게 대하는 새로운 능력에 관해 말했다. 무엇보다도 이제 분노의 산책이 필요하지 않다고도 했다. "최악의 상황에도 그냥 커피나 한잔 마시러 나가고 동료들에게 보스턴 브루인스 하키팀에 대한 퀴즈를 내며 귀찮게 굴죠." 미니 드레스 사이에서 씩씩대며 걷던 때에 비하면 장족의 발전이다.

5장

남들은 내 마음과 다를 수밖에 없다

어두운 면도 있어야 나는 온전해질 수 있다.
―칼 융

"넌 대체 어떻게 생겨먹은 애냐?" 스티브 잡스는 팔로알토의 한 식당에서 가족과 식사하던 중 열두 살 된 조카 새러를 책망했다.[1] "말도 제대로 못 해. 잘 먹지도 못 해. 엉망으로 먹고 있잖아." 그는 멈추지 않았다. "네 목소리가 얼마나 듣기 싫은지 생각해 본 적 있니? 제발 그 끔찍한 목소리로 그만 말하거라."

스티브 잡스의 큰딸 리사 브레넌 잡스는 《작은 아이 Small Fry》에서 아버지 잡스가 암묵적 기대치에 미치지 못하는 조카 새러를 꾸짖는 바람에 새러가 먹다 만 햄버거에 고개를 수그리고 울음을 터뜨린 일화를 소개한다. 마지막에 잡스는 이렇게 힐난한다. "너한테 무슨 문제가 있는지 진지하게 고민하고 고치도록 노력해라."

2011년 캐나다 저널리스트 말콤 글래드웰은 〈뉴요커〉의 한 기사에서 잡스의 이야기를 이렇게 이어간다.

> 그는 부하 직원들에게 소리를 지른다. … 그는 식당에서 음식을 세 번이나 돌려보낸다. 언론 인터뷰를 위해 뉴욕의 한 호텔 스위트룸에 밤 10시에 도착해서는 피아노 위치를 바꾸라고 지시하고, 딸기가 모자란다고 불평하고, 꽃이 전부 마음에 안 든다고 투덜댄다. 그가 원한 꽃은 칼라 백합이었다(그는 자정 무렵 적당한 꽃을 가져온 홍보 담당자를 보고 그녀가 입은 정장이 '꼴불견'이라고 지적한다).[2]

글래드웰은 이렇게 결론짓는다. "흔히 잡스가 격동적인 삶의 여정을 거치며 좀 더 지혜롭고 온화해졌을 것으로 기대한다. 전혀 아니다. 그는 삶의 마지막 순간에 병원에서도 간호사 67명을 갈아치우며 마음에 드는 세 명만 불러댔다."

이 책에서는 주로 비현실적 기준을 설정하고, 과도하게 평가하며, 내면의 비판자가 혹독하게 압박하는 **자기 지향적 완벽주의**를 다룬다. 하지만 이 장에서는 두 유형의 외부 비판자를 다루고자 한다. 하나는 **타인 지향적 완벽주의**로 남들에게 가혹한 경우이고, 다른 하나는 **사회적으로 부과된 완벽주의**로 남들이 우리를 가혹하게 대할 거라고 예상하는 경우다.

먼저 남들에게 가혹한 경우를 보자. 세 가지 완벽주의 유형에 관한 이론을 제안한 고든 플렛 박사와 폴 휴잇 박사는 타인 지향적 완벽주의가 남들(주로 배우자나 자녀, 부하 직원 같은 가까운 사람들)이 잘못하지 않는 것이 중요하다는 믿음에서 나온다고 설명한다.³ 이 유형은 그들이 설정한 가장 높은 기대치를 주변 사람들이 충족해 주기를 바란다. 그러고는 그들이 기대에 미치지 못하면 속으로든 겉으로든 가차 없이 비판한다. 스티브 잡스는 타인 지향적 완벽주의의 극단적 예일 수 있지만 이보다 강도가 덜한 사람들도 가족이나 자녀, 직원으로 이루어진 그만의 소규모 포춘 500대 기업을 예리하게 감시할 수 있다.

프란체스카의 남편을 직접 만나 보지는 못했지만 그에 관한 얘기는 많이 들었다. 그는 노골적인 타인 지향적 완벽주의자였다. 그는 스스로 직업적 성취와 체력, 요리에서 최고 수준을 설정했고, 그의 수준에 맞추려는 프란체스카의 시도를 깎아내렸다. "이게 뭐가 어려워." 프란체스카가 운동을 빼먹거나 세탁물 속에서 그나마 깨끗한 바지를 찾아 쌍둥이 아들들에게 입힐 때 남편이 서슴없이 내뱉은 말이다. 프란체스카는 남편의 방식을 따르기 위해 필사적으로 노력했다. 남편이 프랑스 요리 솔뫼니에르를 만들며 생선을 프라이팬에 구울 때는 휴대전화로 촬영해 '제대로 굽는 방식'을 따라 하기까지 했다.

프란체스카는 심각한 우울증에 빠졌고, 무기력하게 소파에 늘어져 엠앤엠즈 초콜릿을 먹어대는 습관을 고치지 못해 나를 찾아왔다. 그리 놀랄 일도 아니다. 설령 남편의 하늘을 찌를 듯 높은 기대치를 충족시키는 것이 프란체스카로서는 별로 어렵지 않았다 해도 그렇게 하는 것이 그녀에게 무슨 의미가 있겠는가?

카라의 어머니는 이보다는 은밀한 형태의 타인 지향적 완벽주의자였다. 카라에 따르면 어머니는 집안일과 손님 접대, 예의범절에서 최고 수준을 설정하고 가족들도 따라야 한다고 생각했다. 게다가 에둘러 말하기의 귀재인 그녀는 기대치를 직접 표현하지 않고도 메시지를 명확히 전달하는 식으로 소통했다. 설거지를 할 때 쨍그랑거리며 그릇 닦는 소리를 내는 건 카라가 와서 도와야 한다는 뜻이었다. "그 옷 입고 가려고?"라고 묻는 건 옷을 갈아입어야 한다는 뜻이었다. 다크초콜릿에 함유된 중금속의 위험에 관한 기사를 보여주는 건 카라의 몸무게를 간접적으로 지적하는 것이었다.

어머니는 거의 침묵하는 순교자처럼 지내다가도 카라가 감히 의문을 제기하면 다음과 같이 극단적 과잉 반응을 보였다. "네가 어떻게 그럴 수 있어?" "뭐라고, 날 못 믿니? 내가 거짓말을 한다는 거야?" "너희를 위해 이 모든 일을 하는데 돌아오는 보답이 고작 이거라고?"

카라는 독립해 아파트를 따로 얻어 살면서부터 집에 들르기를 꺼렸고, 어쩌다 한 번씩 집에 가도 살얼음판을 걷듯 몸을 사렸다. 카라는 욕구와 필요를 조금도 인정받지 못하고, 안전하게 전달할 방법도 없는 환경에서 유일하게 가능한 방법을 택했다. 거리를 두고 자기를 보호하는 것이었다.

타인 지향적 완벽주의에 대해 최초로 설명한 사람들 중에는 카렌 호나이 박사(독일어 발음은 '호어-나이')가 있다.[4] 정신과 의사인 호나이는 정신분석학계의 '온화한 반항아'로, 프로이트 이론에서 신성시하는 영역에 도전한 인물이다.[5] 호나이는 스티브 잡스나 프란체스카의 남편, 카라의 어머니처럼 타인 지향적 완벽주의가 작동하는 기제를 명확히 설명했다. 1950년, 호나이는 이에 대해 다음과 같이 썼다. "한 사람이 주로 자신의 기준을 타인에게 부과하고, 자신이 세운 완벽함의 기준을 가차 없이 요구한다. 자신이 모든 것의 기준이라고 믿을수록 그는 일반적인 완벽이 아니라 자신의 특정한 기준에 부합하는 완벽을 더욱더 요구한다. 남들이 그 기준을 충족하지 못하면 경멸하거나 분노한다."[6]

타인 지향적 완벽주의를 측정하는 설문지에는 다음 문항들이 들어가 있다.[7] "내가 아는 사람이 실수하면 그 사람을 낮춰 보게 된다." "기대에 미치지 못하는 사람을 꾸짖으면 그의 미래에 도움이 될 것이다." "내가 아는 사람의 평균적인 성과는 만족스럽지 않다." "내가 아는 사람이 실수하면 화가 나서 참을 수 없다."

얼마나 엄격한지! 직관적으로 알 수 있듯이 이 개념 전체가 통제와 지배, 수동 공격성으로 팽배하다.

켄트 대학교의 완벽주의 연구자 요아힘 스토버 박사는 타인 지향적 완벽주의가 양심conscientiousness에 기반을 두지 않는 유일한 완벽주의라고 지적한다. 그는 이런 형태를 "어둠의 완벽주의"로 분류하고 "자신에 대한 높은 존중과 타인에 대한 낮은 존중"에 초점을 맞춘다고 설명한다.[8]

이제 민감한 용어인 **나르시시즘**narcissism에 대해 이야기해 보자. 나르시시즘은 심리학계에서 뜨거운 감자 같은 개념으로, 디즈니 악당의 특성을 묘사할 때 자주 나온다. 하지만 사실 나르시시즘은 넓은 연속선상에 존재하는 개념이다. 건강한 나르시시즘은 자기보존 및 정의와 인권에 대한 권리, 가족과 재산의 보호를 추구할 뿐 아니라, 이 책에서 내가 지지하는 자기수용과 자기가치감, 즐거움 등 다소 명확하지 않은 개념까지 아우른다.[9] 반면 연속선상의 건강하지 않은 끝단에는 폭군 같은 나르시시스트가 있다. 이들은 지배적이고 남들을 비하하며 과대망상 경향을 보이지만, 반대로 깨지기 쉬운 존재이고 자신의 이익에 도움이 되면 타인을 기꺼이 착취하려 한다.

하지만 양쪽 끝단 사이에는 갖가지 변주가 있다.[10] 타인 지향적 완벽주의자를 비롯해 인간은 누구나 세상을 있는 그대로 보지 않고, 자신이 어떤 사람인지에 따라 세상을 바라본다. 따라서 타인 지향적 완벽주의 성향인 사람은 자신에게도 가혹하다. 이런 사람은 장시간 일하고, 남들이 누리는 즐거움이나 휴식을 자신에게 허락하지 않으며, 아무도 관심 갖지 않을 자제력을 발휘해 자신을 제한한다.

이런 사람에게는 나는 남들과 다르다는 은근한 자부심이 있으며 이런 생각으로 만족감을 느끼기도 한다. 동시에 이들은 은밀한 자기혐오에도 시달린다. '나는 남들과 다르다'는 생각 때문에 남모를 수치심이나 두려움에 사로잡히는 것이다. 그리하여 '아무도 일을 제대로 할 생각이 없다'고 남들을 탓하고, 마음속으로는 '아무도 나를 이해하지 못한다'고 한탄한다. 타인 지향적 완벽주의자는 이처럼 자부심, 분노, 외로움, 갈망이 뒤섞인 생각에 빠져 결국 단절감을 느낀다. 이 모든 것의 기저에는 무엇이 있을까? 그야말로 다양한 요소가 존재한다.

이 지점에서 토머스 린치 박사가 등장한다. 그는 실증적으로 검증된 치료법인 '전적으로 개방된 변증법적 행동치료Radically Open Dialectical Behavior Therapy'를 개발한 연구자다.[11] 이 책 곳곳에 린치 박사와 그의 파트너 에리카 스미스 린치의 이름이 자주 등장하는데 두 연구자는 완벽주의와 밀접한 연관성이 있는 **과도한 통제**overcontrol라는 대처 방식에 주목한다.

두 연구자는 과도한 통제에 있어 양날의 검 중 하나가 **세세한 부분에 초점을 맞추는 과정**detail-focused processing이라고 지적한다. 바로 사소한 부분을 잘 알아챈다는 뜻이다.

리사 브레넌 잡스는 아버지 스티브 잡스의 세부 관찰 능력을 "치아의 신경만큼이나 예민하고 섬세하다"고 표현했다.[12] 일례로 아홉 살 리사는 아버지와 함께 스탠퍼드 캠퍼스에서 롤러스케이트를 탄 적이 있는데 그때 스티브 잡스는 대학 건물의 정교한 석조물을 보고 감탄했다고 한다. 정교하고 복잡하고 마치 수놓은 듯한 건물이었다. 리사는 이렇게 기억한다. "아버지가 이 건물을 지은 장인들의 세부 작업과 돌 하나하나를 조각하고 배치한 솜씨를 알아차리는 것을 보면서 사람들에 대해서도 똑같은 방식으로 알아챌 거라는 생각이 들었다. 나에 대해서도 마찬가지였을 것이다."[13] 스티브 잡스가 자신에게 중요한 모든 부분을 면밀하게 평가한다는 점을 간파한 대목이다.

실제로 우리 같은 완벽주의자의 관찰 능력은 매우 예리해서, 보통 사람들은 우리가 보는 부분을 알아채지 못할 때도 있다. 슬라이드 자료의 오타, 자녀가 스포츠에 열의가 부족하다는 사실, 단체 사진

속 어색한 미소까지도 이들은 쉽게 발견한다.

그러나 세세한 부분에 주목하는 성향 자체가 문제는 아니다. 우리가 알아챈 측면은 정확하다. 말하자면 배우자가 손님에게 음료를 권하지 않았고, 아이의 성적이 A가 아니라 A-였고, 회의록에서 세부 사항 일부가 빠졌으며, 주방의 프라이팬이 제대로 정리되지 않은 것 등은 사실일 수 있다. 문제는 타인 지향적 완벽주의가 벼락처럼 내리치는 순간의 반응이다.

첫 번째 문제는 사적·내적·감정적 반응이다. 우리는 주어진 상황이 '그래야 하는' 상황대로 흘러가지 않으면 지나치게 좌절하거나, 짜증을 내거나, 어떤 결과가 나올지 두려워한다. 우리는 좋은 집주인이 되어야 하고, 공부를 잘하는 자녀는 A를 받아야 하며, 회의록은 회의에 참석 못 한 사람들도 이해하게끔 상세해야 하고, 프라이팬을 정리할 사람은 이미 이 집 식구들에게 백 번도 넘게 알려준 프라이팬 정리 순서를 숙지해야 한다고 믿는다.

두 번째 문제는 이런 내적 반응을 행동으로 옮길 때 발생한다. 예를 들어 배우자 앞에서 "좋아, 내가 직접 해주지"라는 뉘앙스를 보이며 손님에게 음료를 권하거나, 저녁 식사 자리에서 아이의 성적 얘기를 신랄하게 꺼내거나, 모두에게 보내는 이메일에서 수정 사항을 지적하거나, 쾅쾅 소리 내어 프라이팬을 정리하면서 짜증을 표출하는 식이다.

스티브 잡스는 스탠퍼드 캠퍼스에서 석조물의 세밀한 작업과는 직접 연결되지 않았지만 애플에서 나온 모든 제품과는 강력하게 연결되었다. 그래서 1998년 본다이 블루 아이맥 데스크톱 광고를 만들며 인쇄된 색상이 실제 제품과 일치하지 않는다고 판단했을 때 폭발하고 말았다. 그는 친구이자 광고 파트너인 리 클로우에게 소리를 질렀다. "자네는 뭘 하는지도 몰라. 광고를 맡길 사람을 새로 구할 거야. 이건 완전 엉망이야."[14]

누구나 스트레스를 받거나, 피곤하고 배가 고프거나, 무언가에 자극받을 때면 짜증이 난다. 누구도 항상 따뜻하고 공감하는 반응만 할 수는 없다. 하지만 '내 방식이 옳다'는 메시지를 가까운 사람들에게 감정과 행동으로 끊임없이 전달하면 못들이 널려 있는 길을 달릴 때처럼 관계가 산산조각이 날 수 있다. 자녀나 파트너, 직원들이 우리의 지시에 대해 "제대로 해낼 자신이 없습니다" "어떻게 해도 당신은 만족하지 않을 거예요"라며 불평한다면 이를 경고 신호로 받아들여야 한다.

다음 문제는 공감에 관한 것이다.[15] 우리가 타인 지향적 완벽주의에 빠져 남들의 결점을 찾아내 평가할 때는 임상적 나르시시스트처럼 공감 자체가 없는 것이 아니라 일시적으로 공감을 무시하기로 선택한 것이다. 말하자면 **공감 기능**empathic functioning에서 잠시 벗어나 남들의 감정적 체험에 관심 끄는 편을 선택했다고 할 수 있다. 가령 거칠고 비판적인 태도 때문에 배우자가 속상해하고, 아이들이 마음을 다치고, 동료들이 짜증을 내는 것을 알면서도 의도적으로 감정적 개입을 하지 않고 냉정해지거나 무시하거나 지적인('이성적인') 반응으로 비판의 논리를 강화한다. 어차피 자신이 옳으니 상대방 감정은

'정당하지 않다'고 여기는 것이다. 이처럼 순간적으로 타인 지향적 완벽주의에 빠지면 아무리 탄탄한 논리와 정당성을 내세운다 해도 문제 해결과 관계의 개선이 아닌 단절을 불러온다는 사실을 망각한다.

실제로 《작은 아이》에는 고등학생이 된 리사가 아버지와 새어머니 로린에게 일주일에 한 번씩 심리치료 시간에 함께 가달라고 요청하는 장면이 나온다. 리사는 두 사람에게 가족 안에서 느끼는 외로움과 고립감을 털어놓으면서 무엇보다도 잠자리에 들기 전 "잘 자"라는 한마디를 부탁했다. 단순하지만 의미 있는 행동을 보여달라는 것이었다. 그러자 긴 침묵이 흘렀고 한참 후 로린이 무미건조하게 말했다. "우리는 그냥 차가운 사람들이야." 리사는 이렇게 썼다. "나는 두 사람이 냉담하고 무심한 면을 부끄러워하리라 예상했다. 그러나 이제 단순한 진실을 무시한 나 자신이 부끄럽다." 리사는 공감을 요청했지만 돌아온 대답은 거절이었다.[16]

리사의 사례보다 강도는 약하지만 나의 내담자 아트도 비슷한 사례였다. 그는 부하 직원들이 코로나19에 걸렸다고 일을 못 하는 이유를 이해할 수 없었다. '나도 아플 땐 재택근무를 했으니 모두 그렇게 해야 해.' 이런 아트의 생각이 합리적인지 따지는 것은 복잡한 문제다. 우리 같은 완벽주의자는 힘들어하는 사람을 보면서 우리 자신을 돌아본다. 부하 직원이 게으르거나 배우자가 파티에서 민망한 행동을 하면 그들의 부족한 면이 당장 우리의 문제가 된다. 그러니 문제를 바로잡는 것이 상대방 감정보다 중요해진다. 또 남들의 한계를 우리의 우월성을 증명하는 근거로 여긴다면 그들의 실패는 우리가 군이 내세워야 할 증거가 되기도 한다. 혹은 우리가 특정 목표에 매진하고 있어서, 예를 들어 연구 조교가 연인과 헤어진 타이밍을 연구 제안서 제출 일정에 장애물로 느낀다면 그 감정을 헤아리기가 쉽지 않다.

그저 돕고 싶을 뿐이라는 합리화

우리의 외부 비판자 성향이 가장 가까운 사람(배우자, 자녀, 매일 함께 일하는 동료)에게 초점을 맞춘다는 사실은 언뜻 이해하기 어렵다. 낯선 사람이나 지인들에게는 관대하고, 쉽게 용서하며, 그들의 긍정적 면을 보려 애쓰면서도 가까운 사람은 결점과 부족함에 더 주목하는 것이다.

그러다 보니 이들은 내적 줄다리기를 한다. 한편으로는 비판하는 상대에게서 기대했던 좋은 결과를 얻고 싶어 한다. 또 한편으로는 통제적이고 비판적인 행동이 바람직하지만은 않다는 사실을 어렴풋이 느낀다. 이는 단연코 우리가 되고 싶은 모습이 아니다. 게다가 사람들이 대놓고 "제발 좀 그만하라"고 항의하기도 한다.

이런 이유로 외부 비판자에게는 '자기합리화의 여지'가 숨은 동력이 된다.[17] 사실 우리 내면에는 우리가 무엇을 하는지 다 아는 작은 목소리가 있다. 비판적이고 통제적인 행동은 그 같은 의식 차원에서 원하는 모습이 아니므로 우리는 스스로 그런 식으로 행동하지 않는다고 믿으며 말한다. '못 믿어서가 아니라 그저 올바른 방법을 보여

주려는 거지. 비판이 아니라 조언이야. 통제하려는 게 아니고 그저 돕고 싶을 뿐이야.'

이런 식의 자기합리화는 위장된 비판보다 강력하다. 냉랭한 침묵 속에서 아무 문제도 없다고 주장하거나, 겸손한 척하면서 친구들에게 우월감을 드러내거나, 농담을 가장해 모욕할 때는 자기 자신에게조차 이런 태도를 부인해야만 효과가 있다. 그런데 무얼 하는지 인지하지 못하거나 어떤 행동을 하지 않는 것처럼 자신을 속일 순 있다 해도 그런 행동이 관계에 미치는 영향은 현실로 나타난다. 말로 표현하지 않아도 부정적 평가의 메시지가 선명하게 전해지기 때문이다.

타인 지향적 완벽주의 모드일 때 우리가 하는 말	실제 의미	상대가 듣는 말
나는 그저 돕고 싶을 뿐이야.	네가 잘못하고 있으니 내 방식으로 해야 해.	너는 잘못하고 있어. 네가 제대로 할 거라고 못 믿겠어.
나는 그저 네가 최선을 다하면 좋겠어.	나는 네가 최고로 잘하면 좋겠어.	너는 충분히 잘하고 있지 않아.
그냥 말해 보는 거야. 그냥 한번 던지는 말이야. 그냥 내 의견일 뿐이야.	너는 내 방식으로 해야 하지만 대놓고 말하지는 않을게.	너는 잘못하고 있어.
(어조가 달라지며) 그래, 네 방식으로 해보자.	그런데 내 방식이 나아.	네 방식은 충분히 괜찮지 않고, 나는 거슬려.

도움은 필요 없어. 고맙지만 내가 알아서 할게.	나 혼자 할 수 있어.	나는 네가 필요하지 않아.
[일을 다시 하기]	이건 충분히 괜찮지 않아.	네가 잘못했어.

우리 안의 외부 비판자는 우리가 남들과 다르다고 자부한다. 이는 그 때문에 우리가 몹시 외롭다는 의미이기도 하다. 그렇다면 무엇으로 다시 관계를 연결할 수 있을까?

심리학자 해리엇 러너는 저서 《무엇이 여자를 침묵하게 만드는가 The Dance of Connection》에서 말한다. "우리가 할 수 있는 일 중 가장 쓸모없는 것은 끊임없이 (남들의) 문제에 초점을 맞추고 도와주려 애쓰는 것이다. 그보다 우리 자신의 문제와 한계, 필요를 말하는 것이 더 유익하다. 우리가 남들의 도움을 허용하지 않거나, 그들에게서 아무것도 필요치 않은 것처럼 행동하거나, 그들이 우리에게 줄 게 아무것도 없다고 여기는 것은 그들을 위축시킨다."[18]

사실 "나는 그저 돕고 싶을 뿐이야" 같은 말은 유능한 사람과 무능한 사람 사이에서 힘의 역학 관계를 형성해 "우리는 대등하지 않다"는 메시지를 보내고 단절을 지속시킨다. 반면에 약한 모습을 보여주거나 힘들었던 시절의 이야기를 털어놓는 것은 사람들과 대등한 관계를 형성하며, 상대를 좋아하고 신뢰한다는 신호를 보내고, '우리는 대등하다'는 메시지를 전달한다.

당신의 삶에서 가장 가까운 사람들을 떠올려보자. 그들을 사랑하는 건 그들이 올바르기 때문일까? 당신이 더 발전할 방법을 알려주기 때문일까? 아마도 아닐 것이다. 그들과 함께 있을 때 느끼는 감정, 다시 말해 받아들여지고 지지받고 신뢰받는 느낌 때문에 그들을 사랑할 가능성이 크다. 상대에게 신뢰한다는 신호를 보내는 것은 필수다. 사실 통제의 반대는 통제 불능이 아니라 신뢰이기에.

스티브 잡스는 운이 좋았다. 그가 췌장암으로 죽어가던 생의 마지막 시기, 딸 리사 브레넌 잡스가 마침내 아버지의 행동을 해석하는 것이 가능해졌다. 아버지의 병실을 찾은 리사는 마침 욕실에 놓여 있던 향기로운 로즈워터 페이셜 미스트를 뿌리고 들어갔다. 아버지를 안아준 후 병문안을 마무리하며 "곧 다시 올게요"라고 약속하고 병실을 나서는데 잡스가 불렀다.

"리사?"

"네?"

"네게서 화장실 냄새가 나."[19]

이제 아버지에 대해 잘 아는 리사는 이 말에 모욕감을 느끼기보다는 아버지 특유의 '솔직함'으로 받아들였다.[20] 어쨌든 리사는 방금 뿌린 로즈워터 미스트에서 악취가 나는 걸 몰랐으니까.

리사는 아버지의 비판에 담긴 배려의 메시지를 알아들었을지 몰라도 우리 대다수는 그리고 우리가 사랑하는 사람들은 그만큼 예리하게 알아듣지 못한다.

나의 부끄러운 모습을 통해 알게 되는 것

여기서 언급할 중요한 사실이 하나 있다. 여기까지 읽으면서 당신의 어떤 부분을 알아챘거나, 불편하거나 방어하고 싶은 느낌이 들었다면 잘 따라오는 중이다. 타인 지향적 완벽주의는 어둠 속에서 기승을 부린다. 우리가 그렇게 행동하고 있다는 사실을 알아차린다면 그렇게 행동하지 않는 척 애써 가장할 필요가 없고, 사랑하는 사람들에게 외부 비판자가 되는 경우를 줄일 수 있다.

과도한 통제에 관한 전문가인 토머스 린치 박사와 에리카 스미스 린치 박사는 자기합리화의 가능성에 대해 진지하게 고찰한다. 두 연구자는 **자기탐구**self-enquiry라는 기법을 개발했다.[21] 이는 겉으로 그럴듯해 보이도록 포장했지만 사실 불쾌감을 주는 우리의 행동을 직시하도록 설계된 기법이다. 은밀히 통제하려는 경향이 있음을 스스로 인정하면 계속 그런 행동을 하기는 어렵기 때문이다.

두 연구자는 자기탐구를 건강한 자기의심과 자기성찰을 기르기 위한 과정으로 설명한다. 그리고 이 과정은 '자신의 한계를 찾는 일'에서 시작된다.[22] 여기서 한계란 자신과 남을 분리하려는 본능적 반응으로, 사실 우리가 다소 부끄럽게 여기는 생각과 감정이다. 예를 들어 '그래, 내가 그렇게 반응했어'라고 인정하는 동시에 반발심이나 자의식self-consciousness이 생기고 방어적이 될 수 있다. 배우자가 무언가를 잘못하면 우리는 은근히 우월감을 느낀다. 누군가 실수를 지적하면 거짓말을 하고 싶다는 충동이 든다. 곤란한 질문을 받으면 입을 닫거나 방어적인 태도가 된다. 이렇게 진실이 불편하게 느껴지는 지점에 우리의 한계가 있다.

한계는 항상 부정적이지만, 부정적인 감정이 모두 한계는 아니다. 누군가 당신을 모욕할 때 상처받는 건 당연하며 이는 한계가 아니다. 데이트 상대가 갑자기 연락을 끊으면 거부당했다는 감정이 드는 건 당연하고 이 역시 한계가 아니다. 진정한 한계는 어떤 일을 생각하거나 인정하고 싶지 않고, 아무도 그 일을 알지 못하기를 바라는 지점이다. 린치 박사는 다음과 같은 예를 든다.[23] 배우자의 책상을 정리했는데 배우자가 그 사실을 눈치채지 못할 때 인정받지 못했다는 느낌을 받는 것, 식당에서 낯선 사람이 던진 시선이 무슨 의미인지 줄곧 고민하는 것, 친구가 불행한 일을 털어놓으면 내심 만족감이 드는 것 등이 한계다.

그렇다면 어떻게 해야 할까? 이런 본능적 한계를 발견하면 카펫 밑으로 밀어 넣기보다는 오히려 밝은 빛을 비추어야 한다. '내가 인정하거나 생각하고 싶지 않은 것은 무엇일까?' '내 안의 어두운 면이 말을 할 수 있다면 뭐라고 할까? 내게 전하려는 메시지가 무엇일까?' 그리고 가장 중요한 질문이 있다. '여기에 내가 배울 점이 있을까?'

무엇을 배울 수 있을지(어떻게 성장할 수 있을지)에 집중하면 마음이 열린다. 자기탐구는 반성하고, 개선하고, 다른 선택지를 고려하게 한다. 감정 반응을 완전히 통제할 수는 없지만 혼란스러운 상황을 되돌아보면 그 상황을 정리하는 데 도움이 된다. 예를 들어 불안할 때 아이를 적대적으로 대한다는 사실을 깨닫는다면 이런 행동을 줄일 수 있다. 배우자를 깎아내리면서 우월감을 느낀다는 사실을 인정하면 이런 행동을 멈출 수 있다. 동료들에게 불편함을 느낄 때 '본때를 보여주겠어'라는 태도를 보인다는 사실을 알아차리면 그런 감정을 가라앉히는 데 도움이 될 수 있다.

왜 이렇게 해야 할까? 이것은 실수로 치아교정 장치를 버린 후 쓰레기장을 뒤지며 찾는 것과 비슷하다. 하기 싫어서 꺼리는 일이지만 그 안에 필요하고 가치 있는 어떤 것이 존재하기 때문이다. 당신의 반응은 당당히 내세우지 못할 만한 것이었다. 그 반응이 가장 소중한 관계에 준 상처를 살핌으로써 그 관계를 강화할 수 있다. 통제를 멈추면 비로소 연결이 시작된다.

> **내 삶과 연결하기**
>
> 최근에 남이 안다고 생각하면 부끄럽고 절로 방어적이 되는 당신의 반응은 무엇이었는가? 그 반응은 당신에게 어떤 도움이 되었는가(어떤 식으로든 도움이 되기에 그렇게 반응했을 것이다)? 그 반응이 당신에 대해 무엇을 이해하게 해줄까? 그 반응을 통해 무엇을 배우고 성장할 수 있을까?

모두를 실망시킬까 봐 두렵다

"그 곡은 쓰레기통에 들어갔던 거예요."[24] 브루노 마스가 메가 히트곡인 〈업타운 펑크〉의 초기 버전에 대해 한 말이다. 마크 론슨과 함께 만든 이 곡은 사실 빌보드 핫 100 차트에서 14주 동안 1위를 차지해 역대 2위 기록을 세우며 그를 월드 슈퍼스타로 만들었다. "우린 후렴구에 몇 달을 쏟아부었어요." 스튜디오에서 줄담배를 피우며 수정에 수정을 거듭하는 동안 마스는 부정적 반응을 떠올리며 초조해했다. "내가 용에 대해 이상한 말을 하면 사람들이 춤을 추다 말고 나가버릴까?"

〈업타운 펑크〉가 성공을 거둔 후 후속 앨범 〈24K 매직〉을 작업할 때는 그야말로 마비 상태였다. "음악 인생에서 최고의 성공을 거둔 곡이 탄생한 후 스튜디오에 다시 들어기가 정말 두려웠어요." 마스는 작업의 모든 측면이 미덥지 못했다. "사람들이 이딴 걸 좋아할까 싶더군요. 라디오에서 틀어줄지도 의심스러웠죠."

음악 잡지 〈롤링스톤〉 기자 조쉬 엘스가 앨범 발매를 몇 달 앞두고 마스를 만났을 때 그가 말했다. "지금 우리는 제정신이 아니에요. 엔지니어도 미쳐가며 날 죽이고 싶대요." 마스는 새 앨범의 최신 버전, 정확히는 스무 번째 버전을 들려주었다. 그러면서 이 곡이 괜찮은 건 알지만 브리지(절과 후렴 또는 후렴과 후렴을 연결하는 부분—옮긴이) 부분에 막힘이 있다고 했다. "이 부분을 풀어야 해요." 그래미상 수상자인 프로듀서 아리 레빈은 이렇게 평했다. "나는 일평생 무슨 일에서든 브루노처럼 한 치의 오차도 용납 못 하는 사람은 본 적이 없어요."

이것이 바로 **사회적으로 부과된 완벽주의**의 세계다.[25] 자기 지향적 완벽주의는 내면에서 나온다. 즉 동기가 내면에서 나온다는 뜻이다. 반면 사회적으로 부과된 완벽주의는 외부에서 주어진다. 즉 세상 사람들의 높은 기대치를 충족하지 못할 때 엄청나게 비판받을 거라는 확신에서 비롯된 것이다.

브루노 마스는 어린 시절 하와이 호놀룰루에서 가족 밴드 멤버로 공연할 때 강박적 완벽주의 경향이 생겨났다고 말한다.[26] 그는 이제는 고인이 된 어머니의 공연에 대한 높은 기준을 내면화했다. "사람들이 어머니를 보고 사랑에 빠지는 걸 봤어요. 어머니에겐 그런 재능이 있었죠." 그는 지금도 공연 중 실수를 할 때면 어머니 목소리가 들린다고 했다. "'음이 플랫이야!' '그 동작을 놓쳤잖아!' '형한테 가서 콧수염 좀 밀라고 해!' 이런 말이 항상 떠올라요."

그는 어머니를 기쁘게 하는 법뿐 아니라 모두를 만족시키는 법도 배웠다. "우리는 관광객을 대상으로 공연했기에 모든 사람을 즐겁게 해줘야 했어요. 흑인, 백인, 아시아인, 라틴계 등 하와이에 놀러오는 다양한 사람을 대상으로 공연해야 했죠."

사회적으로 부과된 완벽주의는 팝 스타가 되는 데 이로운 성향이 아니지만 마스는 이를 감내해 왔다.[27] "나는 어머니가 하늘에서 내려다보며 미소 짓는다고 확신해요."

마스의 어머니를 비판하려는 것이 아니다. 사회적으로 부과된 완벽주의 성향은 단 한 사람에게 받은 영향만으로 생겨나지 않는다. "물속을 헤엄치는 물고기에게 '물은 어때?'라고 물으면, '무슨 물?'이라고 답한다"는 말이 있다. 물속에서 살면 헤엄을 치는 줄도 모른다는 뜻이다. 이 비유에서 보듯이 사회적으로 부과된 완벽주의 성향은 문화적 힘의 영향을 받는다.[28] 한 인간으로서 우리는 자신이 놓인 맥락에 반응한다. 그러므로 자본주의와 제도적 억압, 소비주의 같은 무자비한 문화적 힘이 지배하는 21세기 포스트 팬데믹 시대에 놓여 있는 우리로서는 실수라도 하면 누군가 달려들어 물어뜯을지 몰라서 두려운 것도 당연하다. 토머스 커런 박사는 이렇게 설명한다. "완벽주의는 인간의 한계를 무시한 채 극단으로 달려가는 경제 제도를 정의하는 심리적 특성이다."[29]

나아가 사회적으로 부과된 완벽주의는 연구자들이 '대인 관계로 동기부여된' 상태라고 부르는 현상으로, 다른 사람의 수용을 갈망하거나 적어도 거절과 비판을 피하려 애쓴다는 의미다.[30] 이는 부모나 배우자 혹은 자신의 삶에서 중요한 사람이 요구하는 높은 기대를 강요받는 데 대한 정당한 반응이다. 동시에 우리를 둘러싼 환경인 더 큰 문화 속에서 우리의 능력에 대한 가정을 흡수하는 과정이기도 하다. 마치 유리병 속 표본처럼 우리는 그런 문화 속을 떠다닌다.

이런 문화 속에서 한 개인은 항상 최고가 되어야 한다는 압박을 느낀다. 그러나 인간인 이상 약점과 실수, 결점에 방해받지 않을 수 없다. 연구자들은 우리가 인식하는 기준과 객관적 현실의 차이를 **완벽주의적 괴리**perfectionistic discrepancy라고 부른다.[31]

그래서 우리는 그 간극을 메우기 위해 필사적으로 노력한다. 사람들을 실망시킬까 봐 두려운 마음은 보상 전략으로 이어진다. 15장에서는 **완벽주의적 자기표현** 그리고 그것의 불안한 사촌 격인 **방어적 자기은폐**defensive self-concealment라는 '수정' 과정에 대해 자세히 다루기로 한다.[32] 이는 우리가 모든 것을 완벽히 해내는 듯 보이려고 외모와 말투, 행동을 조정하는 과정을 의미한다. 사실 사회적으로 부과된 완벽주의 성향인 사람은 남들 앞에서 실수하면 극심한 치욕을 느낀다. 그들은 취약성과 단점을 철저히 숨기고, 이런 면을 절대 언급하지 않는다.*

자꾸만 방어적 태도로 위장하며 살다 보면 지칠 수밖에 없다. 이것은 우울증, 섭식 장애, 미루기, 대인 관계에서의 갈등이나 고립 등 쉽사리 예측 가능한 결과로 이어진다.[33] 그러면서 이들은 스스로를 더 나쁜 사람으로 여긴다. 또한 스스로 생각하는 이상적 모습에서 얼마나 멀어졌는지 점검하면서 자신만이 아니라 모두를 실망시켰다고 자책한다.

유진의 예를 들어보자. 유진은 6월 초 어느 아침 나와의 첫 온라인 상담에 접속했다. 화면 너머 벽에서는 축 늘어지고 빛바랜 크리스마스 장식이 눈에 띄었다. 다음번 상담 때 우울증이 더 드러났고 나는 모든 상황을 이해할 수 있었다.

유진은 어린 시절 줄곧 '넌 뭐든 잘해야 해'라는 확고한 메시지를 들으며 자랐다. 지역의 유명한 부동산 중개업자였던 어머니(그는 "엄마는 사기꾼이었어요"라는 말도 했다)는 유진에게도 성공을 압박했다. 유진은 시간을 어떻게 활용할지 결정할 기회를 빼앗겼다. 그는 긴 세

---

* 심리치료(사회적으로 부과된 완벽주의 성향을 가진 일부는 치료를 다른 세계에 있는 평행 우주처럼 생각할 수도 있다)는 완벽주의자도 보호대를 내리고 실수나 약점에 대해 말할 수 있는 유일한 공간일 수 있으므로 예외다. 심리치료에서는 내담자와 함께 이런 공간을 넓혀가는 작업을 한다. 삶에서 믿을 만한 사람들에게 자신의 취약성을 (적든 많든) 드러내 보이는 연습을 해보는 것이다.

월 온갖 활동과 과중한 일정을 소화하며 살았고 하버드, 올림픽 출전, NASA의 제트추진연구소 같은 곳에 들어가는 쪽으로 진로가 점차 구체화되었다. 어머니는 NASA를 마지노선으로 설정하고 마지못해 어디 있는 NASA라도 괜찮다고 했지만 유진에게는 그마저도 부담이었다. 한번은 중국 국가대표 배드민턴 감독이 보스턴을 방문했다. 유진의 어머니는 만남의 자리를 마련해 유진을 그 장소로 끌고 가서는 "우리 애를 스타로 만들어주세요"라고 청하기도 했다.

한편 유진이 해서는 안 되는 것은 무수히 많았다. 어머니는 유진에게 수줍어하거나 말문이 막히면 안 되고, 예민하고 감정적이어도 안 된다고 강조했다. 유진의 중고등학교 시절은 수많은 상처로 얼룩진 마치 죽음 같은 시간이었다. 마침내 집을 떠나 대학에 들어갔으나 이미 자신의 욕구와 취향, 본능, 성격을 철저히 무시하도록 훈련받은 뒤였다. 그는 어떤 결정을 내리든 자신을 믿지 못했다. 무수히 교정을 당했기에 정작 자신이 원하는 것은 뭐든지 잘못될 운명임을 알았다.

유진은 가로막혀 있었다. 거의 매일 아침 늦게까지 잠을 자거나 몇 시간이고 휴대폰만 보았다. 잠자는 시간이나 딴짓을 할 때는 스스로 부족하다고 느끼지 않아도 되기 때문이었다. 그는 기분이 나아지기를 원했다. 하지만 그가 '마땅히' 있어야 한다고 생각한 자리, 즉 로켓 과학자나 하버드 졸업생, 올림픽 선수와는 멀리 떨어져 있었기에 좋은 일을 하거나 좋은 감정을 느낄 자격조차 없다고 여겼다. "나는 너무 뒤처져 있어요. 하고 싶은 일을 하려면 따라잡아야 할 게 많아요." 유진은 '나는 아무것도 할 수 없어. 기후 변화를 해결하거나 세상을 바로잡을 수는 없잖아'라는 생각과 동시에 '그러니 나는 아무것도 할 수 없어, 나는 가로막혀 있고 무능력해'라는 생각 사이에 멈춰 있었다.

끊임없이 사과하는 사람들

"시간을 빼앗아 죄송해요." 상담이 끝날 즈음 유진이 중얼거렸다. 사실은 그는 정당하게 돈을 지불했고, 나도 좋아서 하는 일에 들인 시간이었다. 유진은 자주 사과를 했다. 질문에 답하기 전 잠시 생각할 때도 사과하고, 상담 시간 전에 너무 우울해서 면도를 못했다고도 사과했으며, 집 뒤편 골목에서 재활용 트럭이 덜컹거리는 소리가 줌을 통해 내게도 들렸을까 봐 걱정하며 사과했다.

유진은 아무 잘못이 없었지만 그건 중요치 않았다. 테레사 로버트슨 박사와 다니엘 슈니처 박사의 '수치심의 진짜 원인: 사회적 평가절하는 충분하고, 잘못은 불필요하다'라는 연구는 제목 자체가 결과를 요약한다. 이 연구에서는 우리가 누군가에게 비판받거나 평가절하되거나 배제당하면(정당성이 있든 없든) 수치심을 느끼는 경향이 있다는 사실이 밝혀졌다.[34]

이 연구에서 참가자는 우선 토큰을 받는 게임에 참여했다. 각 참가자는 게임에서 받은 토큰 중 어느 정도를 토큰 통에 선택적으로 기부할 수 있었다. 레스토랑의 팁 상자처럼 생긴 통이었고 나중에 모든 참가자가 모인 토큰을 나눠 갖기로 했다. 그런데 2라운드로 넘어가기 전 서바이벌 형식의 탈락 절차가 있었다. 모든 참가자는 가상의 섬에 보낼 참가자를 결정해 투표함으로써 집단에 남길 사람과 내보낼 사람을 정하고 그 이유를 간략히 작성해야 했다. 사실 모든 평가는 연구자들이 조작한 가짜였다. 참가자 절반은 투표로 탈락이라는 통보를 받았다. 그들은 탈락의 이유가 토큰을 충분히 넣지 않았기 때문이라는 말을 듣는다. "남을 돕지 않는 사람들과 함께 머물고 싶지 않다"는 평가를 받은 것이다. 나머지 절반은 집단에 남아도 된다고 통보받았다. 다만 그들은 너무 인기가 많아서 운영상의 이유로 다음 라운드에서는 다른 참가자들과 함께하지 못하고 혼자 활동해야 한다는 말을 들었다(탈락하지 않았으나 고립감을 느끼게 하기 위해 연구자가 조작한 설정―옮긴이).

여기서 유념할 사실은, 탈락하든 생존하든 2라운드에서는 모든 참가자가 혼자 작업했다는 점이다. 두 집단 사이에 차이가 있다면 가짜 평가의 결과가 '좋음'인지 '나쁨'인지뿐이었다. 예상대로 탈락 통보를 받은 참가자들은 수치심을 느꼈다. 예상을 벗어난 것은, 공동 기금에 얼마나 기부했는지와 관계없이 탈락 통보에 수치심을 느꼈다는 것이다. 심지어 토큰을 100퍼센트 다 내놓았을 때조차 그랬다. 거절당한 느낌과 비판, 그 밖의 평가절하 반응은 그들이 문자 그대로 가진 것을 다 주었을 때조차 수치심을 유발하기에 충분했다.

이로써 비판은 우리를 파괴한다는 명백한 결론으로 이어진다. 평가절하는 우리를 무너뜨린다. 유진이 내게 사과한 경우에서 보듯이 실제로 비판받지 않았어도, 비판의 가능성만으로도 미리 '죄송해요'

라고 말하게 되는 것이다. 그러나 우리는 궁극적으로 사람들(혹은 교묘한 연구자들)의 평가를 통제할 수 없다. 우리는 《아낌없이 주는 나무》 속 나무처럼 남들에게 최선을 다하고 모든 것을 내어주고도 비판받을 여지가 있다. 그럼에도 우리는 계속 평가절하를 막기 위해 안간힘을 쓴다. 이 이야기는 다음으로 이어진다.

남을 만족시키느라 잃어버린 것

리젯과 룸메이트 둘은 대학 때부터 친구였다. 이들 셋은 거의 매일 저녁을 같이 먹고, "올스턴, 이대로가 좋아 Keep Allston Shitty"라는 슬로건(미국 보스턴 올스턴 지역의 독특하고 자유로운 문화를 보존하자는 의미로 사용됨—옮긴이)이 걸린 보스턴 어느 라면 가게 위층의 집으로 친구들을 초대해 '영화의 밤' 파티를 열곤 했다. 그런데 두 룸메이트는 음악을 요란하게 틀어 리젯의 수면을 방해하거나, 영화의 밤을 마치고 청소를 '깜빡'하거나, 리젯에게 미리 양해도 구하지 않고 친구들을 재워주는 일이 잦았다. 리젯은 차마 룸메이트들에게 행동 개선을 요청하지 못했다. 그렇다고 임대계약 갱신 시기에 이제 너희와 같이 살고 싶지 않다고 말할 용기도 내지 못했다. 리젯은 에둘러 말하거나("너희들 모두 9시부터 5시까지 일을 해야 하니 두 사람이 같이 살면 좋겠지?"), 다른 핑계를 대거나("집주인이 월세를 올려서 우리 예산이 초과된 것 알지?"), 거짓으로 배려했다("둘이서 투 룸을 구하는 게 좋겠다. 그러면 집 구하기가 훨씬 쉬울 거야").

두 룸메이트에게는 알리지 않은 채 이미 다른 친구와 같이 살 계획을 세운 리젯은 룸메이트들이 임대계약을 갱신하는 바람에 이러지도 저러지도 못하는 처지에 몰렸다. 아무튼 그 집에서 나간다고 말해야 했으나 리젯으로서는 말을 꺼내는 것이 극도의 스트레스였다. 결국 말하긴 했으나 현실감이 없었고 무슨 말을 했는지도 거의 기억하지 못했다. 그때부터 이사하는 날까지 두 룸메이트가 말을 걸지 않고 냉랭했던 기억밖에 없었다. 리젯은 그들과 한 해를 더 같이 살 생각이 없었지만 그렇다고 우정을 깨고 싶지도 않았다.

이것이 바로 남들을 만족시키는 방식이다. 즉 남들이 우리를 바라보는 시각에 영향을 미치고 싶고, 남들의 호의를 유지하거나 적어도 배척당하지 않기 위한 행동 전략이다.[35] 이를 안전 행동safety behavior이라고도 하는데, 두려운 상황이 벌어지지 않게 하려는 조치인 셈이다.

직설적으로 말하면, 남들을 만족시키는 행동은 우리에 대한 남들의 반응과 감정을 통제하려는 시도다. 하지만 이런 행동은 '통제'보다는 대개 친절함, 융통성, 배려로 보인다. 게다가 이런 행동은 꽤 영리한 대처 전략이다. 단순히 부정적 반응을 방지할 뿐 아니라, 간혹 찬성의 미소까지 얻어내기 때문이다. 나아가 관대하고 이타적으로 보이기도 한다. 하지만 이는 매력인 동시에 문제가 되는데, 이타적 행동은 우리를 자아가 없는 상태self-less로 만들어 결국 우리의 정체성을 외부 비판자(과거나 현재, 상상 속)에게 의탁케 하기 때문이다.

남들을 만족시키는 행동이 잦으면 근육이 위축되듯 자율성도 약해진다. 우리 중 많은 사람이 자신이 무엇을 원하고 거부하는지 알기보다는, 주변 분위기를 읽고 남들이 원하는 게 무엇인지 파악하기 바쁘다. 그러고는 남들이 원하는 것이 곧 우리가 원하는 것이라고 믿는다. 우리가 원하는 것은 모두가 화목하게 지내고, 마음의 상처가 되는 평가절하나 비판, 실망, 반감을 피하는 것이기 때문이다. 그러나 이는 진정 우리가 원하는 것과는 일치하지 않으며, 단순히 남들의 힘의 장場에 대한 반응일 뿐이다.

남들을 만족시키는 태도는 눈덩이가 불어나듯 더 큰 문제를 불러온다. 당신은 남들을 기쁘게 해주고 싶어서 노력했을지라도 이런 행동은 결국 스스로 해야 할 일, 이를테면 자신이 무엇을 좋아하고 원하는지, 무엇을 추구하는지, 궁극적으로는 스스로를 어떻게 바라볼지 결정하는 역할을 남들에게 떠넘겨 그들을 부담스럽게 하는 결과로 나타난다. 일례로 어느 국제 연구팀은 "아무거나 괜찮아"라고 말하면 회피적으로 보인다는 사실을 발견했다.[36] 당신이 기쁘게 해주고 싶은 결정권자, 예를 들어 마지라는 친구는 친구 모임의 저녁 식사 장소를 정하려고 의견을 물을 때 친구들의 대답을 액면 그대로 받아들이지 못한다. 자신이 제안한 장소가 친구들 마음에 들지 않는데도 다들 예의를 차리느라 솔직한 의견을 말하지 못한다고 넘겨짚기 때문이다. 그래서 마지는 친구들의 의도를 추측하려고 애쓰면서 처음에 제안한 장소 대신 다른 곳으로 결정한다. 이처럼 당신이 뭘 원하는지 말해 주지 않으면 상대에게 정신적 부담을 지우고 상대가 차선책을 선택하게 한다. 그러는 사이 상대는 당신에게 불만을 가질 수 있다.

이같이 남들을 만족시키는 행동을 함으로써 자율성을 서서히 무너뜨리고, 마지 같은 친구에게 은근히 반감을 사거나, 리젯처럼 관계를 파탄으로 몰고 갈 수도 있다. 그 사실을 알면서도 실제로 이런 행동을 멈추기는 쉽지 않다. 우리가 여전히 우리의 힘의 장을 형성하는 것을 잘못으로 느끼기 때문이다.

남들을 만족시키는 행동을 줄이면 처음에는 스스로가 이기적으로 느껴지고 부담스러울 수 있다. 익숙하고 반복되는 신경 회로로 된 코스만 걷다가 막상 자신이 원하는 것과 필요한 것을 알기 위해 용기를 내어 무성한 덤불을 커다란 칼로 헤치고 나가려는 것과 같다. 처음에는 짜증이 나고 심지어 죄짓는 기분마저 든다. 뇌 스캔 연구도 이런 심리를 뒷받침한다.[37] 학술지 〈인간 신경과학의 개척자들〉에 실린 한 연구에서는 남들과 다른 의견을 말하는 데 어려움을 겪는 사람들의 뇌를 스캔했다. 실제로 남들과 의견을 달리하는 상황에서는 의견 불일치가 적을수록 뇌의 특정 부위들*이 더욱 활성화되는 것으로 나타났다. 논의하는 주제에 관한 전문가들도 마찬가지였다. 리젯이 친구들에게 다른 의견을 말해야 하는 순간에 뇌가 정지된 듯한 느낌을 받은 것도 무리가 아니다.

그런데 남들을 만족시키는 행동을 줄이는 것을 이기심의 나락으로 빠지는 첫걸음으로 느낀다 해도 사실은 '자아self-ness'를 알아가는

---

*   mPFC(내측전두피질), AI(전측뇌섬엽), IFG(하전두회)뿐 아니라, 외측안와전두피질, 각회 같은 여러 뇌 영역이 알파벳 수프처럼 혼재되어 있다.

첫걸음이다. 에마 리드 터렐은 저서 《자기를 만족시키기 Please Yourself》에서 남들을 만족시키는 행동을 중단하는 것은 "'내가 먼저'라고 주장하는 것이 아니라, 단지 '나도'라고 말하는 것"이라고 지적한다.[38]

우선 자신이 필요로 하고 원하는 것이 무엇인지 알아채는 데 집중하자. 아이들과 놀려면 체력이 필요하니 시간 내어 운동을 하고, 다시 번아웃이 되지 않으려고 친구들 만날 시간을 확보하고, 파티를 싫어하는데도 주최자를 실망시킬까 봐 억지로 참석했다면 초대를 거절하고, 반대로 배우자가 파티를 싫어해서 혼자 집에 두고 가는 게 걱정되지만 혼자라도 파티에 가는 것 등이다. 또한 이웃이 뭔가를 빌릴 때만 말을 걸면 거절하는 연습을 해보자. 직장 상사가 부서에서 바꾸고 싶은 점이 있는지 물어보면 솔직히 "네"라고 대답하자.

처음으로 '나도'라고 말하기 시작할 때 보통 두 가지 결과 중 하나와 마주한다. 첫 번째는 큰일 아니라는 반응이다. "나도"라고 말할 때 당신이 두려워하던 비판자는 선선히 "그래, 알았어"라고 대답할지도 모른다. 당신은 거절하면서 최악의 상황을 상정하지만, 뜻밖에도 상대는 너그럽고 합리적인 태도로 당신이 드디어 그의 공간을 차지하는 것에 존중의 마음을 보일지도 모른다.

두 번째는 저항이다. 남들을 만족시키는 행동은 그 혜택을 누리는 사람들에게 유리하게 '작동'한다. 시스템에 저항하면 그 시스템이 당신에게 반발하기 마련이다. 터렐은 이렇게 쓴다. "누군가 당신에게 '너 변했어'라고 말한다면 그가 실제로 하는 말은 '네가 더 이상 내 방식대로 하지 않는 게 마음에 안 들어'라는 뜻이다."[39]

남들을 만족시키는 행동은 통제의 한 형태이고, 통제의 반대는 신뢰다. 여기서 신뢰는 아무도 당신을 비판하지 않고 모두가 당신을 좋아한다는 맹목적 믿음이 아니다. 어차피 결과는 우리가 통제할 수 없는 영역이다. 가진 것 모두를 공급에 기부해도 여전히 배척당할 수 있다는 점을 명심하자. 모든 일을 제대로 한다 해도 모두를 만족시킬 수는 없다.

여기서 말하는 신뢰는 100퍼센트 만족하고 인정해 주지 않더라도 스스로 감당할 수 있다는 믿음이다. 손을 내밀어 도움을 청할 수 있다는 믿음, 사람들이 끈질기게 당신에게 책임을 떠넘기지 않고 어떻게든 대안을 찾을 거라는 믿음, 사람들에게는 자기 식대로 반응할 권리가 있으며 그들을 거기서 구해 줄 필요가 없다는 믿음, 당신이 필요와 한계를 가질 권리를 지킬 수 있다는 믿음, 비판과 상실, 변화에 대처할 자원을 끌어낼 수 있다는 믿음이다.

터렐은 또 이렇게 말한다. "조건부 수용은 진정한 수용이 아니다. 남들을 만족시키는 행동에 바탕을 둔 관계라면 그 관계가 끝난다 해도 잘못된 결과가 아니다. 양측 모두 의지만 있으면 관계의 균열을 다시 메울 수 있으며 결국 그 균열을 메울 수 없다면 그 관계는 애초에 당신 것이 아니었다."[40] 결론적으로 당신이 그토록 열심히 만족시키려 한 모든 사람 속에 당신 자신을 꼭 포함시켜야 한다.

내 삶과 연결하기

당신은 어떤 상황에서, 어떤 사람들을 대할 때 남들을 만족시키려 애쓰는지 떠올려보자. 그리고 남들을 만족시키는 성향 덕분에 득을 보았다는 사실을 인정하자. 그렇지 않다면 당신은 애초에 그렇게 행동하지 않았을 것이다. 그런 다음 남들을 만족시키는 성향 때문에 치른 대가가 무엇이었는지도 생각해 보자.

당신에게 의미 있는 의견을 표명하고, 필요한 바를 전달하고, 한계를 설정할 기회를 찾아보자. 시도해 보고 결과를 살펴보자. 이 과정을 반복해 보자.

변화 2

일과 성과는
당신이 아니다

6장

나의 이미지보다 중요한 것

카터는 머리에 기름이 끼고 머리카락이 삐쭉삐쭉 선 모습으로 기숙사 방에서 줌 상담에 들어왔다. 카터는 선형대수학 과제와 씨름하며 머리를 쥐어뜯었고 개강 3주 만에 기말고사가 코앞에 닥친 사람처럼 스트레스와 피로에 찌들어 보였다.

앞서 1장에서 소개한 카터는 쇠락해 가는 고향에서 '수재'로 불렸던 학생이다. 고등학교 시절 수학을 좋아했던 그는 대학에 입학하자마자 다변수 미적분학 수업을 신청했다. 그러나 2주 만에 마치 작년에 숨겨놓은 부활절 달걀마냥 완전히 잃어버리고 헤매는 느낌을 받았다. 결국 수업을 취소하고 선형대수학으로 바꿨지만 이 수업에서도 다시 난관에 부딪혔다.

카터는 내게 "오늘이 수강 신청 마감일이에요. 그래서 선형대수학을 취소하고 생물학을 택할까 해요"라고 말했다. 나는 고개를 갸웃하는 것으로 무언의 질문을 던졌다. 카터가 이미 대학 수준의 생물학 수업을 수강한 사실을 알아서였다. 그가 다닌 고등학교에는 AP(대학 과목 선이수제) 수준의 생물학 수업이 없어서 지역 커뮤니티 칼리지까지 찾아가 수업을 들었다고 그가 말한 적이 있었다. 잠시 침묵이 흐른 뒤 카터가 말했다. "생물학은 괜찮을 거라고 확신해요."

이후 두 차례의 상담에서 카터는 '수재'라는 꼬리표가 자신에게 어떤 영향을 미쳤는지 설명했다. "내가 수재라면 반드시 해내야 하는 일이 있어요. 수학에서는 답을 알아야 해요. 이해 못 하는 문제가 없어야 해요. 학습 자료를 달달 외워서 시험을 잘 봐야 해요."

카터는 '수재'라는 꼬리표를 정체성과 결부시켰다. 놀랄 일도 아니다. 그가 공부를 잘한다는 사실은 스스로에 대한 이미지를 고착시키고 고향 사람들을 실망시키지 않았다는 자신감도 주었다. 그러나 밤늦게 수학 과제에 매달려 허우적대는 사이 학업에 대한 자신감과 자아감에 금이 가기 시작했다. 그는 밤마다 도함수를 붙잡고 의심했다. '내가 사실은 그렇게 똑똑한 사람이 아니면 어쩌지?' 이런 의심은 그를 수학에 대한 진정한 관심에서 멀어지게 했고, 더 안전한 선택인 생물학으로 향하게 했다.

누구나 꼬리표를 사용한다. 당신이 스스로를 어떻게 묘사하는지 생각해 보자. "나는…"으로 시작하는 문장을 떠올리는 순간 이삼십 개의 꼬리표가 생각날 것이다. '착하다' '사교성이 떨어진다' '창의적이다' '괴짜다' '아버지다' '동성애자다' '아이들을 잘 돌본다' '유대인이다' '공화당원이다' '대인 관계에 서툴다' '정원사다' '법무사다' 등의 꼬리표다. 꼬리표는 자부심의 원천이기도 하다. 가족의 '기둥'이라는 꼬리표를 단 사람은 신뢰와 의지의 대상이 된다. '슈퍼맘'은 일과 가정 사이에서 로켓 발사만큼이나 정교하게 균형을 맞춘다. 카터와 그의 부모처럼, 우리는 어린 시절 성적표에 교사가 '총명함'이나 '이 아이를 가르치는 것이 즐거움'이라고 적어주면 기분이 좋았다.

하지만 과평가에 빠지면 꼬리표가 행동을 결정한다.¹ 카터의 '수재' 꼬리표는 그가 이 꼬리표를 지키려면 무엇을 해야 하고 하면 안 되는지 결정한다. 친구 모임에서 '엄마'라는 꼬리표를 단 사람은 모바일 정산과 결제를 도맡으면서도 '엄마'의 역할 때문에 칵테일을 퍼마시는 친구까지 챙기느라 저녁 모임의 즐거움을 포기한다. '게으르다'는 꼬리표를 단 사람은 주짓수에 도전할 용기를 내지 못한다. 게으른 사람에게는 넷플릭스 몰아 보기가 더 어울리니까. '내성적'이라는 꼬리표를 단 사람이 노래방에서 〈마이 허트 윌 고우 온〉을 열창하면 친구들은 서로 눈짓을 하며 "쟤 무슨 일 있었어?"라고 의아해한다.

모두 이해가 가는 일이다. 우리는 일관성을 좋아한다. 심리치료사 수련을 받던 시절 나의 멘토가 던져준 한 가지 통찰이 뇌리를 흔들었다. "사람들은 행복하기보다 일관되기를 원하지." 왜일까? 자신에 대해 논리적 이야기를 만들어두면 모순과 불규칙성이 완만해지기 때문이다. 일관성은 확실성, 명확성, 통제력, 안전한 느낌을 선사한다. 모두 기본적으로 좋은 것들이다. 끊임없는 변화라는 혼돈 속에 살고 싶은 사람은 없을 테니까.

하지만 일관성을 지키려다 보면 간혹 꼬리표와 행동의 경계가 흐려지기도 한다. 모르몬교도인 한 내담자는 종교를 이유로 대학 파티에 한 번도 가지 않았다. 그는 내심 스파클링 워터만 마시고도 댄스 플로어를 휘저을 자신이 있었다고 털어놓았다. 어떤 내담자는 스스로 붙인 '무능하다'는 꼬리표 때문에 동료들이 아무리 지지하고 격려해도 승진을 사양했다.

또한 꼬리표는 남들이 당신에 관한 어떤 특성을 가정하게 만든다. 간호사의 형제자매들은 간호사라는 이유만으로 노쇠한 부모의 간병을 맡기려 한다. 룸메이트는 당신의 '쿨'한 이미지를 믿고 LSAT(미국 로스쿨 입학시험) 전날 밤 아무렇지도 않게 집에서 파티를 벌인다.

여기에 소셜미디어가 기름을 붓는다. 아이들은 본래 성장기에 이런저런 꼬리표를 달아본다. '나는 이모emo(감정적으로 깊고 어두운 정서를 표현하는 문화적 스타일이나 음악 장르—옮긴이) 스타일일까?' '나는 활동가일까?' '나는 너드(지능이 뛰어나고 특정 분야에 몰두하지만 사회성이 부족한 사람을 뜻하는 용어—옮긴이)일까?' 이는 성장의 일부다. 요즘은 특히 정신 건강에 관한 소셜미디어 게시물이 깨달음과 공감을 주지만 간혹 오해와 혼란을 초래하기도 한다. '당신이 불안하다는 다섯 가지 신호' '당신의 ADHD 유형은 무엇일까?' '뒤늦게 자폐 진단을 받은 여성이 보이는 여섯 가지 자폐 행동' 같은 제목의 게시물이다. 사람들은 일상에서 이런 게시물과 관련된 신호를 찾아보며 의구심을 갖는다. '같은 노래를 반복해서 듣는 나는 자폐일까? 그렇다면 내가 사교성이 떨어지고 관심사에 강박적으로 매달린다는 뜻일까?' 특히 정체성을 형성하는 청소년기에는 꼬리표가 외부에서 자신을 규정하는 엄격한 규칙과 제약으로 작동할 수 있다.

결론적으로 사람들은 삶을 꼬리표와 일치시키려는 경향이 있다. 그 꼬리표가 당신이 할 수 없는 것, 감당할 수 없는 것, 해야 하는 것, 보여줘야 하는 모습을 말해 준다면 결국 당신은 협소한 주차장에 꽉 낀 대형 SUV처럼 옴짝달싹 못 하게 될 것이다.

그럼 어떻게 해야 할까? 유타 주립대학교 심리학 교수 마이클 투히그 박사는 말한다. "자신에 대해 재잘대는 소리를 들어야 하고 그 소리를 따라가도 좋다. 단, 언제 따라가야 할지 유심히 살펴야 한다."[2] 투히그 박사는 수용전념치료*의 권위자로서 이 치료는 그의 DNA에 깊이 새겨져 있다고 해도 과언이 아니다.[3] 그는 통찰력 있는 저서 《불안한 완벽주의자를 위한 책》의 공저자이기도 하다.

투히그는 임상 경험에서 근본적으로 바람직한 다음과 같은 꼬리표를 자주 접한다. "나는 계획을 세우는 사람이다, 나는 체계적인 사람이다, 나는 돌보는 사람이다." 그는 이렇게 지적한다. "그런데 이런 꼬리표를 가진 사람들은 자신에게서 이런 모습을 보기 때문에 벗어

---

* 단순하게 요약하면 수용전념치료ACT는 마음 챙김을 기반으로 행동에 초점을 맞추는 실증적으로 검증된 치료법이다. 기존 인지행동치료CBT가 생각과 감정을 바꾸는 것을 목표로 삼는다면, 수용전념치료는 생각 및 감정과 맺는 관계를 바꾸는 것을 목표로 삼는다.

나기 어렵다." 꼬리표는 **자아 동조적**ego-syntonic 성격이 있어 우리를 우리의 이미지와 일치시키려 한다(다시 일관성 문제로 돌아왔다!).

다행히 꼬리표와 정반대로 행동하는 것보다는 정교한 해법이 있다. 핵심은 당장 꼬리표를 거부하거나 완전히 받아들이는 것이 아니다. 모르몬교도가 모르몬교라는 꼬리표를 벗어던지고 라테와 맥주(모르몬교에서는 일반적으로 카페인과 알코올을 금지한다—옮긴이)를 양손에 들고 몸을 흔들어대야 할까? 전혀 그렇지 않다. 다만 모르몬교가 필요 이상으로 자신의 행동을 좌우하는지, 그로 인해 자신이 캔음료를 마시며 팝앤락 춤을 뽐낼 수 있는 파티를 포기하는지 정도는 반추할 수 있다. 알고 보면 모르몬교도라서 파티에 참여하지 않는 게 아니라 즐기지 않는 파티여서 친구들과의 실내 암벽 등반을 택했을 수도 있다.

내 삶과 연결하기

당신의 핵심 꼬리표가 무엇인지 찾아보자. 당신은 자신을 어떻게 정의하고 설명하는가? 사람들은 당신을 어떻게 정의하고 설명하는가? 이런 꼬리표가 당신의 행동을 어떻게 결정하는지도 알아보자. 다음 빈칸에 당신의 꼬리표와 그로 인한 행동을 넣어보자.

"나는 [꼬리표]이기 때문에 [행동]을 해야 한다." "나는 [꼬리표]이기 때문에 [행동]을 할 수 없다."

가치관과 함께 나아가기

과도하게 동일시하는 꼬리표 대신 우리에게 동기를 부여하는 것은 무엇일까? 그 답은 가치관이다. 가치관은 어떻게 살고 싶은지 알려주는 북극성이다. 가치관은 우리가 삶에서 의미 있고 중요하다고 여기는 것이다. 정직함, 자녀와의 연결, 유머, 전통, 성실함, 사회정의, 예술 창작, 사랑 가득한 배우자 되기, 책, 관대함, 자기 돌봄을 비롯한 그 무엇도 가치관이 될 수 있다.

투히그 박사와 공저자인 클라리사 옹 박사는 진정한 가치관은 여러 가지 요소로 이루어진다고 설명한다.[4] 가치관은 (1) 자유롭게 선택한 것 (2) 내재적 의미가 있어서 남들은 몰라도 당신에게 중요한 것 (3) 당신이 통제할 수 있으며, 남들의 사랑이나 승인에 달려 있지 않은 것 (4) 지속적인 것이다. 따라서 목표가 아니라 방향에 가깝다.

여기서 '자유롭게 선택한 것'이라는 항목이 특히 중요하다. 가치관은 강제나 의무가 아니다. 따라서 각자 자유로이 선택하고 이를 따르기 위해 약간의 불편이나 어려움을 기꺼이 감수할 수 있다. 가치관은 아름다운 어느 여름날의 토요일 바닷가에서 쓰레기 줍기 봉사 활동에 참여하고, 어울리지 않는 애인과 다시 만나는 친구가 애인과 또 싸우며 울고 있을 때 어깨를 내어주고, 자녀의 중학교 오케스트라 연주회에서 시끄러워도 꾹 참고 앉아 있는 이유를 설명해 준다. 자신의 가치관과 무관하게 이런 행동을 한다면 전혀 다른 감정이 들 것이다. 억울하고 화가 나서 두통약이 필요할지도 모른다. 꼬리표는 어떤 일을 꼭 '해야 한다'고 믿게 만든다. 그에 비해 가치관은 어떤 일을 꼭 '해야 한다'고 강요하지 않는다. 무엇을 하든 자신의 선택이다.

마지막 요소인 '지속적인 것'도 중요하다. 피아니스트는 할 일 목록에서 '피아노 마스터' 항목에 완료 표시를 할 수 없고, 신앙인이 종교 수행을 완료할 수 없듯이 친절함, 지속 가능성, 유머 감각 등의 가치관에는 완료 표시를 할 수 없다. 앞서 4장에서 보았듯이 가치관은 목표와는 다르다. 예를 들어 호주에 가는 것은 목표다. 반면 서쪽으로 가는 것은 가치관, 곧 방향이다. 목표는 완료할 수 있지만 가치관은 계속 이어진다. '서쪽으로'는 얼마든지 더 갈 수 있다. 따라서 '100만 달러 벌기'는 가치관이 아니고, '가족을 더 자주 만나러 가기'나 '피아노 소나타 작곡하기'도 가치관이 아니다. 다만 부, 경제적 안정, 여행, 가족, 창의성, 음악, 자기표현 등은 이와 관련된 가치관이 될 수 있다. 우리는 언제든 가치관의 방향으로 나아갈 수 있다.

당신의 가치관은 무엇인가?

당신의 삶에서 가장 몰입했고, 의미가 있었으며, 분명한 목적이 있었던 순간을 떠올려보자. 내가 **행복**이나 **성취감**이라고 말하지 않았음에 주목하기 바란다. 물론 이들 항목도 포함할 수 있다. 목적과 의미가 고점인 시기에는 어떤 일들이 있었는가. 힘든 시기를 견디게 해준 힘은 무엇이었는가?

반대로 공허하고, 무의미하고, 무언가를 억지로 해야 했고, 잘못된 길로 간다는 느낌이 들었던 때도 떠올려보자. 이런 저점의 시기에 당신 삶에서 무엇이 빠져 있었는지 찾아낸다면 가장 중요한 가치가 무엇인지 알 수 있다.

나는 사람들과 연결되고, 사람들 삶을 향상시키고, 유머와 웃음으로 가볍게 어울리며, 위대한 자연에서 경외감과 평온함을 느끼는 시간, 글을 쓰거나 상담하는 시간, 일상에서 어지러운 소음을 뚫고 본질에 도달하는 순간에서 심오한 의미를 찾는다. 하지만 그건 어디까지나 지금 이 순간의 얘기다. 가치관은 삶의 여정에서 언제든 변화할 수 있다. 예를 들어 한밤중에 헬멧도 안 쓴 채 겁 없이 오토바이를 타고 위험한 동네의 현금지급기를 이용하던 사람도 부모가 되면 안전을 중시하는 사람으로 바뀔 수 있다. 보수적인 부모님의 오래된 사진첩을 넘기다가 그들에게도 총구에 꽃을 꽂고 반전 시위에 참여하던 청춘이 있었음을 깨닫기도 한다.

나는 내담자들에게 각자의 가치관에 대해 생각해 보라고 주문한다. 그리고 연습 삼아 가장 중요한 다섯 가지 가치관을 목록으로 작성해 보라고 권한다. 실제 개수나 중요도는 상황에 따라 달라질 수 있기에 가치관을 정확히 정하는 데 집착할 필요는 없다. 뇌는 교묘하므로 가치관에 대해 생각할 때조차 완벽주의로 흘러가기 쉽다. 가령 '나는 반드시 옳은 가치관을 선택해야 해' '나는 내 가치관을 완벽히 따라야 해'라는 생각이 들 수 있다. 그러나 가치관은 석판에 새겨지는 것이 아니라 단지 중요하고 의미 있다고 느끼는 감각일 뿐이니 안심해도 좋다.

> **내 삶과 연결하기**
>
> 당신에게 중요한 가치관은 무엇인가? 어떤 것이 특히 중요하고 의미가 있는가? 당신에게 목적의식을 주는 것은 무엇인가?

가치관은 마음속에 간직하는 데 그치지 않고 살면서 실천해야 한다. 오랜 세월 '해야 한다'는 당위에 따라 살아왔다면 자유롭게 선택한 가치관을 따르는 것이 어색하고 혼란스러울 수 있다. 어쨌든 이제껏 당신에게는 '해야 한다'라는 당위가 꽤 도움이 되었으니까. 사실은 나도 그랬다.

꼬리표에서 가치관으로 옮겨가면 행동이 확연히 달라질 수 있다. 옹 박사는 꼬리표에서 '나는 좋은 부모다'라는 가치관으로 전환한 예를 보여준다.[5] 흔히 '좋은 부모'라는 꼬리표에 따라 살려면 '해야 한다'에 따른 일반적 행동을 하려고 애쓰게 된다. 옹 박사는 "꼬리표대로 내가 좋은 부모라면 아이에게 거듭 문제에 대해 묻고, 아이가 원하지 않는데도 문제를 해결해 주어야 한다"고 말한다.

반면 아이에게 주의를 기울이는 가치관으로 변환하면 특정 상황에서 어떤 방식이 적절한지 묻게 된다. 나아가 더 유연해진다. 주의를 기울인다는 것은 무엇이 문제인지 묻고 그 문제의 해결을 돕는다는 의미다. 역시 동일하게 주의를 기울이는 가치관이지만 "지금은 네게 공간을 줄게. 그편이 네게 도움이 될 거야"라고 말하는 방법도 있다.

한편 꼬리표에서 가치관으로의 변환 후에도 겉보기에는 행동이 완전히 똑같을 수 있다. 이면의 동기만이 달라졌기 때문이다. 하지만 같은 행동이라도 그 행동의 동기는 완전히 다른 데서 나온다.

투히그 박사는 자신이 지도한 라몬이라는 대학원생의 사례를 소개한다.[6] 라몬은 투히그 박사와 연구를 시작했을 때 생산적 연구자이기는 했지만 사실 그의 연구는 '채찍질 동기'에서 비롯된 것이었다. 즉 '나는 계속 뛰어나야 하며, 그런 이유만으로 계속 나아가겠다'는 마음가짐이었다.

라몬은 이후 5년간의 학위 취득 과정에서 수용전념치료 훈련을 진지하게 받아들이며 직업윤리를 재정비했다. '나는 이 활동에서 그리고 함께 일하는 사람에게서 의미를 찾고, 남에게 도움이 되고, 이 연구가 학문 분야에 긍정적 영향을 미친다고 믿기에 여기에 전념한다'는 방향으로 바뀐 것이다. 투히그 박사는 졸업할 즈음의 라몬을 이렇게 기억한다. "라몬으로서는 '두려움이 몰아붙이면 전진한다'는 태도를 떨쳐내기가 쉽지 않았을 것이다. 하지만 그는 이곳에 처음 왔을 때보다 더 생산적인 연구자가 되었다. 동기는 그의 가치관에서 나왔다." 라몬은 처음부터 줄곧 생산적이었다. 겉으로 보이는 행동은 가치관 중심으로 바뀐 후에도 전혀 달라지지 않았지만, 행동의 동기는 완전히 다른 곳에서 나왔다.

가치관에 따른 삶은 어떤 상황에서도 가능하다. 옹 박사는 대의를 위한 활동을 그 예로 들었다.[7] 돈이 있으면 기부를 하고, 시간이 있으면 자원봉사를 하면 된다. 돈도 시간도 없으면 지역사회 사람들과 대화를 나누고, 표지판을 세우고, 남들에게 자기 이야기를 들려주고, 남들 말에 공감하면 된다.

또 다른 예로 나의 내담자인 시얼샤를 들 수 있다. 장애가 있는 어린 자녀를 둔 시얼샤는 아이를 지키는 일에 가치를 둔다. 아이는 지금 여섯 살이지만 '아이를 지키는 일'은 아이가 열여섯 살 혹은 스물여섯 살이 되면 전혀 다른 방식일 것이다. 상황이 바뀌고 그에 따라 시얼샤의 행동도 달라지겠지만 그녀가 따르는 가치관에는 변함이 없을 것이다.

여기서 핵심은 **가치관에 따라 사는 것이 항상 기분 좋지만은 않다**는 데 있다. 예를 들어 나는 글을 써서 사람들을 돕는 일에 가치를 둔다. 그러려면 낯선 전문가들에게 인터뷰를 요청하기도 하고, 친구들에게는 새로 나올 책의 원고 일부를 읽어달라고 부탁해야 한다. 이런 요청은 상대에게 직접적으로 도움이 안 될 수도 있고, 바쁜 사람은 부담스러워할 수도 있다. 나의 가치관을 따르기 위해 사람들에게 부담을 줄 수도 있는 행동은 내게도 부당하게 느껴진다. 마찬가지로 나는 가족과 시간을 보내는 데 가치를 두지만 그러려면 때로는 좋은 프로젝트를 포기하거나 친구들 부탁을 거절해야 하고, 결국 사람들을 실망시키는 것 같아 마음이 불편해진다. 이처럼 가치관을 따르는 삶이 매번 완벽히 기분 좋지는 않지만 그런 불편함을 감수하는 것은 좋든 싫든 더 나은 삶을 위해 필요한 과정이다.

심리치료에서 '불편함 감수하기'나 '불편함 배우기'를 자주 강조하는 이유는 무엇일까? 아무 이유도 없이 혹은 그저 바람직해 보인다는 이유만으로 고통이나 불편을 감내하라는 것은 아니다. 당연히 그래서도 안 된다. 불편함 자체를 견디는 것이 칭찬받을 일은 아니다. 그보다 이유 있는 불편함을 감내하라는 것이다. 그리고 그 이유는 스스로 의미 있다고 여기는 삶이다.

투히그 박사는 이렇게 요약한다. "학생들이 '논문을 끝내야 한다'고 말할 때 나는 종종 어차피 해야 할 일이니 생각을 조금 바꿔보라고 권하며 말합니다. '아니면 적어도 그 활동에서 의미를 찾아보세요. 여러분이 흥미를 느끼고, 좋아할 만하고, 여러분에게 의미가 있고, 가치관에 맞는 것을 향해 나아가세요. 단지 누군가를 실망시키지 않기 위해서, 실패나 실수를 피하기 위해서 하는 것과 반대로 행동해 보세요.'"[8]

가치관은 규칙이 아니다

8장에서 규칙에 대해 자세히 알아보겠지만 여기서 먼저 간단히 짚고 넘어가자. 진정한 가치관은 독재자가 아니라 안내자다. 하지만 완벽주의 성향은 가치관을 엄격한 규칙으로 변질시킬 수 있다.

이처럼 교묘하게 변질되는 순간을 간단히 포착할 방법이 있다. 바로 강제성이 느껴지는 순간을 알아채는 것이다. 즉 해야 한다 혹은 해서는 안 된다라는 느낌이 드는 순간, 따르지 않으면 안 될 것 같은 느낌이 드는 순간을 포착해야 한다. 예를 들어 나의 내담자 테레사의 표현대로라면 자신은 '하느님과 어머니의 조합'을 통해 관대함을 배우며 자랐다고 했다. 그러나 그 관대함은 의무처럼 제시되었다. "노숙자가 1달러를 구걸하든 친구가 아이를 봐달라고 부탁하든 저는 늘 누군가의 부탁을 꼭 들어줘야 했어요." 그러나 자유의지가 없는 상태라면 관대함은 가치관이 아니라 규칙이 되고 이는 관대함의 본래 정신과는 정반대이다.

21세기 서구 문화에서는 가치관을 사람들의 기대와 분리하기가 어려워졌다. 시몬 스톨조프는 저서 《워킹 데드 해방일지 The Good Enough Job》에서 응답자들에게 성공을 어떻게 정의하는지 물어본 파퓰러스 사와 갤럽의 여론조사를 소개한다. 응답자의 무려 97퍼센트가 "관심사와 재능에 따라 자신이 가장 중요하다고 여기는 분야에서 최선을 다하는 사람은 성공한 사람이다"라는 진술에 동의했다.[9] 그런데 "남들이 성공을 어떻게 정의한다고 생각하는가?"라는 질문에서도 마찬가지로 무려 92퍼센트가 "부유하거나, 주목받는 일을 하거나, 유명한 사람이 성공한 사람이라고 생각한다"라고 답했다. 이 말은 주위 사람들이 부나 명성, 권위만을 중시한다면 그들과 다른 가치관을 지키며 살기 어렵다는 것을 의미한다.

그러나 부모님, 친구, 문화적 유산, 정치체제, 종교가 가치관에 영향을 줄 수는 있다 해도 가치관을 규정하지는 못한다. 가치관은 우리가 자유롭게 선택한 것이다. 투히그 박사는 가치관과 규칙을 두 가지 자에 비유한다.[10] 규칙이라는 자는 '이것이 규칙을 충족했는가?' 혹은 'X, Y, Z를 성취했는가?'를 측정한다. 반면 가치관이라는 자는 '이것이 내가 원하는 삶을 살게 해주는가?' '이것이 내가 되고 싶은 사람인가?'를 묻는다.

카터는 결국 선형대수학을 취소하고 다시 생물학을 수강했지만 (그래서 원하는 A 학점을 받았다) 나와의 상담을 지속하며 그의 가치관, 그중에서도 학습에 관한 가치관을 돌아보았다. 카터의 사례를 전하자 옹 박사는 고개를 끄덕이며 말했다. "'수재'라는 꼬리표에는 학습의 가치관과 충돌할 만한 요소가 많았겠네요. 사실 배우려면 어리석은 질문도 해봐야 해요. 배우기 위해서는 먼저 모른다는 사실을 인정해야 하죠. 내담자들이 이런 식으로 전환한다면 질문이 많아지고 시험 준비 방식도 달라질 거예요. 단순한 암기보다는 진정으로 학습 내용을 이해하고 싶어 하는 방향이죠."[11]

'수재'라는 꼬리표를 붙잡으려는 노력에서 학습의 가치관을 따르는 방향으로 전환한 후에도 겉으로 드러난 행동은 거의 같을 수 있다. 옹 박사는 이것이 완벽주의의 흥미로운 측면이라고 설명했다. "여전히 세 시간을 공부해도 어떤 의도를 가지고 임하는지가 달라져요. '세상에, 시험에서 이걸 모르면 멍청이야'라는 생각에서 벗어나 학습 내용을 이해하는 데서 흥미를 느끼죠."

카터는 여전히 '수재'라는 꼬리표와의 관계를 개선하는 중이다. 하지만 어느 상담 시간에 꼬리표가 아니라 가치관에 따라 움직이는 경험을 했다고 털어놓았다. 그전 주말 카터는 여자 친구가 다니는 대학교에 그녀를 만나러 갔다. "여자 친구가 토요일 아침 열이 조금 나더니 점심 즈음 완전히 앓아누웠어요. 원래는 둘이 같이 친구들을 만날 계획이었지만 그냥 여자 친구를 돌보기로 했죠. 아무렇지도 않았어요." 어찌 됐건 자신은 여자 친구를 간호했겠지만 '좋은 남자 친구'라는 꼬리표나 규칙('나는 좋은 남자 친구여야 하므로 여자 친구를 돌봐야 한다')이 작동했다면 토요일을 통째로 날렸다는 생각에 속상했을 거라고 덧붙였다. 여자 친구에게 게토레이와 티슈를 가져다주는 행동이 자유로운 선택의 결과였기에 그는 아무 불만도 느끼지 않았다. 물론 친구들을 못 만나 아쉽기는 했다.

  그날의 상담에서 카터와 나는 그가 의무가 아닌 선택을 경험한 사실을 함께 기뻐했다.

7장

당신은 사실
교감을 원했다

  버크셔 커뮤니티 칼리지는 매사추세츠주 서부의 구불구불한 산맥에 아늑하게 자리하고 있다.[1] 2021년 봄 어느 화창한 토요일 아침, 평소에는 클럽 농구 경기가 열리는 체육관이 새로운 용도로 변신했다. 간호사들이 늘어선 한쪽 테이블에는 폐기한 주사기를 담는 용기와 알코올 솜, 반창고가 정리되어 있었다. 반대쪽에는 검정색 플라스틱 접이식 의자가 정확히 2미터 간격으로 놓여 있었다. 백신 접종을 마친 후 경과를 관찰하는 구역이었다. 주민들이 끊임없이 들어와 첫 코로나19 백신의 혹시 모를 부작용에 대비하려고 이 관찰 구역에서 기다렸다.

  검은 머리에 안경을 낀 날렵한 체구의 한 남자는 파란색 외과용 마스크와 뉴스보이캡(앞쪽에 짧은 챙이 있는 모자로, 과거에 신문 배달 소년들이 쓰던 모자에서 유래했다―옮긴이)을 쓴 차림새였다. 그는 간호사에게 백신을 맞은 후 재킷을 입고 관찰 구역으로 향했다. 그런 다음 파란색 비닐 패드가 붙어 있는 벽을 배경 삼아 농구 골대 아래 의자에 앉더니 커다란 악기 케이스를 내려놓았다. 케이스를 열자 첼로가 모습을 드러냈다. 백신을 맞기 위해 15분 정도 대기를 예상했고 소중한 첼로를 차에 두고 올 수는 없으니 차라리 그 시간에 간호사와 자원봉사자, 백신을 맞는 사람들에게 음악을 선사하기로 한 것이다.

그가 활로 현을 긋자 깊고 풍성한 울림이 서서히 시작되다가 점점 빠르게 울려 퍼졌다. 바흐의 'G장조 프렐류드'였다. 생기가 넘치면서도 마음을 편안하게 감싸주는 선율이 얼마 전만 해도 심판의 호루라기 소리와 운동화 끄는 소리가 익숙하게 들리던 공간에 낯설게 스며들었다. 몇몇은 음악을 더 진지하게 느끼려는 듯 눈을 감고 몰입했고, 잠시 고개를 들었다가 다시 휴대전화에 눈을 돌리는 사람들도 있었다. 한 노인은 첼리스트 바로 앞으로 의자를 끌어오더니 일정한 거리를 유지한 채 앞으로 숙이고 음악에 귀를 기울였다. 첼리스트는 나중에 그 노인에게 "뭔가가 필요했던 것 같았다"고 하면서 자신이 그걸 줄 수 있어 기뻤다고 말했다. "나는 사람들에게 음악이 필요할 때 응답할 수 있어서 늘 행복합니다. 이게 바로 내가 할 일이죠."[2] 첼리스트 요요마의 말이다.

이번이 처음이 아니라 코로나19 팬데믹 시기에 요요마는 음악으로 위로하고 연대했다. 팬데믹 초기에는 음악을 녹음한 후 #SongsOfComfort라는 해시태그를 붙여 소셜미디어에 올려달라고 다른 음악가들을 독려했다. 요요마의 첫 곡은 드보르작의 〈집으로〉였다.[3] 팬데믹이 지속되는 동안 그는 오랜 친구인 피아니스트 에마누엘 악스와 함께 버스 기사, 소방관, 간호사, 그 밖의 필수 노동자를 위한 팝업 콘서트를 열기도 했다.[4]

요요마가 항상 이렇게 연주로 사람들과 소통하고 사람들을 지원한 것은 아니다. 예전에는 우선순위가 지금과 많이 달라서 테크닉과 정확성, 정밀함에 철저히 집중했다. "한때는 감히 완벽한 공연을 할 수 있다고 믿었어요. 어느 날 공연장에 들어가 연주를 할 때였어요. 한창 공연 중이었고 모든 것이 완벽히 흘러간다는 걸 깨달았죠. 그러다 참지 못할 정도로 지루해졌어요."[5] 그러자 이제 완벽한 공연이라는 목표에 의구심이 들었다. "내가 정말 하려는 게 이것인가? 정확히 연주하려는 것, 아니면 무언가를 찾겠다는 것?" 요요마는 이때 "인간의 완벽이 아니라 인간의 표현에 평생을 바치기로 운명적으로 결심했다"고 한다. 오늘날 그는 카네기홀을 가득 채운 관객들 앞에서든, 거리 두기를 하는 동네 체육관에서든 음악은 "세상을 탐구하고, 사람들과 소통하며, 나 자신을 표현하는 방식입니다"라고 말한다.

요요마는 핵심을 짚었다. 그는 오랜 세월 제대로 하려고 애쓰며 올바른 길로만 걸었다. 하지만 가파른 산을 힘겹게 올라가 결국 마주한 것은 안개 덮인 정상이었고 그리 만족스럽지 않았다. 요요마처럼 세계적 첼리스트가 아닌 사람들도 비슷한 딜레마와 마주한다. 무언가를 제대로 해보려고 하는(더 정확히는 틀리지 않으려는) 것을 삶의 길로 삼았으나 결국 그 길은 불만족, 외로움, 단절감으로 가는 길이었다. 뭔가 잘못되었다고 느끼지만 정확히 무엇이 문제고 어떻게 바꿔야 할지 알 길이 없다. 마치 낯선 땅에서 길 잃은 이방인이 된 것 같다.

불만족의 이유는 다양할 수 있지만 그중 중요한 하나는 성과 중심적 사고방식에 지나치게 의존하는 태도다. 이는 자신이 하는 일과 자신의 존재를 혼동해 성과에 따라 자신을 정의하는 것이다. 심리학자 돈 해머첵은 이것을 "성과를 과대평가하고 자아를 과소평가하는 성향"이라고 설명했다.[6] 사람들은 모든 것을 성과의 바구니에 한꺼번에 담으려는 경향이 있다.

이것이 바로 **과평가다**.[7] 즉 우리의 자존감이 전반적으로든 일시적으로든 우리가 하는 일, 성취하는 것, 열심히 일하는 정도에 과도하게 좌우될 때 나타나는 현상이다. 사람들은 엄청나게 많은 요소에 과도하게 의존한다. 월급 수령액, 직함, 건강한 식단을 지키겠다는 약속의 이행(혹은 불이행), '좋은 엄마'나 '좋은 친구' 되기, 거울 속 자신의 외모 등이다. 이런 식으로 열거하면 끝도 없다.

과평가는 원래 좋은 의도에서 시작된다. 누구나 성취를 자랑스러워하는데 이는 당연한 일이다. 모두가 진정으로 중요시하는 분야에서 잘하고 싶어 하며, 기대를 충족시키면 인정받고 가치 있는 사람이라는 느낌을 받는다. 연구에 따르면 목표 달성을 위한 노력은 행복감 증진에 도움이 된다.[8]

하지만 성과를 자아 개념의 한 부분으로 받아들이는 단계(성과를 더 큰 자아 개념에 수용하는 단계)에서 성과와 과도하게 동일시하는 단계로 넘어가면 이때부터는 목표가 행동을 통제한다. 자존감을 성과에 의탁하는 것이다. 그러면 실수에 눈감지 못하고 자신이 무언가 잘못되었다는 신호로 받아들인다.

1장에 나온 '과속 아니면 정지'로 일관하는 조리 기구 디자이너 거스를 기억하는가? 이것이 바로 그가 직면한 문제였다. 거스는 삶의 모든 영역에서 완벽을 최우선으로 삼았다. 특히 그는 남달리 유능해 보이겠다고 다짐했다. 남들 눈에 훌륭한 팀 리더, 통찰력 있는 사상가, 해박한 지식을 가진 친구로 보이겠다는 결심이었다. 그러다 일과 삶에서 계속 뛰어난 성과를 내지 못하면 무능함이 **발각되어** 결국 주위 사람들에게 배척당할까 봐 두려워했다. 이런 압박감으로 마지막 분기 평가를 앞두고서는 잠도 못 자고 밤을 지샜다. 그는 그 평가를 업무에 대한 평가만이 아니라 그에 대한 평가로 느꼈다. 이메일을 열자마자 그는 평가서에서 아무도 자신에게 부족함을 느끼지 않았다는 확신을 얻기 위해 필사적으로 내용을 훑었다.

거스는 친구들과의 관계에서도 유능함을 드러내려 했다. 풍미 좋은 수제 맥주를 고르고, 근사한 레스토랑을 제안하며, 〈뉴욕 타임스〉에서 읽은 내용으로 대화를 유도했다. 그래서 친구들이 우스꽝스럽게 〈스타워즈〉의 요다 흉내를 내거나, 제이슨네 새 강아지 이름의 유력한 후보작으로 미스터 미트볼이니 치킨 너겟이니 하는 유치한 이름을 내놓는 것을 보면 머릿속이 조금 혼란스러웠다. 역설적이게도 그는 '바보처럼 행동하는' 영역에서 무능하다고 느꼈다. "누군들 분위기도 못 맞추는 사람으로 보이고 싶겠어요?" 그러나 즐기는 것은 노력으로 될 일이 아니었다.

거스는 평생 해온 대로 일과 삶 모두에서 더 열심히 노력하고, 열심히 참여하고, 실력을 기르는 방법을 이용하려고 했다. 그러나 깨달음을 얻기 전의 요요마처럼 거스도 여전히 만족스럽지가 않고 단절된 기분이었다. 성과 이외의 다른 기준으로 삶을 바라보자는 제안에 거스는 의아한 표정으로 진지하게 물었다. "성과 말고 뭐가 있지요?"

거스의 질문에 대한 답에는 적어도 두 가지가 있다. 바로 연결과 즐거움이다. 삶으로 돌아오기 위해, 다시 말해 성과를 과평가하는 태도에서 벗어나기 위해서는 성과의 바구니에 한꺼번에 몰아넣은 달걀 몇 개를 꺼내 연결의 바구니와 즐거움의 바구니에 나눠 담아야 한다.

성과에서 사람과의 연결로

이제 연결에 대해 말해 보자. 거스의 이야기(요요마의 이야기)에서는 완벽주의가 개인의 문제로 보여도 알고 보면 대인 관계의 문제라는 사실을 알 수 있다. 성과에 집중하는 태도('내가 이걸 제대로 하고 있나?' '실수를 면했나?' '이게 괜찮아 보이나?')는 다른 사람들과의 연결을 방해할 수 있다.

이 모두가 의도했던 바는 아니다. 우리는 애초에 연결보다 목표와 과업에 치중하려는 의도가 아니었다. 다만 유전적 요인, 개인적 경험, 문화적 메시지가 결합해 흔히 볼 수 있는 사고방식을 형성한 것이다. 연구자들은 이를 '교감보다 행위'의 사고방식이라고 부른다.[9] 예를 들어 가라테에서 연이어 높은 띠를 따서 승급했지만 도장에서 동료애를 즐기는 것을 잊을 수 있다. 너무 과하게 공들여 거실을 꾸미는 바람에 앉지도 못할 만큼 손님들을 부담스럽게 할 수도 있다. 혹은 요요마처럼 현존하는 위대한 음악가로 평가받고도 공연 중에 이런 생각을 할 수 있다. "'지금 멈추고 무대를 떠나도 아무 감정이 들지 않을 것 같다'고 느꼈다. 나는 무언가를 하는 행위와 그 자리에 있는 행위를 분리했기 때문이다."[10]

역설적으로 우리는 사실 교감을 얻기 위해 행위에 힘쓴다.[11] 세상 모든 사람처럼, 우리는 받아들여지고 싶어 하며 그러려면 능력을 최대로 발휘해야 한다는 메시지를 체화했다. 뇌 깊숙한 곳에서는 '내가 충분히 잘하면, 나는 충분히 괜찮은 사람이 될 거야'라고 속삭인다. 하지만 우리가 진정으로 원하는 것은 아무런 성과를 내지 않고도 받아들여지는 경험이다.

그런데 완벽주의가 말해 주지 않는 사실이 있다. 뭔가를 제대로 해낸다고 해서 자동으로 공동체의 일원이 되어 편입될 수는 없다는 점이다. 거스는 적지 않은 연락처를 소유했으나 연결을 충분히 느끼지는 못했다. 동료들과 인맥을 쌓고 친구 모임에도 참석했지만 어느 쪽에서도 진정한 소속감을 얻지 못했다.

성과 중심의 태도에서 벗어나기 어려운 이유는 성과가 소속감과 유사한 복제품을 제공하기 때문이다. 제대로 해내는 데 에너지를 쏟다 보면 실제로 그 일을 잘하게 된다. 그러면 칭찬이 돌아온다. 그러나 이런 칭찬은 고립을 초래할 수도 있다. 사람들의 감탄은 당신을 돋보이게 하지만 돋보인다는 것은 실은 혼자라는 뜻이다.

아이러니하게도 성과를 내어 받아들여지고 싶다는 욕구는 이미 자신이 남들과 분리되고 다르다고 느끼는 데서 시작된다. 완벽주의로 높은 성과를 거두는 사람들을 위한 책 《왜 우리는 가끔 멈춰야 하는가 Flying Without a Net》의 저자 토머스 들롱은 높은 성과를 거두는 사람들은 거의 다 "소외감으로 이끄는 중력 같은 힘"을 느낀다면서 이는 "본능적으로 배제되거나 환영받지 못한다는 신호를 발견한다"는 뜻이라고 말한다.[12] 우리는 이미 속해 있는 집단에서조차 소속감을 느끼지 못할 수 있다.

거스는 성과 중심에서 연결 중심으로 전환하기 위해 행동의 변화를 몇 가지 시도해야 했다. 나는 행동주의 치료사로서 거스에게 시간 여행을 통해 연결된 느낌이 드는 미래의 상태로 가보자고 제안했다. 그러고는 받아들여진다는 느낌이 들면 무엇을 하겠느냐고 물었다. 그는 "미리 할 말을 연습하지 않고 그냥 듣기만 할 거예요. 내 이야기를 더 많이 꺼내고, 팀원이나 친구들에게 조언도 구하겠죠"라고 답했다. 더 보탤 말이 없었다. 거스의 계획은 이미 훌륭했다.

거스는 이제 프로젝트를 혼자 완벽하게 마무리하기 전 팀원들에게 업데이트된 내용을 공유하고 의견을 묻는다. 프레젠테이션을 할 때는 사람들이 하나둘씩 들어오는 동안 연단에서 조용히 슬라이드를 검토하는 대신 이름을 부르며 인사했다. 프레젠테이션을 진행하는 동안에도 슬라이드를 통해 전문가다운 강력한 이미지를 보여주려 애쓰기보다는 그냥 "내가 찾은 이 멋진 돌 좀 보세요!" 하듯이 지식을 나누는 데 중점을 두었다. 회의를 준비할 때 예행연습을 하지 않았으며 주어진 순간에 발표 내용에만 집중했다. 친구들과 어울릴 때는 친목 활동을 '잘하려고' 애쓰기보다 즉흥적 주제의 이야기도 열심히 들으며 대화에 끼어들려고 노력했다. 이를테면 왜 좀비들은 대중교통을 이용하지 않는가 하는 장난스러운 토론에도 동참했다.

거스는 훗날 사람들과의 연결에 집중하는 것이 성과에 집중하는 것보다 훨씬 수월해서 놀랐다고 했다. 일이 덜 힘들어진 느낌이었고, 만남이 끝난 후 긴장을 풀려고 멍하니 유튜브를 들여다보던 습관도 고쳤다.

거스의 경우 이처럼 성과에서 연결로 넘어가자 몇 가지 행동이 달라졌다. 하지만 디머는 모든 행동을 그대로 유지했다. 달라진 것이 있다면 사고방식이었다. 처음 만났을 때 그녀는 지역 예술 학교에서 첼로를 전공하는 학생이었다. 그전 학기 디머는 어느 합주단에서 보스턴의 빙판길에서 넘어져 손목을 다친 첼리스트의 대체 연주자로 와달라는 요청을 받았다. 합주단에서 가장 어린 학생인 디머는 석박사 과정의 연주자들과 리허설을 하는 데 큰 부담을 느꼈다. 한 학기 내내 사람들을 실망시키지 않으려면 더 열심히 연습해야 한다는 중압감에 시달렸지만 정작 어려운 파트, 특히 솔로 파트 연습은 자꾸 미루었다. 그래도 겨울 연주회를 무사히 마쳤고, 솔로 연주에서도 제 몫을 해냈으며, 공연이 끝나고 열린 파티에서는 다른 연주자들이 자신을 싫어하지 않는 것을 확인하고 안도의 한숨을 내쉬었다.

시간이 흘러 5월이 되었다. 나와의 줌 상담에 접속한 디머는 학생 식당에서 점심을 먹은 일화를 들려주었다. 석사 과정 중인 합주단의 루카스와 케일럽이 그녀를 알아보고 "디머, 잘 지냈어? 오랜만이야! 같이 앉아"라고 인사를 건네며 골든 리트리버처럼 넘치는 에너지로 친근하게 맞아주었다. 디머는 파스타 접시를 올린 쟁반을 들고 쩔쩔매며 잠시 그대로 서서 생각했다. '저들은 지난 12월 이후로는 내 연주를 들어본 적이 없잖아.'

다들 디머가 느낀 혼란과 비슷한 감정을 맛본 적이 있을 것이다. 당신은 사람들이 좋아하게 만들려면 잘 해내야 한다고 생각한다. '사람들을 집에 부르려면 거실부터 치워야 해.' '데이트 시작 전에 살부터 빼야 해.' '이 합주단에서 잘 해내야만 다른 연주자들이 나를 좋아할 거야.' 이런 생각의 기저에는 우리가 잘 해내야만 소속감이 주어진다는 믿음이 깔려 있다.

디머는 그 둘과 함께 점심을 먹었지만 자신이 그들을 웃기려 애쓰고 있는 것을 깨달았다. 디머는 그들 말에 맞장구를 치고 그들이 흥미를 느끼는 일에 같이 흥분했다. 그들과 함께하는 점심이 즐겁기는 했어도 그 밑바탕에는 압박감과 함께 자신을 증명하려는 욕구가 깔려 있었다.

나는 줌 너머로 디머에게 물었다. 만약 성과를 내고 자리를 확고히 하기 위해서가 아니라 관계 중심으로 루카스와 케일럽에게 다가갔다면 어떤 식으로 행동했을 것 같냐고? 디머는 잠시 생각했다. "계속 웃기긴 했을 거예요. 다만 웃겨야 해서가 아니라 진짜로 우스운 일이서였겠죠. 마찬가지로 그들 의견에 동의했을 테지만 그건 관점이 서로 비슷해서였겠죠. 그들이 흥미를 느끼는 일에 흥분하는 것도 똑같았을 거예요. 그런 게 우정이니까." 다시 말해 겉으로는 아무것도 달라지지 않더라도 디머의 사고방식은 달라질 수 있었다는 뜻이다. 접근 방식도 달랐을 것이다. 연결은 더 이상 의무감이 아닌 자유롭고 진정성 있는 무언가에서 나왔을 것이다.

다음번 루카스와 케일럽을 만났을 때 디머는 의도한 바를 행동으로 옮겼다. 그러고는 내게 말했다. "힘이 들었고 더 취약해진 기분이에요. 이제는 그들이 있는 그대로의 나를 좋아한다고 믿어야 하니까. 첼로 연주나 리허설에서 얼마나 열심히 했는지, 아니면 그들 의견에 얼마나 동조했는지가 아닌 그냥 나 자신을요. 그러니 그들에게 거부당하면 상처받을 거예요." 디머는 잠시 말을 멈췄다. "그래도 더 진실한 느낌이었어요. 더 단순하게 그들과 어울리게 되었죠."

자신에게 엄격한 내담자들이 좋은 성과를 내야만 얻을 수 있다고 생각하는 것은 소속감만이 아니다. 여기에는 충분히 쉬기, 필요를 표현할 권리, 지지, 이해, 수면, 짧은 휴식, 포옹, 온화하고 사랑스러운 보살핌 등이 포함된다.

거스와 디머에게 이 과정은 한 번에 끝날 일이 아니다. 사람들에게 잘 보이려면 성과를 내야 한다는 충동은 희미하게 계속 떠 있는 비구름처럼 그들을 따라다닌다. 심장이 뛰고, 땀샘에서 땀이 나오며, 뇌가 생각을 만들어내는 것과 같은 일이다. '사람들이 널 좋아하게 하려면 성과를 내야 해'라는 생각은 마치 콜라 캔을 딸 때 거품이 튀어오르듯 뇌에서 자연스레 튀어나오게 마련이다. 그러나 그 생각을 얼마나 귀담아들을지는 우리가 선택할 수 있다. 거스와 디머가 그랬듯이.

> **내 삶과 연결하기**
>
> 어딘가에 속해 있다는 사실을 스스로 증명하지 않아도 된다면 어떻게 하겠는가? 무엇을 더 하거나 덜 하겠는가? 어떤 식으로 참여하고 사람들과 연결되겠는가?

성과에서 순수한 즐거움으로

존 본 조비는 어느 자선 행사에서 행사장을 가득 메운 청중을 바라본다.[13] 기타를 들고 스툴에 앉은 그의 앞에는 마이크스탠드가 서 있다. "스타디움 무대에 설 때보다 더 긴장되네요." 그가 열정이 넘치는 청중에게 말한다. 그러고는 옆에 앉은 안경 쓴 백발 남자를 가리킨다. "그래도 지금부터 여기 계신 워런 버핏 씨와 함께 공연을 한번 해보죠."

버핏이 웃는다. "이런 걸 일생일대의 경험이라고 하는데 왜일까요? 다들 아시죠. 한 번이면 족하거든요." 그의 농담에 객석은 웃음바다가 된다.

본 조비가 기타를, 버핏이 우쿨렐레를 들고 둘이 함께 베니 굿맨의 〈더 글로리 오브 러브〉를 듀엣으로 연주한다. 버핏이 첫 소절을 시작하자 우쿨렐레 선율이 객석을 감미롭게 감싼다. 리드 보컬을 주고받던 버핏과 본 조비는 마지막 소절에 이르자 서로에게 미소 짓고 화음을 맞춘다.

버핏의 연주가 뛰어난가 하는 데는 논란의 여지가 있다. 그런데 그가 신경을 쓰는 듯 보일까? 전혀 그렇지 않다. 그는 즐거움을 만끽하는 듯했다. 버핏의 우쿨렐레 사랑은 인터넷에도 널리 퍼져 있다. CNN에서는 프랭크 시나트라의 〈마이 웨이My Way〉,[14] 버크셔 해서웨이 주주총회에서는 〈레드 리버 벨리Red River Valley〉를 연주했으며,[15] 심지어 빌 게이츠를 끌어들여 〈아이브 빈 워킹 온 더 레일로드I've Been Working on the Railroad〉를 듀엣으로 연주하기도 한다.[16] 골프 카트를 타고 돌아다니며 데어리퀸 아이스팝을 먹는 영상도 있다. 억만장자들도 여느 사람들과 다를 바 없이 장난도 치고 간식을 즐기는 모양이다.

이런 게 순수한 즐거움이다. 즐거움의 바구니는 단순해 보이지만 기쁨과 만족감을 가득 담고 있다. 이 바구니 안에는 순전히 기분이 좋아지기 위한 행동만 있다. 성과에 초점을 맞추는 데 익숙하다면 즐거움에 초점을 맞추는 것이 어쩐지 금지된 일로 느껴진다. 극단적으로는 생산성이나 발전에 기여하지 않으니 즐거움은 허용할 수 없는 것이며, 나중에 더 많이 일해서 속죄해야 할 대상으로 여기기도 한다. '영화를 보고 왔으니 이제 그 시간만큼 공부를 해야 한다'는 식이다. 자신에게 엄격할수록 즐거움은 의심의 대상이 된다.

한편 성과에 집중할수록 어떤 일을 잘 해내는 데서 큰 즐거움을 맛본다. 예를 들어 분기 평가를 좋게 받거나, 중력을 거스르는 수플레를 만들어내거나, 데드리프트 개인 기록을 세우거나, 친구들과 밤을 보내며 모두를 웃기는 것 등이다. 그러다가도 즐거움은 결과에 좌우되거나 더 바람직하지 못하게도 그 결과에 대한 사람들의 반응에 좌우된다. 운동 앱에서 목표 달성에 치중하다 보면 몸을 움직일 때의 순수한 즐거움을 놓칠 수 있다. 레시피를 철저히 지키려다 보면 주방에서 나는 좋은 냄새를 알아채지 못할 수도 있다. 대화의 기술을 발휘하려 애쓰다 보면 친구와 함께하는 즐거운 밤의 의미를 놓칠 수도 있다.

선뜻 동의하지 못할 수도 있지만 잘하지 못하면서도 즐길 수가 있다. 이 사실을 깨닫는 데는 꽤 긴 시간이 걸렸다. 예를 들어 나는 마침내 빵을 아주 잘 굽는 사람은 아니라는 사실을 받아들였다. 아이싱을 제대로 할 줄도 모르고, 빵이 전부 비대칭으로 나온다. 폴 할리우드(영국의 유명한 제빵사이자 제빵 경연 프로그램 심사위원—옮긴이)라면 당장 탈락시켰을 것이다. 하지만 나는 아몬드케이크를 오븐에 구울 때 집 안에 퍼져나가는 향을 사랑한다. 먹다 남긴 식탁 위 바나나 누텔라 빵 때문에 여러 번 침대에서 벌떡 일어나기도 했다. 잘하지 않아도 할 자격이 충분하다고 큰 소리로 외쳐보자. 스케이트보드를 잘 타지 못해도 스케이트 공원에서 즐길 수 있고, 음 이탈을 해가며 목청껏 노래를 부를 수도 있다. 어딘가 어색하지만 시를 쓰고 그 시에 감동해 눈물을 흘릴 수도 있다. 어느 중년 행동주의 치료사처럼 어설프게 춤을 춰도 상관없다(에헴). 아무래도 괜찮다. **좋아한다면 이미**

잘하는 것이니까.

그렇다면 잘하지 못할 때는 어디에 가치를 두어야 할까? 연결이다. 전문가에게 공감하기는 어렵다. 전문가를 목표로 삼을 수는 있어도 쉽게 다가가지는 못한다. 심리학자 해리엇 러너 박사는《두려움과 그 밖의 초대받지 못한 손님들*Fear and Other Uninvited Guests*》에서 "나는 늘 유능하고 멋지게 하루를 보내는 듯 보이는 사람들에게는 끌리지 않았고 영감을 받지도 못했다"고 말한다.[17] 반면 힘겹게 씨름하는 사람들에게 공감하기는 매우 쉽다. 스키 초보자 코스에서 노리개 젖꼭지를 문 어린애가 당신을 앞지르는 모습, 방금 오븐에서 꺼낸 치킨에서 까맣게 탄 부분을 뭉텅 잘라내야 하는 당신의 모습을 보여주자(전적으로 가상의 예시임을 맹세한다). 그럴 때 당신은 상대에게 신뢰를 보내고 상대도 그렇게 하도록 초대하는 셈이다.

즐거움과 재미, 만족감을 느끼는 지점에 집중하자. 1형 재미, 곧 순간적으로 즐거움을 주는 **쾌락적 행복**hedonic happiness에서 재미를 찾을 수도 있다.[18] 예를 들어 달콤한 컵케이크를 먹거나, 마흔 번째로 영화 〈러브 액츄얼리〉를 보며 위안받거나, 자전거를 타고 언덕을 내려가며 열 살짜리 유년기로 돌아가는 느낌을 받는 것이다. 혹은 2형 재미, 곧 도전적이고 만족감을 주는 **성찰적 행복**eudaimonic happiness을 추구할 수도 있다.[19] 러시아식 허니케이크를 만들며 겹겹의 층을 하나씩 쌓아올리거나, 거실 카펫을 진공청소기로 정확히 대각선으로 청소하거나, 자전거를 타고 언덕을 오르는 고통에서 즐거움을 느낄 수도 있는 것이다. 개인적 즐거움에 집중하고 싶다면 "나는 왜 이걸 좋아할까?" 자문하면서 잘하고 못하고와는 무관한 즐거움을 찾아보자. 자신의 감각에 집중하자. 당신은 어떤 아름다움, 질감, 향, 맛을 음미하는가? 무엇을 '좋아해야 한다'는 도덕적 판단은 필요 없다. 마음을 울린다면 무엇이라도 해보자. 지금 당신은 '해야 한다'는 생각에서 벗어나려고 애쓰는 중이다.

그렇다고 순수한 황홀경을 기대하지는 말자. 완벽한 즐거움을 추구하다 보면 실망도 찾아온다. 즐거움에는 자기의심, 불안감, 죄책감 같은 감정이 섞여 있다. 그래도 괜찮다. 어차피 '전부 아니면 전무'의 사고방식에서 벗어나려고 애쓰는 중이므로 여러 가지 뒤섞인 감정을 받아들이는 마음가짐으로 긍정적 감정에 다가가면 된다.

거스는 스스로 얼마나 잘하는지 감시하지 않고(멋짐을 과시하지 않고) 그냥 좋은 시간을 보내는 데 집중하니까 복잡한 심정이 되면서도 마음이 한결 가벼웠다고 했다. "뭔가를 증명하려고 애쓰지 않으니 기분이 묘해요." 몇 주 후 상담에서 거스는 주말에 친구들과 레스토랑에 간 이야기를 들려주었다. "친구들이 시끄럽게 말도 안 되는 소리를 떠들어댔어요. 그래서 처음에는 지역에서 진행 중인 기본소득 실험이나 최근 들은 팟캐스트 등 잘 아는 주제로 대화를 끌고 가려 했죠. 그러다 그냥 '에이, 됐어' 하며 친구들과 함께 있다는 사실 자체를 즐기자고 마음먹었죠." 거스가 웃었다. "얼마나 잘하고 있는지 신경 쓰지 않으니 정말로 잘 어울리게 되었어요."

> **내 삶과 연결하기**
>
> 아무도 당신이 얼마나 잘했는지 알 수 없다면 무엇을 해보고 싶은가? 진행 상황을 측정하거나 개선할 수 없다면 관두고 싶은 일은 무엇인가? 그래도 계속하고 싶은 일이 있다면? 더 많이 하고 싶은 일은?

성공과 실패만 있는 것이 아니다

그렇다면 성과의 바구니는 어떨까? 그것도 여전히 남아 있고 여전히 중요하다. 하지만 이 바구니 안에서도 하는 일과 자신을 분리할 수 있다. 스미스 칼리지의 패트리샤 디바르톨로 박사와 연구팀은 '나는 내가 하는 일' 현상, 즉 공식적으로는 **조건부 자존감**contingent self-worth 현상을 두 유형으로 구분했다.[20]

첫 번째는 **성공 기반 자존감**success-based self-worth, 즉 자신의 가치가 성과에 따라 결정되는 경우다(올해는 돈을 얼마나 벌었는가, 오늘은 건강하게 먹었는가, 줄리의 생일 파티에서 정상적으로 행동을 했는가, 아니면 이상한 행동을 했는가 등).

두 번째는 **활동 기반 자존감**activity-based self-worth으로, 얼마나 목표 지향적으로, 생산적으로 행동했는지에 따라 자신의 가치가 정해지는 경우다. 나는 디바르톨로 박사가 활동 기반 자존감을 설명한 대목을 읽고 머리 위에 전구가 켜지는 느낌을 받았다. 나 같은 문제를 가진 사람들이 많기에 이 개념이 명칭까지 얻은 것이다.

조건부 자존감은 목표를 성공적으로 달성할 때는 '효과가 있지만' 삶 속 불가피한 문제나 좌절 앞에서는 전혀 작동하지 않는다. 작가 데이비드 포스터 월리스(포스트모더니즘적 경향과 자조적 유머로 내면과 사회에 대한 메시지를 던진 미국의 작가. 자살로 생을 마감했다—옮긴이)의 표현을 빌리면 '빌어먹을 인간'으로 열심히 살아가는 상황에서는 특히 효과가 없다.[21]

내담자 피터의 예를 들어보자. 그는 직장에서 자기 목소리를 내지 않으려는 태도가 경력에 부정적 영향을 미친다는 걱정 때문에 상담을 받으러 왔다. 최신 평가에서 상사가 피터에게 "좀 더 적극적으로 나서라"고 조언한 순간 그는 눈에 띄지 않고 일하는 방식을 마냥 고수할 수 없는 현실을 깨달았다. 사람들이 그를 지켜보았고 그의 침묵을 알아챘다.

한 가지 문제는, 피터는 인상적인 사람이 되려면 스스로를 과도하게 압박해야 한다고 믿었다는 점이다. 그는 학회에서 기립박수를 받는 모습을 상상하기를 즐겼다. 매주 회의에서는 그가 세상을 뒤흔들 지혜로운 의견을 내놓았다는 듯 모두가 자신을 경이롭게 우러러보기를 바랐다.

피터는 어린 시절 오랫동안 괴롭힘을 당했다. 새로 전학 온 살찐 학생이라는 이유로, 이민자라는 이유로, 아니면 그냥 피터 그 자신이라는 이유로. 쫓기고, 침을 맞고, 조롱당하고, 모자란 아이라는 메시지를 받는 일상이었다. 그래서 아무리 노력해 봤자 어떤 말을 해봤자 자신은 무리에 속할 자격이 없다고 느꼈다.

괴롭힘은 외과의의 메스처럼 자존감을 정확히 찌르고 깊은 상처를 남긴다. 대놓고 열등하다는 말을 듣고 그에 따라 사회적으로 배척당하기 때문이다. 그것은 뇌가 갈망하는 사회적 안전감과는 정반대 경험이다. 피터는 어린 시절 몇 년 동안이나 괴롭힘을 당해 왔기에 40년이 지난 지금 동료들이 어린 시절 그가 받은 메시지를 뒤집고 "와, 피터, 당신은 정말 대단해" 하는 반응을 보여주기를 갈망하는 것도 어찌 보면 당연하다.

피터에게는 세 가지 문제가 작용했다. 첫째, 성과에 대해 지나치게 높고 개인화된 기준을 세워놓았기에 번번이 실패하고, 또 결과를 지나치게 개인적인 것으로 받아들인 점이다. 피터는 성과의 기준을 '사람들이 감탄하며 기립박수를 치는' 수준으로 설정했다. 하지만 정작 회의실에서는 숨도 제대로 못 쉴 만큼 압박감에 짓눌렸고 간단한 의견도 입 밖에 꺼내기 힘들었다. 그에게는 모든 발언이 가치를 평가받는 시험대였다. 그러다 겨우 발언을 하고 나면 회의실에서 동료들이 보이는 흔한 행동, 가령 무심한 시선이나 슬쩍 이메일을 확인하는 모습만 보아도 자신을 실패자로 판단했다.

두 번째 문제는 조건부 자존감으로 인해 그의 가치가 확정된 상태가 되지 못한다는 점이다. 모든 성과가 가치를 판단하는 찬반 투표처럼 작동하기에 피터는 끊임없이 자신을 증명해야 한다. 스스로 유능하고, 똑똑하고, 이 자리에 속할 자격이 있고, 충분히 가치 있는 존재임을 입증하다 보니 필연적으로 불안과 회피, 탈진으로 이어졌다.

세 번째 문제는 피터가 목표로 정한 인상적인 사람이 되기 위해서는 호감이든 존경이든 사람들 반응에 의존해야 한다는 점이었다. 그는 사람들이 자신을 어떻게 바라보는지를 통제할 수 없다. 타인의 반응(자신이 통제할 수 없는 환경)에 의존하면 스스로 권력 서열을 떨어뜨린다. 자신의 가치를 외부에 의탁하고, 남들에게 결정권을 넘기는 셈이다. 피터의 경우 어린 시절 괴롭힘을 주도한 아이들부터 월요일 팀 회의의 동료들까지 모두 여기 포함된다.

반대로 우리가 통제할 수 있는 부분(도움이 되는 행동, 친절한 태도, 일 자체를 위해 좋은 성과를 내는 것)에 집중할 때 높은 권력 서열에 오를 수 있다. 남들의 반응을 통제할 수는 없지만 자신의 행동은 통제할 수 있다. 자신의 행동에 초점을 맞출 때(뛰어난 결과를 위해 최선을 다할 때), 결과가 더 나아질 가능성이 있다. 뿐만 아니라 아이러니하게도 긍정적 반응이 돌아올 가능성도 커진다.

피터는 몇 달 동안 애초 통제할 수도 없는 목표인 '존경받기'가 아닌 스스로 통제할 수 있는 부분에 집중하려고 애썼다. 예를 들어 남을 돕기, 문제 해결을 위한 지식 활용, 미리미리 준비하기 등이다. 힘겨운 도전이었다. 좋은 인상을 주기 위한 방패를 내려놓자 취약한 자아가 고스란히 노출되었다. 어린 시절의 고통이 떠올랐고, 회의실의 테이블 아래에서 자신을 괴롭힌 아이가 불쑥 튀어나와 얼굴에 침을 뱉을 것만 같아서 두려웠다. 그래도 회의를 할 때면 자신의 발언에서 무게를 덜어내려 애썼다.

"나는 좋은 답을 내놓지 않았다"는 표현과 "나는 좋은 답을 내놓지 않았다"는 표현 사이에는 미묘하지만 심오한 차이가 있다. 이 문제에 관해서는 10장 '인간은 본래 그런 존재이므로'에서 자세히 다루지만 여기서 간단히 소개하자. 앞의 표현은 개인적인 비난으로 들리고 그의 답과 자존감이 뒤섞인다. 반면 두 번째 표현 역시 실망스러운 어조이긴 해도 초점이 답에 있기에 피터가 자신의 행동과 가치를 건강하게 분리할 수 있다. 피터가 회의에서 내놓는 발언이 별로여도 그가 나쁘다는 의미는 아니다.

시간이 흐르며 피터는 이미지를 좋게 관리하려는 태도를 조금은 내려놓았다. 다시 말하지만 180도 변화할 필요는 없다. 자잘한 조정과 되돌림만으로도 충분하다. 피터는 여전히 긍정적 반응에 기뻐한다. 누군들 그러지 않겠는가? 그는 여전히 높은 기준을 설정하고, 그의 DNA는 게으름을 허용하지 않는다. 하지만 피터는 자신의 기대치가 현실적인지 검토하려고 애쓴다. 또 자신을 다르게 바라보면서 일상적 실수나 혼란을 받아들일 여유를 갖도록 노력한다.

《지나치게 불안한 사람들》에는 사회불안증에 적용할 빈칸 채우기 게임이 나온다. 여기서는 피터가 '나는 인상적인 사람이거나 실패자다'라는 양극단의 선택에서 벗어나게 해준 것과 유사한 형식을 소개한다. '나는 [가치 있는 특성/자질]을 가진 사람이다'라는 꼬리표 대신 이 방법을 적용하면 약간은 숨통이 트인다.

나는 [중시하는 특성/자질]을 가진 사람이지만 때로는 [예외 상황]을 겪는다.

나는 똑똑한 사람이지만 답을 모를 때도 있다.

나는 유능한 사람이지만 일을 망칠 때도 있다.

나는 헌신적인 사람이지만 최선을 다하지 않을 때도 있다.

나는 평온한 사람이지만 화를 낼 때도 있다.

나는 재미있는 사람이지만 진지할 때도 있다.

나는 진지한 사람이지만 여유를 즐길 때도 있다.

나는 성공한 사람이지만 실패할 때도 있다.

나는 규율을 잘 지키는 사람이지만 스스로에게 관대할 때도 있다.

나는 건강한 사람이지만 건강하지 않을 때도 있다.

나는 창의적인 사람이지만 창의성이 고갈될 때도 있다.

나는 모범생이지만 낮은 점수를 받을 때도 있다.

나는 판단력이 좋지만 어리석은 결정을 할 때도 있다.

나는 생산적인 사람이지만 일을 미룰 때도 있다.

나는 열심히 일하는 사람이지만 가끔 미루고 싶을 때도 있다.

나는 친절한 사람이지만 내 주장을 고집할 때도 있다.

나는 선량한 사람이지만 회한도 있다.

나는 이미 도달했지만 여전히 더 나아가기를 바란다.

위 게임은 조건부 자존감의 전부 아니면 전무의 사고방식을 넘어 우리에게 절실한 여유 있는 태도를 갖게 해준다. 그것은 바로 자신을 허용하고 인간답게 살아가기 위해 필요한 여유다.

> **내 삶과 연결하기**
>
> 위 예문 중 공감이 가는 항목을 골라 "나는 [중시하는 특성/자질]을 가진 사람이지만 때로는 [예외 상황]을 겪는다"라는 형식을 각자의 경험에 따라 수정해 보자.

◆

정리하면, 성과의 바구니 하나에 달걀을 몰아넣기보다는 성과, 관계, 즐거움이라는 인생의 '달걀'을 세 바구니에 나누어 담기를 권한다. 각자의 삶과 가치관에 따라 봉사 바구니, 정의 바구니 같은 것이 더 필요할 수도 있다. 예를 들어 요요마 같은 시각 예술가나 공연 예술가는 표현의 바구니에 비중을 둘 것이다.

그런데 관계와 즐거움은 '당신의 삶으로 돌아가기'의 핵심이다. 요요마가 그랬듯 당신도 질문을 던질 수 있다. '나는 정확히 하려는 것인가? 아니면 무언가를 찾겠다는 것인가?' 무언가를 정확히 하려는 시도에서 벗어나 사람들과 연결되고 그 과정에서 즐거움을 추구하다 보면 당신이 찾는 그 무언가를 발견하게 될 것이다.

변화 3

"해야 한다"에서
"하고 싶다"로 이동하기

8장

내면의 규칙서 다시 쓰기

> 모든 것을 견뎌야 하고, 모든 것을 이해해야 하며,
> 모든 사람을 좋아해야 하고, 항상 생산적이어야 한다.
> ─카렌 호나이 박사, 《신경증과 인간의 성장 *Neurosis and Human Growth*》(1950)

프란체스카는 어느 목요일 온라인 상담 시간에 지각을 했다. "죄송해요." 그녀는 숨을 헐떡이며 사과하고는 컴퓨터 충전기를 꽂느라 노트북 화면에서 잠시 사라졌다. "방금 장을 보고 집에 왔어요."

가성비와 영양, 품질을 꼼꼼히 따지느라 프란체스카는 장을 보는 데 시간이 많이 걸렸다. 신선식품을 고르는 데만도 많은 시간을 소모했다. 유기농을 살까, 지역산을 살까? 소분한 제품을 살까, 통째로 살까? 그중 최대 난관은 꽃 코너였다. 꽃꽂이를 좋아하는 프란체스카는 꽃을 고르느라 45분을 훌쩍 넘기곤 했다. 이건 가장자리가 갈변했어, 이건 꽃송이가 하나 없고…, 이렇게 끊임없이 비교했다. 프란체스카가 스스로 인지하고 말로 표현한 규칙은 '돈값 하는 걸 갖고 싶다'였다. 맞는 말이지만 마음 깊은 곳에는 더 개인적이고 근본

적인 규칙이 숨어 있었는데 지금부터 그 규칙에 대해 알아보자.

대학원 시절, 나는 데이터를 돌리고 통계분석을 하면서 어려웠던 적이 있다. 몇 시간을 낑낑대며 혼란에 빠졌던 나는 행운을 빌며 분석 결과를 교수님께 조심스레 보여드렸는데 숫자가 다 엉터리였다. 교수님은 날 보며 말씀하셨다. "엘런, 이걸 혼자서 다 할 필요는 없어." 순간 교수님은 내가 나만의 규칙서에 존재하는 줄도 몰랐던 규칙을 명확히 표현해 주었다. '도움을 청하면 안 돼. 모든 걸 혼자 해내야 해'라는 규칙이었다.

극단적인 예로, 나의 내담자 제이슨은 사이가 멀어진 형 이야기를 들려주었다. 그의 형은 가족 모두에게 채식을 강요하고 화석연료 사용도 전면 금지했다. "형은 우리가 지구를 죽이고 있다고 했어요. 조카들은 친구 생일 파티에서 피자나 케이크도 못 먹는 생활에 지쳐갔죠. 비행기도 못 타게 하는 바람에 형수님은 친정 식구들을 만나러 갈 수도 없었어요. 비 오는 날 자전거 대신 버스를 타고 싶은 건 당연한데 그마저 못 하게 했죠." 형의 규칙은 '절대 환경에 피해를 주어선 안 된다'였다.

프란체스카와 제이슨의 형 그리고 나는 각자의 규칙에 과도하게 충실했기에 오히려 자신에게 해로운 결과를 낳았다. 프란체스카는 소중한 시간을 잃었고, 나는 멘토에게 가벼운 굴욕을 당했으며, 제이슨의 형은 가족 모두의 호의를 잃었다. 우리 같은 사람들이 설정한 높은 기준은 단단한 규칙으로 굳어지고 급기야는 더 큰 맥락을 놓치게 한다.

사람들 각자의 뇌 깊은 곳에는 '내면의 규칙서'가 들어 있다. 이 규칙서는 표준화되기보다는 오히려 각자의 어린 시절 중요했던 어른이나 삶의 경험, 평생 속한 문화적 환경에 의해 개인화되었다.

'친절하게 행동할 것' '성실하게 세금을 납부할 것' '인종차별 금지' 등 몇 가지 규칙은 필요하다. 명확한 것에서 희미하고 모호한 것까지 개인적으로도 다양한 규칙이 있는데 뇌는 어느 쪽이든 요점을 파악한다. 다음과 같이 거창한 규칙들이 있다. '항상 자신을 발전시키려고 열심히 노력해야 한다, 실수로라도 남에게 상처 주어서는 안 된다, 제대로 하려면 뭐든 직접 해야 한다….' 다음과 같이 소소한 규칙도 있다. '연하장은 모두 손 글씨로 적어야 한다, 컬러점토는 색을 섞어 쓰면 안 된다, 식기세척기에는 반드시 이런 방법으로 넣어야 한다, 청바지 두 벌을 겹쳐 입는 건 절대 금물이다….'

내면의 규칙서를 따르면 여러 가지 이점이 있다. 명확성과 단순함, 통제하고 있다는 안심, 기분 좋은 성취나 존경(적어도 비난의 감소), 그리고 견고한 확실성 등이다. 즉 '이게 옳은 방법이야. 난 잘하고 있어'라고 생각할 수 있다. 규칙은 처음 겪을 때 혹은 사람들을 상대해야 하는 상황에서 쓸모가 있다. 전반적으로 규칙은 꽤 유용하므로 모든 규칙을 없애고 책임을 벗어던진 채 바하(멕시코 바하 캘리포니아 지역에 있는 한적하고 자유로운 휴양지—옮긴이)의 서핑 캠프 같은 야생의 삶으로 돌아갈 필요는 없다.

하지만 어떤 규칙이든 불필요하고, 경직되고, 자의적이고, 인격과 과도하게 동일시되는 경우 문제가 된다.

이제 퍼즐을 하나 풀어보자. 규칙은 세 가지다.

(1) 직선 네 개를 그릴 것, (2) 점 아홉 개를 모두 연결할 것, (3) 이때 펜을 떼지 않을 것.

시간을 들여 찬찬히 풀어보자. 직접 해보면 더 재미있다.

이 퍼즐을 처음 보았을 때 한참 쳐다보며 머릿속으로 이런저런 답을 찾았다. '끝까지 해내고 말 테다!' 평생 익숙해진 인내심이 발동했다. 혼자 힘으로 풀고 싶었다. 하지만 결국 성공하지 못했다.

정답을 본 후 나도 모르게 내가 마지막 규칙을 설정했음을 깨달았다. (4) 아홉 개의 점으로 만들어진 정사각형 밖으로 나가지 말 것. 불필요하고 무엇보다도 내게 불리한 규칙을 스스로 추가한 것이다('상자 밖에서 생각할 것'이라는 힌트가 있었으면 풀었을 텐데).

이것은 1930년 노먼 마이어 박사가 〈비교심리학 저널 *Journal of Comparative Psychology*〉에 실린 논문에서 처음 소개한 '아홉 개의 점' 문제다. 여기서 어떤 교훈을 얻을 수 있을까? 때로는 규칙이 유용하고 필요하지만 우리 같은 완벽주의자들은 종종 불필요하고 자신에게 불리한 규칙을 추가한다는 것이다.

 답은 아래 그림과 같다. 단, 삼각형을 관통하는 직선은 어느 모서리에나 위치할 수 있다.

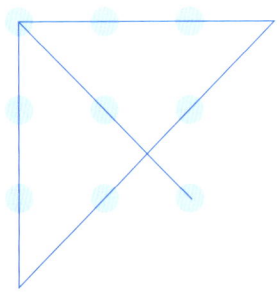

 규칙 때문에 곤란해지는 일이 있을지라도 규칙에 끌리는 이유는 무엇일까? 규칙은 확실성을 높인다. 그에 반해 불안은 불확실성에서 비롯된다. 명확한 규칙이 없는 상황에서는 제대로 하는지, 충분히 잘하는지 알 수 없어서 불안해진다. 따라서 규칙, 특히 스스로 정한 규칙은 혼돈에 질서를 부여한다.

 규칙을 따르는 것은 세상뿐 아니라 자신을 이해하는 데도 도움이 된다. 조건부 자존감 문제로 돌아가 보자. 우리는 스스로 정한 높은 기준을 충족했는지 여부에 따라 자신을 평가하는 경향이 있다. 그래서 기존 규칙을 따르거나 스스로 까다로운 규칙을 정하는 것은 우리가 달성하기 위해 노력할 기준을 제공한다. 스스로 만든 어려운 규칙을 따르려고 애쓰는 것은 자신을 증명하는 방법이다. 어려운 일을 견디고 해내면 비로소 받아들여질 만한 존재라는 의미가 된다.

그래서 규칙이 불리하게 작용할 때도 과도하게 집착한다. 예를 들어 '나는 친절해야 한다'는 규칙은 대체로 효과적이다. 하지만 그렇다고 상사의 심기를 거스르지 않도록 임금인상을 절대 요구해서는 안 될까? 혹은 길에서 낯선 사람이 괴롭혀도 "건드리지 마세요!"라고 외치면 안 될까? 우리는 어떤 상황에서든 '친절하라'는 규칙을 따르려 한다. 왜냐하면 그 규칙에는 우리의 인격에 대한 의미가 담겨 있기 때문이다.

규칙이 자행하는 독재

규칙의 본질을 생각해 보자. 자비에르가 하루 일정을 읊는 걸 듣다 보니 나는 진이 빠졌다. 그의 일과를 듣기만 해도 책상 밑에서 낮잠을 자고 싶어질 정도로 졸렸다. 그는 하루 일정을 손가락으로 꼽으며 열거했다. "먼저 테크닉 수업이 있었고, 그다음 글쓰기 세미나에 갔어요. 그리고 펠로우십 직무와 관련해 상사와 회의를 했어요. 그러고 나서는 피아노 연습실을 빌려 작곡 수업 과제를 했어요. 지금은 여기 와 있지만 이따 끝난 후에는 리허설이 두 번 있고, 8시에 공연 녹화가 있어요. 어젯밤에도 공연 녹화가 있었는데 앙코르가 두 번이나 나와서 11시가 되어서야 간신히 기차를 탔어요. 기차에서 이메일을 처리하려 했는데 졸다가 역을 놓쳤어요."

자비에르는 지역 예술 학교에서 뮤지컬을 전공한나. 부모 모두 크게 성공한 음악가였다. 어머니는 재즈 가수, 아빠는 팀파니 연주자였다. 자비에르는 어릴 때부터 부모가 장시간 일하고, 공연과 워크숍 때문에 출장을 다니고, 항상 공연 준비에 에너지를 쏟아붓고, 후배들 멘토 역할을 하는 모습을 보면서 자랐다.

자비에르는 말했다. "부모님은 날 사랑하고 지지해요. 다만 자신들의 노력에 동참하기를 기대하세요." 그러고는 덧붙였다. "음악은 혹독한 분야예요. 자리를 따내려면 오디션을 봐야 하는데 그것도 애초에 인맥이 있어야 가능해요. 인맥 없이는 독립적으로 공연할 기회도 얻을 수 없어요. 여름은 정말 중요한 시즌이죠. 여름 내내 축제나 워크숍에 참석해야 한다는 무언의 압박이 느껴지거든요."

자비에르는 원래 심각한 발모벽(자신의 머리카락을 뽑는 증상) 때문에 상담을 시작했다. 그가 "나는 늘 실패한다는 느낌이에요"라고 말한 뒤 우리는 완벽주의 치료를 추가했다.

'항상 생산적이어야 한다, 시간을 낭비해서는 안 된다' 등 자비에르 내면의 규칙서는 읽기 쉬웠다. 생산성에 대한 엄격한 규칙을 가진 많은 사람들이 그렇듯 자비에르 역시 다음과 같은 도피구를 사전에 계획했다. '나는 금요일 밤 9시 이후와 토요일을 제외하면 항상 일을 해야 한다.' 그러나 예외인 시간에는 180도 달라져서 주로 술을 마시거나 약을 했다. 그러다 나머지 한 주 동안은 규칙이 그를 지배했다. 따라서 집중력 저하, 휴식, 미루기, 비효율적 일처리 등은 스스로 정한 규칙의 위반인 셈이었다. 그러니 계속 실패한다고 느낄 만도 했다. 실수에 관대하지 못했고, 숨 쉴 여지도 없는 상태에서 '모두'를 만족시킬 방법이 없으니 계속 '아무것도 하지 못하는' 상태에 갇히고 만 것이다.

물론 규칙을 철저히 지켜야 할 때도 있다. 외과의는 무균 상태를 절대 어기면 안 된다. 조종사는 근무 중 항상 정신을 바짝 차려야 한다. 하지만 엄격한 규칙 때문에 난감해지거나 방해를 받는 것이 더욱 흔한 일이다.

5장에서 소개한 선구적인 정신분석학자 카렌 호나이 박사는 엄격한 규칙에 대한 명확한 설명을 제시했다. 호나이는 완벽주의를 '당위의 폭정'으로 표현했고, 이런 통찰은 수십 년이 지나서도 여전히 유효하다. 호나이는 엄격한 규칙의 세 가지 특징을 다음과 같이 정의한다.

1. **엄격한 규칙은 실현 가능성을 무시한다.** 규칙을 따르는 것이 목적이지 그 규칙이 현실적인지는 중요하지 않다. 모든 것을 알고, 이해하고, 예측해야 한다. 그렇게 하기 힘든 상황에서도 마찬가지다. 남의 도움이나 상세한 정보가 존재하지 않아도 언제 어디서든 뭘 해야 할지 알고 있어야 한다. 난관이 닥치면 그 즉시 극복해야 한다. 어떤 일을 요청받아도 준비와 연습, 실수 없이 당장, 그것도 잘 해내야 한다.

이것이 자비에르의 딜레마였다. 그는 하루 24시간이라는 제약과 필수적인 수면 욕구를 초월해야 한다고는 생각하지 않았지만 "그렇게 느낄 때도 있다"고 했다. 그는 하루가 더 길면 좋겠다고 자주 생각했다. 모든 일을 해야 한다고 압박받았다. 사실 엄격한 규칙은 논리보다 강하다.

2. 엄격한 규칙은 상황을 무시한다. 나쁜 가족에 의존해야 하는 어린이였건, 이십 대 초반의 미성숙한 성인이었건, 학대받는 관계에 길들여진 상태였건 간에 스스로를 더 잘 알고 더 잘했어야 한다고 여긴다. 호나이는 이를 "나는 늪에서 자라는 백합처럼 빠져나왔어야 한다"는 신념으로 표현한다. 이들은 어떤 상황이었건, 얼마나 끌려다녔건 간에 항상 최선의 판단을 하고 최고의 결과를 도출했어야 한다고 믿는다. 최선을 다하는 것만으로 충분치 않은 것이다.

3. 엄격한 규칙은 모순적이다. 내면의 규칙서는 전반적으로 상충되는 규칙들로 가득하다. 친구, 가족, 배우자와 깊이 연결되어야 하되 상처받거나 화를 내서는 안 된다. 자신을 완전히 자유롭게 표현하되 항상 감정을 다스려야 한다. 강한 독립성을 유지하되 팀 플레이어가 되어야 한다. 모두를 기쁘게 하되 남들 생각에 신경 쓰면 안 된다.

최근 나는 친구 후안을 만났다. 그는 주말에 다른 두 가족과 코드곶으로 가족 여행을 떠난 이야기를 들려주었다. 토요일 오후의 하늘에는 솜털 같은 푸른 구름이 온통 덮여 있었다. 그러다 즉흥적으로 해변에서 조개구이를 해 먹고 싶다는 아이디어가 떠올랐다. 그는 모두를 설득해 실행에 옮겼다.

모든 것이 즉흥적이었다. 후안은 조개구이를 하려면 얕은 구덩이를 파서 불을 피워야 하고 해초가 필요하다고 어렴풋이 기억했다. 몇몇은 장을 보러 갔고, 후안은 남은 사람들과 함께 실험적으로 구덩이를 파고, 돌맹이와 나뭇가지를 주워오고, 구덩이 가장자리에 해초를 둘러 불을 지폈다. 생각보다 쉽지 않아 여러 번 시도하다 보니 결국 밤 9시쯤 다들 아이스크림으로 저녁을 때우고 아이들을 재워야 했다. 어른들은 남아서 계속 애를 썼고 마침내 새벽 1시쯤 조개구이와 함께 와인을 마시며 별빛 아래서 노래를 불렀다. 다음 날 아침 아이들은 옥수수와 감자, 소시지로 아침을 먹고 바람에 머리카락을 휘날리며 해변을 뛰어다녔다.

후안의 이야기를 들으며 나는 눈썹을 치켜세웠다. 나라면 어땠을까? 조개구이를 해 먹기로 했다면 나는 먼저 조개구이에 대해 알아보고, 해변에서 불을 피워도 된다는 허가를 받고, 필요한 재료를 모두 준비하고, 믿을 만한 레시피를 찾아 그대로 따라 했을 것이다. 아마도 조개구이는 제시간에, 해가 질 녘에 준비됐을 것이다.

두 방법 모두 친구들과의 조개구이를 완성시켰을 것이다. 그러면 내 방식이 옳을까? 그럴 수도 아닐 수도 있다. 아마도 나는 저녁 시간에 맞춰 조개구이를 완성했을 테지만 즉흥적으로 문제를 해결하면서 얻는 자신감을 맛보지 못했을 것이다. 친구들과 곤경을 헤쳐나가며 느끼는 유대감도 놓쳤을 것이다. 어차피 상황은 그럭저럭 잘 마무리된다는 깨달음을 얻을 기회도 사라졌을 것이다.

'올바른 방식'에 집착하면 개인적·사회적 비용이 발생할 수도 있다. 수잔나가 저녁 모임을 주최하면 늘 맛있는 음식이 보기 좋게 차려져 있어 모두가 칭찬한다. 준비하는 데 시간이 많이 걸리고 일손이 필요하므로 남편이 돕겠다고 나서지만 향신료를 엉뚱한 순서로 넣거나 채소를 제대로 썰지 못해 둘 다 스트레스를 받는다. 수잔나는 자신의 직감을 찬찬히 설명하지 못하고, 남편은 그녀의 마음을 읽지 못한다. 그래서 남편의 제안을 거절하지만 혼자 제시간에 모든 요리를 차려내느라 너무 힘이 든다. 수잔나는 이제껏 매번 잘 해냈지만 혼자서 다 해야 하니 외롭다는 느낌이 갈수록 커진다.

내면의 규칙서는 일하는 데는 올바른 방식과 잘못된 방식이 있다고 말한다. 흥미롭게도 '올바른 방식'은 사람에 따라 달라진다(결론: 내 방식이 항상 옳다). 식탁 차리는 방법, 철저하게 위생을 지키는 방법, 커피 타는 방법, 파티 주최 방법, 교육받는 방법, 아이 키우는 방법, 인생을 살아가는 방법에는 수백만 가지의 '올바른 방식'이 존재한다. 저마다 황금의 길을 안다고 주장하지만 이는 각자의 내면의 규칙이 임의적일 수 있다는 뜻에 지나지 않는다.

완벽주의자가 멈추지 못하는 이유

내면의 규칙서에 이 같은 온갖 결함이 있는데도 왜 이 규칙을 따르는 걸까? 시대에 뒤떨어졌는데도 폐지하지 않는 법처럼 왜 어리석은 규칙을 무시하지 못할까?[*1] 그 이유는 그것이 개인적인 것이기 때문이다. 규칙을 따르는 것은 우리의 인격과 연관된다. '최선을 다 해야 해' '외모를 단정히 해야 해' '약속을 지켜야 해' 등의 규칙을 따

---

* 미주리주에는 고속도로에서 곰을 견고한 우리에 가두지 않고 차에 실어 주행하는 것을 금지하는 법이 있었다. 과거 서커스나 유랑단 동물원의 곰을 이동시키는 데 적용된 이 법은 현재까지 남아 있다.

를 때 그 규칙은 우리를 한 사람의 개인으로 인정해 준다.

영국 유니버시티칼리지 런던의 로즈 샤프란 박사는 이 책의 근간이 되는 임상적 완벽주의에 대한 정의를 내리면서[2] 동료 연구자인 자프라 쿠퍼 박사, 크리스토퍼 페어번 박사와 함께 다음과 같이 주장한다. 임상적 완벽주의는 "개인의 높은 기준을 추구하고 달성할 때의 편향된 평가를 통해 유지된다".[3] 샤프란 박사는 강연 중 청중들에게 이런 질문을 던진 적이 있다고 했다. "혹시 선택할 수 있다면 더 쉬운 길을 택할 분이 계신가요?" 대다수가 손을 들었다. 이어서 "더 어려운 길을 선택하실 분은 계신가요?" 몇 사람만 손을 들었다. 샤프란 박사는 그들에게 이유를 물었다. 그중 첫 번째 사람은 "그렇게 얻는 즐거움 때문이죠. 쉽게 얻을 때보다 의미가 훨씬 크잖아요"라고 답했다. 두 번째 사람은 "보상받을 때의 만족감이 크니까요"라고 답했다. 세 번째 사람은 "힘든 하루를 마무리하면 자긍심이 들어요"라고 답했다.

완벽주의자들에게 흔히 하는 조언 중 하나는 "완벽이 괜찮음의 적이 되게 하지 말라"는 것이다. 그들은 '충분히 괜찮은' 상태에서 멈추라는 말을 자주 듣는다. 하지만 우리의 가치를 찾는 일에서라면 '충분히 괜찮은'이라는 말에 공감하기 어렵다. 그래서 기준을 낮추라는 말이 나의 내담자들에게는 마치 발톱을 뽑으라는 요구로 들린다. 나는 처음 완벽주의를 다루는 법을 배우던 시기에 한 내담자에게 80퍼센트 정도만 생산적인 하루를 보내보라고 제안했는데 그는 전혀 받아들이지 않았다. 그들에게는 마치 좀도둑질을 해보라는 요구처럼 들린 것이다.

마찬가지로 1장에서 소개한 과잉 성취자 자밀라는 집단 프로젝트에 '충분히 괜찮은' 정도로만 기여하라는 조언에 저항했다. 자밀라는 성과가 노력을 반영하고, 노력은 도덕성을 반영한다고 보았다. 자밀라의 삶에서 최선의 노력은 대체로 좋은 결과를 낳았고, 이것은 다시 자밀라 자신이 훌륭하다는 의미가 되었다. 돌이켜보면 이해되는 감정이다. 나 역시 '충분히 괜찮은' 수준의 업무나 사회적 행동을 받아들이라는 말을 마치 내 차의 브레이크 정비를 '충분히 괜찮은' 정도에서 마무리하라는 것으로 느낀다.

더욱이 완벽주의자들은 통제, 자제력, 스트레스를 충분히 열심히 노력한 증거로 삼는다. 특정한 과정, 강도, 노력의 수준이 개인의 가치를 반영한다고 여기는 것이다. '성공'에는 내가 얼마나 많이 시도하고, 얼마나 열심히 노력했으며, 얼마나 자제력 있게 행동했는지가 포함된다.[4] 따라서 그들은 곰곰이 돌아본다. 나는 몇 번이나 산만해졌는가? 몇 번이나 틱톡을 스크롤하며 시간 낭비를 했는가? 몇 번이나 멍하니 허공만 바라보았는가?

때로 완벽주의자들은 노력의 부정적 결과와 자신을 과도하게 동일시하며, 그것을 노력이 충분히 치열했다는 증거로 여긴다. 피로감을 느끼면 오히려 신이 나고, 스트레스는 성공의 징표가 된다. 밤에 네 시간만 자는 것이 최선을 다했다는 증거가 되고, 중간고사 기간에 일주일간 샤워를 하지 않으면 시험에 진지하게 임하는 자세로 해석한다. 나의 내담자 조너선은 44시간 동안 연속으로 보고서를 썼다는 사실을 스스로에게 최선을 다한 증거로 삼으려 했다. 하지만 몇 년을 그렇게 살다 보면 결국에는 만성 신경쇠약이나 수면 부족, 고립감에 시달리게 된다. 나의 내담자 가운데 완벽주의로 고통받는 대다수는 우울증, 탈진, 사회적 고립, 관계에 대한 문제로 상담실을 찾아온다. 이는 장기간 극한의 노력이 누적된 결과로 볼 수 있다.

당신의 가치관에 집중하자

다행히 내면의 규칙서를 갖다 버릴 필요는 없다. 마치 중세 수도사가 한 올짜리 붓으로 채식 필사본을 맨 처음부터 필사하듯이 맨땅에서 다시 시작하지 않아도 되는 것이다. 샤프란 박사는 규칙에 의문을 던진다는 것은 기준을 낮추고 가치관을 거스르는 것이 아닌 "통제권을 되찾는 것"이라고 말한다.[5] 내면의 규칙서를 수정하면 단순히 순응하기보다 선택권을 가질 수 있고, 의무감보다 유연성을 가질 수 있다. 안심이 된다면 이제 내면의 규칙서를 새롭게 바꿔보자.

프란체스카는 줌 상담에 들어와 최근 있었던 완벽주의에 얽힌 일화를 들려주었다. 쌍둥이 아들들 생일이 곧 다가오는데 파티를 열고 싶기도 하고, 아니기도 하다고 했다. 그녀는 "본격적으로 이벤트 플래너가 돼야 해요"라면서 준비와 진행에 강박적으로 집착하는 것이 두렵다고 했다. "부모들이 아무것도 준비하지 않은 생일 파티에 가본 적이 있어요. 그때 '아, 이렇게 해도 되겠네' 생각했죠. 그런 방식도 괜찮아요. 하지만 그건 내 방식이 아니에요."

프란체스카가 말을 이었다. "어젯밤에는 컴퓨터를 떠나지 못했어요. 엣시(핸드메이드 제품 등을 판매하는 전자상거래 사이트—옮긴이)에서 케이크와 잘 어울리는 파티 장식을 고르느라 배너와 센터피스를 셀 수 없이 들여다봤죠. 아이 친구들 선물을 주문할 때는 아이마다 어울리는 스티커를 고르려 했어요. 아무도 실망시키고 싶지 않았어요."

아이별로 취향에 맞는 기념품을 준비하는 것은 마치 회사에 드레스 차림으로 출근하는 것처럼 과도한 행동일 수 있지만 프란체스카에게는 당연한 일이었다. 하지만 그 과정에서 치를 희생이 너무 크다는 생각도 들었다. 저녁 식사를 마치고 엣시에 들어가 새벽 1시까지 클릭을 반복하다 보니 아들이 잠들기 전에 책을 읽어줄 시간을 놓쳤고 다음 날엔 하품을 참으며 하루를 버텨야 했다. "계속 이럴 수는 없어요." 프란체스카의 행동은 자신만의 어떤 규칙을 따르는 것이었는데 이제 그 규칙에 대해 알아볼 차례다.

프란체스카뿐 아니라 우리 모두에게 규칙 수정의 첫 단계는 **규칙을 인식하고 명명하는 것**이다. 이 단계는 의외로 수월할 수 있다. '해야 한다' '항상' '절대' '반드시' '모두' '꼭 한다' 같은 단정적 표현이 들어간 생각을 찾아보자. 이는 전설적 심리학자 앨버트 엘리스 박사가 '머스터베이션musturbation'이라고 명명한 개념이다.[6]* 나는 모든 도전이나 장애물을 극복해야 한다, 나는 시간 관리를 잘하고 최대한 효율적으로 살아야 한다, 나는 어떤 상황에서든 차분히 중심을 잡아야

---

*   엘리스 박사의 이에 대한 특별한 처방은 "스스로에게 '해야만 한다'고 강요하지 마라는 것이다".

한다, 나는 항상 최고의 삶을 살아야 한다, 나는 모든 사람의 필요를 충족시켜야 한다, 모두가 나를 좋아해야 한다 등이다.

때로는 규칙에 이름을 붙이는 일이 그리 간단하지 않을 수 있다. 하지만 다행스럽게도 강렬한 감정의 흔적을 되짚어가면 규칙을 발견할 수 있다. 규칙은 삶의 기본적 감정과 연결되어 있다. 바로 자신을 기분 좋게 느끼고, 기분 나쁜 상태를 피하며, 남들과 좋은 관계를 유지하려는 감정이다.

자신을 기분 좋게 느끼기 위한 규칙을 찾으려면 무언가를 확실히 잘한다고 느끼는 순간에 주목하라. 자신감이 넘치거나 자부심이 드는 순간은 언제인가? 가령 프란체스카의 '그건 내 방식이 아니야'라는 생각은 '나는 인상적인 사람이어야 한다' '나는 이겨야 한다'는 규칙으로 이어진다. 색상별로 정리된 다이어리를 칭찬받을 때 우쭐해진다면 '나는 항상 모든 일을 완벽히 정리해야 한다'는 규칙이 나올 수 있다. 뒷마당에 손수 화단을 만들면서 도움받지 않겠다는 생각에 자부심을 느낀다면 '나는 모든 일을 스스로 해야 한다'는 규칙이 드러날 것이다.

다음으로 판단하거나 걱정하는 순간에도 주목하자. 남들이 '올바른 방식'으로 일하지 않아서 불만스러운 영역은 무엇인가? 카림은 주중에 비디오게임을 하느라 공부를 미루는 대학 친구들을 진심으로 걱정했는데 이 생각은 '나는 항상 생산적인 무언가를 해야 한다'라는 규칙으로 이어졌다.

자신을 나쁘게 생각하지 않기 위해서는 억울하거나 의무감이 드는 순간에 주목해 보자. 일반적으로 '올바른 일'을 해야 한다고 느끼는 상황에 스스로 갇혀 있다고 자각하는 영역은 무엇인가? 예를 들어 제나는 추천받은 책을 세 장 정도 읽고 흥미를 잃었고 그럼에도 끝까지 읽어야 한다는 생각에 억울함을 느꼈다. 이 생각은 '나는 시작한 것은 끝내야 한다'는 규칙으로 이어진다. 친구들과 두 시간 동안 구내식당 트레이로 썰매놀이를 한 아이삭은 두 시간을 더 공부해야 한다는 의무감에 사로잡혔다. 이것은 '나는 무절제한 시간을 보상해야 한다'는 규칙으로 이어진다. 생일에 배우자에게 원하는 선물을 받지 못해 불만이라면 이것은 '내 배우자는 (말하지 않아도) 내 마음을 읽어야 한다'는 규칙으로 이어진다.

사람들과 좋은 관계를 유지하려면 자신이 뒤처지고 실패했다고 느끼는 순간을 살펴보아야 한다. 어디서 잘못되었다고 느끼는가? 예를 들어 '이 뱃살을 없애야 해. 내 몸이 이래서는 안 되지' '이쯤 되면 돈을 더 많이 모았어야 해. 남들을 따라잡아야 해' 등의 생각이 떠오를 수 있다.

이런 규칙들 중 어떤 것도 의식적으로 생각하지 않을 수는 있지만 당신은 분명 느끼고 있을 것이다. 그리고 이런 느낌은 우리가 규칙을 인식하고 명명하는 데 도움이 된다. 프란체스카는 45분간 꽃을 비교하며 느낀 감정을 통해 다음 세 가지 주요 규칙을 발견했다. 그것은 '나는 실수하면 안 된다' '나는 항상 최고여야 한다' '나는 모두를 행복하게 해야 한다'이다.

이런 규칙을 알아차리고 이름을 붙이다 보면 여유, 관점, 무엇보다도 선택지가 주어진다. 규칙을 명시하면 그 규칙을 따를지 말지도 선택할 수 있다. 규칙을 여전히 의무로 느낀다 해도 항상 선택권이 함께 주어진다. 곧 자세히 다루겠지만 우리는 때론 원하는 것이나 가치에 부합하기에 규칙을 따르는 선택을 하기도 하고, 때론 진정 중요하게 여기는 가치와 어긋나기에 규칙을 무시하는 선택을 하기도 한다.

규칙을 찾아내 명확히 표현했다면, 이제 그 규칙을 따르면 어떻게 되는지에도 주목해야 한다. **규칙이 주는 이점과 대가는 무엇인가?**

대형 광고판에 이런 메시지가 뜬다고 상상해 보자. '아무리 대가가 큰 규칙이라도 당신에게 이점을 가져다준다.' 당신의 규칙이 한때 당신에게 효과적이었다는 점을 인정해야 한다. 인생의 어느 시점에 도움이 되지 않았다면 지금까지 이런 규칙을 고수할 필요가 없었을 것이다. 내 경우 '나는 모든 것을 스스로 해내야 해'라는 규칙이 나를 유능하고 자립적인 사람으로 만들었다. 하지만 이 규칙을 자동으로 적용하면 사랑하는 사람들에게 '내겐 당신이 필요하지 않다'라는 메시지가 전달되어 불필요한 시간 소모가 있을 수 있다.

프란체스카의 경우 '나는 실수하면 안 된다' '나는 항상 최고여야 한다' '나는 모두를 행복하게 해야 한다'는 규칙을 따름으로써 장 보기, 파티 개최, 일상생활 등에서 사회적 안전감을 확보했다. 그녀의 뇌는 비판받지 않을 만큼 완벽히 잘 해내어 조화를 유지하려고 애썼다. 그러니 그녀가 이 규칙을 계속 고수한 것도 이해가 간다.

규칙은 성과도 가져다주지만 다른 한편 대가도 따른다. 프란체스카는 엣시에서 자정이 넘도록 완벽한 장식을 찾아 헤매느라 그날 저녁과 다음 날까지의 에너지를 모두 소진했다. 슈퍼마켓에서 달리아 꽃을 요모조모 비교하느라 시간을 허비하고 약속에 늦었다. 장기적으로 그녀의 규칙들은 끊임없이 부족하고 불안한 느낌을 주었다. 충족시키기 불가능한 기대에 부응하지 못하고 있었기 때문이다. 프란체스카는 '결점 하나 없이 최적화된 상태'가 '완전히 충분한 상태'와 같지 않다는 사실을 깨달을 기회를 얻지 못했다. 갈수록 많은 상황에서 이런 규칙의 단점이 장점을 뛰어넘었다.

이제 자신의 가치관에 집중하자. 무엇이 의미 있고 중요한지 생각해 보자. 앞서 6장에서 다룬 가치관에 대한 사실을 떠올려보자. 단순히 규칙을 따르기보다는 자신에게 중요한 것에 집중해야 한다. 카렌 호나이가 말했듯이 "당위에는… 진정한 이상이 가진 도덕적 진지함이 결여된다".[7] 그러므로 해야 한다는 규칙을 따르기보다 자신이 되고 싶은 사람이 되는 데 집중하고, 보편적인 올바름보다 자신에게 진실로 중요한 일에 시간을 쓰자.

이때 한 가지 유의할 점이 있다. 자신의 가치관을 따른다고 해서 꼭 기분이 좋으리란 법은 없다는 것이다. 내면의 규칙서라는 부드러운 덫에서 벗어나기는 어렵다. 규칙을 따르지 않을 때 찾아올 결과에 대한 걱정은 온갖 부정적 감정을 불러일으킬 수 있다. 가령 잘못된 선택과 실수, 비난, 거절, 비판, 실망시키는 것에 대한 두려움이 일어난다.

예를 들어 알레한드로는 운동을 하면서 사회적으로 활발히 지내야 한다는 가치관에 따라 친구 네이선과 함께 헬스장에 다니기 시작했다. 하지만 헬스장에 가는 도중 '공부를 해야 한다'는 오래된 규칙이 떠올라 마음이 조금 무거워졌다. 그렇다고 노트북 앞에서 두 시간 더 있어봐야 빈둥대기만 했을 것이다. 그는 죄책감과 중압감 사이에서 무엇을 택해도 승산이 없는 애매한 상태에 갇혔다.

어느 날 아침 일찍 친구와 함께 산책을 마치고 집으로 돌아가는 길에 나는 동네 서점을 지나치게 되었다. 서점 문은 이미 열려 있었다(아침 7시에 문을 열다니 기가 막힌 아이디어다). 내면의 규칙서는 자동으로 내게 집에 돌아가 일을 시작하라고 말했다('나는 항상 생산적이어야 한다'). 하지만 동시에 자기돌봄, 탐험, 흥미로운 일 시도하기 그리고 책을 중시하는 내 가치관이 머릿속에 맴돌았다. 그래서 서점에 들어가기는 했는데 기분이 썩 좋지는 않았다. 뭔가 잘못하는 것 같았고 서점에서 더 즐길 수 없어서 아쉬웠다. 그렇다고 집으로 곧장 돌아갔다면 서점을 그냥 지나친 스스로에게 실망했을 것이다. 어차피 무얼 해도 만족스럽지 않은 상황이었다.

처음에는 이처럼 어느 쪽으로도 승산이 없는 상황과 마주한다. 하지만 나는 내담자들에게 말한다. 어차피 불편할 거라면 가치관을 따르면서 불편한 쪽이 낫다.

이런 발견으로 스티비에게는 마법 같은 변화가 일어났다. 그는 늘 일에 대한 불안감이 컸기에 아내와 아홉 살 된 아이보다 일을 우선시하며 죄책감에 시달렸다. 하지만 '나는 스스로를 증명해야 한다'라는 내면의 목소리는 무슨 일을 해도 울려 퍼진다는 것을 깨닫게 된 스티비는 '학부모와 교사 회의'에 참석하기로 결정했다. 전처럼 죄책감 때문에 비싼 선물을 하는 대신 아내의 생일에 하루를 함께 보내기로 했다. 내면의 목소리는 여전히 요란하게 울려댔지만, 그는 가족과 함께한다는 가치관을 따르며 일에 대한 불안이 자신의 행동을 지배하지 못하게 했다. 실질적이고 유연한 삶이 항상 편할 수는 없지만, 내면의 규칙서에 강압적으로 지배당하는 삶보다는 훨씬 낫다.

맥락에 따라 효과적인 방식에 집중하자. 내면의 규칙서가 맥락과 실현 가능성을 무시했다는 사실이 기억나는가? 이제부터는 이 모든 상황을 고려해 보자. **맥락**context은 지금의 상황을 형성하는 환경이나 조건(멀든 가깝든)을 의미하며 자아, 역사, 사고방식도 이에 포함된다. **실현 가능성**feasibility, 더 공식적인 표현으로 말해 **실용성**workability은 주어진 맥락, 목표, 가치관에 따라 작동하는 것을 의미한다. 맥락과 실용성 모두 시간과 상황에 따라 달라질 수 있다.

맥락과 실현 가능성은 외부 요인일 수 있다. 이를테면 느긋한 어느 일요일, 요리할 시간이 충분할 때와 공항에서 환승 시간이 45분 남았을 때는 저녁 메뉴에 대한 기대치를 다르게 설정할 수 있다. 맥락과 실현 가능성은 내적 요인일 수도 있다. 여덟 시간 푹 자고 몸 상태가 최상일 때 가능한 운동과 발목을 삔 상태에서 가능한 운동(운동을 전혀 하지 못하는 상태)은 다를 수 있다. 이 책의 핵심 주제와 관련지어 본다면, 심리적 유연성이라는 맥락에서 우리의 걱정을 문제 해결의 대상으로 여겨 스트레스를 받기보다는 따뜻한 관심의 눈으로 관찰하는 것이 더 실용적이다.

따라서 내면의 규칙서를 엄격히 따르기보다는 '현재의 맥락에서 내 목표와 가치에 부합하는 것은 무엇인가?'라고 자문해야 한다. 여기서 목표는 실용적으로 유연하게 대처하는 것이다. 그리고 규칙서에서 말하는 '마땅히 그래야 하는 것'이 아니라 **실제 상황**에 적응하는 데 있다.

예를 들어 '항상 예의를 지켜야 한다'는 규칙은 대부분의 맥락에서는 유용하지만 사기당하고, 괴롭힘을 받고, 이용당하는 경우에는 적절하지 않을 수 있다. '좋은 엄마가 되어야 한다'는 규칙은 어떤 맥락에서 아기의 이유식을 직접 만들고, 1년간 모유 수유를 해야 한다는 조건을 포함한다. 하지만 치료받지 못한 중독 상태로 거리에서 생활하는 부모라면 아이를 양육할 수 있는 환경에 보내는 것이 더 적절할 수 있다. 10분 안에 핫도그 30개를 먹는 건 문제가 되지만 주립 박람회의 핫도그 먹기 대회에서 상금을 노린 행동이라면 용납할 수 있다.

무엇이 실행 가능한지 잘 모르겠으면 믿을 만한 가족이나 친구에게 조언을 구하자. 예를 들어 '항상 일해야 한다'는 규칙과 씨름하고 있다면 가까운 직장 동료들에게 1년 동안의 휴가일, 휴가 중의 줌 회의 참석 빈도와 이메일 확인 횟수를 물어보면 된다. 프란체스카는 '나는 모두를 행복하게 해야 한다'는 규칙에 관한 정보를 얻기 위해 친구들에게 자녀마다 각기 좋아하는 저녁 식사를 얼마나 자주 차려주는지 묻기로 했다.

그 목표는 새로운 규칙을 정하는 것이 아니다. '프레젠테이션을 할 때는 충분히 준비됐다고 자신할 때까지 반복 연습을 하기보다 동료 딜샤드처럼 딱 세 번만 연습해야 한다' '아이들은 달린네 아이들처럼 내가 직접 요리한 음식만 먹어야 한다' 등 새로운 규칙을 정하는 것이 아니라, 더 넓고 다양한 가능성을 탐구하는 것이다. 내 친구 후안과 나의 조개구이 이야기처럼 '올바른 방식'을 택하는 데는 엄청난 유연성이 있다. 목표는 발견이다. 즉 다양한 반응, 가치관, 실행 방식을 발견하는 것이다. 그리고 그 모든 방식은 당신의 목표와 가치관에 따라 효과적인 방법을 실험할 가능성을 열어주어야 한다.

여기서도 '내가 규칙을 따랐는가?'보다는 '이 상황에서 나에게 중요한 것을 고려할 때, 무엇이 효과적인가?'로 질문을 바꾸어 물어야 한다.

이제 종합해서 **새로운 행동을 시도**해 보자. 현재의 맥락과 실용성, 목표와 가치를 모두 고려해 무엇이 효과적인지는 실제로 확인해 봐야 알 수 있다. 이것을 **행동 실험**behavioral experiment이라고 하며, 이는 샤프란 박사가 좋아하는 임상 기법이다.[8] 행동 실험은 말 그대로 새로운 행동을 실험하는 것이다.

생각과 행동은 각기 독립적일 수 있다. 실제로 '이제 정말 자야겠어'라고 생각하면서도 자정까지 계속 휴대전화를 들여다본 경험이 모두 있을 것이다. '이 감자튀김을 다 먹어선 안 돼'라고 생각하면서도 바닥까지 긁어 먹은 적도 있을 것이다. 결론적으로 어떤 생각을 하면서 그 생각과 다르게 행동할 수 있다. 따라서 '아무도 내 의견을 들고 싶어 하지 않아'라고 생각하면서도 회의실에서 의견을 내고, '내가 영어 숙제를 돕지 않으면 이 녀석은 대학에 못 갈 거야'라는 생각이 들어도 아이가 도움을 요청할 때까지 그냥 기다리면 된다.

규칙도 마찬가지다. '다시 데이트를 시작하기 전에 살을 빼야 해'라는 생각이 들어도 '내 머릿속 규칙서가 또 작동하는군' 하면서 그냥 데이트를 하면 된다. 프란체스카는 '나는 모두를 행복하게 해야 해'라는 생각이 떠오르면 '아, 내 뇌가 또 그렇게 작동했네'라고 알아차리면 된다. 따라서 다양한 스티커가 든 스티커 세트를 사고, 건설차량이 아닌 열차 스티커라서 문제가 되어도 즉흥적으로 대응할 수 있다고 믿으면서 아이들 잠자리를 살피고 자신도 제때 잠자리에 들면 된다.

나는 오랜 세월 어려움을 겪는 상황(교수님의 데이터 분석, 잠수복 지퍼 올리기, 열이 나도 쉬지 못하는 상황 등)에서도 자동으로 '아뇨, 괜찮아요' '나 혼자 할 수 있어요' 하고 정중히 도움을 거절했다. 하지만 이제는 모든 일을 스스로 해야 한다는 본능적 충동이 일어날 때 바로 알아채려고 노력한다. 그럴 때면 '아, 모든 걸 혼자 해야 한다는 **규칙이 또 작동하는구나**'라고 깨닫는다. 여전히 거절할 때도 있지만 가끔은 '네, 도와주시면 좋겠어요. 제안해 주셔서 고마워요'라고 말하기도 한다.

요약하면 지금 이 순간의 생각과 감정을 유심히 관찰하면서 자신의 목표와 가치관에 부합하는 행동을 의식적으로 선택하라는 것이다. 복잡하다고 느낄지 몰라도 이것이 결국 당신에게 효과적이고 중요한 일을 하는 것으로 귀결된다.

◆

 행동 실험의 결과는 어떻게 평가하면 될까? '실험을 통해 내가 살고 싶은 삶에 더 가까워졌을까? 내가 되고 싶은 사람이 되는 데 도움이 되었을까?'라고 자문하면 된다. 이는 '내가 어떻게 느꼈는가?'를 묻는 것과는 다르다. 가치관에 따라 사는 삶은 의심, 불안, 기타 부정적 감정을 기꺼이 감내하면서도 의미 있게 사는 것이다. 오랜 규칙은 쉽게 휘거나 깨지지 않는다. 따라서 다르게 행동한다는 것을 낯설게 느끼기도 할 것이다. 그럼에도 불구하고 맥락을 고려할 때 그 시도는 효과적이었는가?

 예를 들어 엘리엇은 '눈에 띄지 마라. 모난 돌이 정 맞는다'는 규칙을 지켜왔지만, 사회정의에 관한 가치관과 최근의 정치적 사건의 맥락을 고려하여 시위에 나갔다. 몰리는 '다른 사람들을 돌봐야 한다'는 규칙에 따라 살았지만, 탈진 상태가 심각해지자 치료를 받으면서 스스로를 돌보는 실험을 시도했다. 제시는 '어른을 공경해야 한다'는 규칙을 지켜왔지만, 할머니께 "그 멕시코 출신 착한 아이"니 하며 친구들의 인종을 언급하는 행동을 자제해 달라고 부탁하기로 했다.

 자비에르는 퇴근길 지하철에서 더 유연하게 행동하는 것을 실험해보았다. 몇 주 동안 밤 11시에 지하철로 퇴근하면서도 이메일을 처리했지만(마감일이 촉박하거나 상사가 답장을 기다릴 경우), 급한 일이 없는 날에는 좋아하는 음악을 들었다. 지하철에서 이메일을 작성하지 않고 음악을 듣는 게 처음이라 규칙을 어기는 느낌이었지만 스스로 결정한다는 것이 좋았다. 다음으로 그는 점심 식사 후의 산책도 실험해 보았다. 처음에는 시간 낭비 같고 뭔가 잘못된 느낌이었지만, 어느 아름다운 봄날 드디어 산책을 진심으로 즐길 수 있었다. 이제 그는 "가끔은 그 시간이 하루 중 가장 즐겁다"고 말한다. 어느 목요일에는 카페인을 공급하려고 에스프레소를 한 잔 더 사러 가는 대신 도서관의 크고 푹신한 의자에서 낮잠을 청하며 그런 시간이 얼마나 필요했는지도 깨달았다.

요약하면 규칙을 알아채고 이름 붙인 뒤 그 규칙의 장단점을 저울질하고, 자신의 가치관을 반영하고, 다양한 맥락에서 실현 가능성을 살펴보고, 새로운 행동을 시도하라는 것이다. 이 모든 과정을 거친 후에도 당신의 성실성과 자신에 대한 기대는 여전히 높을 것이다. 감히 말하건대 당신은 여전히 완벽주의자일 것이다. 하지만 이제는 불필요하고, 경직되고, 자의적이고, 자신과 지나치게 동일시된 규칙을 따르기보다는 유연한 자세가 될 수 있다. 당신은 실현 가능성과 가치관을 위해 약간의 불편을 기꺼이 감내할 수 있다. 규칙을 가볍게 여기고, 상황에 따라 효과가 있으면 규칙을 따르고 그렇지 않으면 다른 행동을 선택하면 된다.

프란체스카는 쌍둥이의 생일 파티를 준비하면서 자신의 가치관에 대해 자문했고 무엇이 중요하고 의미 있는지 판단했다. 뛰어난 손

재주를 뽐내고 싶은 마음도 있었지만, 그보다는 쌍둥이의 여섯 번째 생일을 축하하고 주변 사람들을 하나 되게 하는 것이 더 중요하다는 결론에 이르렀다.

호박 농장에서 열린 야외 파티장에서 '이런 맥락에서 무엇이 효과적인가'를 실험하는데 생각지도 못한 시련이 닥쳤다. 바람이 많은 날이라 피크닉 쉼터 아래 장식을 달려던 계획이 잇달아 무산되었다. 목요일 나와의 상담 시간에 프란체스카는 파티 이야기를 들려주었다. "테이블에 올려둔 색종이가 주차장으로 날아갔어요. 테이블보를 고정하려면 돌멩이(지저분했죠!)로 눌러야 했고요. '생일 축하' 현수막은 걸지도 못했고 풍선은 엉켜서 엉망진창이 됐어요. 그래서 어땠을까요? 아이들에게 테이블보를 고정할 돌을 구해 오라고 시켰어요. 냅킨이 바람에 날아가자 다들 뛰어가서 주워오더군요. 아이들은 기꺼이 돕고 싶어 했어요. 다들 매우 즐거워 보였죠." 예전의 프란체스카는 케이크 테이블 옆에 앉아 모든 것이 완벽해 보이는지 세심하게 살폈겠지만 이번에는 아니었다. "대신 올해는 애들이랑 건초 수레를 타러 갔는데 모두가 정말 신이 났어요. 아이들은 '엄마다! 엄마도 왔어!' 하고 환호했어요."

9장

재미가 자꾸
의무로 바뀐다면

지하실을 정리하던 벤은 정원용 가구 아래서 고등학교 시절에 쓰던 낡은 미술 도구 상자를 발견했다. 그는 호그와트 도서관의 해리 포터처럼 두 손으로 상자를 들고 먼지를 불었다. 상자를 열자 잊고 있던 파스텔과 목탄, 파버카스텔 연필이 나왔다. 그는 '다시 그림을 그리면 좋겠다'고 생각하며 고교 시절 점심시간, 미술실에서 친구들 초상화나 컨버스 운동화를 열심히 그리던 행복한 한때를 떠올렸다.

그러다 어느새 머릿속에 해야 할 일이 눈덩이처럼 불어났다. '그래, 그림을 연습할 방법을 알아봐야겠어. 온라인에서 하루 15분 그림 그리기 프로그램을 신청하면 될 거야. 드로잉 테이블과 이젤도 필요하겠지. 크레이그리스트(개인 광고, 이력서 등을 제공하는 웹사이트—옮긴이)에서 검색해 봐야겠군. 참, 수업도 들어야지. 누드 크로키 수업이 좋겠어. 수요일에 시간이 좀 날 것 같은데.' 생각이 이렇게 흘러가는 사이 그의 뇌는 즐거운 발견을 여러 가지 할 일로 바꿔놓았다.

벤이라는 사람의 이 이야기를 완벽주의에 시달리는 나의 내담자들에게 들려주면 다들 고개를 끄덕이며 공감한다. "맞아요, 정말 그래요." 카밀라가 말했다. "인스타그램에서 무지개 냉장고 사진을 봤어요. 채소를 미리 손질해 유리 용기에 담고 선반에 무지갯빛 순서로 배열한 냉장고였어요. 나도 모르게 '아, 나도 냉장고를 저렇게 정리해야지'라고 생각했어요." 그녀는 테이블을 탁 치며 강조했다. "그런데 난 식사도 준비하지 않은 상태였거든요!"

나도 이들에게 공감한다. 최근에 결혼식 초대를 받았을 때 자연히 내 규칙을 따라야 한다는 생각이 떠올랐다. 겨울에 로스앤젤레스에서 열리는 결혼식에 뭘 입고 가야 '적절'할까? 신랑과의 관계를 고려하면 선물 목록에서 '가장 적합한' 선물은 무엇이고, '적정' 가격대는 어느 정도일까? 스트레스를 받지는 않았다. 불안하지도 않았다. 뇌가 자연히 '적절하게' 해야 할 방법을 찾는 쪽으로 움직였을 뿐이다.

요청을 듣자 예민해졌다

벤과 카밀라, 나(어쩌면 당신도)와 같은 사람들이 겪는 경험은 너무나 흔해서 **요구 민감성**demand sensitivity이라는 명칭까지 얻었다.[1] 이는 내적으로나 외적으로 인지된 요청이나 요구에 대한 민감도가 높은 상태를 의미한다. 비유하면 우리 같은 사람들의 남다른 '성실성'이

화분을 벗어나 웃자라는 형상인데 그 이유는 삶의 '해야 할 일'이 손짓하기 때문이다. 당신은 자연히 규칙과 과업으로 향하고, 신속하게 당신이 지각한 의무나 책임에 집중한다.

이는 중립적인 말이나 상황을 요구로 해석하는 것으로 나타난다. 이런 성향은 배려심과는 다르다. 그 이면에 '해야 한다'는 미묘한 압박이 깔려 있기 때문이다. 당신은 가족이 '내 휴대전화, 어디 갔지?'라고 중얼거리면 신속히 주방을 뒤지기 시작한다. 친구의 차에서 도서관에서 빌린 책을 보면 '내일 도서관에 가니까 내가 반납할까?' 생각한다. 동료가 모든 사람이 있는 곳에서 'minuscule(극소의)'이란 단어의 스펠링을 물으면 당신이 당장 찾아본다. 얼마 전 내가 한 동료 앞에서 혼잣말로 심리학 자격 요건에 대해 중얼거린 적이 있는데 나중에 그녀는 직접 조사해서 자료를 보내주기까지 했다. 분명 친절하고 배려 깊은 행동이지만 그 동료가 내 혼잣말을 과제로 해석한 것 같아 미안해졌다.

요구 민감성은 삶을 더 쉽게도, 더 어렵게도 만든다. 삶을 쉽게 만드는 이유는 확실성을 주기 때문이다. 우리는 '해야 할 일'에 맞춰 행동하며 그 행동은 대체로 유용하거나 적절하다. 그러나 삶을 더 어렵게 만들기도 한다. 성실성이 과도하게 발달하면 스스로 막중한 의무와 책임을 떠맡는데 그러다 보면 자신의 인생을 사람들을 기쁘게 해주는 고되고 지루한 굴레로 느낄 수 있기 때문이다.

예를 들어 나는 최근에 영상 강의 시리즈에 참여해 달라는 제안을 받고 나의 심리치료사에게 말했다. "이 일을 해야 할 것 같아요. 좋은 기회잖아요." 치료사는 물었다. "할지 말지 고민하는 건가요? 아니면 해야만 하는데 어떻게 할지 고민하는 건가요?" 긴 침묵이 흘렀다. 나는 결국 '후자'임을 인정했다.

치료사는 요구 민감성에 대해 지적하기 위해 내게서 마법의 표현을 찾아냈다. 그건 내가 상담 중 내담자들에게 자주 찾아내는 말이기도 했다.[2] 배터리가 닳은 화재경보기처럼 규칙적으로 요란하고 선명하게 들리는 표현, '해야 한다'이다. 앞서 보았듯 카렌 호나이 박사는 완벽주의를 '당위의 폭정'이라고 표현했다.[3] 이를테면 파티가 재밌어 보여서가 아니라 가야 할 것 같아서 간다. 그게 옳은 일이라고 생각해서, 주최자를 실망시키고 싶지 않아서, 더 사교적이면 '좋을 것 같아서'다. 이런 표현은 온종일 곳곳에서 슬그머니 끼어든다. 샐러드를 먹어야 한다, 감자튀김을 먹어선 안 된다, 학교에서 열리는 제빵 바자회에 참가해야 한다. 이메일을 꾸준히 관리해야 한다. 그런 다음에 어떻게 될까?

'하고 싶다' 근육을 단련해야 할 이유

'해야 한다'의 공간밖에 없다면 '하고 싶다'가 들어설 자리가 없다. 핵심은 우리 같은 완벽주의자의 뇌는 자연히 해야 한다로 치우쳐 결국에는 하고 싶은 것도 '해야 한다'로 바꾼다는 데 있다. 지금은 은퇴한 캘리포니아 대학교 샌디에이고 의과대학의 정신의학과 교수 앨런 맬린저 박사는 이 주제를 다룬 1982년의 논문에서 우리가 "자발적인 일을 의무로" 바꾼다고 표현했다.⁴ 이 논문을 읽을 때 머릿속에서 형광등이 켜지는 느낌이었다. 오래된 미술 도구 상자를 발견한 벤의 머릿속에서 미술 수업과 그림 연습에 관한 '해야 한다'가 계속 맴돌았던 것도 바로 자발적인 일을 의무로 바꾼 경우다.

나도 이럴 때가 있다. 보고 싶은 영화나 읽고 싶은 책을 발견하면 노트북에 목록으로 정리한다. 그런데 이렇게 정리해 두면 이것도 또 하나의 '해야 한다' 목록이 된다. 내 삶은 이미 해야 할 일의 목록으로 가득 차 있건만…. 우리 병원의 전자 의료기록 작업 목록부터 장보기 목록과 일정표까지 목록은 끝도 없다. 게다가 이메일, 즉 남들이 나에게 만들어준 할 일 목록도 한몫한다. 나는 늘 이메일 관리를 제대로 못 한다는 죄책감에 시달린다. 지역 도서관에서 책을 대출해 이미 위태롭게 쌓여 있는 책 더미에 보태거나 넷플릭스를 보려고 앉을 때마다 또 하나의 과제가 추가되는 느낌을 받고 그러다 완전히 흥미를 잃고 만다.

많은 사람들이 비슷한 일을 겪는다. 자신의 욕구와 필요는 뒤로 미루라고 직간접적으로 배웠기 때문이다. 하고 싶은 대로 하는 것을 무절제한 일이라고 배웠기 때문이다. '강인해지라'고 배웠는데 그러려면 어느 정도는 자신의 욕구를 억눌러야 했기 때문이다. 아니면 남들의 비판을 피하기 위해 규칙을 파악하고 따르려 했을 수도 있다. 실수하지 않으려면 그들이 우리에게 무엇을 기대하는지 알아내야 했기 때문이다.

원인이 무엇이든 우리는 '하고 싶다' 근육을 제대로 발달시키지 못했기에 얄궂게도 사람들을 기쁘게 해주려고 아무리 애써도 결국에는 외로움이나 고립감에 빠진다. 맬린저 박사는 나와의 대화에서 우리 같은 사람들은 "남들의 영향력에 쉽게 휘둘리는 편"이며 그러기에 자꾸 남들과 거리를 두려 한다고 지적했다.[5]

우리는 때로 스스로 무엇을 원하는지조차 모른다. 칠십 대 내담자 도로시는 어린 시절 여동생 셋을 돌보는 역할을 당연하게 떠맡았다. 어린 시절의 욕구는 물론 나중에는 성인으로서의 욕구마저 들어설 자리가 없었고 항상 남을 돌보는 의무가 우선이었다. 스무 살을 갓 넘긴 내담자 엘리너도 마찬가지로 어릴 적부터 가족 안에서 아버지의 욕구와 필요만이 중요하다고 배웠다. 엘리너는 어머니가 자신의 삶을 아버지에게 완전히 맞추는 모습을 보며 자랐다. 그러다 대학에 가고 처음으로 혼자 옷을 사러 갔을 때 옷걸이에 걸린 셔츠 앞에 서서 자신이 뭘 좋아하는지 모른다는 사실을 깨달았다.

혹은 무엇을 좋아하고 원하는지는 알아도 '내가 원하니까' '그것이 나를 행복하게 하고, 지지하고, 충만하게 해줄 테니까'라는 이유만으로는 충분하지 않다고 생각하기도 한다. 벤은 미술 도구 상자를 두고 머릿속에 할 일들을 떠올렸다. 그들도 벤처럼 결국 욕구를 의무로 바꾼다. 맬린저가 말했듯이 "자율성을 발휘하고, 원하는 일을 하는 데는 혼돈이 따른다".[6] '내가 원해서'는 안전하지 않은 말이라고 느끼기에 '해야 해서'로 바꾸는 것이다. 자발성이 의무가 되는 순간이다.

요청을 듣자 화가 났다

'하고 싶다'를 '해야 한다'로 바꾸면 일 자체의 재미가 반감되는 데서 끝나기도 하지만 요구 민감성은 때로 더 복잡한 문제로 이어진다. 이것을 **요구 저항**demand resistance이라고 하며, 요구로 느끼는 일에 부정적이고 반항적인 태도를 보이는 현상을 말한다.[7]

'해야 한다'의 목록이 자꾸 쌓이면 원래 하고 싶던 일도 점점 하기 싫어진다. '해야 한다'와 '하고 싶다' 양쪽 모두를 억울한 마음으로 대하는 것이다. 그러면 점점 부담이 되고 강요받는 기분이 든다.

그러면 무슨 일이 벌어질까? 멈칫한다, 일을 미룬다, 문제를 해결하지 않고 뒷전에 둔다, '시간이 없다'고 둘러댄다. 그러다 '이게 뭐가 어려워!' '난 왜 이 모양이지?' 하며 자기 자신에게 화를 낸다, '게으르고, 체계적이지 않고, 의욕이 없고, 정신적으로 문제가 있다'고 자책한다. 친구가 보낸 문자메시지에 답하는 데 2주가 걸리고, 이메일의 답장을 작성하는 데 6주가 걸리고, 유제품을 소화하지 못하는 몸이니 치즈를 끊으라는 의사의 조언을 받아들이는 데 1년이 걸리는 이유를 스스로도 알지 못한다(물론 내가 그랬다는 말은 아니다).

그래도 사실 이것이 합리적 반응이며 이것이 바로 요구 저항이다. 놀지 않고 일만 하면 누구든 불만 가득한 사람이 될 수밖에 없다. '오후 5시까지는 이 프로젝트를 끝내야 해' '브로콜리를 먹어야 해' '여기 쌓인 우편물을 처리해야 해' '치과 예약을 해야 해' '포장용 테이프를 찾아서 택배 상자를 반품해야 해' '명상을 해야 해, 30일 명상에

도전 중이니까' 같은 요구들을 충족시킨 후 우리는 어느새 아무 생각 없이 틱톡이나 보면서 '진짜 자야 하는데'라고 중얼거리는 자신을 발견한다.* 요구 저항이 있으면 '해야 한다'는 말만 스쳐 지나가도 뇌가 딱 버티고 움직이지 않는다.

자신의 요구에 저항해도 이 정도인데 남의 요구에 저항할 때는 사정이 훨씬 복잡하다. 누구도 명령받기 좋아하지 않으며, 남에게 이용당하고 휘둘리기를 원치 않는다. 그렇긴 하지만 요구 저항이 있을 때는 합당한 요구인 줄 알면서도 꺼리고 부담감을 느낀다. 맬린저는 이렇게 설명했다. "그런 사람에게는 지극히 자연스러운 반응이다. 해야 할 일이고 원래 하고 싶어서 한 일인데도 그 일이 목에 걸려 넘어가지 않는 느낌이다."[8]

상사나 배우자의 요구라면 문제가 더 커진다. 월급을 받아야 해서, 사랑하는 사이라서 대놓고 거절할 수 없으니 대신 수동 공격성으로 저항한다. 수동적인 이유는 그 감정을 정확히 짚어낼 수 있지만 '나는 자율성을 느끼기 위해 당신에게 저항하는 중이야'라고 말할 수 없기 때문이다. 공격적인 이유는 억울함에서 비롯된 행동이기 때문

---

* 잠자리에 들지 못하는 행동도 매우 흔한 현상이기에 **취침 시간 미루기**bedtime procrastination라는 명칭이 붙었다. 재스퍼는 내가 아직 수련 초기일 때 상담했던 초기 내담자다. 그를 기억하는 이유는 그를 상담하며 내가 느낀 무력감 때문이다. 재스퍼는 여러 가지 문제 중에서도 특히 잠자리에 들지 못하는 문제에 시달렸다. 그는 피로에 지쳐 잠자리에 들고 싶어도 컴퓨터나 TV를 끄지 못했다. 어느 날은 '잠자리에 들어야 해'라고 생각하다가 곧바로 AOL 인스턴트 메신저(실시간 통신이 가능한 메시징 프로그램—옮긴이)에 접속했다(당시는 2000년대 중반). 지금 돌이켜보니 그를 모니터 앞에 붙들어놓은 것은 바로 잠자리에 '들어야 한다'는 생각 자체였다.

이다.

그러다 당신의 까칠한 그림자 같은 일면이 드러난다. 성실한 사람과 함께 산다면 결국 그가 스스로 해버릴 테니 그냥 기다릴지도 모른다. 그래도 피할 수 없으면 질질 끌다가 상대를 비난하거나 평계를 댄다. "내가 설거지를 하려고 했는데 뭐가 그렇게 급해?" 그러면서 마지못해 흠 잡히지 않을 정도로만 해놓고 나서는 "이제 그만 좀 해. 원하는 대로 했잖아"라고 미묘한 어조로 불만을 드러낸다. 저녁 식사에 초대한 손님이 도착했는데도 당신은 뒷마당에서 물청소를 하고 있을지도 모른다, 바빠서가 아니라 '해야 하는' 일이라고 느끼기 때문에 끝내 감사 인사를 쓰지 않을지도 모른다, 밤샘을 하고는 일을 미룬 자신이 아닌 상사에게 책임을 돌릴지도 모른다, 최후의 순간까지 미루다 겨우 결혼기념일 선물을 사고는 결혼기념일은 보석 산업을 떠받치기 위한 업계의 발명품이라는 엉뚱한 논리를 펼치기도 한다. 이 모든 것이 자신도 이해하지 못하는 저항을 합리화하기 위해서다.

저항은 결국 되돌아온다. 지니와 남자 친구는 몇 달간 성관계를 갖지 않았다. 지니는 '하고 싶어지기를 원했지만' 그런 가능성이 생길 때마다 스트레스를 받고 압박감을 느껴 로맨틱한 분위기를 깨트렸다. 남자 친구는 그런 지니를 이해하고 지지했지만 갈수록 답답한 마음이라고 털어놓았다. 지니도 남자 친구만큼이나 당황스러웠다. "그이를 사랑하고 믿어요. 그런데 내가 왜 이러는지 모르겠어요."

이런 행동을 하는 이유는 무엇일까? 바로 자신의 목소리를 내기 위해서다. 저항은 크고 분명한 목소리다. 모든 것을 받아들여야만 하는 순간 저항을 함으로써 마치 선택권, 자율성, 주체성이 주어진 것 같은 느낌을 받는다. 맬린저는 "나는 저항한다. 고로 존재한다"라고 말한다.[9]

요구 민감성이 심각해져 요구 저항으로 변질되었을 때는 착취당하고 압박받고 통제당하는 기분을 피할 방법이 저항밖에 없다. 가령 손님이 도착했는데도 샤워를 계속하거나, 중요한 프로젝트를 마지막 순간까지 미루어 상사를 속 터지게 하거나, 몇 달간 성관계 소강상태로 관계를 위태롭게 만드는 식이다. 맬린저는 이렇게 설명했다. "누군가가 완강히 적대적 태도를 보인다면 그는 요구 민감성이 극도로 심한 사람이라고 보아야 한다."[10]

이 문제를 어떻게 해결할 수 있을까? 맬린저 박사는 자신에게 덜 엄격해지기 위한 여정에서 요구 저항은 가장 바꾸기 어려운 난제라고 말한다.[11] '해야 한다'는 습관은 1980년대 시카고의 노래 제목(록 밴드 시카고의 〈하드 해빗 투 브레이크〉—옮긴이)이 시사하듯 끊기 어렵다. 하지만 당신은 어려운 일도 잘 해내는 사람이므로 한번 시도해 보면 어떨까. 삶과 인간관계는 그럴 만한 가치가 있는 것이니까.

비생산적일 수 있는 용기

우리처럼 자신에게 엄격한 사람들은 목표 없는 삶, 자기계발과 무관한 활동에는 죄책감과 무력감을 느낀다. 내면의 규칙서가 '나는 항상 생산적이어야 해' '나는 항상 발전해야 해' '시간을 낭비하지 마'라고 속삭인다. 긴 하루를 보낸 후 넷플릭스 앞에 앉을 때도 내면의 규칙서는 다큐멘터리를 '봐야 한다'며 당위를 들이댄다. 결국 현대사를 더 알기 위해 탈레반의 역사를 꾸역꾸역 읽으며 시간을 보내게 된다.

그러니 이제 비생산적일 수 있는 용기를 내보자. 여기서 중요한 것은 활동 자체가 아니라 다음과 같은 질문이다. '무엇이 흥미로울까?' '내 마음이 자꾸 맴도는 곳이 어딜까?' 여가를 생산적으로 보내려는 충동이 일어난다면 이렇게 자문하자. '내 스파이디 센스(직감적으로 위험을 감지하는 스파이더맨의 초능력—옮긴이)를 자극하는 게 뭘까?' 〈어벤져스: 엔드게임〉을 보러 가고 싶은가? 그동안 바빠서 연락하지 못한 친구와 간만에 한국식 핫도그를 먹으러 가고 싶은가? 아니면 에밀리 헨리(감성적이고 유머러스한 로맨스 소설로 유명한 미국 작가—옮긴이)의 최신 로맨스 소설에 계속 눈길이 가는가? 이제는 '뭐가 옳은가?'라는 필터를 '뭐가 재밌어 보이지?' '뭐가 멋져 보이지?' '뭐가 흥미로워 보이지?'라는 필터로 바꿔 끼우자. 한마디로 '내가 원하는 게 뭘까? 내게 필요한 게 뭘까?'라고 묻는 것이다.

이를 위한 꿀팁이 있다. 그 시작은 비생산적 활동을 생산적 활동이라고 합리화하는 것이다. '당위'라는 옷을 입는다 해도 당신은 여전히 자신의 욕구를 충족시키고 있을 테니까. 비벌리 젠킨스(흑인을 주인공으로 역사와 사랑 이야기를 펼쳐낸 미국의 베스트셀러 작가—옮긴이)의 역사 로맨스 소설을 읽으며 '휴식도 필요하잖아'라고 합리화하는 가운데 은밀히 생산성을 추구해도 문제 될 게 없다. 룸메이트들과 함께 바보짓을 하며 노는 것을 '우정을 다지는 일'로 정당화하거나, 유치한 코미디 영화를 보며 '이게 나를 균형 잡게 해주는 거야'라고 둘러대도 괜찮다.

나는 내담자 알레한드로의 우울증을 다루면서 **행동 활성화**behavioral activation 기법을 사용했다. 이 심리학 용어는 '즐거운 일을 하는 것'이라는 뜻이다. 알레한드로는 스케이트장에 가는 것을 좋아하지만 '공부를 해야 한다'라는 당위로 인해 몇 달 동안 스케이트장에 가지 못했다. 그러다 심리치료를 위해 스케이트장 가기를 과제로 받자 허용되는 일이 되었기에 매주 스케이트장에 갔다. 말하자면 재미와 휴식을 '내가 좋아하는 것'이나 '유연한 태도'라고 뇌에서 합리화해도 된다는 뜻이다. 어쨌든 재미와 휴식을 즐기는 상태니까.

이렇게 비생산적 활동을 하는 용기를 조금씩 내다 보면 어느새 '내가 이걸 하고 싶다는 이유만으로도 괜찮아'라는 생각이 들 수도 있다. 실제로, 새끼 바다표범을 죽이는 일 같은 극단적 경우만 아니면 욕구와 필요에 집중하는 것은 중요하고 올바르며, 당신이 그 행동을 즐긴다는 이유만으로도 충분하다. 다시 말해 욕구와 필요는 당신이 그것을 원하고 필요로 한다는 이유 말고는 다른 이유가 없다 해도 중요하다.*

자율성에는 불안정하고 위태로운 측면이 있다. 하고 싶은 일을 하는 것에는 미묘한 불안감이 동반될 수 있다. 저녁을 어디서 먹고 싶냐고 묻는 친구에게 가고 싶은 곳을 솔직히 말하거나, 장을 보고 집으로 운전하며 오레오 봉지를 뜯어 먹거나, 수업도 향상도 염두에 두지 않고 그저 재미가 있어서 다시 발견한 미술 도구로 캔버스에 그림을 그리는 것을 처음에는 어쩐지 잘못된 일이라고 느낄 수도 있다.

> **내 삶과 연결하기**
>
> 흥미롭고 멋지고 유혹적으로 보이는 일에 주목하자. 비생산적이고 쓸모없다는 이유로 하지 말아야 한다고 생각한 일을 떠올려보자. 이제 그 일을 시도해 보면 어떨까? 그 결과 생기는 모든 감정은 받아들이기로 하자.

자신의 가치관에 다시 연결하기

어쩌면 비생산적으로 행동하는 것이 문제가 아니라 요구 저항과 미루기로 인해 비생산적으로 시간을 흘려보내는 것이 문제일 수도 있다. 그러니 이제 요구 저항이라는 복잡한 문제를 해결해 보자. 우리는 때로 설거지, 전화 회신, 직업상 업무 등 원하지 않지만 해야 하는 일에 저항하기도 한다. 원래는 하고 싶어서 한 일이었는데도 점

---

* 그래서 당신의 욕구와 필요가 남들의 것보다 중요하다는 뜻일까? 반드시 그런 것은 아니며 각자의 상황에 따라 유연하게 대처해야 한다. 갓난아이를 키울 땐 수면 욕구가 우선순위에서 밀린다. 하지만 아침 6시 요가 수업을 앞두고 두통에 시달린다면 수면이 우선순위가 될 수 있다. 친구의 평생 한 번뿐인 결혼 전 파티를 위해서는 잠시 평화와 고요를 포기할 수 있지만, 친구가 평범한 화요일 밤에 클럽에 가자고 한다면 지신의 필요를 우선순위에 두어야 한다.

점 의무로 느끼고 저항하는 경우도 있다.

나는 이메일 관리를 부끄러울 정도로 소홀히 하는 편인데 주로 요구 저항 때문이다. '이메일 관리를 잘해야 해' 혹은 '받은 메일함을 정리해야 해'라는 생각이 들면 차라리 후버댐을 옮기는 편이 쉬울 것 같은 기분이 든다. 하지만 생각을 달리하고 이 일을 '사람들과 연결하고 소통하는 것'으로 바라보면 저항이 느슨해지고 내가 선택해서 하는 일로 느끼게 된다. 나의 소중한 사람들에게 빨리 답장을 보내고 싶어진다.

설거지를 가정에 기여하는 행동으로 생각하고, 전화 회신을 신뢰가는 사람으로 보이고 싶다는 가치관과 연결하는 것 등이 그 예가 될 수 있다. 지니는 언제라도 중지할 수 있다는 선택권을 가진 채 배우자와의 포옹을 가볍고 열린 마음으로 받아들였다. 그와 가까워진 느낌이 중요하고 그 느낌이 어디로 이어지든 재밌을 수 있기 때문이다. 이는 6장에서 마이클 투히그 박사가 한 말과 맞닿는 생각이다. "여러분이 흥미를 느끼고, 좋아할 만하고, 여러분에게 의미가 있고, 가치관에 맞는 것을 향해 나아가세요."[12]

별표를 붙여 강조하고 싶은 중요한 사실은, 이 과정을 속일 수는 없다는 것이다. '해야 한다'를 '하고 싶다'로 억지로 포장한다고 해서 그걸 믿을 만큼 우리는 어리석지 않다. '하고 싶다'가 우리의 가치관에서 나올 때 비로소 자유로운 선택이 되고, 직관적·개인적·주관적인 직감이 된다. 클라리사 옹 박사가 설명하듯, '하고 싶다' 상태에서는 경험의 질이 달라지는 것을 느낀다.[13] 이런 변화를 이성적으로 분석하거나 설명할 수는 없다.

별표를 붙일 또 하나의 중요한 사실이 있다. 당신이 하는 모든 일이 하루아침에 좋아질 가능성이 있을까? 하기 싫은 집안일에 열정을 불태우거나, 혹사당하는 직장에 계속 다니거나, 당신을 함부로 다루는 파트너에게 미소 지으며 버텨야 할까? 맬린저 박사가 말하듯 내적이든 외적이든 압박감을 느낄 때 "그 요구를 따를지 말지는 전적으로 당신의 선택이다".[14]

나는 머릿속에서 '하고 싶다'가 '해야 한다'로 변형되는 일들에 이런 원칙을 적용한다. 예를 들어 나는 한결같이 독서를 무척 사랑한다. 책상에 30센티미터 높이로 쌓인 책 더미 속 한 권 한 권은 '와, 이 책 정말 재밌어 보여!' 하는 설렘에서 시작되었다. 하지만 요구 민감성과 요구 저항 때문에 차츰 책 더미를 해야 할 일의 목록으로 여기고, 지층처럼 쌓인 책을 읽어야 한다는 부담감을 느꼈다. 이럴 때 장난기와 호기심이 발동하고 스스로를 진지하게 여기지 않는 순간이 찾아온다. 그러면 '해야 한다'라는 의무감에 파묻혀 있던 처음의 설렘을 다시 꺼낼 수 있다. '와, 어떤 책을 읽을까? 뭐가 제일 재미있을까?'라고 생각하는 것이다. 물론 그 책 더미의 맨 위 책부터 바닥 끝 책까지 마법처럼 다 읽지는 못할 테지만 어차피 그건 목적이 아니다. 끌리는 책은 읽고 나머지는 그대로 두면 된다.

더 중요한 메시지는, 맬린저 박사가 강조하듯 "삶의 주도권을 잃지 않는 것"이다.[15]

내 삶과 연결하기

뚜렷한 이유 없이 저항하는 일, 사건, 인간관계가 있는가? 그렇다면 그 일에 흥미로운 부분이 있을까? 그것이 멋지고, 의미 있고, 중요한 이유는 무엇일까? 이런 질문이 그 일에 접근하려는 당신의 의지를 어떻게 혹은 얼마나 변화시킬지 생각해 보자.

변화 4

과거와 미래의 실수
놓아주기

10장

인간은 본래
그런 존재이므로

"이 얘기는 아무한테도 한 적이 없는데요."

상담 중에 이 말이 나오면, 특히 눈물이 고이거나 시선을 피하면서 하는 말이면, 나는 어떤 이야기든 경청할 마음의 준비를 한다. 중독이 재발했다는 말이나 과거 성폭행을 당한 경험 혹은 치료사인 내게 특별한 감정을 느낀다는 고백일 수도 있다.* 그런데 대개는 예상과 전혀 다른 이야기가 나온다.

반이라는 내담자는 대학 마지막 학기 종강을 며칠 앞두고 있었던

---

* 이런 고백은 나 개인과 관련된 것이 아니라 치료 관계의 독특한 특성에 의해 나타나는 현상이다. 심리적으로 취약한 상태로 자신의 이야기를 털어놓고 그것이 무조건 받아들여지는 치료 상황에서는 자연히 친근함과 애정을 경험한다. 이런 상태는 지극히 정상적이고 심오한 감정을 가진 인간의 일부다.

일을 고백했다. 반은 사회학과의 친절한 조교에게 그다음 주에는 기말 리포트를 제출한다고 약속하고 조건부로 합격 점수를 받았다. 덕분에 반은 졸업식에 참석할 수 있었고 졸업장을 받았다. 하지만 끝내 보고서를 제출하지 않았다. 그는 이때의 일로 이후 20년 동안이나 수치심에 시달렸다.

브리지타는 이러지도 저러지도 못하는 난감한 상황에서 느낀 수치심을 아직도 기억했다. 몇 년 전 친구가 멀리서 그녀의 생일을 축하하려고 찾아왔다. 하지만 동네 친구들도 브리지타의 생일을 위해 외출 계획을 세워둔 참이었다. 멀리서 온 친구는 외출을 원하지 않았기에 브리지타는 두 가지를 다 하기로 결심했다. 즉 친구와 집에서 시간을 보낸 후 혼자 친구들을 만나러 나갔고, 다시 집으로 돌아와 그 친구와 시간을 보냈다. 다만 나가 있는 동안에는 친구 혼자 집에 있어야 했다. 브리지타의 어머니는 이 말을 듣고 놀라서 물었다. "아니, 그 애를 집에 혼자 두고 나갔다고?" 이날 브리지타의 마음에는 수치심이 가시처럼 박혔다.

리비는 급박한 순간 업무 보고서에서 상사의 서명을 위조해 화를 자초했다. 다행히 해고는 면했지만 이 사건은 조사위원회에 보고되었다. 리비가 훗날의 취업을 위해 인맥을 쌓으려고 했던 분야의 전문가들로 구성된 위원회였다.

이들 사례 가운데 중범죄는 없다. 사실 브리지타의 경우 잘못이 있는지도 의문이다. 하지만 객관적(윤리적·정서적·사회적·문화적) 잘못과 상관없이 누구나 반, 브리지타, 리비처럼 (부끄러워 얼굴을 가린 채 손가락 사이로 몰래 엿보던) **실패**를 경험한 적이 있다.

실패, 이 단어는 듣기만 해도 오싹해진다. 그런데 이 단어에 대해 정의를 내려보자. 여기서 '실패'란 자신이나 타인의 기대를 충족시키지 못한 상태를 의미한다. 기대가 객관적이고 보편적인 경우도 있다. 법과 사회규범, 기본 상식 등이 그렇다. 그러나 우리처럼 자신에게 엄격한 사람들은 두 가지 이유에서 상황을 복잡하게 만든다. 첫째, 우리의 기대는 종종 주관적이고 엄격하며 스스로 부과한 것이다.[1] 우리는 기준점을 '높은 개인적 수준'으로 정한다. 둘째, 우리는 실수, 재도전, 어려움의 습격에 관용적이지 못하다. 이런 맥락에서 우리는 개인적 기준을 자주 어길 수밖에 없고 그럴 때마다 문제시하면서 과도한 반응을 보인다.

이제 하찮은 땅콩에 대해 생각해 보자. 땅콩 알레르기가 없으면 땅콩을 먹어도 아무렇지도 않다. 하지만 땅콩 알레르기가 있는 사람이 땅콩을 먹으면 심각한 문제가 발생한다. 두드러기, 부종, 설사, 심지어 급성 알레르기 반응인 아나필락시스가 올 수도 있다. 우리처럼 자신에게 엄격한 사람들은 실수에 대해 일종의 땅콩 알레르기 반응을 보이는 셈이다. 완벽주의자가 아닌 사람은 실수해도 심각하게 여기지 않는다. 약간 당황해서 "내 잘못이에요!"라고 말하고 필요시 사과하면 그만이다.

그러나 **우리 같은 사람들**은 완벽주의자가 아닌 사람들에 비해 객관적이든 주관적이든 실수에 요란한 반응을 보인다. 마치 개인적인 리히터 규모가 기하급수적으로 높게 기록되는 듯하다. 지각을 하거나 그저 그런 식당을 추천한 작은 실패조차 마치 목에 가시가 걸린 것처럼 괴로운 일이 된다. 일례로 나는 약속 시간에 10분만 늦어도 아드레날린이 솟구치는 듯한 스트레스를 겪는다. 누군가의 이름을 잘못 부르거나, 실수로 이메일을 보내며 '전체 회신'을 누르거나, 친구 생일을 깜빡하면 극도의 수치심에 사로잡힌다. 작지만 커다란 침을 가진 벌에 쏘인 느낌이다.

이런 충격파는 외부로 퍼져나갈 수도 있다. 그러면 방어적으로 행동하거나, 남 탓을 하거나, 논리와 이성으로 더 세게 밀어붙인다. 반대로 강렬한 반응이 내면으로 향하면 혹독한 자기비판을 가하고, 마음의 문을 닫고, 복통에 시달리거나 일을 자꾸만 미룬다.

왜 우리는 실수를 이렇게 심각하게 여길까? 바로 과도한 평가 때문이다. 실수를 인격과 혼동하고, 삶에서 불가피하게 맞이하는 갖가지 문제를 개인의 잘못으로 착각하는 것이다. 공개적 실패는 말할 것도 없다. 이런 실패를 하는 것보다 차라리 은행의 온라인 뱅킹 서비스 약관을 처음부터 끝까지 읽는 고역을 택하고 싶어진다.

우리는 본능적으로 결점에 초점을 맞춤으로써 상황을 더 악화시킨다. 실제로, 1965년 완벽주의를 하나의 장애로 처음 기술한 임상가 중 한 명인 M. H. 홀렌더 박사는 이렇게 썼다. 자신에게 엄격한 사람은 "잘못된 일은 끊임없이 경계하고, 올바른 일에는 거의 주목하지 않는다. 이런 사람은 결점이나 흠집을 찾는 데 몰두해 마치 생산 라인 끝에 선 관리자처럼 살아간다".[2]

완벽주의로 인한 사회공포증이 있는 사람은 어제 나눈 대화에서 어색한 침묵이 흘렀던 상황을 계속 곱씹는다. 하지만 완벽주의자가 아닌 사람은 그 상황을 아예 인식도 못 했을 수 있다. 신체 이미지에 만족하지 못하는 사람은 몸무게가 500그램만 늘어도 스트레스를 받으며 그만큼 다시 뺄 때까지 괴로워하지만 남들은 그의 체중 증가를 눈치채지도 못한다.

또한 완벽주의자들은 우리만의 기준을 매우 중요하게 여기며 **높은 도덕적 확신을 갖는다**.[3] 이는 옳고 그름, 해야 할 것과 해서는 안 될 것, 보상할 것과 처벌할 것에 대해 뚜렷한 감각이 있다는 뜻이다.

자신을 가혹하게 바라보는 사람들은 자신의 과거도 가혹하게 평가하는 경향이 있다. 이들은 과거를 돌아보며 중요한 성과보다는 실패의 순간과 실수, '더 잘할 수 있었어'라고 생각되는 상황에 몰두한다.[4] 이들은 엄격한 기준으로 인해 자신에게 확실한 성공의 경험을 허락지 않는다. 연구자 마틴 스미스 박사가 "자신에게 엄격한 사람들은 과거를 돌아보면서 실패의 연속으로 여긴다"라고 한 말과 동일한 맥락이다. 이들의 백미러에는 후회만 가득하기에 갈수록 자신을 실패자, 사기꾼, 패배자로 여기게 된다.

누구에게나 이불 킥의 순간이 있다

"여보세요?"

"안녕하세요, 여기는 '유년기 부끄러운 기억 전담 부서'인데요. 새러 씨 맞나요?"[5]

"네, 맞아요."

"좋습니다. 5학년 때 일에 대해 논의하고 싶습니다. 저희 기록에 따르면 새러 씨는 언젠가 언니의 남자 친구한테 달려가 꼭 끌어안았어요. 평소 선망의 대상이었던 멋진 오빠였죠. 그 오빠도 새러 씨를 등뼈에서 우두둑 소리가 날 정도로 꼭 껴안는 바람에 폐에서 공기가 다 빠져나오면서 새러 씨는 인생 최대의 큰 소리로 방귀를 뀌었다고 적혀 있습니다. 맞나요?"

(어색할 정도로 긴 침묵)

"아, 네."

"그리고 이 일이 일어난 공간에 50명쯤 되는 사람이 함께 있었죠?"

"아, 네."

"좋아요. 그리고 모든 공기가 몸 밖으로 빠져나간 직후 바닥에 털썩 주저앉았나요?"

"그랬어요."

"주변 사람들이 새러 씨를 둘러싸고 있었나요?"

"맞아요."

"그리고 그가 큰 소리로 말했나요? '괜찮아. 얘는 그저 방귀를 뀌었을 뿐이야!'"

(눈을 감고 수치심 때문에 고통스럽게 고개를 끄덕인다.) "맞아요."

"좋아요. 저희 기록은 여기까지입니다!"*

◆

특정 종류의 실수는 이불 킥의 원천이 된다.[6] 이불 킥은 뇌가 허락도 없이 과거의 굴욕적이거나 어색한 순간을 섬광처럼 떠올려 정신을 강타함으로써 당신이 이불을 걷어차게 하는 현상을 표현하는 말이다. 주로 샤워를 하거나 빨래를 개는 등 별생각 없이 어떤 일을 하는 동안 예고하지 않고 부끄러움이 찾아와 이불 킥을 하고 싶은 심정이 될 때가 있다.[7] 이때 몸은 무의식중에 얼굴을 찡그리거나, 눈을 질끈 감거나, 젖은 개처럼 몸을 흔드는 반응을 한다.

작은 마을 출신 대학생 카터의 경우 존경받는 교사에게 들은 부정적 한마디가 불쑥불쑥 떠오를 때가 있다. 그러면 그는 눈을 감고 고개를 떨군 채 혼잣말로 '젠장!' 하고 내뱉는다.

나는 전부터 알고 있는 여성에게 별생각 없이 처음 만난 것처럼 자기소개를 한 적이 있는데 상대는 "우린 전화번호를 교환한 적이 있어요"라고 반응했다. 그 순간을 떠올릴 때마다 나는 쓴 약을 삼킨 듯 몸서리를 친다. 내겐 그 기억 자체가 쓰디쓴 약과 같다.

내담자들에게 들은 이불 킥 사례들 역시 민망한 것이 많았다. 반 전체 앞에서 토한 기억, 요염한 춤을 추다 짝사랑 상대의 경악스러운 표정을 본 순간, 중학교 수학 시간에 발기해 숨기지 못한 경험 등

---

*   새러 홉킨스(@sayhopkins)가 틱톡에서 자신의 부끄러웠던 순간을 떠올리며 고백하는 바이럴 영상을 재구성했다.

이다. 멜리사 달의 《웅크린 감정 Cringeworthy》에는 어떤 여성이 핼러윈 파티에서 "엑스터시를 하고 흥분해서 즉흥극 팀의 두 남자와 키스했다"고 고백한 이야기가 나온다.[8] 이 기억은 묘하게 귀여워 보일 수도 있지만 당사자에게는 무척 창피한 일이었다. 그녀는 양치질을 하다가도 이 기억이 떠오르면 거울 속 자신에게 '미쳤어, 미쳤어, 왜 그랬냐고?'라고 소리쳤다.

자신에게 엄격한 사람들에게는 대체로 이런 이불 킥의 순간이 더 자주 찾아오는 듯하다. 뇌는 우리가 내면의 규칙서를 어긴 순간을 절대 망각하지 않는다. '항상 옳은 일을 해야 한다' '항상 올바른 판단을 내려야 한다' '절대 웃음거리가 돼서는 안 된다' 등 규칙은 끝도 없다. 그리하여 다음으로 이어진다.

문제는 당신이 아니라, 당신의 기대치다

자신에게 엄격한 사람들의 사고는 전부 아니면 전무의 방식으로 작동한다. 우리는 기대를 충족시켰다거나, 아니면 실패했다고 느낀다. 다시 말해 우리의 높은 기준은 본래 바람직한 성향인 성실성에 뿌리를 두고 있지만 기준이 너무 높아 인간적으로 불가능한 수준일 때가 있다.

다음 중 많은 예들은 5장에서 만난 토머스 린치 박사의 연구에서 인용한 것이다.[9] 린치는 경험적으로 입증된 '전적으로 개방된 변증법적 행동치료'를 개발한 심리치료 전문가다. 우리가 이런 기대치를 문자 그대로 지키지는 않는다 해도 그 본질은 정확히 들어맞는다.

내가 기대하는 것:
- 나는 항상 옳은 일을 할 것이다.
- 나는 항상 친절하고 배려심이 있을 것이다.
- 나는 항상 최상의 결정을 내릴 것이다.
- 나는 남들이 나를 어떻게 보는지 통제할 수 있다.
- 나는 최선의 행동 방침을 알 수 있다.
- 나는 남들의 감정, 경험, 반응을 통제할 수 있다.
- 나는 미래에 무슨 일이 일어날지 정확히 예측할 수 있다.
- 나는 남의 의도를 알 수 있다.
- 나는 언제 어디서 장애물이나 문제가 나타나도 극복하고 해결할 수 있다.

결론적으로 문제는 우리 자신이 아니라 우리의 기대치다. 항상 옳은 일만 하는 사람은 없다. 미래에 무슨 일이 일어날지 정확히 예측할 수 있는 사람도 없다. 끝까지 포기하지 않는 문화는 우리의 강한 의지의 근간이 되지만, 이것이 모든 장애물을 극복하거나 모든 문제를 해결해 줄 수는 없다. 흔한 말로, 누구도 이승에서 살아서 나갈 수는 없다. 요약하면 우리는 실패했을 때 자신을 탓하지만 실제 문제는 우리가 아니라 우리의 평가 기준이다.

그 해결책으로는 기대 수준을 재고하는 방법이 있다. 친구에게 화를 내서 후회되는가? 당연히 사과를 해야겠지만 **항상 친절하고 배려**

심 있는 사람이 되어야 한다는 신념은 내려놓아야 한다. 인간관계 문제로 꿈꾸던 대학원 진학을 포기한 일을 후회하는가? 항상 옳은 결정을 내릴 수 있고 수정구슬을 보듯이 미래를 정확히 예측할 수 있다는 기대를 과감히 재검토해야 한다.

내담자들에게 기대치를 다시 생각해 보자고 제안하면 마치 내가 그들의 집에서 노인들을 내쫓자고 말한 듯이 나를 바라본다. 그들은 내가 기준을 낮추라는 요구를 한다고 느낀다. 전혀 아니다. 그보다는 높은 기준은 그대로 유지한 채 친절하게 배려하고, 좋은 결정을 내리고, 미래를 생각하자는 것이다. 약간의 유연성, 즉 일종의 완충 지대를 조금만 허락하자. 인생을 살면서 한 번도 실수하지 않고, 판단력이 흐려지는 일이 결코 없고, 극복하지 못할 도전이 하나도 없기를 기대하는 태도를 버리자는 제안이다.

실수는 삶의 일부다. 후회는 인간관계를 맺으며 치러야 할 대가다. 누구나 일을 망쳐본 적이 있다. 누구나 소중한 사람에게 상처를 준 적이 있다. 누구나 어리석은 짓을 저지른 적이 있다. 여전히 높은 기대치를 가질 수는 있지만 그것을 충족하지 못했다고 해서 실패로 이어지지는 않는다는 사실을 우리는 배울 수 있다. 그것은 단순히 인간으로 살아가는 과정일 뿐이다. 이런 실존적 한계를 통해 우리는 지상에서 살다 간 모든 인간과 연결된다.

이런 측면을 알고 나면 좌절할지도 모른다. 누구나 실수할 수 있다는 삶의 진실을 깨닫는 것은 실망스러운 일이다. 우리가 미래를 내다볼 수도, 통제할 수도 없다는 사실을 인정하면 슬퍼질 것이다. 완벽하고 후회 없는 결정 그리고 그 실행에 대한 믿음을 버리면 상실감이 들 것이다.

그렇지만 이것이 핵심이다. 비현실적 기대를 버리고 슬픔과 실망에 빠지는 것은 자기수용을 위한 과정에서 내딛는 중요한 한 걸음이다. 슬픔은 상실에 대한 정서적 반응이기도 하다. 실제로 린치 박사는, '전부 아니면 전무'의 기대와 신념을 버릴 때도 사람이나 반려동물을 잃고 애도할 때처럼 슬퍼질 수 있다고 말한다.[10] 하룻밤에 두 남자와 키스한 일을 후회한다면 사실은 항상 최선의 판단을 내릴 수 있다는 기대를 상실한 데 대한 슬픔이다. 평소 짝사랑하던 언니 남자친구를 가볍게 유혹하려다 50명이 보는 앞에서 지축을 울릴 정도로 방귀를 뀌었다면 자신은 항상 미래를 정확히 예측할 수 있고 절대 창피당하지 않을 거라는 신념을 상실한 데 대한 슬픔이다.

이 같은 상실감을 느껴보는 것은 중요하다. '느끼기'를 피하려고 하다 보면 종종 '생각하기'로 빠진다.[11] 그러면 걱정과 반추, 집착으로 이어지고 내가 '알았어야 했는데' 내가 '했어야 했는데' 하는 생각에 갇혀버린다.

당장 끝날 일은 아니다. 비현실적 기대일지라도 기대를 내려놓는 데는 시간이 걸린다. 창피한 일, 어리석은 일, 잘못된 일은 절대로 하지 않겠다는 기대도 거듭 내려놓아야 한다. 실수는 개인적 실패가 아니라 삶의 일부라는 진실을 받아들여야 한다.

물론 어려운 일이며 나도 당신과 다를 바 없는 처지다. 이제 놓아주기 힘든 그 '실수'로 넘어가 보자.

과거의 실수에 공간을 내주기

후회나 갖가지 부정적 감정을 다루는 방법으로 내가 가장 좋아하는 것은 베스트셀러 《행복 전환 연습 The Happiness Trap》의 저자 러스 해리스 박사가 제시한 것이다. 그가 **신체화**physicalizing라고 이름 붙인 이 방법은 부정적 감정을 몸속의 물리적 대상으로 상상하는 작업에서 시작된다.[12]

시험 삼아 한번 해보자. 우선 자신의 실수를 떠올려보자. 후회, 죄책감, 수치심, 회한의 감정이 몸에서 어떤 감각을 자극할 것이다. 눈 뒤쪽의 압박감, 명치에 공이 들어 있는 느낌, 가슴 답답함, 어깨를 짓누르는 무게 등을 그 예로 들 수 있다.

다음으로 그 느낌을 몸속의 물리적인 실체로 상상하며 더 자세히 들어가 보자. 색은? 모양과 크기는? 투명한가, 불투명한가? 고체인가, 액체인가, 기체인가? 움직이는가, 멈춰 있는가? 무거운가, 가벼운가? 손에 만져진다면 질감은 어떤가?

예를 들어 저스틴은 학교를 중퇴한 데 대한 회한을 물에 젖어 무겁고 물이 뚝뚝 떨어지는 검은색 스펀지로 상상했고, 이 스펀지가 가슴 중앙 흉추 아래 묵직하게 들어 있다고 느꼈다. 카라는 잘못된 의사소통으로 잃어버린 우정에 대한 불안과 후회를 피부 바로 아래에서 빛나는 붉은색 거미줄로 떠올렸다. 레이철은 어머니와 소원해진 탓에 잃어버린 긴 세월에 대한 깊은 슬픔을 뱃속 깊숙이 자리한 네모난 무광 은색 상자의 형태로 상상했다.

그것이 몸속 어디에 있고 어떤 모습인지 상상했다면 다음은 가장 중요한 단계다. 몸속에 이 대상이 자리 잡을 공간을 내주는 것이다. 숨을 깊이 들이마시며 숨이 천천히 해당 부위를 팽창시켜 그 대상 주변에 공간을 만드는 것을 상상해 보자. 마음의 눈으로 그 대상 주변에 공간이 열리는 모습을 그려보고, 공간을 허락해 그것이 그 자리에 있게 하자.

내가 '렛 잇 고Let it go', 즉 '내려놔'라고 말하는 것이 아님에 주목하기 바란다. 이곳은 '겨울왕국'이 아니니까. 이건 비틀스의 노래처럼 '렛 잇 비Let it be'이다. 즉 '내버려둬'이다. '내려놔'는 무언가를 없애라는 뜻인데 그러면 억눌린 생각은 부메랑처럼 되돌아온다. 그보다는 실수를 받아들일 여유 공간을 만들어주자는 것이다. 부정적 감정을 느낄 여유 공간이 생기면 그 감정은 자연히 누그러지고, 그 감정이 자리를 잡도록 허락하면 대개는 서서히 줄어든다.

이것이 수용acceptance이다. 처음에는 잘못된 대처로 보일 수 있다. 후회에 공간을 허락하라니 마치 거실 한가운데 하마가 똥 쌀 공간을 만들라는 말같이 썩 구미가 당기지 않는다. 그런데 후회를 위한 공간을 만들어주는 이유는 그렇게 '해야 해서'가 아니다. 어차피 삶은 해야 할 일로 이미 넘쳐난다. 후회, 슬픔, 애도 같은 감정에 공간을 내어주는 것은 당신이 앞으로 나아가기 위해, 당신에게 중요한 일을 하기 위해, 당신이 되고 싶은 사람이 되기 위해서다.

저스틴은 학교를 중퇴한 데 대한 후회의 감정을 상징하는, 푹 젖어 묵직한 스펀지에 공간을 만들어줌으로써 매사에 자신을 자격 미달인 사기꾼으로 여기던 태도를 버리고 직장에서 자기 의견을 말할 수 있게 되었다. 카라는 피부 아래에서 붉게 빛나는 잃어버린 우정의 거미줄을 상상하고 받아들임으로써 새로운 우정을 쌓을 수 있었다. 레이철은 어머니와의 소원한 관계에서 비롯된 후회라는 은색 상자에 공간을 내줌으로써 자신의 자녀를 있는 그대로 사랑할 수 있게 되었다.

나를 용서하고 내려놓기가 왜 이렇게 어려울까?

15년 전 개비가 이십 대 중반이었을 때 개비의 어머니가 폐암 말기 진단을 받았다. 간호사였던 개비는 넘치는 활력으로 어머니의 보호자를 자처하고 병상을 거의 떠나지 않았다. 개비는 투약 관리를 비롯한 어머니의 병간호를 전담했고, 설거지부터 보험사와의 장시간 통화까지 도맡았다.

몇 달이 지나 남자 친구가 개비에게 잠시 쉬라고 권했다. "자기는 휴식이 필요하고 며칠이라도 반드시 쉬어야 해. 게다가 우린 거의 만나지도 못했잖아. 우리의 정원을 가꾸려면 물을 줘야 해." 남자 친구가 강요하는 것 같아서 개비는 마음이 상했다. 그는 죽어가는 사람이 아니었다. 이쪽의 상황이 더 중요하다는 걸 왜 이해하지 못할까? 그러나 어머니가 개비에게 다녀오라고 권했기에 오빠가 며칠 대신하기로 하고 개비는 남자 친구를 만나러 갔다.

비행기를 타기 전날 개비는 어머니의 병원 진료에 동행했고 의사가 처방한 새로운 약을 받기 위해 약국에 들렀다. 집에 돌아와서는 오빠에게 간병 일과를 설명하고 목록과 일정표, 지침을 담은 서류철을 건넸다. "걱정하지 마, 개비." 오빠가 말했다. "괜찮아. 네가 없어도 우린 살아남을 거야." 어딘지 모르게 찜찜했지만 어머니를 비롯해 모두가 편히 쉬다 오라고 권했기에 개비는 떠났다.

24시간 후 야자수가 늘어선 해변에서 남자 친구와 손을 잡고 걷는데 전화가 왔다. 오빠였다. 어머니가 새 약에 심각한 부작용을 보였고 몹시 초조하고 혼란스러워한다고 했다. 평소의 강인하고 담담한 성품은 온데간데없이 영 딴사람이 된 것이다. 전화기 너머로 어머니 목소리가 들렸다. "왜 네가 여기 있어? 걘 어디 갔니? 내가 이러라고 했어?"

개비는 남자 친구와 크게 다투었다. 당장 돌아가고 싶었지만 남자 친구는 그녀의 오빠와 의료진이 잘 해결할 거라며 반대했다. 어차피 의사도 못 한다면 개비가 할 게 없다고도 했다. 개비는 눈물을 흘리며 결국 남기로 했다. 집에 돌아왔을 때 어머니는 조금 차분해지기는 했지만 여전히 무슨 상황인지 모르겠다는 눈빛으로 개비를 바라보았다. 몇 주 후 돌아가실 때까지 개비는 다시는 맑은 정신의 어머니를 보지 못했다.

15년이 지난 후에도 개비는 그때의 무거운 짐을 벗지 못했다. 개비가 말했다. "난 좋은 딸이 아니에요. 잘못된 결정을 내렸죠. 그때 다들 휴가를 권했지만 본능적으로 떠나면 안 되는 걸 알았어요. 직감대로 밀어붙이지 못했고 그 결정이 엄마에게 상처를 줬어요." 개비는 여전히 그때 어머니 곁을 떠나지 않았어야 한다고 생각한다. "엄마가 영원히 사실 순 없지만 내가 몇 달은 더 살게 해드렸을 거예요."

개비가 다른 상황을 가정하면서 후회하는 건 당연하다. 그때부터 개비는 마음의 중압감을 떨치지 못했다. 지극히 정상적이고 인간적인 반응이다. 개비는 자신이 크나큰 실수를 저질렀다고 느낀다. 수치심, 죄책감, 후회는 15년이 지난 지금도 여전히 그녀를 압도한다.

이 지점에서 **자기용서**에 대해 짚어보자.[13] 이는 스스로 잘못이나 과오로 인식하는 행동을 한 후 자신에 대한 감정, 행동, 신념을 긍정적으로 변화시키는 과정을 의미한다. 자기용서는 세 단계로 이루어진다.*

역설적이게도, 자기용서의 첫 단계는 **자기비판** 그리고 그에 따른 죄책감과 수치심을 비롯한 부정적 감정이다. 애초에 스스로 잘못했다고 생각하지 않는다면 용서할 것도 없다. 따라서 우리처럼 그때 그렇게 '했어야 했는데'라는 후회로 자책하는 사람들에게는 쉽고 익숙한 단계다. 이들은 시간을 되돌려 다시 해볼 수 있기를 간절히 바라기도 한다. 우리는 스스로 인지한 잘못을 남들에게 숨기거나, 아니면 강박적으로 고백한다. 고백하는 경우라면 과도하게 용서받았다는

---

* 간혹 네 단계가 되기도 한다. 자기용서의 선택적 단계, 곧 사과하고 가능하면 상황을 바로잡는 과정은 남에게 해를 끼친 상황에 적용된다. 여기서 죄책감은 관계 회복과 공동체로의 재합류를 이끈다. 선구적 심리학자 헬렌 블록 루이스 박사는 1983년 〈뉴욕 타임스〉와의 인터뷰에서 "죄책감은 우리를 연결하고 인간답게 만드는 접착제"라면서 "남에게 해를 끼쳤다는 생각이 들 때 죄책감은 유대 관계를 회복하기 위해 무언가를 하라고 우리에게 요구한다"고 설명했다.[14]

확신을 구한다. 어느 쪽이든, 우리는 구원을 갈망한다.

우리는 왜 자신에게 그렇게 엄격할까? 놀랍게도 인간의 연결 욕구 때문이다. 죄책감과 쌍을 이루는 자의식적 감정인 수치심은 공감, 정직, 이타심과 연결된다.[15] 이런 감정을 느끼는 것이 괴로운데도 두 감정 모두 오랜 세월이 지나도 여전히 인간에게 남아 있는 이유는, 후회한다는 신호를 보내고, 단절을 복구하며, 공동체에 남아 생존하는 데 도움이 되기 때문이다.

죄책감과 수치심은 반드시 객관적 잘못을 범해서 일어나는 감정이 아니다.[16] 규범의 위반, 기준을 충족시키지 못했다는 자각, 그 규범이나 기준의 올바름과 구속력에 대한 신뢰에서 비롯된 감정이다. 반정부 성향인 게리 삼촌은 세금을 탈루하면서도 아무런 수치심을 느끼지 않지만 중학생인 사촌 클로이는 학교의 잘나가는 여자애들한테 스키니진이 "완전 촌스럽다"라는 말만 들어도 수치심에 사로잡힐 수 있다.

내가 "규범이나 기준이 현실적"이라는 말을 하지 않은 데 주목하라. 개비의 윤리적 과오는 '미래를 예견했어야 해. 끝까지 엄마 곁을 지켰어야 해. 내가 엄마를 구했어야 했어' 하는 비현실적 기준에서 나왔다. 객관적 잘못의 여부는 개인적 기준이나 사회적 기준의 위반이라는 결론만큼 중요하지 않다.

자기용서의 다음 단계는 **과도한 평가를 해체**하는 것이다. 앞서 보았듯 과도한 평가는 가치를 행위의 결과에서 찾으려는 것이다. 부정적 결과는 인격과 뒤섞인다. 나의 내담자이자 교수인 샤오는 학생들 몇

몇이 그의 강의에 결석한 것을 두고 '더 흥미로운 강의를 했어야 하는데'라고 자책했다. 그 학생들이 아르바이트를 하거나, 중요한 일이 생겼거나, 숙취에 시달렸을 가능성은 고려하지 않았다. 클레어는 남편이 몇 달 동안 콜걸을 부른 사실을 알고 자기 탓으로 돌렸다. 자신이 매력적이지 않고, 남편에게 제대로 신경 쓰지 못했으며, 남편에게 고마운 마음을 갖지 않아서라고 생각했다. 아서는 서브프라임 모기지 사태로 집을 잃고는 인생과 사업에서 실패했다는 결론에 이르렀다. 개비는 실패를 자신의 성격과 혼동하며 '나의 기대에 미치지 못했으니 난 좋은 딸이 아니야'라고 생각했다.

감정 연구자들은 죄책감과 수치심의 차이를 두고 여전히 논쟁하지만 루이스 박사는 널리 받아들여지는 두 감정 사이의 중요한 차이점을 지적했다.[17] 죄책감은 행위에 초점을 맞추지만 수치심은 자아, 특히 연구자들이 말하는 '전반적인 자아에 대한 부정적 평가'에 초점을 맞춘다. 개비는 스스로를 부족하고 나쁜 딸이라고 단정한다. 그러고는 자신의 전부를 깎아내린다. 전형적 차이는, 수치심이 '내가 그런 끔찍한 짓을 저질렀다'라고 말하는 것인 데 반해, 죄책감은 '내가 그런 끔찍한 **짓**을 저질렀다'라고 말한다는 데 있다.

초점을 인격에서 부정적 결과로 옮기는 실험을 해보자. 이는 두 가지를 분리하는 실험이다. '내가 그런 끔찍한 짓을 저질렀다'에서 '내가 그런 끔찍한 **짓**을 저질렀다'로 관점을 옮기는 것이다. 혹은 샤오, 클레어, 아서의 사례에 적용하면 '그런 끔찍한 일이 일어났다'고 생각하는 것이다. 여기서 핵심은 죄책감이 수치심보다 '낫다' 혹은

'더 쉽다'가 아니라 단지 덜 개인적이라는 것이다. 과도한 동일시를 덜어내면 수치심도 완화된다.*

자기용서의 마지막 단계는 자신에 대한 긍정적 감정을 기르는 것이다. 역시나 어려운 단계다. 손가락만 까딱하면 갑작스레 자신에 대해 좋은 감정을 느낄 수 있는 것이 아니다. 다만 이 점을 고려해 보자. 필요한 책임을 지고 관계 보완을 위해 노력한 다음에는 전반적 자아에 대해 좋은 감정을 느껴도 된다. 세 번째 단계의 핵심은 '실패와 나에 대한 긍정적 존중이 공존할 수 있다'는 점이다.

여기서 자신을 좋게 느끼는 것이 개인적 발전을 약속하는 데 달려 있지 않다는 사실이 중요하다. 우리 같은 사람들은 모두 자신에게 엄격하기에 다시금 강조하는데 '다음에 더 잘해서 보완할 거야' '이번에 잘 배워서 더 나아질 거야'라고 자신에게 다짐할 필요가 없다. 자기용서는 내가 더 자격을 갖춰야 가능한 것이 아니다. 지금 당장이라도 자신을 용서할 수 있다.

자기용서는 책임 회피가 아니며, 책임 전가도 아니다.[18] 사람들은 개비에게 휴가를 떠난 사이 오빠가 더 잘 대처했어야 했다, 남자 친구

---

* 중요한 추가 사항: 우리는 실제로는 화가 난 상태인데 수치심을 느끼는 경우가 종종 있다. 건강하고 건설적인 분노는 상황을 돌아보며 '이건 바뀌어야 해'라고 말하는 것이다. 하지만 분노를 표현하는 것이 안전하지 않거나 허용되지 않으면 그 감정이 수치심으로 바뀐다. 수치심은 내면으로 시선을 돌려 '내가 바뀌어야 해'라고 말한다. 다시 말해 우리가 아무리 정중하게 '어, 저기요? 이 방법은 효과가 없으니 바꾸고 싶어요'라고 말하려 해도 수치심은 '아니, 문제가 있는 건 너니까 네가 바뀌어야 해'라고 응수한다.

가 더 개비의 마음에 공감했어야 했다고 말했지만 나는 이런 말이 개비의 기분을 개선시키지 못했다고 확신한다. 자기용서는 자기비난에서 자신을 해방시키는 데서 비롯된다.

자신에 대해 좋은 감정을 느끼기 위한 한 가지 방법은 수치심의 명령과 정반대로 하는 것이다. 수치심은 숨으라고 하고 숨기라고 한다. 수치심은 본디 어둠 속에서 무성히 자라기 때문이다. 수치심을 햇빛 아래 뱀파이어처럼 말려 죽이려면 숨기지 말고 믿을 만한 사람과 나눠야 한다.[19] 반, 브리지타, 리비는 수치심이 자꾸만 숨으라고 속삭이는데도 이해해 줄 만한 누군가와 자기네 이야기를 나누었고 결국에는 지지, 공감, 인정을 획득했다. 이런 과정을 통해 그들은 죄책감과 수치심을 조금씩 내려놓을 수 있었다.

핵심은 다음과 같다. 우리 모두는 누군가를 실망시킨 적이 있다. 자신을 실망시킨 적도 있다. 다양한 인간 경험을 스스로에게 허락해 주자. 뇌는 과거의 그 행동이 틀렸고, 잘못이고, 어리석고, 부끄럽고, 끔찍하다고 말하지만 그런 행동들도 너그러이 감싸안도록 하자. 과거에 실패했을지라도 그런 자신에게 좋은 감정을 느껴도 된다. 인간은 본래 그런 존재이기 때문이다.

자기용서는 즉각적으로 일어나지 않는다. 점진적으로 일어날 때가 많고, 여러 차례 반복해야 할 수도 있다. 머리로는 자기용서를 이해해도 뼛속까지 스며드는 데는 시간이 걸린다. 그러니 역설적으로, 자기용서를 어려워하는 자신을 용서하자.

개비는 여전히 날마다 어머니를 그리워한다. 다만, 여전히 슬프기는 해도 이제 어느 정도 여유를 찾았다. 개비는 이런 결론에 이르렀다. "죄책감이 날 엄마와 연결해 주는 게 아니에요. 이제 내가 나 자신을 비난하지 않고도 엄마를 사랑하고 그리워할 수 있어요."

11장

시험보다는 실험이 즐겁다

> 실수한 적 없는 사람은 새로운 일을 시도한 적이 없는 사람이다.
> —알베르트 아인슈타인

마침내 그 순간이 왔다.[1] 무대 담당자가 백스테이지 문을 열어 열세 살 트리샤 박에게 손짓했다. 귓전을 때리는 객석의 박수갈채 사이로 트리샤는 베이스와 첼로 연주자들을 지났고, 풍성한 핑크빛 시폰 드레스를 사각거리며 지휘자 옆에 섰다. 조명에 눈이 부셔 객석이 잘 보이지 않았지만 상관없었다. 자신을 바라보는 시선을 볼 수는 없지만 심장은 이미 빠르게 쿵쾅거렸다. 그녀는 허리를 숙여 인사했고 바이올린을 들어 연주 자세를 취한 후 파가니니 협주곡을 연주했다. 뒤에서는 볼티모어 심포니 오케스트라가 받쳐주었다. 연주가 끝난 순간 관객들 앞에 서 있는 사람은 천재인 것이 분명했다. 특별한 순간이었다. 학교에서 집으로 터덜터덜 돌아와 침실에 있는 바이올린과 마주하던 시간들, 운동장에서 친구들 웃음소리가 서서히 멀어지던 시간들이 낳은 결실이었다.

다섯 살 트리샤에게 어머니가 별 뜻 없이 "바이올린을 배워볼래?"라고 물었을 때만 해도 그녀가 이렇게까지 높은 곳에 오를 거라고 예상한 사람은 없었다. 트리샤는 타고난 재능으로 스즈키의 바이올린 입문용 교재를 도미노를 쓰러뜨리듯 단숨에 해치웠고, 어른들은 그녀의 재능에 주목했다. 수줍음 많은 유치원생일 때도 트리샤는 연주를 듣는 사람들의 표정을 보고 자신이 특별하다는 것을 이미 알아차렸다. 그런데 트리샤는 미처 자각하지 못했지만 그녀가 바이올린 연주를 계속한 이유는 사람들이 그녀를 인정해 주기 때문이었다. 사람들은 트리샤가 무언가 해낼 수 있었기에 그녀를 좋아했다.

그래서 바이올린을 잡을 때마다 기말고사를 치르는 것처럼 중압감에 시달렸다. 트리샤는 모든 연주를 자신의 가치를 평가받는 자리로 느꼈다. 실수나 실험, 다시 해볼 여유 따위는 없었다. 볼티모어에서 데뷔 공연을 앞둔 어느 날, 바이올린 선생님은 지금도 트리샤의 뇌리에 남아 있는 말을 던졌다. "트리샤, 사람들이 네 연주를 들으려고 표를 살 때는 너의 완벽함에만 관심이 있는 거야. 너의 슬픔, 걱정, 피로, 아픔, 심지어 네 강아지의 생사에도 아무 관심이 없어. 그러니까 어떤 상황에도 완벽해야 해."[2]

저런! 대다수 사람들은 어린 바이올린 신동으로 세계를 여행하며 받는 압박감을 경험한 적이 없지만, 자신을 지켜보던 사람들이 실수를 비난하려고 달려들 것 같은 기분에는 공감할 수 있을 것이다. 우리는 인스타그램 캡션을 작성한 후 한 번 더 수정하고, 샤워하고 외출 준비를 마치기 전에는 사람들 앞에 나서고 싶어 하지 않는다. 이는 허영심 때문이 아니라, 그저 우리 같은 사람들의 작동 원리다. 우리는 중요한 이메일을 보내기 전에는 직장 동료에게 혹시 이상한 부분이 없는지 검토해 달라고 부탁하고, 친구들과 있을 때도 모든 대화에 가치를 부여하고자 애쓴다. 이렇게 삶의 많은 부분을 시험으로 느낀다.

이전 장에서 우리는 과거를 돌아보고 후회하는 자신을 용서했다. 이번 장에서는 미래를 바라보며 실패를 면하기 위해 우리가 부지런히 실천하는 세 가지 일을 살펴보기로 하자. 간략히 요약하면 다음과 같다. 첫째, 20세기 초의 영향력 있는 심리학자 알프레드 아들러 박사는 완벽주의를 과잉 보상의 한 형태로 보았다.[3] 이것은 우리가 실수를 면하기 위해 하는 행동으로, 꼭 해야 하는 정도를 넘어 궁극적으로 득보다 실이 큰 결과에 이른다. 둘째, 신뢰할 수 없는 지표로 상황을 추적하고는 이를 '충분히' 했다고 말해 주는 신호로 삼는다. 셋째, 잘하지 못할 가능성이 있는 일은 회피하려 한다. 새로운 것을 배우려면 처음에는 서툴게 시작해야 한다. 따라서 어려운 활동, 나아가 망칠 수도 있는 활동은 피하고 보는 것이다. 인생을 거대한 성적표로 느끼는 모든 사람을 위해 이 세 가지 행동을 하나씩 살펴보고, 이런 행동 대신 어떤 시도가 가능한지도 알아보자.

과잉 행위를 줄여나가는 연습

바이올린 선생님들은 오랫동안 트리샤에게 그녀가 무슨 생각을 하고, 어떤 감정을 느끼며, 무엇을 원하는지는 중요하지 않다고 가르쳤다. 트리샤가 할 일은 악보에 적힌 곡을 작곡가의 의도대로 연주하는 것이었다. 그러므로 오로지 기술적 완성도, 정확성, 타이밍에만 집중해야 했다. 매번 똑같이 연주해야 했는데 트리샤는 로봇이 아닌 인간이기에 그런 연주에 대한 기준을 충족시키는 것은 불가능했다. 유일한 해법은 더 열심히 연습하는 것뿐이었다. 여섯 시간 연습해서 원하는 결과를 얻지 못하면 시간을 늘려 여덟 시간을, 그래도 안 되면 열 시간을 연습했다. "그게 내 계산법이었어요."[4] 나와 상담하던 중 트리샤가 한 말이다. 말하자면 트리샤의 해법은 과잉 연습이었다.

완벽주의에 시달리는 사람 중 다수가 과도한 준비, 과도한 훈련, 과도한 공부, 과도한 청소, 과도한 약속, 과도한 설명, 과도한 연습에 의존한다. 때로는 지나치게 차려입고, 지나치게 친절하려 애쓰며, 자신에게 지나치게 엄격한 윤리적 기준을 들이대기도 한다. 실제로, 1965년 M. H. 홀렌더 박사는 완벽주의를 "상황에서 요구받는 것보다 더 높은 수준의 성과를 자신에게 요구하는 것"이라고 정의했다.[5]

내가 첫 번째 저서 《지나치게 불안한 사람들》에서 사회공포증으로 임상 활동에 집중하지 못하는 의대생 디에고의 사례를 소개한 후, 비슷한 처지의 의대생들에게서 상담 요청이 쇄도했다. 그중 하나가 의대 2학년 칼키단이었다. 그녀는 교재 중심의 수업에서 병원 임상

실습으로 넘어가는 과정에 있었다. 대체로 긍정적 평가를 받았으나 하루하루를 마치 "실패하면 의대에서 퇴학당할 수도 있는" 생사를 건 공연으로 느꼈다. 칼키단의 머릿속에서는 최악의 상황이 영화처럼 상영되었다. 가령 학장실에 불려갔는데 마호가니 책상에 자신에 관한 파일이 빨간펜이 잔뜩 표시된 채 펼쳐져 있고 학장이 실망한 듯 고개를 절레절레 흔드는 장면이었다.

칼키단은 중요한 시험을 치르듯 하루하루 살면서 과도하게 보상하기 시작했다. 환자, 간호사, 레지던트를 비롯해 모두를 지나치게 열정적 태도로 도와주려 애썼고, 지나치게 적극적 태도로 지나치게 배려하기 위해 온 힘을 다했다. 그러나 열심히 해보려 할수록 지치고 불안해졌고, 자신도 모르게 목소리가 높아지고 다급해졌다. 완벽한 발표 준비를 위해 원고의 단어 하나까지 모조리 외웠지만 머릿속 대본에서 조금이라도 벗어나면 금세 길을 잃고 얼어붙었다. 과도하게 신중하기도 했기에 동료의 노트를 표절했다는 비난이 염려되어 환자 기록을 자신만의 표현으로 다시 작성하는 일에 가뜩이나 부족한 시간을 소모했다. 강의 시간에는 지나치게 몰입하는 모습을 보여주려 애썼고, 해당 주제를 진지하게 고민한 흔적을 드러내는 질문만 하겠다고 마음먹었다. 하지만 이 기준에 맞게 질문을 다듬는 사이 타이밍이 지나버려 교수의 설명을 놓치곤 했다. 이런 과도한 보상 행위는 오히려 역효과를 냈고 레지던트와 지도 교수들은 칼키단의 불안해 보이는 상태와 비효율적 시간 관리에 우려의 시선을 보냈다.

우리도 칼키단처럼 실수할까 봐 두려워하며 110퍼센트 에너지를 쏟아붓곤 한다. 위압적인 사람과의 대화를 앞두고는 미리 대본을 쓰고, 예상 질문을 준비해 욕실 거울 앞에서 수없이 리허설을 하기도 한다. 그러다 막상 대화가 잘 풀리면 과도한 준비 덕분이었다고 생각함으로써 그렇게까지 극단적 준비는 필요 없었다는 사실을 배울 기회를 놓치고 만다.

또 하나의 문제는 과도한 준비로 인한 시간과 에너지의 소모다. 모든 일에는 대가가 따르므로 과잉 준비에 들어가는 시간은 수면 시간이나 소중한 사람들과 함께할 시간 혹은 이미 3주나 늦은 다른 프로젝트를 위한 시간에서 빼와야 했다. 결국에는 과도한 노력의 결과로 탈진하거나, 배우자를 서운하게 만들거나, 상사의 화를 돋우거나, 생활의 폭을 좁힌다.

마지막으로 과잉 보상은 어딘가 부족하다는 느낌 때문에 그 부분을 채워야 한다는 것을 의미한다. 우리는 평생의 피드백을 중심으로 자아를 형성해 왔다. 따라서 학업, 외모, 경쟁에서의 과도한 성취를 통해 스스로 치명적 결점으로 여기는 부분을 감추려 한다면 우리의 본모습, 우리가 인지하는 결점까지 포함한 모습이 온전한 존재로서 사랑받고 받아들여질 수 있음을 깨닫는 기회를 놓치고 만다.

때로 이런 과잉 보상에 대한 기대는 내면이 아닌 제도에서 비롯되기도 한다.[6] 하버드 교육대학원의 게리 미첼은 흑인과 라틴계 학생들을 명문 학교와 성공한 직업인의 궤도에 올려놓아 사회적 이동성 증가와 불평등 완화를 꾀하도록 설계된 대학 예비 프로그램을 연구했다. 그런데 결과적으로 이런 프로그램은 의도치 않게 '두 배로 더 잘

해야 한다'는 사고방식을 제도화했다. 말하자면 명문가나 기부자 집안의 자녀보다 유색 인종 학생에게 올바른 품행과 더 높은 성취 기준을 요구하면서 학생들의 공동체 의식과 정체성을 희생양으로 삼았던 것이다.[7] 이런 학생들은 아무도 그들을 자격 미달로 보지 못하게 하려면 모든 것을 완벽하게 해내고 과잉 수행을 하는 것이 필수라고 느꼈다.[8]

때로 과잉 보상은 이해할 만한 전략이 된다. 불평등한 사회는 실제로 당신이 어떻게든 보상을 해내야 한다는 선명한 메시지를 보내기 때문이다.

앤드루 토비어스(미국의 금융 분야 작가이자 칼럼니스트이며, 영화 프로듀서로도 활동 중이다—옮긴이)의 회고록 《세상에서 최고인 작은 소년 *The Best Little Boy in the World*》은 동성애자로서의 정체성을 숨기고 성장한 경험을 다룬 좋은 책이다.[9] 가명으로 작성된 이 회고록에서 토비어스는 낙인찍는 문화에서 성장하며 학업, 운동, 명문 학교, 좋은 직장을 위해 남보다 두 배로 더 경쟁해야 했던 삶을 그린다. "또 하나의 중요한 방어선은… 엄청난 활동 목록이었다. … 누구도 내게 데이트를 안 한다고 뭐라 할 수 없었다. 나는 긴급한 프로젝트를 17개나 마무리해야 했으니까."[10] 말하자면 과잉 보상은 그가 게이라서 받을 비판과 거절로부터 보호해 주는 완충장치였다.

책이 출간되고 거의 40년이 지난 후 존 파찬키스 박사와 마크 하첸부엘러 박사는 앤드루 토비어스의 회고록에 대한 근거 자료를 제시했다.[11] 이들은 연구 대상자가 커밍아웃하지 않은 기간 및 연구 대상자의 출신 주에서 법적으로 제도화된 차별 정도(예: 플로리다 대 버몬트)라는 두 가지 요인을 분석했다. 그리고 이 두 요인이 동성애자와 양성애자 청년들이 성취와 비교에 기반한 자존감에 따라 과잉 보상하는 정도를 예측하게 해준다는 사실을 발견했다. 이후 벤저민 블랭켄십 박사와 애비게일 스튜어트 박사는 이 연구의 주요 개념을 복제해 여성 동성애자도 연구에 포함시켰으며 회고록의 제목을 패러디해 '세상에서 최고인 작은 아이'라는 가설로 확장했다.[12] 편견에 찬 입법자들의 통제에서 벗어나 자존감을 찾으려는 시도는 이해할 만하다. 하지만 그러는 사이 스트레스와 고립이라는 대가를 치러야 한다.

더 큰 맥락에서 수많은 질문이 남는다. 과잉 보상을 줄이는 것이 안전한지는 어떻게 알 수 있을까? 간단히 답하면 항상 알 수는 없고, 사실 안전하지 않을 수도 있다. 하지만 안전하다고 생각하는 사람들부터 실험을 시작해 점차 범위를 넓혀갈 수 있다. 또 게리 미첼이 권하듯이 공동체 의식과 연결되는 감각을 쌓는 것도 좋다. "두터운 동료 의식은 보호장치가 되어줄 수 있다."[13]

다행히도 우리는 식기와 수저가 놓인 식탁에서 식탁보를 확 빼내듯이 단번에 과잉 보상을 없애려는 것이 아니다. 완벽주의 성향인 사람들은 전부 아니면 전무로 사고하는 편이지만 꼭 그럴 필요는 없다. 가령 과도한 책임감을 보이던 칼키단은 '병원이 뭐라든 난 신경 안 쓰겠어'라는 식으로 갑자기 돌변하지 않아도 된다. 트리샤도 '나는 어떤 상황에서든 완벽해야 해'라는 태도에서 '모든 게 의미 없어'라는 허무주의로 넘어갈 필요가 없다. 그런데 '제발 날 좋아해 줘'와

'아무 상관 없어'라는 흑과 백 사이에는 무엇이 존재할까?

궁극적으로는 과도한 행위에서 단순한 행위로 돌아갈 수 있다. 과도한 설명에서 단순한 설명으로, 지나치게 다듬어진 모습에서 적당히 다듬어진 모습으로 서서히 바꿔나갈 수 있다. 이는 과잉 보상을 위해 애쓰지 않아도 충분히 적절하고 유능하다는 사실을 깨닫기 위해서다. 굳이 과잉 보상으로 자신을 구원할 필요는 없다. 당신은 애초에 구원받을 필요가 없었다.

나의 과잉 보상은 극단적 독립심이었다. 나는 가구 옮기기, 친구와의 갈등 해결 등 하나에서 열까지 모든 것을 혼자 해내려 했다. 오랜 세월 나는 지나칠 정도로 과묵했다. 그래야 부담스럽거나 성가신 사람이 되지 않는다고 믿었기 때문이다. 하지만 그러는 사이 나는 사람들과 분리되었다. 나는 도움을 요청하지 않는 것으로 아무도 내게 해줄 것이 없다는 메시지를 보냈다.

그래서 안전하게 여기는 사람들을 대상으로 나의 극단적 독립심을 줄여나가는 실험을 시작했다. 우선 자기 이야기를 내게 솔직히 고백한 적이 있는 친구들에게 고민을 털어놓았다. 처음에는 숨이 막힐 정도로 과감한 일이라고 느꼈는데 동시에 안도감도 들었다. 놀랍게도 그 친구들은 내 이야기 전부를 흔쾌히 들었고, 간간이 자기네 이야기도 해주었다. 덕분에 우리는 서로 더 가까워졌다.

칼키단은 레지던트와 의대생들에게 노트 정리와 발표 준비에 대한 조언을 구한 뒤, 과도하게 조심하고 준비하기보다는 적당히 조심하고 준비하는 태도를 실험했다. 메모를 새로 작성하기도 했지만 환자의 인적 사항과 병력에 관한 메모는 복사해서 붙여넣기를 허용했다. 발표를 준비할 때는 대본을 통째로 외우기보다는 핵심 내용만 기억하기로 했다. 덕분에 단어만 그대로 암기하는 것이 아니라 발표 내용을 이야기하듯 술술 풀어낼 수 있었다. 또 통과/낙제 방식의 강의에서는 머릿속에 떠오르는 질문을 하나하나 점검하지 않고 떠오르는 대로 바로 질문하기로 마음먹었다. 처음에는 뭔가 잘못된 듯 불안했고 괜한 위험을 자초한다고 느꼈다. 하지만 자신이 존경하는 사람들이 효과적으로 사용한 방법들이기에 자신도 시도해 보기로 했다.

칼키단은 여전히 자신의 행동이 남들에게 미치는 영향을 면밀하게 관찰할까? 나는 여전히 자립심에 매달리고 있을까? 물론이다. 그리고 둘 다 나쁜 게 아니다. 우리 둘 다 여전히 각자의 성격과 정체성을 지켜왔지만 또 다른 것을 얻었다. 바로 유연성이다.

내 삶과 연결하기

어떤 상황에서 안전하다고 느끼기 위해 과잉 수행을 할 때가 많은가? 과잉 수행을 줄이면 어떻게 될까? 무엇을 다르게 해야 하고, 무엇을 그대로 유지해야 할까? 새로운 접근 방식을 어디서 시도할지 고민해 보고 필요에 따라 유연하게 조정해 보자.

머리에서 가슴으로, 가슴에서 머리로

유연성에 대해 알아보기 위해 친구들과 잘 어울리고 싶어 하는 7장의 거스 이야기로 돌아가 보자. 거스가 장거리 달리기에 열심이었던 것을 기억하는가? 그는 토요일마다 새벽 4시에 일어나 가볍게 32킬로미터를 달리거나, 홉킨턴이나 웰즐리로 가서 보스턴 마라톤 코스의 일부 구간을 달린다. 거스는 보통 달리면서 심박수 측정장치를 착용하고, 앱 두 개(하나는 자신이, 하나는 코치가 사용한다)로 신체 데이터를 추적한다. 달리는 목적은 속도, 지구력, 효율성을 완벽히 유지하기 위해, 다시 말해 데이터 및 지표상의 좋은 성적을 위해서였다. 하지만 최근 몇 달간 거스는 달리기를 점점 덜 하고 있다. 한때는 기쁨이던 것(아무도 없는 새벽 거리의 고요함과 성취감)이 이제 성적표로 느껴졌다.

한편 내담자 티모시는 인사 책임자로서 차별과 괴롭힘, 직장 내의 갖가지 고충을 조사한다. 그는 증거 이메일과 스크린샷을 부록으로 첨부해 보고서를 작성한다. 티모시는 그 보고서가 해당 직원의 해고 여부나 직장 내 정의 구현을 좌우한다는 사실을 잘 알기에 밤새 보고서를 편집한다. 자신이 선택한 단어가 미칠 파장을 고려하면서 그는 사람들 경력이 자신에게 달려 있다는 부담감에 짓눌린다. 티모시는 보고서를 마감 직전까지 최대한 미루고, 때로는 마감을 며칠 넘겨 제출한다. 완벽한 보고서라는 확신이 들지 않으면 성급히 전송 버튼을 눌러 인사 책임자에게 보내는 것이 예의가 아니라는 생각 때문이다. 티모시에게 있어 이 모든 고뇌는 그가 자신의 일을 진지하게 대한다는 것을 의미한다. 올바른 행동으로 보이지만 그 자신은 지치고 비참해질 뿐 아니라 집안일을 거들지 않아 아내에게 불평을 듣기도 한다.

거스와 티모시 둘 다 '이건 시험'이라는 정서에 공감할 것이다. 하지만 두 사람은 좋은 성적을 내는 데 각기 다른 지표를 사용한다. 거스는 정량적 혹은 범주적 측정치로 스스로 제대로 하고 있는지 확인한다. 이 유형을 머리형Head이라고 하자. 머리형은 주로 계산하고 데이터를 분석한다. 레시피를 따라 하고, 점수를 기록하며, 활동 목표를 완수하고, 스프린트 트라이애슬론(철인 3종 경기의 일종) 3개월 훈련 계획을 철저히 따르는 식으로 좋은 성적을 낼 확률을 최대로 끌어올린다.

반면 티모시는 직감에 의존하는 편이다. 그는 보고서가 완성되었음을 '그냥 안다'. 심리학에서는 이를 의미 있는 느낌felt sense이라고 한다.[14] 이 개념은 인본주의 심리학자 칼 로저스에게 영향을 미친 철학자 유진 젠들린 박사가 처음 소개했다. 젠들린은 '의미 있는 느낌'이란 '특정 상황에 대한 몸의 감각'이라고 설명한다.[15] 예를 들어 중요한 이메일을 작성하려는데 잘 써지지 않는 경우를 생각해 보자.[16] 그럴 땐 긴장되고 불안하며 짜증이 나기도 한다. 무척 거슬리는 상황이다. 그러면 당신은 눈살을 찌푸리거나 다리를 떨거나 책상을 두드린다. 이런 '의미 있는 느낌'은 당신에게 이메일이 제대로 써지지 않는다고 말해 준다. 그에 반해 중요한 이메일을 써야 하는데 막힘없이 써지는 경우를 생각해 보자. 정확히 무슨 말을 해야 할지 떠오르고 그 이메일이 잘 받아들여지고 인정받을 거라고 직감한다. '의미 있는 느낌'이

제대로 되었다고 말해 주는 것이다. 당신은 몸을 앞으로 기울여 모니터에 집중하며, 단어들이 술술 떠올라 따라가기 벅찰 정도다. 정확성, 차분함, 만족감 등 '의미 있는 느낌'이 그것이 옳다고 말해 준다.

깨끗한 조리대에서 부스러기를 발견하거나, 벽에 걸린 액자가 삐뚤어진 것을 알아차리거나, 문자에 답이 없어서 친구가 화가 났음을 직감할 때 이런 감각을 몸으로 느낄 수 있다. 취업 면접에서 완벽하게 잘 해냈다는 느낌이 들 때, 첫 만남 이후 두 번째 데이트가 성사되리라 확신할 때, 집이 마침내 깨끗해진 기분일 때도 이런 감각을 경험한다. 기준이 충족되지 못하면 불화를, 충족되면 조화를 느끼는 것이다.

이처럼 기준이 충족되었다는 확신 혹은 충족되지 못했다는 불안을 느끼는 유형을 **가슴형**Heart이라고 하자. 가슴형은 직관적이고 정성적定性的이며 본능적으로 그냥 아는 것이다.

머리형과 가슴형, 이 두 유형 모두는 각각의 시험에 우리가 어떻게 대처하는지를 알려준다. 그러나 거스의 열정이 식어가고 티모시가 결혼 생활에 긴장을 겪는 식으로 대가가 쌓여갈 때는 머리형과 가슴형을 바꿔가며 더욱 유연하게 접근해 보면 좋다.

예를 들어 거스는 수치 중심의 머리형 접근법을 가슴형 접근법으로 바꾸는 실험을 설계했다. 다음번에는 데이터 추적장치를 달지 않고 달려보기로 했다. 그저 뛰면서 즐기기로 한 것이다. 물론 전혀 혼란이 없지는 않았다. "언제 돌아가야 하는지는 어떻게 알죠?"라고 거스가 물었다.

"돌아가고 싶을 때 돌아가면 돼요." 내가 답했다.

거스는 한쪽 눈썹을 치켜올리며 잠시 생각하더니 말했다. "썩 내키진 않지만 한번 해보죠."

다음 주 거스를 만났을 때 실험이 어땠는지 물었다.

"조금 혼란스러웠어요. 아무것도 측정하지 않으니까 아무 의미도 없다고 느꼈어요. 점수를 받고 싶었죠. 그런데요." 그는 말을 이었다. "안도감도 들었어요. 뭔가를 살짝 피해 간 느낌이었어요."

거스는 지금도 심박수 측정장치나 코치를 포기하고 있지 않지만(어차피 전부 아니면 전무의 시도가 아니니 문제 될 게 없다) 유연성이라는 가치를 획득했고 처음 달리기를 시작한 이유, 즉 즐거움을 위해 달린다는 의미를 되찾았다.

다음은 티모시 차례였다. 티모시는 나와 함께 그의 한계를 정량화하기로 했다. 밤을 지새게 만들던 가슴형에서 벗어나 머리형으로 접근하려는 시도였다. 먼저 티모시는 동료들의 보고서 초안 작성 횟수, 편집 시간, 일반적인 보고서 분량 등을 조사했다. 결과는 놀라웠다. 티모시는 자신 다음으로 열심히 일하는 동료보다 두 배 이상 많은 시간을 들였고, 그의 보고서는 평균보다 50퍼센트 이상 길었다. 그는 몇 가지 제약을 도입했다(저녁 8시면 업무를 마무리하고 아이 목욕 시간 지키기, 부록은 다섯 개를 넘기지 않기, 초안은 최대 세 번까지만 작성하기). 티모시는 얼마 지나지 않아 규칙을 조금 어겼다. 부록을 여섯 개 넣고 초안을 다섯 번 작성했지만 그래도 괜찮았다. 목표는 규칙 준수가 아니었다. 그렇다면 무엇이 목표였을까? 역시나 유연성이었다.

이쯤 되면 독자 여러분은 말할지도 모른다. "잠깐만요, 엘런. 자꾸 유연성 얘기를 하는군요." 맞는 말이다. 엄밀히 말해 '심리적 유연성' 은 불쾌한 생각과 감정, 신체 감각에 상관없이 현재 순간과 접촉하면서 (1) 상황에 맞고 (2) 자신에게 중요한 것 중심으로 행동을 선택하는 것이다(6장과 8장으로 돌아가 보자).[17] 다시 말해 삶의 고난과 역경을 감내하면서도 자신에게 의미 있고 실질적인 일을 하려는 의지를 말한다.

거스가 언제 돌아갈지 알려줄 장치 없이 불편함을 견디며 달리러 가는 모습에서 유연성을 엿볼 수 있다. 티모시가 보고서 한 페이지를 더 쓰고 싶다는 충동을 억누르며 아이 목욕 시간을 지키려고 보고서 쓰기를 중단하는 데서도 유연성을 엿볼 수 있다. 나의 경우 혼자서 모든 일을 할 수 없으면 부담을 준다는 괴로운 감정을 이겨내면서 기꺼이 남들의 도움을 요청한다.

이제 머리에서 가슴으로, 가슴에서 머리로 전환하는 방법을 각자의 삶에 적용해 보자. 당신이 목표 달성을 위해 과도하게 애쓰는 지점은 어디인가? 내면의 품질관리자가 까다롭게 구는 곳은 어디인가? 엄청나게 큰 글씨로 다음과 같은 말을 머릿속에 써보자. "이 모든 것은 새로운 규칙이 아니라 유연성을 실험하는 과정일 뿐이다." 각자의 상황에 맞게 무엇이 효과적인지 실험해 보자.

가슴형에서 머리형으로 전환하는 실험		
	현재 습관	새로운 실험
청소	주방이 깨끗하다고 '느낄' 때까지 청소하며 저녁 시간을 보낸다.	저녁 식사 후 20~25분만 청소하고 결과를 지켜본다.
예행 연습	발표 준비가 충분하다고 느낄 때까지 연습하느라 일주일 동안 가족과 함께하는 시간을 포기한다.	세 번 혹은 다섯 번으로 연습 횟수를 미리 정해 놓고 강박적으로 반복하지 않는다.
사과하기	괜찮다는 확신이 들 때까지 연신 사과해 친구를 짜증 나게 한다.	한두 번만 진심으로 사과하고 멈춘다.
주장하기	배우자가 물러서거나 화낼 때까지 주장을 굽히지 않는다.	두 번까지만 주장을 펼치고 중단한 후, 옳다고 생각하는 일과 원만한 관계 가운데 현재 무엇이 더 중요한지 판단한다.
생산성	'충분히' 했다는, 절대 오지 않을 느낌을 맛볼 때까지 계속 일한다.	가능하면 9~5시까지만 일하고(혹은 각자에게 맞는 시간을 정하기), 나머지 일은 내일로 미룬다.
사회적 역할 수행	민망하거나 어색했던 대화를 곱씹는다.	대화란 본래 15퍼센트 정도는 어색할 수 있음을 예상하고 받아들인다.
여가 경험 최적화	매 순간을 최대한 활용하려고 애쓴다.	여가나 휴가 시간의 3분의 1에서 3분의 2 정도는 계획, 준비, 정리, 회복 시간이라고 예상한다.
감정	항상 '적절한' 감정이나 '용납 가능한' 반응을 보인다.	모든 감정을 허용하고, 때로는 그런 감정에 대해 뭔가를 해도 되고 하지 않아도 된다고 여유를 갖는다.

머리형에서 가슴형으로 전환하는 실험		
	현재 습관	새로운 실험
요리	정확히 레시피대로 요리한다.	취향에 따라 실험하고, 대체하고, 추가한다.
식사	정해진 칼로리나 영양 비율에 따라 먹는다.	주로 몸을 위해 먹고, 일부는 마음을 위해 먹는다.
취침 시간	정해진 시간에 잠든다.	이르든 늦든 피곤할 때 잠든다.
운동	프로그램을 정확히 따른다.	에너지, 수면, 부상, 생리 주기를 고려해 매일 강도를 조절한다.
대중 연설	절대 실수하지 않는다.	청중과 연결된다.
음악 공연	절대 실수하지 않는다.	자신과 작곡가/작사가를 표현한다.
몸무게	정해진 체중대로 빼거나 늘리거나 유지한다.	몸이 할 수 있는 일에 집중한다.

모든 것을 완벽하게 준비할 필요는 없다

트리샤는 성장하면서 "넌 어떤 상황에도 완벽해야 해"라는 선생님의 말이 독이었고 바이올린과 삶 전반의 즐거움을 갉아먹는다는 사실을 깨달았다.[18] 그래서 삼십 대가 된 트리샤는 이제껏 해본 적 없는 일을 시도하기로 했다. 바로 즉흥연주였다.

트리샤는 즉석에서 음악을 만들어 점심시간 복도에서 자발적으로 연주하는 바이올린 캠프에 등록했다. 트리샤는 그때를 이렇게 회상했다. "완전히 끔찍했어요."[19] 그동안 배운 모든 것에 반하는 작업이었다. 무엇보다도 어릴 때부터 모든 것을 희생해 가며 잘하려고 애써 온 바이올린 연주에 갑자기 서툴러졌다. "클래식 음악에서 불완전함은 허용되지 않아요. 그래서 발전하고 배우며 해내는 과정은 뒤에 감춰야 해요. 하지만 즉흥연주나 잼 세션(활동 영역이 다른 연주자들이 클럽에 모여 즉흥적으로 하는 연주—옮긴이) 같은 환경에서는 불완전함을 드러내는 것이 유일한 선택지죠." 트리샤는 매일 끝날 때마다 눈물을 흘렸다.

반면 역시 바이올린 연주자인 그녀의 친구는 어릴 때부터 즉흥연주를 해왔다. 그는 유치원에 다닐 때부터 잼 세션에 이끌려 갔고, 밤늦도록 어른들이 모두 모여 연주하는 모습을 그들 발밑에서 지켜보았다. "처음에는 그릇 두드리기부터 시작했대요." 트리샤가 전했다.[20] "그 다음엔 드럼을 연주했고요. 바이올린은 개방현을 켜는 연습부터 시작했을 거예요. 그렇게 혼자 발전시키다 마침내 그룹과 함께 연주하게 되었죠." 그녀의 친구는 세월이 흐르는 동안 경험을 통해 서서히 배웠다. "즉흥연주는 기술이에요." 트리샤는 결론지었다.

나도 이 말에 동의한다. 그리고 한술 더 떠서 새로운 무언가를 배우는 일 자체가 기술이라고 주장하고 싶다. 다음 그래프를 보자. 새로운 기술이나 작업을 배울 때 능숙함의 선은 시간의 흐름과 함께 오르락내리락한다. 고군분투와 좌절은 배우는 과정의 일부다.

자신에게 엄격한 사람들은 그 선이 거의 수직으로 상승하기를 바란다. 테니스를 완벽히 치고, 어떤 상황에서도 사회적으로 자신감

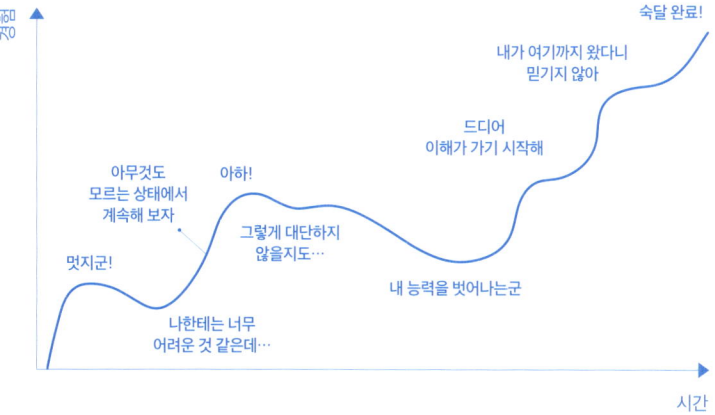

있게 행동하며, 단기간에 원하는 몸매를 만들고 싶어 한다. 이는 완벽주의자의 비현실적 기대의 일부다. 방향 전환과 재시도, 단순한 실수는 '이런 일이 일어나면 안 된다'고 생각하는 경우에만 잘못된 일로 느껴진다.

때로는 내면의 엘 우즈(영화 〈금발이 너무해〉의 주인공으로, 밝고 낙천적이며 난관에 봉착해도 긍정적으로 대처한다―옮긴이) 같은 본능('이게 뭐가 어려워?')에 따라 학습 과정의 기복을 숨기고 싶어 할 수도 있는데 이것은 이해되는 태도다. 사생활을 숨겨야 새로운 무언가를 시도할 의지가 솟구친다면 그것도 좋다. 그런데 아무도 보지 않는 곳에서 케이크에 아이싱을 하고, 유튜브와 고양이 앞에서 요가를 한다고 치자. 당신의 실패를 아무도 보지 못하면 그것이 과연 실패일까?

트리샤도 이 방법을 택했다. 바이올린 캠프에서 중압감에 시달린 후 오랫동안 남몰래 품어온 관심사인 창작 글쓰기를 시험해 보기로 한 것이다.[21] 그녀는 아무에게도 알리지 않고 창작 글쓰기 석사 과정에 등록했다. 이처럼 혼자 해보는 편이 아예 시도하지 않는 것보다 낫다.

그러나 혼자서는 할 수 없는 일도 있다. 예를 들어 바이올린 캠프 참여, 새로 배운 외국어로 하는 대화, 파트너 댄스, 팀 스포츠 등이다. 삶에서 벌어지는 대부분의 일에는 관객이 존재하고, 실수와 평가에 대한 '땅콩 알레르기'가 활성화된다. 그러나 당신은 무언가에 서툴러도 충분히 괜찮은 사람이다. 잘하지 못해 씨름하는 모습을 감추고 싶은 건 당연하다. 하지만 누군가에게 초보자 슬로프에서 넘어지는 모습을 보여주거나 너무 오래 구워 딱딱해진 브라우니 맛을 보여주는 건 그 사람을 신뢰한다는 표현일 수도 있다. 어쨌든 열심히 애쓰는 모습은 결점 하나 없이 완벽한 모습보다 공감하기 쉽다.

그러다 누군가가 정말로 우리를 판단하려 든다면? 그럴 수 있고 사실 그럴 가능성이 크다. 판단하려고 드는 사람은 우리가 무엇을 하든 판단한다. 두아 리파가 겪은 연필깎이 춤 논란도 그랬다(알바니아계 영국 가수 두아 리파의 춤이 연필깎이가 움직이는 것 같다는 이유로 밈으로 확산되고 조롱받았다. 두아 리파는 훗날 상처받은 마음을 털어놓았다—옮긴이). 존중받으려 애쓰면 거만하다고 비난받고, 겸손하려고 애쓰면 자존감이 낮다는 평가를 받고, 윤리적 기준을 따르려고 애쓰면 깐깐하다는 소리를 듣는다. 어차피 이길 수 없다. 모두를 만족시킬 수 없다면 뻔한 말로 들리겠지만 각자의 가치관에 따라 저마다 중요한 일을 하면 된다.

그럼에도 평가받는 것은 여전히 아픈 일이다. 잘 알려져 있듯이 신체적 고통과 사회적 고통을 처리하는 신경계는 겹쳐져 있다.[22] 그러므로 판단과 비판, 거절은 매우 고통스럽다. 여기에 '남들이 뭐라든 신경 써서는 안 된다'는 문화적 기대까지 더해져 우리는 상처받는 것 자체가 잘못이라고 결론 내린다. 실은, 판단에 반응하지 않으려는 시도는 생물학을 거스르는 것이어서 수많은 칭찬이 한 가지 비판을 상쇄하지 못할 정도다. 이처럼 비판은 여전히 사회적 위협으로 작동한다.

그렇다면 어찌 해야 좋을까? 첫째, 우리처럼 자신에게 엄격한 사람들은 대개 '판단'을 개인적인 것으로 받아들이는 경향이 있다. 우리는 남들의 판단을 자신에게 결함이 있다는 증거로 여긴다. 특히 비난을 피하고 좋은 사람으로 보이기 위해 시간과 에너지를 쏟는 경우라면 더욱더 그렇다. 하지만 '진정한 네가 돼라'는 흔한 말처럼 '개인적인 것으로 받아들이지 말라'는 조언 역시 다소 진부할지 몰라도 본질적으로는 중요하다.

습관적으로 남을 비판하는 사람들은 교묘히 감추어도 그들 자신에게 더 가혹할 때가 많다는 사실을 떠올리면 조금은 도움이 될 것이다. 외적인 비판은 대개 내적인 비판을 드러내는 신호다. 나는 그들의 비판이 은연중에 내면세계를 드러낸다고 해석한다. 그러면 대개는 그들에게 연민을 느끼게 된다. 아니면 약간의 '샤덴프로이데 Schadenfreude'(남의 불행에서 은밀한 기쁨을 느끼는 심리—옮긴이)를 느낀다 해도 큰 잘못은 아닐 것이다.

'개인적인 것으로 받아들이지 마라'는 무조건 남 탓으로 돌리라는 뜻이 아니다. 다만 비판이 삶의 일부라는 사실을 인정하고, 정서적 학대 수준이 아니면 적당히 수용할 여유를 가지라는 의미다. 판단이나 비판은 세상에서 무언가를 하는 데 대한 대가다. 가령 성인이 되거나, 배우자를 찾거나, 우정을 쌓고 유지하거나, 소셜미디어에서 존재감을 드러내거나, 형식적인 보고서를 작성하거나 샤퀴테리보드(햄·치즈·과일·견과 등을 한 판에 담아 와인에 곁들이는 프랑스식 플래터―옮긴이)를 만들거나, 심지어 아이를 낳는 일까지 모두 판단의 대상이다.

하지만 중요한 일에 집중하고 긍정함으로써 비판이 덜 아프게 만들 수는 있다. 또한 내면의 가장 심오한 가치관을 잠시 상기하기만 해도 방어적 태도는 줄이고 자기연민은 키울 수 있다.[23] 이때 가장 좋은 점은 꼭 당면한 비판과 관련이 있을 필요가 없다는 것이다. 예를 들어 학업 성적으로 비판받았다고 해서 과거의 높은 성적을 내세우며 방어적일 필요는 없다. 그보다는 자신에 관해 명백한 진실이라고 믿는 부분에 더 집중해 상처를 에둘러 치유할 수 있다. 이를테면 '나는 정말 좋은 엄마야' '독서와 예술적 창작이 내 삶을 풍요롭게 해' '나는 불운한 사람들을 돕기 위해 태어났어' '춤은 내 열정이야' '나는 놀랄 만큼 스타일이 좋아' 등의 말이다. 이처럼 스스로 중요하게 여기는 측면을 상기하면 자신의 이야기를 강화하고, 내면을 단단히 다지며, 외부의 위협에 맞설 수 있다.

사회심리학자 제프리 코헨 박사와 데이비드 셔먼 박사는 2014년 발표한 '가치관 확언 개입'에 관한 분석에서 이렇게 설명한다. "목표는 모든 위협을 자신에게 유리하게 해석하는 것이 아니라 자신의 적절성에 대한 포괄적 내러티브를 유지하는 것이다. 건강한 내러티브는 사람들이 날마다 위협, 모욕, 도전, 짜증, 좌절 속에서도 '게임에 계속 남아 있도록' 낙관적 태도를 제공한다."[24]

> **내 삶과 연결하기**
>
> 당신과 당신의 삶에서 무엇을 확신하는가? 판단이나 비판을 받는다는 기분이 든다면 당신이 깊이 간직한 신념을 한 가지 이상 적어보자. 판단이나 비판은 여전히 존재하지만 당신의 진실도 그 자리에 있을 것이다.

결론적으로 당신은 사고방식을 전환할 수 있다. 즉 실수를 예방하는 데 집중하는 '이건 시험이다'를 '이건 실험이다'로 바꾸는 것이다. 바이올린 즉흥연주 배우기처럼 유연한 활동, 코딩 배우기처럼 구체적 활동, 친구 사귀기처럼 무정형의 활동 등 어떤 활동이건 간에 그 여정을 '이렇게 하면 어떻게 될지 탐색하는' 일련의 단계로 바라보자. 다시 말해 어떤 일을 단번에 완벽히 끝내겠다는 태도보다는 다음 단계를 시도하겠다는 태도로 접근해 보라는 의미다.

트리샤는 평생 선생님들과 함께 전 세계 관객들 앞에서 위험 부담이 큰 '시험'을 치러야 했지만 지금은 삶을 일련의 실험으로 바라보는 방법을 배우는 중이다. 현재 트리샤는 단순히 해보고 싶은 것을 해보는 데 집중하려 한다.[25] 물론 바로 이해되는 방법은 아니다. 오랫동안 받은 강렬한 압박감은 상쇄되기 어렵기 때문이다. 그럼에도 트리샤는 실행에 옮기는 중이다. 처음에는 창작 글쓰기를 몰래 시작했다가 이제는 블로그와 팟캐스트 개설로 새로운 접근을 시작했다.[26] 양쪽 모두 제목은 '이제 좀 쉴 수 있나요? Is It Recess Yet?'이며 천재로 성장한 경험담을 소개한다. 블로그와 팟캐스트는 본질적으로 대중매체이므로 트리샤는 점차 늘어나는 팔로워가 지켜보는 앞에서 배워가는 과정을 드러내야 한다.

즉흥연주를 다시 시작한 트리샤는 틀린 음 하나는 실수로 보일 수 있어도 그 음을 의도적으로 반복하면 새로운 구절이나 테마의 일부가 될 수 있다는 사실을 배웠다.[27] 클래식 음악과 달리 한 가지 결과만을 목표로 삼을 필요가 없었기에 다양한 결과가 나올 수 있었다. 요사이 트리샤는 클래식 곡을 연주할 때 "캐릭터와 예술에 대해 생각한다"고 말한다.[28] 트리샤의 출발점이던 클래식 음악은 이제 "다른 방향으로 나아갔기에 더 큰 즐거움이 되었다". 하지만 항상 쉬운 길만은 아니었다. 트리샤는 "압박감이 생기는 순간 옛 습관이 되살아난다"고 말한다.

트리샤는 요즘 바이올린이 잘 풀리지 않을 때면 자신을 벌하듯 더 많은 시간을 연습하던 습관을 버리고 블로그에 글을 쓰거나 독서를 하다가 다시 바이올린으로 돌아간다. 며칠 전에는 악명 높은 파가니니의 〈카프리스〉를 연습하다 막히자 바이올린을 내려놓고 재미로 K팝 편곡을 연주했다고 내게 들려주었다.[29] 트리샤는 장식음을 추가하고 리듬을 즐겼다. 그러다 다시 파가니니로 돌아오니 새로운 시각과 활력이 생겼다고 했다. 이제는 시험이 아니었다. 그냥 즐거움이었다.

변화 5

미루기보다 시작에
힘을 얻기

12장

문제는
시간 관리가 아니다

내일 아침 9시, 당신은 꿈의 직장에서 면접을 볼 예정이다. 원래 하고 싶었던 일이고, 연봉은 지금의 두 배이며, 직원 복지가 좋고 각종 혜택도 제공되는 직장이다. 당신은 긴장하고 흥분해서 잠 못 이루고 뒤척거리다 새벽 3시쯤 겨우 잠든다. 두둑한 급여를 받으며 좋아하는 일을 하는 모습이 머릿속에서 춤추듯 떠오른다.

눈을 뜨고 천천히 몸을 돌려 시계를 본 순간 아드레날린이 솟구치며 벌떡 일어난다. 8시 30분이다! 자면서 알람을 끈 것이다! 허겁지겁 옷을 걸치고 차에 올라 전속력으로 달린다. 과속인 줄 알지만 제시간에 도착하려면 어쩔 수 없다.

저 앞 교차로에서 신호등이 노란불로 바뀐다. 속도를 높였고 차는 앞으로 질주한다. 급히 교차로로 돌진하는데 신호등이 빨간불로 바뀌고 차 한 대가 당신 바로 앞으로 달려온다. 급히 브레이크를 밟아보지만 이미 늦었다. 앞 차량 측면과 충돌하는 순간 섬뜩한 충격음과 유리창 깨지는 소리가 들린다.

정신을 차리고 깜빡거리며 눈을 떠보니 당신은 바닥에 쓰러져 있었다. 주위에는 사람들이 모여 있다. 멀리서 사이렌 소리가 들린다. 그중 한 사람이 움직이지 말라며 구급차가 오는 중이라고 전한다.

축 늘어진 작은 아이를 안은 여자가 어렴풋이 시야에 들어온다. 여자의 울부짖음이 사람들 사이를 뚫고 나온다. "죽었어요! 우리 애가 죽었다고요!"[1]

당신은 1990년대 중반 케이스 웨스턴 리저브 대학교 학생이다. 아마 슬립드레스 위에 줄어든 흰 티셔츠나 그런지 스타일의 플란넬 셔츠를 걸치고 리복 운동화를 신은 차림새일 것이다. 심리학 교수님이 수업의 일환으로 한 가지 이상의 학과 연구에 참가하라고 지시했고 당신은 이 연구를 선택했다. 조금 전 다이앤 타이스라는 이름의 친절한 대학원생이 널찍한 회의실 테이블 앞에서 당신과 마주앉아 앞에 나온 이야기가 적힌 종이를 건네며 큰 소리로 읽어보게 했다.

"좋아요, 잘했어요." 다 읽고 나자 다이앤이 말했다. "이제 마음속으로 한 번 더 읽어볼까요?"

당신은 고개를 끄덕이며 다시 읽는다. 감정이 요동치게 하려는 의도된 이야기라는 생각이 든다. 두 번 다 읽고 나자 짐작이 옳다는 것을 확인시키듯 다이앤은 짧은 에세이를 쓰게 하며 감정을 증폭시킨다. 후회, 슬픔, 죄책감…, 어렵지 않다.

그런 다음 다이앤은 평범하지 않은 행동을 한다. 커다란 보라색 향초를 꺼내 테이블 중앙에 올리고 성냥으로 불을 붙인다. 심지가 타고 초가 녹으며 주위에 강한 꽃향기가 퍼진다. "이 아로마테라피 향초는 현재의 기분을 고정시킨다고 해요. 지금 이 순간 어떤 기분이든 실험이 진행되는 동안 그 기분을 유지해 줄 가능성이 커요."

그러다 다이앤이 분위기를 바꾼다. "좋아요, 이제 수학 문제를 풀어보죠." 심리학 실험은 원래 엉뚱한 경우가 많으니 당신은 그냥 받아들인다.

"15분 후 어려운 곱셈 문제를 가져올게요. 계산기는 사용할 수 없어요. 이 테스트는 분석 능력과 유연한 추론 능력을 반영하도록 설계된 거예요."

이번에는 다소 개인적 문제로 다가온다. 연구에 참가하면서 쿠키 시식 정도를 예상했는데 세 자리 수 곱셈 문제를 풀어야 한다. 더욱이 지능 테스트라니….

다이앤이 덧붙인다. "대체로 10~15분 정도 연습하면 성적이 크게 오르지만, 그 이상 넘어가면 연습 효과가 오히려 감소하고 커지지 않아요. 어느 정도 시간을 투입해서 연습하면 좋지만 15분 내내 하지 않아도 괜찮아요."

다이앤이 주위를 가리키며 말했다. "보시면 여기 잡지 몇 권하고 게임 하나, 퍼즐 몇 개가 있어요. 시간 낭비긴 해도 참가자를 기다릴 때 나도 가끔 사용하는 방법이에요."

'농담일까?' 당신은 이마를 찌푸린다. '잡지'라고 해봐야 누렇게 변한 오래된 학술지다. 맨 위에 있는 호가 1975년에 나온 것이다. 유아용 전자 게임에다 두툼한 플라스틱 퍼즐이 전부인 데다 그나마 한 조각이 빠져 있다. 치과 대기실처럼 부실하다. 실은 그보다 더하다.

죽은 아기 이야기와 기분을 고정시키는 향초, 부실한 퍼즐에 곱셈 문제까지. 당신은 **정말 이상한 연구**라고 생각한다.

실제로 이상한 연구였다. 이는 다이앤과 그녀의 동료 엘런 브라츠라브스키 박사 및 로이 바우마이스터 박사가 고안한 기발한 연구로, 미루기의 근본 원인을 파헤치기 위한 것이었다. 모든 참가자에게는 한 가지 동일한 조건이 있었다. 어려운 곱셈 문제를 풀기 전 15분 동안 자유롭게 시간을 쓸 수 있다는 조건이다. 다만 세 가지 변수가 있었다. 첫 번째 변수는 기분이다. 참가자 일부는 아기가 죽는 슬픈 이야기를 들었고, 또 다른 일부는 아기를 영웅적으로 구하는 흐뭇한 이야기를 들었다. 두 번째 변수는 기분 변화의 가능성이었다. 참가자 일부는 향초가 기분을 '고정시킨다'는 설명을 들었지만, 또 다른 일부는 시간이 지나면 평소처럼 기분이 변할 수 있다고 들었다. 세 번째 변수는 방해 요소였다. 참가자 일부는 오래된 학술지와 유아용 퍼즐을 받았고, 다른 일부는 비디오게임과 인기 잡지, 연령에 맞는 퍼즐을 받았다.

다이앤은 세 자리 곱셈을 연습하도록 참가자들에게 혼자 있는 시간을 주고, 그들이 곱셈 연습 이외의 활동에 시간을 얼마나 쓰는지 기록했다. 가령 〈피플〉을 훑어보거나, 유아용 퍼즐을 건성으로 만지작거리거나, 손톱을 물어뜯거나, 허공을 바라보는 행동을 모두 기록했다.

다이앤과 동료들은 미루기의 주요 원인이 단지 유쾌하지 않은 일을 피하려는 욕구라면 실험실에 준비된 것이 무엇이든 상관없을 것으로 추론했다. 8학년 수준의 곱셈 문제라는 스트레스나 지루함을 피하기 위해서라면 뭐든 선택할 거라는 의미였다.

마찬가지로 연구자들은 참가자들이 기분을 회복할 수 없는 조건에 놓인다면('고정시킨' 기분 조건의 참가자들이 기분이 좋아지려는 시도가 무의미하다고 생각한다면) 테트리스를 몇 판 하면서 기분이 좋아지려 애쓰기보다는 곧장 수학 문제를 연습할 수도 있다는 가설을 세웠다.

그렇다면 어떤 변수에 놓인 참가자들이 가장 많이 미루었을까? (1) 기분이 나쁘고, (2) 스스로 기분이 좋아지게 할 능력이 있다고 믿으며, (3) 주위에 유혹적 방해 요소가 있는 집단이었다. 다이앤과 그 동료들은 본질을 꿰뚫었다. 이 실험으로 미루기가 시간 관리의 문제가 아니었다는 사실을 입증한 것이다. 미루기의 핵심은 감정 관리였다. 몇 년 걸리는 대형 프로젝트에서부터 칠리소스가 말라붙은 냄비(솔직하자!) 설거지 같은 사소한 일에 이르기까지, 미루기에서 중요한 요인은 바로 기분 회복이기 때문이다.

본격적으로 들어가기 전에 미루기의 정의부터 알아보자. 더럼 대학교의 미루기 연구자 푸시아 시로이스 박사에 따르면 이 부분이 특히 중요하다. 미루기는 "중요하고 의도된 과제를 시작하거나 완료하면서 과제를 미루면 부정적 결과가 나올 줄 뻔히 알면서도 불필요하게 자발적으로 미루는 일반적 자제력 문제"다.[2] 한마디로 알고도 미루는 것이다.

누구나 이따금 미루기를 하지만 성인 20퍼센트 이상[3]과 대학생의 최대 50퍼센트가 일관되게, 문제가 될 정도로 미루기를 한다.[4] 미루기가 직장, 학업, 인간관계, 건강에 눈에 띌 정도로 부정적 영향을 미칠 수 있다는 의미다. 대장내시경과 유방조영술 받기, 나쁜 인간관계 정리, 해로운 직장에서의 탈출을 미루는 경우가 그러하다.[5] 설상가상인 것은 미루기가 평생 가는 성향으로 드러났다는 점이다.[6] 다시 말해 미루기가 유전자에 새겨져 있다는 뜻이다.[7] 실제로 콜로라도 볼더 대학교의 연구에서는 미루기가 46퍼센트의 유전성을 갖는다고 밝혔다.[8]

미루기가 이렇게 흔한 이유는 무엇이며 왜 그토록 극복하기 어려울까? 하기 싫은 일을 하려면 상당한 자제력이 필요하다. 집중해야 하고, 체계적으로 정리해야 하며, 관성을 극복해야 한다. 그리고 많은 연구에서 감정적 스트레스를 받을 때 자제력이 떨어진다는 결과가 나왔다.[9] 행복하고 절제된 상태에서는 다이어트에 실패하거나, 예산을 초과하거나, 금주 다짐을 어기거나, 결혼 서약을 깨트리는 사람이 드물다. 실제로 뇌는 작지만 즉각적인 보상과 크지만 장기적인 보상 중 하나를 선택하는 경우 기분이 나쁠 때 전자를 선택하는 편이다.

따라서 어떤 일로 기분이 나빠졌다면 미루기는 일종의 대처 기제로 작동하고 상당히 강력한 보상 효과를 발휘한다.[10] 미루기는 하기 싫은 일을 피하는 동시에 수면 위로 점프하는 아기 고래의 틱톡 영상 보기, 바나나빵 굽기, 이메일 관리, 대청소 등 급하지는 않아도 유용하고 기분 좋은 활동으로 대체하게 해준다.

미루기는 다음과 같은 두 가지 상황을 발생시킨다. 첫째, 기분 관리를 틱톡, 베이킹, 이메일 관리, 대청소 같은 외부 자극에 맡기게 된다. 실제로 fMRI(기능자기공명영상) 연구에 따르면, 미루기는 감정 조절을 관장하는 뇌 영역의 활동이 감소하는 현상과 연관되며 부정적 감정을 효과적으로 처리하지 못한다는 뜻이다.[11] 둘째, 기분이 더 나빠지게 한다. 시간을 낭비했다는 죄책감과 압박감에 더해, 애초에 피하려던 감정이 물속에 눌러둔 비치볼처럼 다시 튕겨 나오게 한다.[12]

그렇다면 미루기를 끝내게 하는 계기는 무엇일까? 부정적 감정의 시소가 결국 반대 방향으로 기우는 순간이다.[13] 어느 시점이 되면 미루기에 대한 나쁜 감정이 하기 싫은 일을 해야 해서 생기는 나쁜 감정보다 커진다. 말하자면 시험에 실패할지 모른다는 두려움이 시험공부의 지루함을 압도하는 것이다.

우리처럼 자신에게 엄격한 사람들에게 미루기는 어떤 형태로든 평가가 따르는 과제에서 가장 끈질기게 나타난다. 점수를 받거나, 검토되거나, 남들 반응을 기다리거나, 타인의 의견에 자신과 자신의 일을 노출시켜야 하는 경우가 그러하다. 이럴 때는 백만 번도 더 해본 똑같은 일이어도 그 일을 하는 게 몹시 싫어진다. 그래서 부정적 평가를 받을 수 있는 일을 사회적으로 안전한 일로 대체한다. 위험 부담이 낮고, 압박감이 적으며, 사회적 미덕으로 여겨지는 일에 몰두한다고 해서 딴지를 걸 사람은 없다. 예를 들어 언젠가 나는 부정적인 학생 평가서를 작성하는 일을 미루고 세금을 납부한 적이 있다. 다시 말해 학생에게 상처를 줄 수 있다는 불안감 때문에 그 일을 피하는 대신 차라리 **세금을 내는 따분한 일**을 선택한 것이다. 적어도 엉클 샘(미국 국세청)이 내게 화를 내지는 않을 테니까.

미루기의 원인은 쌓이고 쌓여

미루기는 단순히 과제 자체의 문제가 아니다. 우리처럼 자신에게 엄격한 사람들에게 일관되고 문제적인 미루기의 원인은 모델 카다시안 집안의 가계도처럼 복잡하게 얽혀 있다. 우리는 이미 산적한 과제 위에 여러 층을 더 쌓는데, 그 사이에 있는 각 층에는 일을 시작하기 전에 극복해야 하는 부정적 감정도 함께 쌓인다.

그중 첫 번째는 우리의 숙적인 **비현실적 기준**이다. 어떤 작업의 마무리와 관련해 비현실적으로 높은 기준(가령 상사의 넋을 빼놓을 인상적 프레젠테이션, 생일 카드마다 손 글씨로 길게 쓴 메시지, 직속 부하 직원의 약점을 지적하면서도 기분 좋게 만드는 연례 평가서)을 설정하면 압도당하는 느낌, 불안하고 불확실하고 불안정하고 부족하다는 느낌을 받는다. 이 모든 것은 미루기를 통해 피하려던 바로 그 감정이다.

그다음은 우리에게 익숙한 **실패에 대한 두려움**이다. 우리처럼 자신에게 엄격한 사람들은 선택적으로 실패에만 주목한다. 우리는 결과와 과정 모두에서 미래의 결함을 비롯해 온갖 결함에 주목한다. 결과가 충분히 좋지 않다느니, 특정 절차를 따르지 않았다느니 하는 식이다. 앞서 피터는 회의에서 인상적인 발언을 해야 한다는 압박감에 얼어붙었다. 나와의 상담에서 그의 치료 과제는 회의를 할 때 "아이작의 의견에 동의합니다"처럼 부담이 적은 발언부터 해보는 것이지만 그는 이 과제를 계속 미루었다. 스트레스를 받을까 봐 두려웠기 때문이다. 피터에게는 스트레스가 곧 과정의 실패를 의미했다. "아이작의 의견에 동의합니다"라고 말했다고 해도 심장이 쿵쾅거린다는 것은 윙크하면서 손가락 총을 쏠 수준의 자신감에 도달하지 못했다는 의미이기에 실패라고 여겼다.

실패에 대한 두려움은 우리가 '쉬운' 작업을 미루는 이유를 설명해 주기도 한다.* 스무 살의 실업 상태인 노아에게는 일을 시작하지 못하는 증상이라고 표현할 수 있는 문제가 있어서 수강 신청에서 강의 하나를 신청하거나 아르바이트를 위해 동네 카페에 제출할 이력서를 작성하는 일조차 버거웠다.[14] 왜일까? 전부 아니면 전무의 사고방식을 가진 사람에게는 기대치가 낮은 일이 역효과를 낼 수 있다. 노아의 관점에서 그가 '작은' 일(일주일에 한 번 자원봉사를 하거나 정오 전에 침대에서 일어나기)조차 실패한다면 그게 자신에 대해 무엇을 말해

---

*   모든 지연이 미루기는 아니다. '시급하지 않은/중요하지 않은' 일이라 우선순위에서 밀려난 경우와 번거롭거나 성가시거나 지루하거나 무의미하거나 기타 꺼려지는 과제에 수반되는 부정적 감정을 외면하려고 미루는 경우 사이에는 미묘한 차이가 있다. 어느 내담자는 오래된 페인트 통을 재활용하는 일을 2년이나 미루었는데 겉보기에는 그냥 그 일이 우선순위에서 밀려난 듯 보였다. 하지만 그 일을 생각만 해도 불안해진 것으로 보아 그에게는 '미루기'였다. 페인트 통을 잘못 처리해 환경미화원들에게 욕을 먹을까 봐 두려워한 것이다.

줄까? 기준을 낮추는 방법은 위협적으로 느껴질 수 있다. 그 낮은 기준마저 충족시키지 못할지도 모른다는 우려 때문이다.

마지막은 미루기와 관련된 자기비판이다.[15] 이제 한 단계 더 들어가 보자. 여덟 시간 동안 〈마인크래프트〉 게임을 했거나, 유서 작성을 10년이나 미뤄왔다는 이유로 자신을 비난한다면 안 그래도 못생긴 케이크에 크림을 덧바르듯이 더 많은 부정적 감정(죄책감, 수치심, 자기혐오)을 켜켜이 쌓는 셈이다. 더욱이 우리는 이미 오랫동안 연습한 일반적 자기비판도 빠뜨리지 않는다. 그러면서 자신은 어리석고, 게으르고, 무능하며, 조직적이지 못하고, 희망이 없다고 말한다. 그럼으로써 스스로에게 느끼는 경멸은 다음 과제로까지 이어지고, 부정적 감정과 미루기를 통한 치유의 악순환이 다시 시작된다.

간혹 여러 층위가 한꺼번에 겹치기도 한다. 예를 들어 안토니오는 집안의 첫 대학생으로, 심각한 사기꾼 증후군impostor syndrome에 시달렸다. 그는 청소부로 일하는 아버지를 생각하며 꼭 성공해서 부모님의 희생에 보답해야 한다는 중압감에 짓눌렸다. 안토니오는 입학 사무국이 실수로 그를 합격시키는 바람에 학장이 보낸 직원이 "죄송하지만 안타까운 실수가 있었습니다"라고 말하는 장면을 불안한 마음으로 떠올리곤 했다. 그는 열심히 공부해 학교 당국에 자신이 소중한 기회를 낭비하지 않는 학생임을 증명하면 학교가 자신을 내치지 못할 거라고 믿었다.

그래서 안토니오는 논문을 쓸 때미다 심각한 자기의심에 빠졌다.

그는 그 자신이 문제라고 생각했다(일반적 자기비판).

나는 차츰 안토니오가 스스로에게 기대하는 바를 알게 되었다. 그는 자신이 도서관 열람실에 앉아 차분하고 자신감 있게 노트북을 켜고, 수도꼭지에서 물이 줄줄 흐르듯 완벽한 문장을 척척 써 내려가기를 바랐다(비현실적 기준, 과정에서의 실패에 대한 두려움). 그는 초안이 당장 최종본이 되기를 기대했다(또 하나의 비현실적 기준, 결과에서의 실패에 대한 두려움).

그러나 이 모든 압박감으로 인해 그가 실제로 한 일은 열람실에 앉아 노트북을 켜고 뉴스를 읽는 것이었다. 그러면서 세상에 무슨 일이 일어나는지는 알아야 한다고 스스로를 합리화했다. 혹은 틱톡을 보면서 그냥 잠깐 머리를 식힌다고 핑계를 댔다. 그러다 어느새 다음 수업 시간이 된다. 결국에는 마감에 쫓겨 서둘러 논문을 마감하고 불안하게 '제출' 버튼을 누르고는 또 한 번 스스로를 궁지에 몰아넣은 자신을 비난한다(미루기와 관련된 자기비판). 그리고 노트북을 덮으며 다음에는 더 잘하겠다고 굳게 다짐한다.

안토니오는 한 치의 비효율성과 실수도 용납하지 않으려는 자세로 인해 스스로 마비되었다. 학교에서 퇴학당한다는 가정도 그를 옭아맸다. 스미스 대학교 패트리샤 디바르톨로 박사와 동료들의 연구가 이런 현상을 뒷받침한다.[16] 이들 연구자는 완벽주의 성향의 참가자들은 (1) 끔찍한 결과를 예상하고, (2) 실제로 그 일이 일어난다고 생각할 가능성이 크다는 결과를 얻었다. 이는 안토니오가 학장이 꾸짖는 모습을 떠올리고, 틱톡의 싱크홀 속으로 빠져드는 이유를 설명해

준다.

> **내 삶과 연결하기**
>
> 당신의 미루는 태도를 이해하기 위해 다음 항목들을 점검해 보자. 당신은 어떤 요인에 공감하는가?
>
> **비현실적 기준**: 스스로 도달해야 한다고 기대하는 기준은 무엇인가? 과제의 질에 대해 어떤 수준을 기대하는가? 남들에게도 동일한 기준을 적용하는가?
>
> **실패에 대한 두려움(결과 또는 과정)**: 결과적으로 스스로의 혹은 남들의 기대를 충족하지 못할까 봐 압도당하거나 가로막힌 느낌이 드는가? 그 과정에서 당신의 절차와 노력, 감정이 반드시 옳고 완벽해야 하는가?
>
> **미루기와 관련된 자기비판**: 미루는 중에 혹은 미룬 이후에 자신에게 뭐라고 말하는가? '왜 나는 해야 할 일을 못 하지?' '좀 더 책임감 있게 행동해야 해' '나는 아무리 노력해도 계속 일을 미루는구나' '왜 시작도 못 하지?' 등의 말을 하는가?
>
> **일반적 자기비판**: 미루기와 관련해 자신을 어떻게 평가하는가? '나는 게을러' '나는 절대로 목표에 도달하지 못할 거야' '나는 자제력이 형편없어' '나는 더 잘해야 해' 중에서 미루기와 관련해 자신을 평가하는 말은?

표면적으로는 해결책이 간단해 보이지만 현실은 그리 녹록지 않다. 일단 시작해 보자! 이제 당신의 미루기 항목이 휴가철 공항 보안검색대 앞의 줄처럼 길어지지 않도록 도와줄 네 가지 방법을 알아보자.

일단 시작하면 기분이 따라온다

미루기가 부정적 감정을 피하려는 시도라면 우리에게 반드시 기분 개선이 필요할까? 자신에 대한 친절과 용서가 다시는 미루지 않기 위한 황금 열쇠가 되어줄까? 사실은 그렇지 않다. 시작하기 전에 기분이 좋아져야 할 필요는 없다. 지금 기분이 엉망이어도 당장 시작할 수 있다.

이 말이 억지스럽게 들릴지도 모른다. 마치 이마에 핏줄이 선 훈련소 교관이 침 튀기며 내지르는 소리 같다. "제군이 어떻게 느끼든 상관하지 않는다! 무조건 할 것!" 하지만 조금 더 들어보기 바란다. 우리는 수용과 변화라는 두 가지 방법을 활용할 수 있다. 여기서는 두 가지 모두를 사용해 보기로 하자.

우선 수용부터 시작하자. 연구에 따르면 우리처럼 미루는 사람들은 성격상 마음 챙김을 잘하지 못한다.[17] **감정 상태에 과도하게 동일시하는 현상**, 즉 '내가 이렇게 느끼면 진실일 거야'라는 현상은 마음 챙김과 대척점에 있다.[18] 배가 고파서 화가 나는 바람에 배우자와 다툰 적이 있다면 어떤 현상인지 잘 이해할 것이다(절대 내 얘기가 아니다).

그럴 때 감정에 휘둘리기보다 마음속 스크린에 펼쳐지는 영화처럼 감정을 바라보면 된다. 긴 영화가 아니어서 강렬한 감정도 몇 초 내지 몇 분이면 가라앉는다.[19] 올라간 것은 무엇이든 내려오게 마련이다. 불안감이든 압도감이든, 그 어떤 감정이든 멀리 떠나보내지 않고도 관찰할 수 있다. 그러고 나서는 스스로 무능하다고 느끼는 동시에 파워포인트를 열 수 있고, 불가능하다고 느끼는 **동시에** 다음 단계를 계획할 수 있고, 멍청하다고 느끼는 **동시에** 책을 펴고 공부를 시작할 수 있다.

이것이 수용이다. 이제 변화로 넘어가 보자.

과제를 아주 작은 단계로 나누기

기분이 좋지 않은 상태를 마음 챙김으로 견디면서 작은 과제부터 시작하는 것이 거창한 과제부터 시작하는 것보다 훨씬 수월하다. 고전적 행동 변화의 기술을 사용해 과제를 아주 미세한 단계로 나누어 보자.[20] 그런데 여기서 핵심은 과제를 황당할 정도로 잘게 잘라서 전혀 저항감이 들지 않게 만드는 데 있다.

완벽주의자의 내면에 있는 채찍은 과제를 잘게 나누기를 좋아하지 않는다. 우리는 전부 아니면 전무를 선호한다. 모든 것을 한 번에, 처음부터 끝까지, 크게 애쓰지 않고 해내야 한다고 말한다. 하지만 과제를 잘게 나누면 그만큼 거부감을 감소시키기도 한다. 나는 대학원 마지막 해에 우울증과 당뇨를 앓는 사람들을 위한 연구에 동참했다.[21] 한 참가자는 헬스장에 갈 동기를 찾으려 했는데 그의 이름은 기억나지 않지만 그가 정한 첫 단계는 기억이 난다. 말 그대로 '바나나 까기'였다. 운동을 위해 에너지를 공급해 줄 바나나를 먹는 준비 단계라는 뜻이다. '자동차 열쇠 찾기'는 이후의 여러 단계 중 하나였는데 무척 공감 가는 단계이기도 했다.

심리학자 해리엇 러너 박사는 저서 《두려움과 그 밖의 초대받지 못한 손님들》에서 무려 86킬로그램을 감량한 친구의 사연을 소개한다. 그 친구는 말했다. "86킬로그램을 빼려고 하면 엄두가 나지 않지만 1킬로그램 정도는 뺄 수 있다고 생각했어. 그 정도는 충분히 할 수 있고 실현 가능한 일이니까. 난 그저 1킬로그램을 86번 감량한 기야."[22]

과제를 얼마나 잘게 나누는지 남들이 알 필요는 없다. '바나나 까기' '1킬로그램 감량' '컴퓨터 켜기' '첫 단계를 파악하기 위한 정보 수집' 같은 작은 단계부터 시작하자. 이런 작은 단계들을 할 일 목록에 추가하고 한 단계씩 마무리하면서 체크 표시만 해도 성취감을 느낄 것이다. 만약 저항감을 느낀다면 단계를 더 잘게 나눈다.

가장 효과적인 방법은 수용과 변화를 함께 사용하는 것이다. 과제를 아주 작은 단계로 나누고, 일시적으로 기분이 나쁜 상태를 수용할 수 있으면 시작이 훨씬 수월해진다. 이 조합을 자주 사용하면 자잘한 성공의 경험을 차곡차곡 쌓을 수 있다. 이런 경험은 타이어에 공기를 넣듯이 서서히 당신을 더 나은 상태로 변화시킨다. 기분이 나아지면 미루는 행동도 줄어든다. 그러니 이제부터 불쾌한 감정을 수용하면서 '바나나 까기'라는 작은 첫 단계부터 시작해 보자. 그 작은 성공을 동력 삼아 앞으로 나아가자.

> **내 삶과 연결하기**
>
> 시작을 위해 당신이 할 수 있는 아주 작은 단계는 무엇인가? 저항감이 든다면 그 단계를 더욱더 작게 나누어보자.

미루는 자신을 용서하기

미루기의 목적이 즉각적 기분 회복이라면 기분 회복을 위한 다른 방법을 시도해 보자. 미루기 연구자 티모시 피칠 박사와 동료들은 첫 심리학개론 중간고사 공부를 미루던 학부생들을 조사해 자신을 용서하면 두 번째 중간고사 공부를 미루는 행동이 감소한다는 결과를 얻었다.[23] 그 이유는 '부정적 감정의 감소'였다. 다시 말해 더 많이 미룸으로써 기분의 회복을 시도했을 때보다 자신을 용서했을 때 진정으로 기분이 회복되고 공부에 대한 더 많은 동기부여가 가능했다. 마찬가지로 푸시아 시로이스 박사는 메타 분석을 통해 스트레스와 미루기의 관계가 자기연민으로 변화할 수 있다는 결과를 얻었다.[24] 미루기가 기분이 좋아지게 하는 기능을 한다면, 자신에게 친절하게 말하는 방법(자기용서와 자기연민)으로도 같은 효과를 볼 수 있다는 논리다.

안토니오는 이 방법이 전혀 마음에 들지 않았다. 특히 미루는 상황에서 스스로에게 친절하라는 것은 자신을 방치하고 나태해지게 하는 일인 듯했다. 그는 자신을 발전시켜야지 용서해야 한다고는 생각지 못했다.

 이쯤 해서 "그 뒤로 안토니오가 자기용서를 시도하며 효과를 보았다"고 후일담을 전할 수 있으면 좋으련만 완전히 그렇게 되지는 않았다. 대신 그는 포털에서 뉴스를 보거나 틱톡을 보는 것을 깨닫는 순간 단순히 '아, 그렇구나'라고 생각하고 넘어갔다. 완전한 자기친절은 아니어도 평소 자신을 지나치게 비판하고 폄훼하던 데 비하면 한결 온건한 태도였다. 어차피 목표는 효과적 방법을 찾는 데 있다. 안토니오에게는 이런 방법도 자기친절과 자기용서의 한 형태였고, 덕분에 압박감이 조금이나마 줄어들었다. 시간이 흐르고 안토니오는 미루고 난 다음 스스로에게 '꼭 필요했던 거야' '어제는 나를 많이 몰아붙였으니 이러는 것도 당연해'라고 말할 수 있었다. 이처럼 서서히 자기용서에 가까워졌다.

 당신도 스스로에게 말할 수 있다. '집 전체를 청소하겠다고 다짐하고는 정말 벅찼구나. 미루는 것도 이해해. 괜찮아, 누구든 그러니까.' 혹은 간단히 '괜찮아' '아무 문제 없어'라고만 해도 된다. 이 과정이 마법처럼 단번에 끝나지는 않는다. 꾸준히 반복하고, 그 반대편에 있는 좌절이나 고집 같은 감정을 견디며 서서히 스며들게 해야 한다.

 안토니오가 미루기를 완전히 그만두었을까? 절대 아니다. 다만 집착을 조금 내려놓는 방법으로 효과를 보았다. 그의 삶에는 여전히 틱톡이 남아 있지만 이해와 용서, 연민도 새로이 자리를 잡았다.

> **내 삶과 연결하기**
>
> 최근의 미루기 경험을 떠올려보자. 그 미루기는 이해할 수 있는 행동이었는가? 그 행동을 이해할 수 있었던 이유는? 그런 이해를 통해 조금이라도 자신을 용서할 것을 자유로이 선택할 수 있는가? 한 번에 하기는 어려울 수도 있다. 쉽게 용서하지 못하는 나 자신마저 용서하기를 바란다.

미래의 나와 연결하기

흔히 스트레스를 받거나 피곤할 때면 미래의 나에게 희망을 걸곤 한다. 미래의 나는 덜 피곤하고, 더 의욕적이며, 열정적으로 일에 뛰어든다고 상상한다. 다이어트는 '내일부터'라는 흔한 우스갯소리도 그래서 나온 말이다.

살다 보면 자연히 자신의 여러 모습을 경험한다. 나는 많은 내담자들에게 이런 말을 들었다. "술을 끊기 전의 나는 지금의 나를 상상도 못 할 거예요." "고등학교 시절의 나는 완전히 다른 사람 같았어요." "이별한 뒤로 완전히 새로운 내가 되었어요."

푸시아 시로이스 박사는 미루는 사람들은 평균적으로 미래의 자신과 더 단절된 느낌을 받는다는 사실을 알게 되었다.[25] 그 미래가 바로 내일 아침이어도 마찬가지다. 신경과학에 관한 연구도 시로이스의 주장을 뒷받침한다.[26] 참가자들에게 미래의 자신을 상상해 보라고 요청하자 미래의 자신과 단절감을 느끼는 사람들의 뇌는 낯선 사람을 떠올릴 때와 비슷하게 반응했다.

미루기는 기분 회복에 초점을 맞추므로 의욕이 넘치는 미래의 나를 상상하면 당장은 기분이 좋아질 수 있다. 미래의 내가 과제를 시작했기에 부정적 감정을 느끼지 않아도 되고 미루는 행동에 죄책감을 느낄 필요가 없으니까! 미래의 내가 다 해줄 테니까!

하지만 그 미래의 내가 보여주는 감정은 지금 내가 느끼는 감정과 많이 다르므로(의욕적이다! 에너지가 넘친다! 자제력이 뛰어나다! 자신감이 넘친다!) 마치 낯선 사람을 대하듯 단절감을 겪을 수 있다. 게다가 주방을 청소하고, 운동을 하러 가고, 영문학 기말 리포트를 쓰는 미래의 이상적 나에게 모든 것을 맡기다 보면 **실제 미래의 나** 역시 지금의 나처럼 싱크대에 쌓인 그릇의 설거지를 미루고, 스피닝 레슨을 빼먹고, 《율리시스》를 읽기 싫어할 가능성이 높다는 사실을 제대로 인식하지 못한다.

우리가 시간 여행을 할 수는 없지만, 이브마리 블루앙-후동 박사는 거의 근접한 연구를 진행했고 "미래의 자신과의 연속성을 높이고 미루는 습관을 줄이기 위한 정신적 연상 개입"이라는 방법을 고안했다.[27] 이 연구에서는 대학생 참가자들에게 상상 연습을 통해 학기 말의 자신을 외부의 관점에서 '보도록' 요청했다. 다음은 예시 지문이다.

> 미래의 당신 얼굴과 몸에 주목하세요. 미래의 당신은 어떤 옷을 입고 있나요? 미래의 당신이 교재를 펼쳐서 읽는 모습을 보면서 그 책을 유심히

살펴보세요. 새 책처럼 보이나요, 아니면 자주 펼쳐본 흔적이 있나요? 주위를 둘러보면 미래의 당신 주위로 다른 수업의 교재와 논문, 노트가 쌓여 있어요. 논문이 형광펜으로 표시되어 있나요, 아니면 아무 표시도 없나요? 노트는 자주 사용한 흔적이 있나요, 아니면 사용한 적이 없어 보이나요? 미래의 당신은 노트를 들여다보며 며칠 후 제출할 기말 리포트를 읽고 있어요. 리포트는 거의 완성된 것처럼 보이나요, 아니면 아직 할 일이 많아 보이나요? 미래의 당신은 어떻게 느끼나요? 그즈음 미래의 당신은 준비가 되어 있을까요?

이 지문에서는 자주 펼쳐본 것처럼 보이도록 교재를 시각화하거나, 시험 준비를 잘한 상태를 상상하라고 강요하지 않는다. 대신 이것은 스스로 선택해서 따라가는 모험 형식이다. 이 실험의 핵심은? 미래의 자신을 생생하게 상상하면서 세부 감각 및 내면과 외부의 모습을 구체적으로 그려보는 것이다. 이로써 미래의 자신과 목표에 대한 공감과 연결감을 높일 수 있다.[28]

내 삶과 연결하기

미루고 싶은 마음이 들 때마다 미래의 자신을 상상해 보자. 미래의 자신이 미루었는지, 미루지 않았는지는 중요하지 않다. 다만 미래의 자신에게서 공감과 연결을 끌어낼 강렬한 개인적 이미지를 떠올려보자.

특히 스트레스가 심하던 시기에 계속 과제를 미루던 안토니오는 결국 교수님께 하루만 연장해 달라고 부탁했고 "안 된다"는 단호한 답을 들었다. 용납하기 어려운 일이 분명했고 안토니오는 제때 제출하지 못했다는 이유로 감점을 받았다. 이후로도 안토니오는 계속해서 미루기 습관과 싸우면서도 자신에게 조금 더 친절하려고 애썼다. 여전히 스스로에 대한 기대치가 높았고, 집안을 일으켜 세워 가족의 노고에 보답하고 싶어 했다. 그러다 그는 내면의 비판자가 그에게 '더 잘하라'고 다그치지 않을 때 목표에 더 효과적으로 도달할 수 있다는 사실을 깨달았다. 결국 탁월함에는 약간의 자기친절, 심지어 틱톡을 즐기는 것도 포함될 수 있음을 깨달았던 것이다.

변화 6

비교에
집중하지 않기

13장

비교하는 마음도 통제할 수 있다

"내가 가지 않는 이유는 황당해요." 리즈가 말했다. "격리 기간에 찐 7킬로그램을 빼야 해서죠. 그러다 '아무리 생각해도 말이 안 돼, 어차피 아무도 신경 쓰지 않잖아'라고 혼잣말을 해요. 결국 이번 동창회는 빠지고 5년 후에 나가겠다고 마음먹었죠. 하지만 사실 15주년 때도 그랬어요. 무엇보다도 거기 나가서 사람들한테 이혼했다고 얘기하기가 싫었거든요. 그렇지만 통계를 보면 이혼한 사람도 꽤 많잖아요." 리즈의 고민과 논리를 듣자니 테니스 코트 가운데 서서 시합을 보는 기분이었다. 리즈의 뇌는 마치 공을 주고받는 것처럼 걱정과 논리, 걱정과 논리를 오갔다.

리즈는 고등학교 졸업 20주년 동창회 참석 여부를 두고 고민 중이었다. 신청 마감일은 빠르게 다가왔고, 지난번 동창회에 빠진 것에 대해 이미 자신에게 실망한 터였다. 그러나 마음속으로는 비교를 멈출 수 없었고 몸무게, 직업, 결혼 생활을 두고 계속 저울질을 했다. 15주년 동창회 때도 같은 상황이었다. 당시에는 자신의 수입과 헤어스타일, 전 남편과 심지어 그의 헤어스타일까지도 부유하고 행복한 결혼 생활을 하고 있을 것 같은 상상 속 친구들과 비교했다. 그 친구들은 팬틴 샴푸 광고에 나올 법한 멋진 헤어스타일을 하고 있었다.

다들 자신을 반갑게 맞아주리라 예상하면서도 여전히 자신이 부족하다고 느꼈다. "지금의 나는 최상의 모습이 아니에요. 사람들에게 내가 뭘 할 수 있는지 보여주고 싶어요."

연인을 떠나는 데는 50가지 방법이 있을지 몰라도 자신을 남들과 비교하는 방법은 무한하다. 1954년 미국 사회심리학자 레온 페스팅거는 **사회 비교 이론**social comparison theory을 발표해, 인간은 끊임없이 자신을 남들과 비교한다고 설명했다.[1] 비교는 자신과 세상을 이해하는 가장 기본적이고 보편적인 방법 중 하나로, 일찍이 유치원 때부터 시작되고[2] 무의식적으로 일어날 수도 있다.[3] 사람들은 자신이 누구인지, 어떻게 행동하는지 알아내려 하지만 이 질문의 답은 모두 상대적이다.*

사회 비교는 또한 **안전 행동**의 역할을 한다. 불안을 완화하고 두려운 일이 실현되는 것을 막으려는 시도인 셈이다. 비교는 일종의 확인

---

* 대학교 평균평점GPA, 5킬로미터 기록, 욕실 청결 정도가 '좋은지'는 주변 사람들과 비교해야 알 수 있다. 키가 큰지 작은지조차 비교하지 않으면 알 수 없다.

행위라 할 수 있다. 마치 가스불을 껐는지 한 번 더 확인하는 것과도 같다. 그러나 자신의 위치를 확인하는 질문, 가령 나는 괜찮은가, 내가 더 나은가, 더 나쁜가, 훨씬 나쁜가라는 질문은 예외다. 이런 질문은 나는 **충분히 괜찮은가?**라는 존재론적 불안에 답하려는 시도다.

그런데 모든 안전 행동과 미찬가지로 비교는 일시적으로는 기분이 좋아지게 한다 해도('켄드라보다 내 게시물이 좋아요를 더 많이 받았군') 결국 역효과를 낳는다. 그 이유는 (1) 현실을 사는 데 이용할 정신적 여유를 앗아가고, (2) 성공할 경우 그 공을 가로채면서 비교가 필요하고 중요한 것이라는 생각을 다시금 강화하기 때문이다. 무엇보다도 (3) 자신의 가치를 외부에 의존하게 만들어 비교를 통해 자존감이 오르락내리락하게 만들기 때문이다.

이겼다는 마음이 부른 고립감

페스팅거가 제시하는 비교의 한 유형은 **하향식 사회 비교**downward social comparison로, 자기보다 처지가 못한 사람들과 비교하는 것이다. 이런 비교에서 일어나는 부정적 감정은 남에게로 향하며 잘해야 동정, 최악의 경우 경멸로 나타난다.[4] 반면 긍정적 감정은 내면으로 향하며 감사하고 고마워하는 마음을 일으킨다.

이겼다는 판단이 들 때 사람들은 약간 우월감을 느낀다.[5] 가령 명상 수업에서 옆 사람들보다 오래 앉아 있어서, 스터디 모임에서 유일하게 3주 학습 계획을 끝까지 지켜서, 이 공간에서 가장 뻔하지 않은 사람이라서 조금은 우쭐함을 느낄 수 있다.

때로는 내면의 비판자가 '충분히 괜찮다'는 기준을 충족시키려면 특별해야 한다고 말한다. 그러면 뛰어난 성과를 올리기 위해 과도하게 열심히 일한다. 원하든 원치 않든 최대한 자제력을 발휘하고, 즉각적 만족은 유예하고, 괜찮다고 말하며 고통을 참아내면서까지 열심히 해내기도 한다.

나의 내담자 조던은 대학 운동선수인데 부상과 피로를 달고 살면서도 훈련을 멈추지 않았다. 그래야만 군계일학이 될 수 있다고 믿었다. 팀 동료들 중 3년 동안 매일 운동한 사람은 아무도 없지만 조던은 그 기록을 달성했다.

영국 잡지 〈마리 클레르〉의 편집자 리즈 존스는 40년 동안이나 섭식 장애에 시달렸다. "거식증 전 단계인 나는 스스로가 우월하고 깨끗하다고 느끼고, 도덕적으로 비난받을 여지가 없다고 생각해요."[6]

나 역시 오랫동안 진통제를 쓰지 않고 출산하는 것을 강인하고 명예로운 일로 여겼지만, 이제는 그저 특별해지려고 안간힘을 썼다는 생각이 든다.

모든 안전 행동이 그렇듯이 자신에게 엄격한 태도와 하향 비교가 결합하면 역효과를 낳는다. 특별하다고 느끼는 동시에 단절된 느낌을 받고, 결국에는 공동체에서 분리되며,[7] 단순한 즐거움을 누릴 기회를 잃어버린다.[8] 덤으로 산부인과 의사에게 의혹에 가득 찬 눈초리를 받기도 한다.

뛰어난 사람을 볼 때의 분노

페스팅거가 이론화한 또 하나의 유형은 **상향식 사회 비교**upward social comparison로, 자신보다 상황이 나은 사람들과 비교하는 것을 말한다. 이런 비교의 결과 감정이 내면으로 향하면 위축되거나 낙담한다.[9] 혹은 감정이 외부로 향하면 사람들을 향한 분노나 적대감이 끓어오를 수도 있다. 특히 자신이 중시하는 영역에서 남들이 더 잘한다고 느끼거나 그들에게 자질이나 자격이 없다고 여길 때 이런 분노가 치민다.[10] 때로는 이런 태도가 긍정적 결과를 낳기도 한다. 가령 '저 사람이 할 수 있다면 나도 할 수 있겠지!'라며 영감을 얻는다. 하지만 가끔은 부정적으로 흘러 열등감, 적대감, 불만에 사로잡히게 한다.

보스턴 억양의 코너는 전형적 미남에다 외향적 성격이었고 펍을 운영했다. 우리 병원 안내 데스크 직원들은 모두 그를 좋아했다. 그는 병원에 올 때마다 "아직도 말썽 부리고 있어요?"라는 농담을 던지며 윙크를 했는데 마치 보스턴 남부를 배경으로 한 영화에서 주인공 벤 애플렉의 친구 역할을 하면 어울릴 법한 모습이었다. 그런데 문제는 그의 이런 성격이었다.

코너는 자신이 장난기 많고 시시덕거리는 성격을 끊임없이 드러내야만 충분히 괜찮은 사람이 된다고 느꼈다. 이런 모습을 보여주지 않아서 "오늘은 왜 조용해?" "괜찮아?" 같은 말을 들으면 스스로의 기대에 미치지 못한다고 여겼다. 그의 내면에서는 요란하고 강렬한 사회 비교가 일어났다. 가령 골프를 치거나 바에서 레드삭스 경기를 볼 때 친구가 재미있는 이야기를 해서 모두를 웃기면 코너는 자동으로 생각했다. '사람들은 나보다 저 친구랑 있는 걸 더 좋아하겠지.' 가족과 있을 때도 친척들이 자신보다 매형을 더 좋아한다고 확신했다. 코너는 이런 자신을 인정하기를 부끄러워하며 '왜 나는 스스로를 극복하지 못하지?'라고 자문했다.

코너의 질문과 같은 맥락에서 당신은 동료의 승진이나, 친구의 횡재, 직장 상사의 뛰어난 조직력을 보며 은근히 억울해할지도 모른다. 특히 그들이 우리만큼 열심히 일하지 않았다는 생각이 들 때 더욱 그렇다. 이런 억울한 감정은 당신을 낙담시킬 뿐 아니라 그들과의 거리감을 조성한다.

페스팅거는 사회 비교가 자동적이고 불가피하다는 가설을 세웠다.[11] 남들과 비교하지 않으려고 애쓰는 것은 본능과 싸운다는 뜻이다. 멈추고 싶어도 멈출 수가 없다. 페스팅거가 초기 가설을 내놓은 후 이 가설을 뒷받침하는 신경학적 증거가 쏟아졌다.[12] 오스트리아 인스브루크 대학교 토비아스 그라이테마이어 박사와 크리스티나 사기오글루 박사는 참가자들에게 간단한 작업(화면에 나타나는 점의 개수를 순간적으로 파악하기)을 통해 돈을 벌게 해주면서 이들의 뇌를 스캔했다.[13] 실험이 끝난 후 참가자들은 자신의 수행에 따른 결과 및 다른 참가자들과의 비교를 통해 얻은 상대적 결과를 모두 전달받았다. fMRI 판독 결과, 자극의 주관적 가치를 평가하는 뇌 부위인 복측선조체ventral striatum는 **상대적 보상**에 따라 강렬히 활성화되었다. 이 영역은 각 참가자가 번 돈의 액수와 상관없이 비교를 통해 활성화되었다.

이로써 억만장자들끼리 더 멋진 요트를 갖겠다고 경쟁하는 이유를 설명할 수 있다.[14]

페스팅거는 하향 비교든 상향 비교든 사람들은 자신과 비슷한 사람들과 비교한다는 이론을 제시했다.[15] 그래서 리즈는 팝스타 제니퍼 로페즈나 이미존 창립자 제프 베조스가 아니라, 졸업반 친구 제니퍼나 제프와 비교하는 것이다.

왜일까? 인간은 사회적 동물이다. 원시시대에는 집단 속에서 좋은 관계를 유지하는 것이 생존에 필수였다. 그래서 인간은 자신의 행동을 철저히 감시하고 남들과 비교하면서 사회적으로 수용되는 선 안쪽에 들어가 있는지 확인하려 한다. 비교는 오랫동안 인간과 그 집단을 지탱해 주었다.

이런 원초적 성향이 가장 현대적인 기술, 곧 소셜미디어를 통해 증폭된다는 점에 주목해야 한다. 이제 사람들은 소셜미디어가 사용자들에게 부족함과 좌절감을 느끼도록 정교하게 설계된 장치라는 것을 알게 되었다.[16] 가령 완벽하게 꾸며놓은 커피 테이블, 꿈같은 여행지, 놀라운 메이크업 튜토리얼, '진짜'처럼 보이도록 교묘히 연출된 게시물(#MessyHairDontCare) 같은 것들이 있다. 이처럼 '아찔하게 높은 수준'으로 기준이 정해지면 일상 속 어질러진 식탁이나 평범한 여행 패키지, 그저 그런 메이크업 테크닉이 충분히 괜찮지 않아 보이고, 사회적 기대에 압박감을 느낀다. 결과적으로 심리학에서 말하는 불일치가 발생한다. 이것은 현재 자신의 모습과 자신이 되고 싶은 모습 사이의 차이를 말하는 개념으로, 소셜미디어에서든 현실 세계에서든 **불일치**는 갖가지 '충분히 괜찮지 않음'의 감정을 키운다. 곧 지위 불안과 사회공포증, 남들이 누리는 혜택을 놓치고 싶지 않은 마음(FOMO: Fear of Missing Out), #목표(#goals)와 같은 것으로 나타나는 것이다.

때로 소셜미디어는 실체가 있는 공동체를 만들기도 한다. 사람들은 자신과 잘 맞는 사람들을 찾아내 더욱 연결된다. 하지만 이런 가상의 참여는 인간의 기본 욕구를 채워주기보다 **모방**하는 데 그칠 때가 있다.[17] 옥스퍼드의 심리학자 앤드루 프리지빌스키 박사는 사랑, 소속감, 공동체 같은 인간의 기본 욕구가 충족되지 않을 때 소셜미디어에 더 쉽게 끌리는 현상을 발견했다. 일리 있어 보이는 주장이다. 사람들은 소속감이 필요할 때 자연히 남들에 대해 더 알고 싶어 한다. 하지만 이런 욕구는 이른바 '눈팅' 정도로는 채워지지 않는다. 필립 베르두인 박사가 이끄는 연구는, 소셜미디어의 소극적 사용(참여하지 않고 관찰만 하는 것)은 더 큰 사회적 비교, 특히 상향식 사회 비교와 연관된다는 점을 시사한다.[18]

비교가 본능적인 것이기는 해도 비교 행위가 반드시 통제 불능 상태로 치닫지는 않는다. 불가피하게 비교할 수밖에 없다 해도 그 불길에 기름을 얼마나 붓는가는 선택의 문제다. 문제는 비교 행위 그 자체가 아니라 비교의 결과로, 자칫 자존감을 타인에게 의탁하게 될 수 있다.

그러면 어떻게 해야 좋을까? 비교로 인한 상처를 줄이는 가장 단순하면서도 시간이 걸리는 방법이 있다. 나이를 먹는 것이다. 학술지

〈성격과 개인차〉에 실린 연구에 따르면, 비교 행위는 나이가 들수록 감소하는 경향이 있다.[19] 사회 비교는 젊을 때 최고조에 달하다가 나이가 들면서 점차 감소한다. 그런데 이 과정을 조금 앞당길 방법이 있다.

뛰어난 사람의 다양한 면을 인지하자

사회 비교는 인류 진화의 과정에서 그 효율성 덕분에 살아남았다.[20] 원시인이 자신의 불과 이웃의 불을 비교하던 태도가 오늘날 나의 직함이나 지위를 동료의 그것과 비교하는 형태로 바뀌었다('저런 작자가 정말로 임원이라고?'). 그 이유는 이렇게 비교하는 것이 단순하고 빠르기 때문이다. 귀중한 에너지와 정신적 자원을 아끼기 위해서는 정보의 일부만 골라내어 비교하면 된다. 이를테면 자신의 불과 이웃의 불 혹은 자신의 직함과 다른 사람의 직함을 비교하는 식이다. 불쏘시개를 얼마나 잘 쓰는지, 어떤 연줄이 가능했는지 등 모든 변수를 살펴보지 않는다. 그런데 여기에는 치명적 단점이 있다. 사회 비교는 본질적으로 정보 부족에서 비롯된다. 따라서 비교로 인한 부정적 영향을 줄이려면 더 많은 정보가 필요하다는 것이다.

내담자 애비는 상사와 나이가 같다는 점을 걱정했다. '나는 어쩌다 그 사람처럼 경력을 쌓지 못했을까?' 애비는 나이를 기준으로 비교하지만 사실 직함을 이런 식으로 비교하는 것은 적절하지 않다. 사과를 다른 사과와 비교해야 하는데 사과 파이와 비교하는 격이다.

나중에는 비교 지점을 확장해 사과를 테니스공에 비교하게 되었다. 애비가 알고 있는 비교 지점이 몇 가지 있었다. 상사는 MBA를 땄는데 자신은 학사 학위만 있다거나, 상사는 회사에서 5년 일했지만 자신은 이제 2년 차라는 식이었다. 그 밖에 이런 데이터가 존재하지 않는 비교 지점도 많았다. 예를 들어 야망, 업무 시간, 제도적 성차별, 배우자의 지원 여부, 정신 건강 문제를 비롯해 우리가 미처 생각하지 못한 온갖 변수들이었다.

우리는 이제 소셜미디어가 타인의 삶을 잘 편집한 하이라이트 영상이라는 것 정도는 알게 되었다. 하지만 사실은 사람들이 공적으로 보여주는 다른 모든 측면도 마찬가지다. 직장 동료는 큰 집에서 사는데 알고 보면 그가 갚아야 할 대출금이 집값보다 클 수도 있다. 친구는 이번에 승진을 했지만 실은 위궤양에 시달리고 있으며, 직장을 관두고 염소 치즈를 만들며 살고 싶다는 소망을 남몰래 키우고 있을 수도 있다.

자신을 남들과 비교할 때 실제로 던지는 질문은 '나는 충분히 괜찮은 사람인가?'이다. 따라서 목표는 양적인 면에서나 다양성 면에서나 비교 지점을 충분히 포함시켜 그 답이 '글쎄, 나를 이 사람과 비교해서는 절대 알 수 없겠어!'가 되어야 한다. 즉 비교 자체가 무너지게 하는 것이다.

때로는 정보를 더 많이 수집함으로써 비교 대상으로 삼은 그 사람을 실제 인간으로서 이해하게 된다. 그러면 자연히 다양한 성격, 포부, 사고방식, 이력, 추진력, 결점, 약점이 있는 한 사람이 드러난다.

여기서 핵심은 그 사람의 밝혀진 '약점'에 즐거워하고 고소해하려는 데 있지 않다. 그보다는 비교하는 대상을 더 깊이 알아보면 그 사람이 얼마나 복잡한 존재인지 이해할 수 있으며, 다행히 비교 자체가 무의미해진다는 데 있다.

내 삶과 연결하기

예전에 당신을 주눅 들게 했던 사람에 대해 더 깊이 알아본 적이 있는가? 이렇게 알아낸 정보를 현재 당신이 비교하는 사람들에게는 어떻게 적용할 수 있을까?

목적은 비교의 충격을 완화해 준다

하산은 작은 연못과도 같은 K-12 학교(미국 교육 시스템상 유치원부터 12학년까지의 교육과정을 제공하는 학교—옮긴이)에서 졸업생 대표이자 프롬 킹(고등학교 졸업 댄스파티에서 인기투표로 선발한다—옮긴이)이었다. 하산은 이렇게 제일 큰 물고기로 살다가 큰 사립대학교의 수천 명 중 하나인 신입생으로서 조그만 물고기가 되어버렸다. 이 엄청난 변화를 겪던 시기에 하산은 우리 병원에 찾아왔다. 첫 학기가 시작한 후 몇 달 지나는 사이, 그는 단순히 자신의 성과를 다른 사람들과 비교할 뿐 아니라 과거의 자신과도 비교하면서 괴로워했다. "어제의 나하고만 비교하라"는 흔한 조언이 그에게는 역효과를 냈다. 메달을 목에 걸고 있거나 프롬 킹 왕관을 쓴 자신의 예전 인스타그램 게시물은 불안과 슬픔을 불러일으켰다. "나는 다시는 이 사람으로 돌아갈 수 없어요." 과거의 게시물을 반복해서 보던 하산은 몇 주간은 소셜 미디어에 아예 접속하지 않아 친구들의 DM을 놓치기도 했다. 그는 스마트폰 속 과거의 게시물을 가리키며 말했다. "이보다 못하면요, 그냥 실패라는 생각이 들어요. 해본 적이 있으니 다시 할 수도 있잖아요." 그는 화려한 시절의 영화 스틸을 바라보는 늙은 스타 같았다. "난 그냥 그 시절로 돌아가고 싶을 뿐이에요."

그렇다고 상담에서 시간여행 서비스를 제공하는 건 불가능하므로 우리는 하산이 과거의 성과를 가치 있다고 여기는 이유에 집중하기로 했다. 그건 승리하는 팀으로서의 유대감 때문이었을까? 무언가를 잘 해냈을 때의 성취감 때문이었을까? 가족과 지역사회를 대표한다는 기분 때문이었을까?

우리가 겨냥한 것은 **목적**이었다. 여기서 목적이란 "목표를 세우고 자극하며, 행동을 관리하며, 의미를 부여하는 자기조직적인 삶의 목표"로 정의된다.[21] 목적은 개인적으로도 의미가 있지만 개인을 넘어 파장을 일으키고 연결되는 느낌을 준다. 〈실험 사회심리학 저널〉에 실린 코넬 대학교 앤서니 버로우 박사와 니콜레트 레이노 박사의 연구에는 다음과 같은 실험이 나온다. 페이스북 사이트에 셀카를 게시하도록 참가자들에게 요청한 후 게시물이 받은 '좋아요' 수를 낮음, 평균, 높음으로 나누어 알려준 것이다.[22] 실은 페이스북 사이트와 게시물에 대한 피드백은 모두 가짜였다. 연구 결과 '좋아요' 수는 예상대로 참가자들의 자존감을 높이거나 낮추는 데 영향을 미쳤다. 그러나 삶의 목적의식이 강한 사람들에게는 어느 쪽으로든 이 효과가 훨씬 감소했다. 목적의식이 강한 사람들이라고 '좋아요'에 신경을 쓰지 않은 건 아니지만 그들의 자존감은 사회적 승인에 크게 의존하지 않았다.

하산은 이렇게 생각하기로 했다. '나는 무엇에 깊은 관심을 갖고 있을까? 메달이나 프롬 킹 왕관을 받지 못했다면 무엇을 계속했을까?' 하산이 생각해 낸 답은 힙합 안무, 생물학 그리고 자신이 활동 중인 봉사 동아리였다. 마지막 상담 시간에도 그는 여전히 학교의 중요 인물이었다가 평범한 신입생으로 전락한 처지를 슬퍼했다. 하지만 장식보다 영감에 초점을 맞추자 새로운 자신과 과거의 자신을 비교하는 것이 덜 중요해졌다.

내 삶과 연결하기

목적은 단 한 번만 실천하면 되는 인생의 꿀팁이 아니다. 그것은 오히려 사고방식에 가깝다. 그러므로 자신에게 중요한 것이 무엇인지, 아침에 일어나야 하는 이유가 무엇인지 계속해서 주의 깊게 살펴보자.

시기심과 정반대로 행동하기

감정이나 생각은 통제하기 어렵지만(머리 위에 치즈버거를 올려둔 모습을 상상하지 말라고 하면 오히려 더 생각이 나는 법이다!) 행동은 통제할 수 있다. 변증법적 행동치료Dialectical Behavior Therapy의 고전적 기법 가운데 하나는 부정적 감정이 시키는 것과 정반대로 행동하는 것이다.[23] 불안이 회피하라고 할 때 그 반대로 행동하면 두려움과 정면으로 마주할 수 있고, 두려워하는 그 일을 해낼 수 있다. 스트레스는 서두르라고 지시하지만 그 반대로 행동하면 속도를 늦출 수 있다.

사회 비교는 시기심을 유발할 수 있다.* 그리고 시기심은 한정된 자원의 결핍에서 비롯된다.[25] 코너는 친구들과의 관계에서 다른 친구들이 호감을 많이 받을수록 자신에게 돌아올 몫이 줄어든다고 생각했다. 이런 시기심과 반대되는 행동은 그들이 잘되길 원하고 말로든 마음속으로든 그들에게 좋은 일이 더 많아지기를 바라는 것이었다. 코너는 조용히 친구들에게 더 많은 긍정적 반응이 있기를 바라는 연습을 했다. 처음에는 어색하고 부자연스러웠지만 시간이 지나면서 그는 농담이 많아지면 모두가 더 즐거워진다는 것을 깨달았다. 무엇보다 중요한 사실은 자신이 모두를 즐겁게 해줘야 한다는 부담을 떨쳐낼 수 있었다는 점이다. 그는 이렇게 감탄했다. "나는 재미있는 사람이지만 말없이 조용히 있어도 괜찮았어요."

또한 사회 비교는 수치심을 안겨준다. 리즈가 동창회 참석을 포

---

* 시기심은 질투심과 자주 동일시되는데, '아, 그 여자의 승진이 정말 부러워' 같은 말이 그러하다. 모두 복잡하고 부정적인 사회적 감정이지만 엄밀히 말하면 두 감정은 다르다. **시기심**은 자신이 가지지 못한 무언가를 원할 때의 감정이고, **질투심**은 자신이 가진 무언가를 빼앗길까 봐 두려워할 때의 감정이다.[24]

기한 데서 볼 수 있듯이 수치심은 물러나고 고립되라고 명령한다. 그러므로 수치심의 지시에 반대되는 행동에는 협력이 포함될 수 있다.[26] 사회 비교의 기저에는 남들이 경쟁자라는 전제가 깔려 있다. 경쟁을 즐기는 사람도 있지만 모두가 그런 건 아니다. 차라리 경쟁에서 빠지고 싶어 하는 사람도 많을 것이다. 그러니 경쟁하기보다는 친구를 사귀고, 협력하고, 조언을 구하자. 자꾸 남들과 비교하다 보면 남들의 삶에 빠져든다. 반대로 나의 이야기를 나누고, 손을 내밀어 도움을 청하고, 더 가까이 다가갈 때 삶은 더 풍요로워진다.

내 삶과 연결하기

시기심, 수치심, 위축감, 비교가 당신에게 요구하는 것은 무엇인가? 정확히 그 요구와 반대로 행동해 보자. 가령 자랑하기보다 조언을 구하고, 험담하기보다 다른 사람들이 잘되기를 빌어주자.

그래도 비교는 여전히 존재할 것이다. 그것이 인간의 본능이니까. 사회 비교가 문을 두드린다면 자연스레 문을 열어주면 되지만 문 안으로 끌어들여 넷플릭스 비밀번호까지 알려줄 필요는 없다. 비교가 마치 배경의 소음처럼 남아 있을지라도 당신은 계속 당신에게 중요한 일을 해나갈 수 있다.

리즈는 결국 동창회에 나갔다. '루이자는 애를 셋이나 낳고도 어쩜 저렇게 멋지지?' 이처럼 뇌에서 비교를 완전히 떨쳐내지는 못했지만 망설임 끝에 결국 동창회에 참석한 것이 기뻤다. 하이라이트 염색을 한 멋진 헤어스타일과 다이아몬드 결혼반지에 약간 시기심과 불안을 느끼긴 했어도 리즈는 스스로에게 관대해졌다. 그녀는 웃으며 말했다. "고등학교 동창회에 나가면 다들 그 시절로 돌아가는 것 같아요. 그중 몇몇 친구와 다음 달에 브런치 약속을 잡은 건 더 좋았어요." 그러면서 덧붙였다. "다들 5년 더 기다릴 수는 없다고 했거든요."

변화 7

감정에는
정답이 없다

14장

내면에서 진정한
나로 살아가기

카터가 말했다. "여자 친구는 나한테 말하곤 해요. '귀여워, 고마워, 사랑해….' 하지만 이런 말들이 별로 와닿지 않아요." 그는 의구심이 든다고 했다. '이런 말을 하는 이유가 뭘까? 다정해 보이고 싶어서? 아니면 나한테 뭔가 원하는 게 있어서?'

카터는 6장에 나온, 수학을 취소하고 생물학을 선택했던 내담자다. 그는 진심에서 나온 긍정적인 말이나 칭찬을 믿어주지 않아 결국에는 여자 친구의 화를 돋운다고 했다.

카터가 이러는 데는 사연이 있다. 어릴 때 그의 어머니는 올바른 행동을 굉장히 중요시했다. 고등학교 시절 댄스파티에 갈 때면 파트너뿐 아니라 구석에 서 있는 여자애들한테도 춤을 신청해 재미있게 해주라고 했다. 농구 대회에서 '올바른' 길은 "승리를 원하되 긍정적 방식으로 스포츠맨십을 보여주는" 것이었다. 가족 모임에서는 연로한 친척들 이야기를 재밌게 듣거나 어린 사촌들을 즐겁게 돌보는 척해야 했다.* 그는 진정으로 행복하거나 활발한 적이 없었지만 그런 척 연기해야 했다. 그러다 결국 자신의 내면이 아니라 외부 상황에 맞춰서 감정을 느껴야 한다고 학습했다.

카터는 최고의 선례를 보면서 이런 행동을 학습했다. 그의 부모가 상황에 맞게 기쁨, 흥분, 걱정을 적절히 연기하고 필요에 따라 만들어진 감정으로 대응하는 모습을 보면서 자란 것이다.

필요에 따라 만들어진 감정이라는 말이 부정적으로 들릴지 모르지만 사실은 좋은 의도에서 나온 것이다. 사회적 존재로서 집단에서 잘 어울리는 것은 소속감을 느끼는 데 필요하고, 나아가 생존에도 필수다.[1] 집단과 조화를 이루도록 감정을 조절하는 방법은 연결되고 받아들여지기 위한 현명한 전략이다.

더욱이 가끔은 만들어낸 감정이 적절할 때도 있다. 매년 할머니가 손수 떠주시는 크리스마스 니트 조끼의 포장을 뜯을 땐 그 모습을 지켜보는 할머니 앞에서 감사한 척해야 한다. 면접장에서는 "웃으며

---

*   이는 자신이 연기하는 행동을 어떻게든 해내려는 의지가 있는 "될 때까지 속여라"와는 다르다. 두려움에 맞선다는 의미로 사회공포증이 있어도 회의에서 발언을 하고, 비행공포증이 있어도 비행기를 타는 행동이 여기에 해당한다. 하지만 카터는 댄스파티에서 카사노바가 되거나, 농구장에서 르브론 제임스가 되고 싶었던 적이 없다. 그냥 그 자리에 가고 싶은 정도였는데, 참석해서 즐기는 것만으로는 충분하지 않다는 메시지를 받았고, 매번 남달리 뛰어나야 한다는 압박감 속에서 그런 척 연기를 해야 했다.

서비스하라"는 말을 떠올리며 상냥한 태도를 최대치로 끌어내야 한다. 하지만 이런 감정을 습관적으로 연기하다 보면 스스로가 가짜 같거나, 공허하거나, 심지어 내면이 죽어간다고 느낄 수 있다. 정신분석가 카렌 호나이는 이에 대해 말했다. "감정은 존재에서 가장 살아 있는 부분이다. 그것이 독재의 통제 아래 놓이면 본질적 존재에 심각한 불확실성이 생기고, 이는 내부와 외부의 모든 관계에 부정적 영향을 미칠 수 있다."[2] 이건 꽤 무거운 주제라 할 수 있다.

자신이 느끼거나 표현하는 감정을 항상 적절히 유지해야 한다는 욕구는 **감정적 완벽주의**라는 현상이다.[3] 여기서 '해야 한다'는 당위는 두 가지 방식으로 나타난다. '어떤 감정(행복, 통제, 자신감, 강인함)을 느껴야 한다'거나 '어떤 감정(그 외 대다수 감정)을 느끼면 안 된다'이다.

가끔 "나는 화를 안 내요" "나는 절대 울지 않아요"라고 하며 특정 감정을 완전히 부정하는 내담자들이 찾아온다. 하지만 이들은 정작 무감각하고 단절되었다는 느낌을 호소한다. 혹은 "그 일로 인해 어떤 기분을 느끼나요?"라는 나의 치료사로서의 고전적 질문에 그들이 생각한 것이나 그들이 행동한 것, 아니면 고개를 갸웃하는 긴 침묵으로 답하기도 했다. 또 다른 경우로 슬픔이나 실망, 당황함, 어색함, 양가감정, 짜증, 지루함 같은 정상적 감정을 문제로 착각하는 내담자들도 찾아온다. 이들은 이런 감정을 보편적으로 느끼는 경험이 아니라 해결할 문제로 바라본다.

또한 카터처럼 감정을 만들어내는 습관이 있다면 남들도 똑같이 그럴 거라고 생각한다.[4] 그래서 칭찬을 오롯이 그대로 받아들이기 어려워한다. 카터는 여자 친구가 진심이 아니라고 생각하는데, 그가 바로 그렇게 행동하도록 학습했기 때문이다.

세상의 모든 카터를 위해 다시 '로저스 아저씨'를 만나 보자. 1969년 닉슨 대통령은 공영방송 예산을 2000만 달러에서 1000만 달러로 절반이나 삭감한다는 제안을 내놓았다. 이에 PBS는 현명하게도 프레드 로저스를 상원 통신 소위원회 청문회에 내보내 텔레비전에서 사회적·정서적 학습을 가르치는 것의 중요성을 증언하게 했다.[5] 청문회를 주도한 사람은 로드아일랜드의 거칠기로 유명한 존 패스토어 상원의원이었는데 그는 로저스의 프로그램을 보지도 듣지도 못했으나 로저스의 주장을 집중해서 들었다. 그는 특히 로저스가 〈당신이 느끼는 화를 어떻게 하시나요?What Do You Do with the Mad That You Feel?〉(프레드 로저스가 PBS 어린이 프로그램에서 만들고 부른 노래—옮긴이)의 가사를 진지하게 낭독하는 부분 그리고 무엇보다도 감정은 "표현이 가능하고 통제가 가능합니다"라고 말하는 대목을 주의 깊게 들었다.

로저스의 발언이 끝난 후 패스토어는 말했다. "나더러 꽤 거친 사람이라고들 합니다." 그러고는 로저스의 증언에 소름이 돋았다고 덧붙였다. "정말 멋있어요. 당신이 2000만 달러를 따낸 것 같군요." 청문회장에서 박수가 터져 나왔다.

"감정은 표현이 가능하고 통제가 가능하다"는 간단하지만 강렬한 메시지가 신랄한 뉴잉글랜드 상원의원의 심금을 울린 것이다. 감정의 근원을 알면 그 감정은 이해하고 조절하는 것이 가능하며 단순히 경험할 수도 있다.

이런 의미에서 '변화 7 감정에는 정답이 없다'는 두 장으로 구성된다. 첫째는 감정의 사적인 측면을 조명하는 것으로 내면에서 느끼는 감정, 곧 **감정 경험**emotional experience[6]과 나아가 이런 경험을 관리하려는 시도, 곧 **감정 조절**emotion regulation에 대해 다룬다.[7] 15장에서는 감정의 공적 측면에 주목한다. 외부로 드러나는 감정, 말하고 표정을 짓고 행동하는 방식, 곧 **감정 표현**emotional expression(그리고 그 반대인 표현 억제expressive suppression)에 대해 이야기한다.[8]

따라서 "이렇게 느껴야 해" 혹은 "그렇게 느껴서는 안 돼"라는 말을 듣고 살아온 모든 사람이 행복, 자부심, 상처, 불안, 부끄러움, 혹은 그 밖의 어떤 감정을 느끼든지 그 감정을 마음껏 느낄 수 있도록 계속해서 이 책을 읽기 바란다. 이는 미스터 프레드 로저스의 진심 어린 조언이다.

부정적 감정을 모두 제거해야 할까?

프레드 로저스의 증언에서 "표현이 가능하다"는 말은 우리가 느끼는 **모든** 감정을 인정한다는 뜻이다. "통제가 가능하다"는 말은 감정 조절을 의미하는데 이것은 우리의 감정이나 타인의 감정을 수정하려는(혹은 단순히 그 존재를 인정하려는, 우리가 느끼는 그대로 느끼려는) 명시적이거나 암묵적인 시도다. 하지만 '통제가 가능하다'가 '감정을 억누른다'는 의미는 아니다.

감정을 조절하는 방법은 무수히 많기에 그중에서 더 효과적이거나 지속 가능한 방법이 있을 수 있다.[9] 다음은 구체적 예시들이다.

- 상황을 떠나기: 그 자리를 떠나거나 자리 가기.
- 상황에 머물면서 수정하기: 농담으로 모두의 기분을 풀어주고 화제를 돌리기("레드삭스는 어때요?").
- 주의를 전환하기: 어떤 활동에 몰두하거나, 마음 챙김을 통해 다른 방식으로 집중하거나, 스마트폰을 하며 주의를 흐트러뜨리기.
- 상황을 재구성하기: '그나마 다행이야' 혹은 '그 자리는 원래 원하지 않았어'라고 바꾸어 생각하기.
- 공개적으로 혹은 은밀하게 회피하기: 누군가와의 대화를 피하려고 멀리 돌아가거나, 가까운 길로 갈 때는 헤드폰이나 선글라스 쓰기.
- 걱정하거나 반추하기: 이는 감정 조절의 한 형태다.[10]*
- 억제하기: 스트레스를 먹는 것으로 풀거나, 다 괜찮은 척하거나, 다시는 그 이야기를 꺼내지 않기.

이런 감정 조절 방법 중 어떤 것도 본질적으로 '좋다' 혹은 '나쁘다'고 할 수는 없다. 하지만 감정 조절 문제는 전체 심리 장애의 40~75퍼센트에 영향을 미치고, 특히 기분 장애와 불안 장애에서는 100퍼센

---

* 간단히 말해 걱정과 반추는 감정에 접근하는 인지적 방법으로, 추상적·지적·언어적 사고에 머물게 함으로써 불안의 생리적 반응을 통제하고 회피하려는 시도다. 걱정과 반추가 불쾌하게 느껴질 수도 있지만 걱정하는 사람의 뇌는 무의식적으로, 불안을 직접 느끼는 것이 더 괴롭다고 판단한다.

트 그 원인이 된다.¹¹

제프는 직장에서 중요한 프레젠테이션을 앞두고 첫 상담에 왔다. 그는 그 중요한 순간에 불안해하지 않는 평온한 모습을 보이고 싶어 했다. 뿐만 아니라 실제로도 불안해하지 않으면서 완벽하게 침착하기를 바랐다. 그는 손톱만큼의 불안도 느끼고 싶지 않았으며, 발표 전 불안해하는 것은 그에게 실패나 다름없었다. 그는 "이번 기회에 완전히 고치고 싶다"는 마음으로 상담을 하러 왔다.

나도 제프의 마음을 이해한다. 기분 나쁜 상태에서는 누구나 불쾌감을 느낀다. 〈에브리바디 허츠Everybody Hurts〉를 최대 음량으로 듣고 싶어지는 기분을 원하는 사람은 없을 것이다. 우리는 그저 〈아이 필 굿I Feel Good〉이나 적어도 〈피스풀 이지 필링Peaceful Easy Feeling〉에 맞춰 흥겹게 살고 싶어 한다.

앞서 살펴본 감정의 과평가를 기억하는가? 제프는 기분 나쁜 상태를 자신에게 문제가 있다는 뜻으로 받아들였다. 발표 전 긴장을 느끼는 것은 성격적 결함으로 간주했다. 반대로 침착하고, 자신감이 넘치고, 감정적으로 완전히 통제된 상태는 잘 살고 있다는 증거였다.

그런데 어떻게 해서 감정적 완벽주의, 다시 말해 부적절하다고 여기는 감정을 느끼지 않으려는 상태에 빠지게 될까? 우리 같은 사람들은 대체로 부정적 감정에 예민하게 반응하는 가정에서 성장한다.¹² 따라서 웃어, 참아, 과장하지 마, 예민하게 굴지 마, 그런 태도는 용납받지 못해, 좋은 말이 나오지 않으면 아무 말도 하지 마, 왜 그렇게 화가 났니 등의 말을 늘 들으며 기분이 나쁜 것도 잘못이라고 배웠을 수도 있다.

예를 들어 스테파니의 어머니는 비판에 민감하면서도 누구보다도 비판을 잘하는 A 유형이었다. "엄마는 건강을 걱정하는 척하면서 내 몸무게를 지적했어요. 청소를 돕지 않으면 우리가 결국 게으름뱅이가 될 거라는 식으로 말하기도 했죠. 물론 돕는 건 당연하지만 엄마가 하는 청소는 늘 엄청난 프로젝트였어요. 한번은 주방 찬장 위는 청소하기 싫다고 했다가 한동안 엄마의 침묵을 견뎌야 했어요."

스테파니가 짜증을 내려고 하면 아버지가 나서서 "넌 최고의 엄마를 둔 거야" "너희 엄마는 정말 훌륭해" 하며 중재하곤 했다. 스테파니도 그 말에 대체로 동의했다. 어머니는 그녀에게 안정적이고 아쉬울 것 없는 유년기를 만들어주려 한 것이다. 그러나 어느 날 어머니에게 또 한 번 "난 그냥 널 도우려는 거야"라는 말로 비난받은 후 스테파니는 몇 시간이나 혼자 화를 삭여야 했다. "한참 시간이 지나도 속이 풀리지 않았어요. '나는 최고의 엄마를 둔 거야'라고 스스로를 설득하며 마음을 다독였지만 소용없었죠."

한마디로 스테파니는 어머니에게 상처받을 수도, 화를 낼 수도 없었다. 그래서 별수 없이 화가 날 때마다 혼란에 빠지고 죄책감을 느꼈다. 그러면서 속으로 말했다. '이건 넘어가야 해. 아무것도 아니야.' 그러나 있는 감정을 없는 것처럼 생각하는 것은 하이힐을 신고 모래사장을 걷는 것만큼이나 부질없는 일이었기에 아무 효과도 보지 못했다.

짐작하겠지만 감정적 완벽주의에는 온갖 규칙이 있다. 이런 규칙은 제프의 두려움이나 스테파니의 좌절감이 '표현 가능한' 무언가가 되지 못하게 막는다. 이제 내면의 규칙서에 들어 있는 일반적 규칙, 즉 기분 나쁘지 않기, 항상 좋은 기분을 유지하기에 대해 알아보자.

감정에는 모두 이유가 있는 법

감정을 차단하는 첫 번째 규칙은 무엇일까? **모든 것을 견디기**이다. 이는 앞서 여러 번 등장한 카렌 호나이가 명시한 규칙이다.[13] 그리고 우리처럼 자신에게 가혹한 사람들에게는 기본적 규칙이다. 우리는 난관을 극복하고, 강인하게 버티며, 도전을 이겨내야 한다고 배웠다. 모두 좋은 가르침이다. 하지만 모든 상황에서 모든 크기의 문제를 견뎌내야 할 때 이런 규칙은 오히려 해가 된다.

가령 카터와 상담하던 시기에 그의 여자 친구가 바람을 피울 뻔한 사건이 있었다. 실제로 선을 넘지는 않았지만 아슬아슬한 상황이었다. 카터는 무척 상심했지만 여자 친구가 선을 지켰으므로 자신이 느끼는 감정에는 정당성이 없다고 생각했다. 그는 질투와 배신감, 절망감을 느꼈다. (게다가 여자 친구는 "없던 일로 하자"는 식이어서 문제가 더 심각해졌다.) 그 뒤 몇 주 동안 그 일을 잊으려는 노력이 카터의 삶을 지배했다. 우리는 그가 '모든 것을 견디기'라는 규칙에 얽매여 '이건 내가 극복해야 할 문제야'라는 태도로 자신을 억누른다는 사실을 마침내 알아차렸다.

카터의 괴로운 심정은 그만의 개인적 기준에 거슬렸다. 그의 기준대로라면 이럴 때도 지혜롭고, 냉정하고, 관대하게 문제를 해결해야 했다. 그러나 마음속에 복잡하게 뒤엉킨 감정이 그를 좁은 시야로 몰아넣었고, 결국에는 친구들이 "카터, 괜찮아?" 하고 걱정하는 지경에 이르렀다.

완벽주의는 과도한 기준을 충족시키지 못하는 것을 실패로 정의한다. 카터는 상심한 마음을 곱씹으며 흘려보내는 하루하루의 시간마저도 실패로 생각했다. 그는 윈스턴 처칠의 명언 "절대, 절대, 절대 포기하지 말 것"을 철칙으로 삼았다. 그러나 처칠의 실제 발언은 이렇게 이어진다. "명예와 상식이라는 판단을 제외하고는 절대 굴복하지 말 것."[14] 다시 말해 유연하게 재고하거나, 우아하게 물러서거나, 방향을 트는 행동은 실패와는 거리가 멀다.[15] 모든 상황을 견디기보다는 언제 중단해야 할지 아는 것이 더 중요하다. 카터는 결국 '이 문제를 꼭 극복하지 않아도 돼'라는 선택지를 자신에게 허용하고 상심, 질투, 분노, 슬픔을 있는 그대로 느꼈다. 그러자 상황이 달라졌다. 그는 여자 친구와 진심 어린 대화를 나누었고 결국 관계를 이어나가기로 했다.

감정적 완벽주의를 부추기는 두 번째 규칙은 **감정은 분명하고 논리적 이유가 있어야 한다**는 것이다. 우리는 이 규칙을 가족에게서 배운다. 당신은 어린 시절 "울 것까진 없어" "네가 왜 화가 났는지 모르겠는걸" "왜 그렇게 징징대니?" 같은 말을 들으며 자랐을지도 모른다. 감정에 정당한 이유가 없으면 부정당했고, 심지어 이유가 있어도 "그냥 한 마리 개일 뿐이야" "아이들은 늘 새로운 학교에 다녀" "이 일이 너한테 교훈이 될 거야"라는 식으로 받아들여지지 않았을 수 있다. 혹은 불편한 감정은 가족에게 차단당했을 수도 있다. 문제는 차단당함으로써 감정 그 자체가 문제라는 메시지를 받는다는 점이다. 그러면 당신은 감정을 더 열심히 통제하려 한다. 그러다 고통을 지나치게 감내하거나, 감정을 과도하게 조절하거나, 내면과 외면의 불일치를 만든다.

어른이 되면, 느껴도 되는 감정을 새롭게 업데이트할 수 있다. 변증법적 행동치료를 개발한 마샤 리네한 박사 덕분에 우리는 **타당한 감정**과 **정당한 감정** 사이에 차이가 있음을 알게 되었다.[16] 모든 감정은 타당하다. 여기에는 이론의 여지가 없으며 감정을 느끼는 것 자체로 타당하다. 하지만 정당한 감정은 부모가 말하는 '이치에 맞는' 감정이고, 어떤 상황의 진실과 일치하는 감정이다. 배우자가 바람을 피운다는 명백한 증거가 있어서 질투를 느낀다면? 타당하고 정당하다. 가족의 차를 고장 내서 죄책감을 느낀다면? 물론 타당하고 정당하다.

그런데 배우자가 성실하고 헌신적인 사람이 분명한데도 질투를 느낀다면? 이 감정도 완벽히 타당하다. 이 감정도 어디선가 왔을 것이다. 이를테면 친구의 연애 경험이나 과거에 연인이 바람 피는 것을 목격한 경험, 결혼 생활이 파탄 나는 장면이 나오는 리얼리티쇼를 시청하면서 비롯된 감정일 수 있다. 하지만 이 경우 정당한 감정은 아니다. 그리고 이 감정에 따른 행동, 가령 배우자의 휴대전화를 뒤지거나 불륜을 의심하는 행동은 언젠가 부메랑이 되어 돌아온다.

감정을 통제할 수는 없다. 감정은 스위치처럼 간단히 켜고 끌 수 있는 것이 아니다. 대중 연설을 하기 전 불안을 떨쳐내려고 노력해본 사람이나 반려동물을 잃은 후 슬픔을 잊으려 애를 써본 사람이라면 알 것이다. 통제할 수 있는 것은 행동뿐이다. 화가 나서 주먹을 휘두르기 전에 그 자리를 떠나거나, 장기가 뒤틀리는 느낌이 들어도 결혼식 축사를 하러 무대에 나가는 행동 등이다. 물론 이 방법이 항상 통할 수는 없으니 자신에게 조금만 더 너그러워지자. 아무튼 감정에서 행동으로 통제의 초점을 옮기면 해방감을 맛볼 수 있다.

세 번째이자 마지막으로, 역효과를 내는 기분 나쁨의 규칙이 있다. 표현은 조금씩 다를 수 있지만, 이 규칙에서는 부정적인 감정을 바람직하지 않게 본다. 그래서 **항상 적절하게 행동하라, 자제하라, 강인하라**고 강조한다. 그리고 우리처럼 자신에게 가혹한 사람들은 이 규칙을 잘 따른다. 그러나 **지나치게 능숙하게 감정을 다루다가 감정을 과잉 조절하거나 억제하려 할 수 있다.**[17] 가령 제프는 불안을 느끼면 곧바로 회피하고자 책상 정리, 이메일 재확인 등 다른 데로 관심을 돌리는 데 능숙했다. 그러나 불안은 해결되지 않고 뒤로 밀려날 뿐이었다. 스테파니는 어머니에게 비난받아 화가 나면 몇 시간이고 속으로 삭이며 곱씹었다. 이런 반추 행동은 일종의 감정 조절 방식이다. 이들에게 괜찮냐고 물으면 늘 같은 대답이 돌아온다. "난 괜찮아."

이것은 흔한 현상이다. 우리처럼 자신에게 가혹한 사람들은 전혀 괜찮지 않아도 "난 괜찮아"라고 답한다. 이는 생물학적 요인과도 관련이 있다. 우리는 특히 고통에 대한 내성이 강한데, 린치 박사는 이를 **고통 과잉 내성**distress overtolerance이라고 표현한다.[18] 우리는 특정 종류의 스트레스와 불편을 오래 견딜 수 있다. 밤샘 작업을 하고, 모든 노력을 쏟아부으며, '쇼는 계속되어야 한다'는 신념으로 살아간다. 사실 난 괜찮아라는 태도는 많은 것을 안겨준다. 우선 "당신 덕분에 가능했어요"라는 칭찬이 돌아온다, 어려운 문제가 해결된다, 신뢰할 만한 사람으로 보인다. 이로써 유능함, 필요성, 자부심, 영웅 의식 그리고 모든 상황을 극복한다는 느낌을 받는다. '인내심이나 헌신, 더 많이 노력하겠다는 의지를 장착했으니 이 일을 제대로 해낼 수 있는 사람은 나뿐이야.'

그러나 난 괜찮아에는 대가가 따른다. 고통을 축소하고 억압하고 무시하다 보면 나중에 건강 문제 및 우울증으로 이어지기도 한다.[19] 감정을 억누르는 것은 심지어 공격성과도 연관되는데 이것이 종종 "난 괜찮아"라는 말을 할 때 이를 악물게 되는 이유다.[20] 역설적이게도 스테파니가 어머니의 비판에 화를 내지 못하고 몇 시간이고 속으로 끙끙 앓았던 것처럼 난 괜찮아라는 태도는 부정적 감정의 지속 시간을 늘린다.[21] 모욕감, 갈등, 짜증이 발생한 후 본래 상태로 돌아가기까지는 한참이 걸리는데 그러면 또 이렇게 자책한다. '지금쯤이면 다 풀렸어야 하는데.'

때로는 난 괜찮아가 순교자 정신, 오만함, 쓸쓸함을 넘나들기도 한다.[22] 그럼으로써 우리를 점점 더 고립시킨다. "난 괜찮아"라고 말해도 주위 사람들은 이 말이 사실이 아니라고 믿기 때문이다. 사람들은 뭔가 잘못된 것을 감지하면서도 우리가 다 괜찮다고 우기니 옴짝달싹 못 한 채 선뜻 도와주거나 다가올 생각을 하지 못한다.

이 문제에 대해서는 다음 장에서 자세히 다루겠지만 결론부터 말하면 사람들은 상대가 감정을 진솔하게 드러낼 때 더 호감을 느낀다, 설령 그것이 부정적 감정일지라도.[23] 자신을 비난하거나, 무너지거나, 남 탓을 하지 않으면서도 부정적 감정을 인정하는 것은 남들에게 부담을 주고 성가시게 만드는 것이 아니다. 기분 나쁜 상태를 인정한다면 상대에게 '나는 당신을 믿는다'와 '우리는 대등한 사람이다'라는 두 가지 메시지를 전하는 것이다. 이 두 가지는 바로 호감과 친밀감의 기반이 된다.[24]

나는 왜 즐거움에 다가가지 못할까?

감정적 완벽주의는 때로, 기분 좋게 느끼는 것은 나쁜 것이라고 말한다. 언뜻 들으면 이해가 가지 않는 표현이지만 자세히 들여다보면 일리 있는 말이기도 하다. 스스로 자랑스러워하는 감정은 자칫 자만심으로 느껴질 수 있다. 기쁜 마음을 있는 그대로 내보이는 순간 마치 통제력을 잃은 듯한 느낌이 들 수 있다. 매사에 "적당해야 한다"고 강조하는 가정에서 자랐다면 흥분해서 말하는 태도, 신이 나서 추는 춤, 거침없는 애정 표현을 제지당했을 수도 있다.[25] 나는 여전히 칭찬을 받으면 어색해한다. 그나마 이제는 "에이, 또 그 얘기군요. 별거 아니에요" 같은 말로 칭찬을 극구 거절하지 않는 법을 터득했다.

상황을 더욱 혼란스럽게 만드는 것은 서구 사회에서는 외향적인 사람을 이상적인 재미의 대상으로 간주한다는 데 있다. 바에서 춤을 추고, 주차장에서 도넛을 먹고, 술에 취해 알몸으로 수영을 하며 즐겨야 한다고 여긴다. 하지만 어니보다 버트처럼 살아가는 것도 썩 괜찮은 일이다(미국 어린이 프로그램 〈세서미 스트리트〉의 캐릭터들로 어니는 외향적이고 버트는 내향적이다―옮긴이).[26] 모든 즐거움이 똑같이 만들어지는 것은 아니다.[27] 많은 사람에게 '기분 좋게 느끼기'는 노력과 만족감, 지나고 나서 돌아보는 따스한 추억으로 이루어진다. 이런 것도 훌륭하므로 굳이 바꿀 필요가 없다. 문제는 우리가 내면의 규칙서를 끌어들인 후부터 즐기기로 한 상황에서도 긴장하고 즐거움을 느끼지 못한다는 데 있다. 그러니 이번에는 '기분 좋게 느끼기'라는 규칙을 자세히 살펴보자.

내담자들과 만나면서 발견한 가장 일반적인 '기분 좋게 느끼지 말 것' 규칙은 **즐거움은 통제 불능**이라는 것이다. 반드시 이런 표현이 아니라고 해도 이건 분명 당신이 느끼는 감정일 것이다. 카터는 이 규칙을 특히 강하게 경험한다. 그는 대학 신입생 시절 토요일 밤이면 주로 대학 클럽 파티의 베이스 소리가 '둠칫, 둠칫, 둠칫' 울려 퍼지고 창문이 흔들리는 건물로부터 피해 있었다. 그는 무거운 밤공기를 들이마시며 곧 벌어질 불가피한 상황을 예감했다.

카터는 춤추는 것을 싫어했고, 춤을 추려고만 하면 심한 자의식으로 어색하고 불편해졌다. 그럴 때면 가볍게 넘기겠다는 듯 "난 백인인 데다 기초과학을 전공하는데 뭘 더 바라?"라며 농담을 던진다. 그러다 결국 친구들에게 클럽 안으로 끌려들어 가면 대체로 멀찍이 떨어져 앉거나 팔짱을 끼고 서서는 흥겹게 춤추는 사람들을 바라보며 겉돌았다. 그로서는 춤을 춘다는 것은 사람들이 자신을 쳐다보고 어떤 생각을 해도 통제할 수 없는 상태에 노출된다는 의미다. 그는 모두가 자신을 쳐다보며 판단하는 듯한 기분에 사로잡힌다.

'과도한 통제'를 연구하는 나의 친구 토머스 린치 박사에게 카터의 사례에 대해 자문을 구했다. 린치 박사는 자의식이란 본래 사회적 현상이라면서 누구도 혼자서는 자의식을 느끼지 않는다고 설명했다.[28] 최소한 한 명 이상의 타인(상상 속 사람이라도)이 자신의 행동을 보고 비판한다고 전제해야 자의식이 생긴다는 뜻이다. 즐거움을 느끼려면 마음의 방어 태세를 내려놓아야 하는데 자의식에 빠지면 자신이 집단 안에서 안전한지 자꾸만 확인하려 한다. 이때 안전하지 않다고 느끼면 즐거움을 느낄 수 없다.

"카터는 공동체의 선택된 구성원이었고 스스로 그 공동체의 구성원이 될 것을 선택했어요. [춤추는 것은] 지금 그 공동체에서 하는 행위고요."[29] 린치 박사의 설명이다. 그런데 카터가 춤을 추지 않고 팔짱을 낀 채 옆에 서 있으면 오히려 더 눈에 띈다. "이런 경우에는 대개 참여하지 않는 행동을 통해 기분이 좋아질 거라는 은밀한 기대가 깔려 있어요." 하지만 실제로는 그렇지 않다.

그 밖에도 참여하지 않으면 기분이 좋아진다고 확신하는 상황을 떠올려보자. 친구들이 신나게 발야구를 하는데 옆에서 구경만 하거나, 단체 사진을 찍을 때 사진작가가 '재미난 포즈'를 요청하는데 늘 하던 대로 단정하고 예의 바른 미소를 짓거나, 자녀의 생일 파티에서 다 같이 특이한 모자를 쓰는데 혼자 거절하는 경우 등이다. 이런 사람은 참여하지 않음으로써 린치 박사가 말하는 '비판적 주목critical scrutiny'에서 벗어났다고 생각하지만, 사실은 참여하지 않았기에 더욱 관심을 끌 수도 있다.[30] 참여하지 않으면 공동체로부터 동떨어진다. 물론 자의식과 함께 현재 순간에서도 분리된다.[31]

기존 인지행동치료에서는 이때 주로 노출 요법을 처방한다. 신경이 덜 쓰일 때까지 계속 참여하는 방법이다. 린치 박사는 '과도하게 통제하는 사람들을 위한 기법'에 관한 수업에서 이런 처방을 활용하면서 특히 모든 것을 진지하게 받아들이지 말라고 강조한다. 놀이는 열심히 노력해서 하는 행위가 아니다. 또 소속감을 느끼도록 계획할 수도 없다. 린치 박사는 이 수업에서 뜻밖의 순간 웃으며 이런 행동을 시킨다. "다들 일어나세요! 좋아요! 자, 내가 하는 대로 따라 하세요!" 그러고는 닭처럼 팔을 퍼덕거리며 빙글빙글 돌고 "꼬꼬댁" 소리를 내게 한다. 일어나서 괴상한 목소리로 "토마토!"라고 외친 후 바닥에 웅크리고 "감자"라고 속삭이게 한다. 모든 활동은 30초도 걸리지 않고(간결함이 핵심이다) 모두가 따뜻한 박수로 마무리한다. 그는 이런 활동을 **무계획 참여**라고 부르는데[32] 잠깐의 참여만으로도 주변 사람들에게 다음과 같은 강력한 메시지를 전할 수 있다고 설명한다. "우리는 소속된다. 우리는 집단의 일원이고, 부족의 안녕과 조화를 위해 기꺼이 참여하겠다"는 메시지다.

그렇게 몇 주가 지나면 수업 전체가 함께 참여하며 즐거운 기억의 창고가 된다. 그러면서 통제의 반대가 통제 불능이 아니라는 사실을 배운다. 다시 말하지만 통제의 반대는 신뢰다. 여기서 신뢰란 '아무도 자신을 판단하지 않는다' '조금만 느긋해지면 기분이 정말 좋아진다' 하는 단순한 믿음이 아니다. 이런 믿음은 순진한 생각이고 자칫 오해를 낳을 수 있다. 그보다 여기서의 신뢰는 내외적으로 어떤 일이 벌어져도 잘 대처할 수 있다는 믿음, 무슨 일이든 시도하고 그 결과를 감당할 수 있다는 믿음이다.

우리의 삶에서도 이런 태도를 재현할 수 있을까? 린치의 수업만큼 효율적이진 못해도 어렵지 않게 시도할 수 있다.[33] 여기서는 모방이 핵심이다. 별 계획 없이 따라 할 상대에게 집중한다. 그저 그 사람을 따라만 하는 것이다. 결혼식 피로연에서 라인댄스를 추거나, 〈해피 버스데이 투 유〉를 합창하거나, 핼러윈 분장을 하면 된다. 아니면 다음을 참고하기 바란다.

"나는 겉으로는 느긋한 대학생처럼 보였지만 속으로는 CEO처럼 살면서 조용하고 굳건하게 성취에 초점을 맞추고, 모든 할 일 목록을 하나씩 지워나가려고 애썼다. … 한 과제가 끝나면 또 다른 과제가 나를 기다렸다."[34] 미셸 오바마는 자서전 《비커밍 *Becoming*》에서 이런 완벽주의적 성향을 회고하며 대학 시절의 잊지 못할 추억을 들려준다. 어느 따스한 봄날, 미셸 오바마는 남자 친구 케빈과 함께 그의 빨간 컴팩트카를 타고 달렸다. 어느 순간 프린스턴 캠퍼스의 외딴 구석으로 향하던 차가 비포장도로의 길가에 멈췄고, 그 옆의 들판에는 겨우내 시든 풀과 푸릇푸릇한 새싹이 어우러져 있었다. 케빈이 문을 열고 차에서 내리며 말했다.

"내려와 봐." 케빈이 내게 따라 내리라고 손짓한다.
"뭘 하려고?"
그는 당연한 일을 한다는 듯 나를 바라보았다. "이 들판을 달릴 거야." 그리고 우리는 달린다. 들판을 가로지른다. 아이들처럼 팔을 휘저으며 들판을 가로질러 전속력으로 달리고, 기쁨의 함성으로 사방의 고요를 깨트린다. 마른풀 사이를 지나고 꽃을 뛰어넘는다. 처음에는 이러는 게 당연하지 않다고 느꼈을지라도, 이제는 당연하다. 우리는 이 들판을 달려야 했던 거다! 당연히 그랬다!

취향에 맞지 않거나 처음엔 의미를 찾지 못했던 활동이어도, 결혼식에서 하객들과 함께 춤을 추고, 생일 파티에서 친구들과 신나게 즐기고, 핼러윈에 사탕을 받으러 이 집 저 집 돌아다니는 동네 아이들과 장난을 치고, 활기찬 남자 친구의 활동에 동참하며 대학 생활을 즐기다 보면 어느새 공동체와 연결된다.

언제 참여하는 것이 좋을까? 그건 각자의 선택이다. 처음엔 약간의 불편을 감수하더라도 사람들과 연결될 수 있다면 당신이 그럴 만한 가치가 있는 시기를 결정해야 한다('당신의 가치관에 따라 행동하라'는 말이 나오는 6장에서 이미 들은 적이 있다!). 축구 경기에서 응원 구호를 외치고, 우스꽝스러운 인간 피라미드의 일원이 되고, 학교에서 '백팩 대신 아무거나 들고 오는 날' 활동에 참여하는 사이, 우리는 '참여의 저금통'에 동전을 하나씩 집어넣는다. 그리고 저금통이 가득 차면 이렇게 말할 수 있다. "그거 사실 꽤 재미있었어"라고.

놀랍게도 이런 게 바로 마음 챙김이다. 흔히들 마음 챙김을 감정이 배제된 무심한 인식으로 여긴다. 마음 챙김이 교실을 꽉 채운 사람들과 동시에 "토마토!"를 외치는 경험이라고는 생각지 못한다. 하지만 자세히 들여다보면 우리는 그것을 찾을 수 있다. 팔짱을 끼고 한쪽 구석에 서 있고 싶은 충동을 냉정하게 관찰할 수는 있지만 무조건 그 충동에 반응할 필요는 없다. 이런 충동이 자연스럽게 일어났다 가라앉는 과정을 바라보고, 그것이 어떻게 조절되는지를 관찰하면 된다. 그런 다음 '충동의 파도'를 타면서 우리는 강박적 계획, 리허설, 일을 제대로 해내야 한다는 필요성 대신 "토마토!"라고 외치거나, 토요일 밤에 춤을 추러 가거나, 자신의 삶에 참여하는 쪽으로 주의를 돌릴 수 있다. 이런 유형의 마음 챙김에는 무심한 인식이 있으면서도 동시에 공동체에 대한 열정적 참여 또한 존재한다.[35]

> **내 삶과 연결하기**
>
> 자신의 가치관에 위배되지만 않는다면 집단의 활동에 잠깐이라도 참여해 보자. 스스로 동떨어지려 하고 참여하지 않으려는 충동을 관찰해 보자. 자부심이든 창피함이든 참여 과정에서 일어나는 모든 감정을 수용할 여지를 두자.

두 번째 규칙은 명확히 표현되기보다는 그저 느껴지는 것이다. 바로 즐거움을 느끼려면 **조건이 완벽히 맞아야 한다**는 규칙이다. 이 규칙은 세세한 부분에 신경 쓰는 성향을 자극한다. 모든 것이 완벽히 맞아떨어지면 '딱 들어맞는' 느낌을 받고 즐거워진다. 하지만 가령 편안하고 그늘진 자리에 갑자기 햇빛이 들거나, 그림처럼 완벽한 해변을 산책하는데 허벅지가 쓸려 불편하거나, 소풍 중 파리가 윙윙거리는 등 세부 요소가 달라지면 즐거움이 금세 사라진다. 이런 '완벽하지 않은' 세부 요소는 물잔에 떨어진 잉크 한 방울처럼 경험 전체를 오염시킨다.

이번에도 구원은 마음 챙김에서 온다. 뇌가 당연하다는 듯 잘못된 부분에 초점을 맞추려 하면 전체 조명을 켜고 더 넓은 시야에서 현재 일어나는 모든 상황을 조망하면 된다.[36] '딱 들어맞지 않는' 세부 요소가 보인다 해도 그 밖의 모든 부분, 가령 긍정적 측면과 부정적 측면, 중립적 측면까지 주의를 넓히자. 소풍 중 파리가 윙윙거리며 귀찮게 하긴 해도 물방울이 맺힌 시원한 레모네이드, 바삭한 감자칩, 포근한 피크닉 담요, 친구들 수다 소리 그리고 뒤쪽에서 롤러스케이트를 타며 〈아이 윌 서바이브 I Will Survive〉를 부르는 음치 남자가 이 그림을 이루고 있다. '딱 들어맞지 않는' 세부 요소는 여전히 사라지지 않았지만 전체 그림의 일부가 되어 중심에서 멀어질 수 있다.

> **내 삶과 연결하기**
>
> '딱 들어맞지 않는' 세부 요소가 집중을 방해할 때면 주의를 넓혀 그 순간에 존재하는 더 많은 요소를 알아차리려 해보자. 긍정적 측면, 부정적 측면, 중립적 측면을 모두 살펴보자. 더 넓어진 맥락이 그 세부 요소에 어떤 영향을 미치는지 관찰해 보자.

재미를 빼앗는 또 하나의 규칙은 즐거움이나 휴식은 적절하지 않고, 사치스럽고, 시간을 낭비하는 것이라는 생각이다. 가령 이렇게 말하는 사람이 있다. "휴가 중에도 일하는 걸 좋아해요. 아무도 방해하지 않으니 정말 많은 일을 할 수 있거든요." 성과를 자축하라는 사람들 말을 무시하고 곧바로 다음 프로젝트에 뛰어드는 사람도 있다.

〈성격 및 사회심리학 학회지〉라는 권위 있는 학술지에 실린 일련의 연구에서 카타리나 베르네커 박사와 다니엘라 베커 박사는 사람들이 '쾌락적 성공'을 달성하지 못하게 하는 주요 장애물은 장기 목표에 관한 침습적 생각이라고 밝혔다.[37] 두 연구자는 "사무실에 남아서 일했어야 한다는 생각이 계속 떠오르면 퇴근 후 동료들과 한잔하는 시간을 즐기기 어렵다"[38]고 말한다. 아이스크림을 먹으면서도 '과일 컵을 골랐어야 해'라고 생각하면 그 맛을 제대로 음미하기 어렵다.[39] 베커 박사는 이렇게 요약한다. "서로 충돌하는 장기 목표에 대한 생각들이 당장 휴식이 필요한 순간을 방해한다."[40]

우리 사회처럼 성공을 중시하는 문화에서는 즐거움과 휴식을 자제력 부족으로 간주해 가령 샐러드가 아닌 감자튀김을 고르거나, 이메일 처리를 미루고 소설을 읽는 행동을 잘못된 선택으로 여긴다. 그러나 베르네커와 베커 박사는 즐거움을 느끼는 것이 건강한 자제력의 신호라고 설명한다.[41] 주는 만큼 받는 것이 중요하고, 말하는 만큼 듣는 것도 중요하다. '쾌락적 목표'는 장기 목표를 음양의 측면에서 볼 때 음에 해당한다. 다시 말해 즐거움과 휴식을 방종으로 보기보다는 친절, 배려, 여유, 관대함으로 받아들이는 편이 더 적절하다. 그랬을 때 휴식은 장기 목표와 어우러져 잘 사는 삶의 일부가 된다.

휴식하려 할 때 '해야 한다'라는 당위의 끼어듦을 완벽하게 차단할 수는 없다. 양심적 뇌는 고등학교 급식실의 소문보다 더 빠르게 이런 당위를 쏟아낸다. 하지만 여기서 다시 마음 챙김을 소환하면 마음속 수녀가 '자, 일어나서 다시 일하러 가야지'라고 다그친다는 사실을 알아차릴 수 있다. 그럴 때 정중히 손을 흔들어 인사하면 그만이다. 그 수녀가 계속 배경에 머무르는 사이 당신은 동료들의 수다나 아이스크림, 감자튀김, 소설로 주의를 돌리면 된다.

이 힘을 극대화하려면 어떻게 해야 할까? 다행히 우리는 자제력이 뛰어난 사람들이어서 나쁜 감정을 조절해 일을 잘 해내는 데도 능숙하다. 이 재능을 이용해 '해야 한다'는 생각을 조절하고, 오감을 활용해 마음 챙김의 자세로 주어진 순간에 집중하자. 끈기와 즐거움이 꼭 상충할 필요는 없다. 하나를 활용해 다른 하나를 경험하면 된다.

> **내 삶과 연결하기**
>
> 강력한 양심의 힘을 즐거움에 집중시키자. 힘차게 공을 쫓아가는 강아지처럼, 햇빛 속에서 꾸벅꾸벅 졸고 있는 고양이처럼 온전히 자신에게 몰입하자. 의무나 책임감은 그 자리에 남겨두고 오감을 활용해 지금 이 순간에 온전히 몰입하자.

제프는 프레젠테이션 직전 선글라스와 항공 점퍼로 무장한 조종사처럼 완벽한 자신감이 샘솟기를 원했다. 하지만 예상했듯이 그런 일은 일어나지 않았다. 자신감은 토끼가 아니라 거북이처럼 느리다. 그래도 프레젠테이션은 우려한 것보다 훨씬 잘 풀렸다.

제프는 이후 몇 달에 걸쳐 이번 장의 주제에 맞게, 앞으로 나아가기 위해 스스로에게 기분 나쁜 상태를 허용했다. 다시 말해 발표 때문에 불안감을 느끼는 순간을 받아들이고, 다가오는 새로운 발표를 위해 서서히 연습을 해나갔다. 처음에는 고양이 앞에서, 그다음에는 파트너 앞에서, 마지막으로 우리 병원 회의실에서 동료 심리학자와 나를 앞에 두고 연습을 했다. 그리고 믿을 만한 회사 직원에게 프레젠테이션에 대한 긴장감을 토로했다. 그 직원은 "그럼요, 나도 프레젠테이션을 하는 게 참 싫어요"라고 맞장구를 쳤고 실제로 그가 프레젠테이션을 할 때는 맨 앞줄에 앉아 고개를 끄덕이며 격려했다. 제프는 머릿니를 잡듯이 불안감을 완전히 없애겠다는 시도를 멈추고 불안한 그대로의 자신을 허용했다. 그러자 기분이 한결 나아졌다.

15장

겉모습도 진정한 나로 살아가기

9월 초, 대학 기숙사에 들어온 첫날 아침이다. 낯선 방에서 눈을 떠 보니 몇 발짝 떨어진 옆 침대에 처음 보는 룸메이트가 잠들어 있다. 화장실은 복도 끝 다른 낯선 이들의 방을 지나야 나온다. 모두 처음 만난 신입생들과 함께 식당으로 가고, 잘못된 성행위에 대한 예방 교육을 듣고, 참석 필수라고 들은 아이스크림 파티에도 간다. 이제 당신 앞에 놓인 정서적으로나 사회적으로 강도 높은 과제는 무엇일까? 그건 바로 낯선 이들 중 적어도 몇 명을 친구로 만드는 것이다.

대학에 다녔든 안 다녔든 누구나 한 번쯤은 새로운 환경에서 낯선 사람들로 둘러싸인 경험이 있다. 다른 도시로의 이사, 군 입대, 입사 등 인생의 많은 시기에 처음부터 새로운 친구를 사귀어야 하는 순간이 온다.

우리처럼 자신에게 가혹한 사람들은 종종 남들과 다르다는 느낌, 주변부로 밀려나 있다는 느낌을 경험한다. 그래서 뮤지컬 〈디어 에반 핸슨〉에 나오는 〈웨이빙 스루 어 윈도Waving Through a Window〉라는 곡의 가사 "밖에서 항상 안을 들여다보기만 하네On the outside, always looking in"에 무척 공감한다. 우리는 이런 경험을 하게 되는 것을 자신의 문제로 여긴다. 내향적 성격이어서, 이곳 출신이 아니어서, 아웃사이더여서 그렇다고 생각한다. 혹은 다른 모든 것을 문제로 볼 수도 있다. 파벌주의, 부서 내 정치, 현지 문화 등을 탓하는 것이다.

이 모든 것이 사실일 수 있다. 그런데 다른 관점에서 한번 살펴보자. 인간이 서로에 대해 어떤 인상을 형성하는 데는 두 가지 기본적 측면이 있다. 바로 능력과 따뜻함이다.[1]* **능력**은 똑똑하고 재능 있고 효과적인 상태를 의미하고,[5] 연구자들은 이를 "개별화의 노력"이라고 일컫는다. **따뜻함**은 신뢰할 수 있고 배려심이 있으며 진실한 상태를 의미하고, 이를 "자신을 더 큰 사회적 단위로 통합하려는 노력"이라고 정의한다.

이 책을 읽는 사람이라면 아마 저울이 능력 쪽으로 기울었을 가능성이 크다. 사실 유전적 성향, 성장 과정, 문화적 환경은 우리를 이중의 딜레마에 놓는다. 우리는 개인적 성취를 통해 능력에 초점을 맞추도록 태어나고 학습받았지만 여전히 따뜻함을 우선시한다. 프린

---

* 정확한 표현은 다를 수 있지만, 핵심은 같다.[2] 능력과 따뜻함, 주체성과 연대감, 지적 차원과 사회적 차원,[3] 존경과 호감[4]으로 표현될 수 있다.

스턴 대학교 수잔 피스크 박사는 이렇게 설명한다. "두 측면이 모두 중요하지만, … 따뜻함을 판단하는 것이 우선시된다. 남들의 의도를 평가하는 것이 그 의도를 실행하는 그들의 능력을 판단하는 것보다 중요하기 때문이다."[6] 한마디로 따뜻함이 우선시되며 더 큰 비중을 차지한다는 뜻이다.

그렇다면 우리가 능력에 치우친다고 해서 남들이 우리를 냉정하고 괴팍한 사람으로 본다는 뜻일까? 전혀 그렇지 않을 뿐 아니라 오히려 반대다. 콜로라도 대학교 찰스 저드 박사가 주도한 연구에 따르면 개인의 능력과 따뜻함은 정적正的 상관관계를 보인다.[7] 그러므로 어느 한쪽에서 높은 점수를 받은 사람은 다른 쪽에서도 높은 점수를 받을 가능성이 컸다. 연구자들이 능력은 높고 따뜻함은 낮은 사람('복잡한 적분 문제를 푸는 작은 컴퓨터 프로그램을 개발한' 사람)이나 따뜻함은 높고 능력은 낮은 사람('친구의 반려견이 죽자 몇 시간을 같이 있어준' 사람)의 조건을 만들어보았지만 그 효과는 여전히 비슷했다.

그래도 인생에서 수십 년간 능력에 초점을 맞추며 살다 보니, 다양한 사회적 관계나 직업적 관계를 형성했으되 원하는 만큼 많은 사람들과 깊은 관계를 맺지 못했다고 느낄 수 있다. 우리는 유능하고 친절한 사람들이지만 우리의 관계는 바라던 것보다 얕거나 소원하고 이를 어떻게 변화시켜야 하는지 알지 못한다.

그렇다면 주체성을 유지하면서도 연대 의식을 키우기 위해 기존의 우정을 한 단계 더 발전시키려면 어떻게 해야 할까? 새로운 우정을 어떻게 시작할 수 있을까? 그 답은 여러 측면에서 '나'를 공유하는

데 있다. 알려지려면 '나'를 드러내야 한다. "많이 드러내지 않으면 많이 알려지지 않는다"라는 말이 시사하듯이.⁸

우선 감정 공유부터 시작해 보자. 흔히들 하는 것처럼 "당신이 ~를 할 때, 나는 ~한 감정을 느낀다" 같은 방식으로 대화하려는 것이 아니니 걱정하지 말 것. 한마디도 하지 않아도 괜찮다.

대신 아주 먼 옛날, 언어가 생기기 이전으로 거슬러 가보자. 초기 인류의 공동체에서 감정은 의사소통의 한 형태로 진화했다는 가설이 있다.⁹ 감정 및 그에 따른 표정과 자세는 반응, 요구, 목표에 관한 정확한 정보를 전달하기 위해 발달했다. 선조들은 언어 없이도 화남, 슬픔, 행복함, 혐오스러움을 전달할 수 있었기에 공동체의 다른 구성원들이 어떻게 느끼는지 정확히 읽고 그에 따라 행동을 조절하는 것이 가능했다('아, 산딸기를 먹은 조그의 반응을 보니 난 안 먹는 게 좋겠어'). 부정적 감정을 포함해 이 모든 감정 표현은 집단의 소통과 동기화, 나아가 생존에 도움이 되었다.

내면의 감정 상태가 겉으로 드러나는 것을 **감정 표현**이라고 하는데 이는 내면과 외면을 일치시키는 과정이다.¹⁰

감정을 비밀로 감춰야 할 때도 있다. 포커 게임이나 중요한 협상을 할 때, 친구를 깜짝 생일 파티에 데려갈 때는 표정을 숨겨야 하므로 **표현 억제**가 필요하다. 이는 감정이 드러나는 행동을 줄이거나 없애려고 노력하는 상태로, 짝이 맞지 않는 양말처럼 겉모습과 속마음을 일치시키지 않는 것을 의미한다.

적절한 상황이라면 표현 억제는 매우 유용할 수 있다. 전문성을 유지하고, 태연해 보이고, 명예와 존엄을 지키고, 원치 않는 관심("울고 있니?")을 피하고, 약해 보이는 것("겁먹었구나?")을 방지할 필요가 있을 때 표현 억제를 시도하면 된다. 모든 고객 서비스는 표현 억제를 기반으로 한다고 해도 과언이 아닐 것이다.

분노, 두려움, 상처 등의 감정을 표현하는 것이 안전하지 않고 허용되지 않는다고 느낄 때도 우리는 표현하지 않는 법을 배운다. 사랑하는 사람들 앞에서도 마찬가지다. 누군가는 어릴 때 너무 과하다며 감정을 억누르는 가정에서 자랐을 수 있다. 이를테면 목소리가 너무 크다, 너무 솔직하다, 과도하게 호기심이 많다, 지나치게 관심을 요구한다 등의 이유였다. 반대로 너무 조용하다는 이유로 부끄러워하지 말고, 적극적으로 참여하고, 자신감을 가지라고 강요하는 말을 들으며 자랐을 수도 있다. 그리하여 우리는 겉으로는 우아하게 미끄러지듯 흘러가면서도 필사적으로 물속에 있는 발을 젓는 오리처럼 힘든 감정을 감추고 겉으로는 유연해 보이는 법을 터득하게 된다.

그런데 여기서 문제가 발생한다. **완벽주의적 자기표현**은 좋은 면만 보여주고 취약성, 자기의심, 고민 등은 드러내지 않는다는 뜻이다.[11] 그리고 표현 억제가 이런 완벽주의적 자기표현의 일부가 되어버리면 자신을 보호하기 위해 만들어낸 얼굴이 결국 자신의 진짜 얼굴로 굳어진다.

토머스 린치 박사와 에리카 스미스 린치에 따르면, 자기표현에 신중한 사람은 대개 두 가지 얼굴 중 하나를 세상에 보여준다. 첫 번째는 지나치게 호감이 가는 얼굴이나 지나치게 사교적인 얼굴로[12] 여기서는 **착한 얼굴**Nice Face이라고 칭하겠다. 이 얼굴은 승무원의 표정에서 보듯 환한 미소를 짓고 연신 고개를 끄덕이는 것이 특징이며 "나는 유능하고 친절한 사람이다"라는 메시지를 전한다. 이런 얼굴이 가장 잘 나타난 사례가 영화 〈트루먼 쇼〉의 트루먼이다. 혹은 온종일 '촬영 중' 상태로 있다가 마치 넋이 나가버린 크리시 티건과 같은 얼굴로 변하는 인터넷 밈에도 이런 표정이 나온다(미국의 모델이자 배우인 크리시 티건은 공식 석상에서 지치고 무표정한 모습을 자주 보였고, 많은 사람들이 이를 자신의 피로감이나 감정 상태를 유머러스하게 표현하는 데 이용하면서 밈으로 널리 퍼졌다—옮긴이). 주로 여성들이 이런 표정을 자주 짓지만 어느 성별에서나 나타날 수 있다. 행사에 다녀와 안면근육이 아파본 적이 있다면 무슨 말인지 이해할 것이다.

두 번째 얼굴은 토머스 린치 박사가 지나치게 호감이 가지 않는 얼굴이라고 부르는 표정으로[13]* 여기서는 **강한 얼굴**Strong Face이라고 칭하겠다. 이 얼굴을 가장 잘 설명하려면 우리가 자세히 보지 않는 것, 가령 다양한 표정 변화, 끄덕임, 미소, 남들이 웃을 때 같이 따라 웃지 않는 행동 등을 떠올리면 된다. 이는 배우 존 웨인이나 호그와트 마법학교의 맥고나걸 교수, 미식축구 감독 빌 벨리칙 그리고 모든 포커

---

* 나는 '지나치게 호감이 가지 않는 얼굴'이라는 용어를 처음 접했을 때 불만이 많거나 심각한 표정을 상상했다. 하지만 에리카 스미스 린치의 설명에 따르면 이 표정은 정중하고 예의 바른 모습이다. 이는 상대가 당신이 무언가를 잘못 말하거나 행동하고 있다고 생각할 때, 그 점을 지적하고 반박하는 자세를 의미한다.[14]

챔피언의 얼굴로 "나는 유능하고 강하다"라는 메시지를 전한다. 주로 남자들이 이 얼굴을 하지만 사실 이 역시 성별을 가리지 않는다. 19세기 영국의 엄격한 가정교사가 되고 싶어서가 아니라 특히 공적 자리에서는 유능하고, 취약하지 않고, 통제력 있는 사람으로 보여야 하기 때문이다.

이 두 가지 공적 얼굴은 진짜 속마음을 숨긴 채 보여주고 싶은 모습, 곧 유능하고 착하고 강인한 모습만 보여주도록 설계되어 있다. 어느 한쪽도 그 이상의 것을 거의 드러내지 않는데 이것이 문제다.

사람의 얼굴과 몸은 강렬하고 선명한 메시지를 전달한다.[15] 완벽주의적으로 '착한 얼굴'이나 '강한 얼굴'을 유지하면 의도치 않게 부자연스러움, 진실하지 않음, 오만함, 속을 알 수 없음, 지나치게 격식을 차림 등의 메시지를 전달하게 된다. 그리고 이런 메시지는 소통과 깊은 친밀감을 방해한다. 마리사 프랑코 박사는 베스트셀러《어른이 되었어도 외로움에 익숙해지진 않아 Platonic》에서 "자기보호 상태에서는 관계를 맺는 상태에서 벗어나 있다"고 말한다.[16]

표현 억제는 사회생활에 어려움을 겪게 한다. 연구에 따르면, 사람들은 흔히 감정 표현이 거의 없는 사람(항상 미소만 짓거나, 항상 사무적인 사람)과 같이 있을 때 불안해지고 불편해진다.[17] 실제로 혈압이 높아지기도 한다.[18] 게다가 감정을 읽을 수 없는 사람과 소통하다 보면 스트레스를 받기에 다음번에는 되도록이면 피하려 한다.[19] 그러면 그런 반응을 받은 사람은 새로운 친구를 사귈 의욕이 꺾이고 결과적으로 소외감과 외로움을 느낀다. "아무도 날 어떻게 대할지 모르는 것 같아요" "사람들이 날 원치 않는 것 같아요" "외롭기는 해도 모두 별로예요" 등은 내가 내담자들에게 들어본 말이다. 혹시 당신도 그런 말을 한 적이 있는가?

'착한 얼굴'과 '강한 얼굴'에 지나치게 의존하는 것은 사회적 관계만이 아니라 실제 삶에도 해로움을 끼친다. 표현 억제를 과도하게 학습하면 감정은 잘 감출 수 있을지 몰라도 심장 질환 발생 위험이 높아진다.[20] 또한 기억력이 감소한다.[21] 표현을 억제하느라 바빠서 자신의 행동도, 남에게 들은 말도 잘 기억하지 못한다. 그러다 보면 지금이 어떤 상황인지 제대로 파악하기 어렵다. 이것만으로도 문제지만 더 나아가 습관적으로 감정을 억제하다 보면 그렇지 않은 사람보다 삶의 만족도와 자존감이 낮아지고, 낙관적 태도를 잃게 되며, 부정적 감정을 많이 경험하는 것으로 나타났다.[22]

이제 전체 그림을 조망해 보자. 사회적 안전을 지키기 위해 적절하다고 생각하는 얼굴을 내보이려 하는 사람은, 결과적으로 남들에게 속내를 들키지 않으려고 애쓰는 바람에 정작 원하는 공동체와 받아들여짐에서 멀어진다. 그러면 그것을 다시 얻기 위해서 눈부신 성과를 내야 한다고 믿게 된다(7장과 다시 연결된다!). 그야말로 복잡한 상황이다.

다시 대학 기숙사에서 처음 맞는 아침으로 돌아가 보자. 〈성격 및 사회심리학 학회지〉에 실린 산자이 스리바스타바 박사의 연구는 다음과 같다. 연구팀은 신입생 약 300명을 대상으로 첫 학기의 변화를 추적했다.[23] 그들은 학생들이 캠퍼스에 도착하기 전과 기숙사에 입주한 날 가령 "나는 감정을 속으로 감춘다" "불안이나 슬픔 같은 부정적 감정이 들 때 감정을 표현하지 않는다" 같은 문장을 평가해 자신이 감정을 숨기는 정도를 측정하도록 했다.

연구팀은 10주 후 첫 학기가 끝나는 시점에 참가자뿐 아니라 학부모와 새로 사귄 친구들에게도 참가자의 사회생활에 대한 의견을 물었다. 연구팀은 학생들의 사회 활동 빈도와 그 학기에 느낀 감정에 대해 철저히 조사했고, 도서관에 혼자 있을 때가 많은 내향적 학생부터 파티를 즐기는 외향적 학생, 향수병과 우울한 감정에 시달리는 학생부터 활력이 넘치는 학생까지 다양한 유형을 분석해 연구 결과의 정확도를 높였다. 다시 말해 연구팀은 대학 첫 학기의 혼란보다는 표현 억제의 신호에 주목한 것이다. 결과는 어땠을까? 한 학기가 끝날 즈음, 감정을 숨긴다고 보고한 학생들은 상대적으로 낮은 사회적 지지와 사회생활 만족도 및 친구들과의 약한 친밀감을 보였다.

이 결과는 부정적으로 보일 수도 있지만 한 가지 긍정적 요소도 존재했다. 표현 억제가 호감도에는 영향을 미치지 않았다는 점이다. 감정을 잘 표현하지 않는 학생은 감정을 자유롭게 드러내는 학생보다 사회생활을 힘들어했지만 이들에 대해 **사람들은 동일한 호감도를 보였다**. 이것이 타당한 결과로 보이는 것은 가까운 관계를 형성하지 못해도 남들에게 꽤 괜찮은 사람으로 보일 수 있기 때문이다.[24] 따라서 사회적으로 친밀한 유대감을 형성할 재료는 여전히 남아 있다. 또한 친구들과 가까워지는 데는 마감 시한이 없다.

1장에서 소개한 자밀라를 기억하는가? 자밀라는 영화 〈썸원 그레이트〉에 대해 이야기하면서 눈물을 보였다. 에린이 친구 제니의 이별을 위로하며 리조의 〈트루스 허츠〉에 나오는 "넌 멋진 여자를 가질 수 있었는데 날 붙잡을 용기도 없었어You coulda had a bad bitch, noncommittal"라는 가사를 따라 부르는 장면이었다.

자밀라는 앞의 대학 연구에는 참가하지 않았으나 연구 결과는 그녀의 경험과 정확히 일치했다. 그녀는 삶의 방향을 찾지 못해 우울한 상태로 내게 상담을 받으러 왔는데 그 기저에는 완벽주의라는 거대한 빙산이 숨어 있었다. 대학 4학년인 자밀라는 지난 3년 동안 '이 논문을 써야 해' '여름 인턴십 지원을 미뤄뒀으니 토요일에도 나가 놀면 안 돼' 등 끝이 보이지 않는 '해야 할 일'의 컨베이어벨트 위에서 번아웃 상태였다. 자밀라는 주로 혼자 지냈는데 지난주엔 어땠냐고 물으면 활짝 웃으며 경쾌한 목소리로 대답했다. "아, 글쎄요. 괜찮은 것 같기도 하고. 피곤해요. 일주일 동안 스트레스를 많이 받았거든요." 걱정이 엿보이는 말이지만 표정만은 밝고 행복해 보였다. 전형적인 '착한 얼굴'이었다.

자밀라는 그저 적절히 행동하고 모든 일을 올바르게 해내려 했을 뿐이지만, 앞의 연구에 참가한 학생들이 그랬듯 단절감과 만성 불만족에 시달렸다. 친구들 그룹이 있기는 했어도 그들은 가끔 자밀라를 따돌리곤 했다. 어느 날 그녀는 이런 말을 꺼냈다. "친구 둘이서 저희 집 거실에서 하는 말을 들었어요. 한 친구가 '자밀라는 자기 할 일만 해'라고 하더군요." 자밀라는 외로웠지만 친구들과 속옷 차림으로 노래를 부르며 시간을 보내는 건 소중한 시간을 허비하는 것, 그러니까 '해야 할 일'과 반대되는 것이라고 여겼다.

당신도 자밀라의 이런 심정에 공감하는가? 그렇다면 이제 어떻게 해야 할까? 먼저 비언어적 표현부터 살펴보자.[25] 적절한 순간 감정을 겉으로 드러내고 사회적 안전감을 전달할 방법을 찾아보자. 그다음에는 대화로 넘어가 대화의 세부 기술을 파헤치며, 우리 삶에 타인을 들이는 법을 배워보자. 마지막으로 취약한 모습을 드러내는 것이 얼마나 중요한지 알아보자.

내면과 외면을 일치시키는 실험

우리는 비언어적 신호(몸짓, 자세, 특히 표정)를 통해 상대를 읽고 믿을 만하고 좋아할 만한 사람인지 판단한다. 남들도 우리를 같은 방식으로 판단한다. 이 방식은 꽤나 정확히 작동하는데 외국어 영화를 보면서 자막 없이 대략 줄거리를 파악하는 것도 이런 이유다.

그럼 이제 표정의 강약을 조절하는 방법이 사회적 상호작용의 질에 어떤 영향을 미치는지 실험해 보자. 회계팀의 필이라는 직원이나 축구 경기장에서 만난 학부모 혹은 목요일마다 헬스장에서 마주치는 이름도 모르는 지인과 두 가지 버전으로 대화를 나눠보자. 첫 번째 대화에서는 표정을 억제한다. '착한 얼굴'이나 '강한 얼굴' 중 하나를 철저히 유지하고 대화를 나누는 것이다. 이 상태에서 스스로 어떻게 느끼는지 살펴본다. 표정 유지에는 얼마나 힘이 드는가? 어느 정도 대화에 집중할 수 있으며, 상대와 얼마만큼 연결된 느낌인가?

두 번째 대화에서는 되도록 첫 번째 대화했던 사람과 대화하되 내면과 외면을 일치시키는 데 주안점을 둔다. 표정으로 자연스럽게 감정을 드러내면서 과장되게 표현하지 말고 평소보다 20~50퍼센트 정도만 더 생생히 표현해 보자. 평소 경직된 인상이라면 이번에는 조금 생동감 있는 표정을 지어본다. 평소 착해 보이는 얼굴이라면 이번에는 기계적 미소 대신 실제 기분에 따라 미소의 강도를 조절해 본다. 혹시 부정적 감정이 든다 해도 표정과 말을 조금 더 일치시키려 노력해 보자. 그리고 다시 자신을 관찰해 보자. 이 방식은 효과가 있었는가? 대화에 어느 정도 몰입할 수 있었는가? 상대와 얼마나 연결되는 느낌을 받았는가?

이 실험의 핵심은 진솔한 상태를 실험하려는 것이다. 내담자들은 보통 더 진솔하게 행동할 때가 더 쉬웠다고 느낀다. 자신을 감시하고 지나치게 통제하기보다는 진실하게 있는 그대로 표현해야 덜 피곤하다.

그렇다고 항상 100퍼센트 진솔한 것이 좋을까? 거르고 편집하지 않은 말이나 감정을 있는 그대로 내보내고, 상사에게 대놓고 불만을 표출하고, 카페에서 매력적 바리스타를 바라보며 군침을 흘리는 행동이 적절할까? 그러지 않는 편이 좋을 것이다. 실제로 서구 문화에서는 강한 감정을 여과 없이 드러내면 예의 없고 불안정해 보일 수 있다. 중요한 것은 **상황에 맞는 진정성**이다. 때로는 감정을 억제하는 것이 편할 수도 있다. 답답한 동료와 회의 중이거나, 할머니에게 문자메시지 보내는 법을 또다시 알려주는 상황이라면 차분한 태도가 필요하다. 반대로 풍부한 표정이 요구되는 상황도 있다. 상사, 자녀, 바람 피운 전 애인 앞에서 표출하는 짜증의 강도는 각기 다를 수밖에 없다. 한마디로 유연성이 중요하다.[26]

그러면 이렇게 묻고 싶어질지도 모른다. "좋아요, 선생님. 그런데 내 진짜 감정이 사회공포증이라면요? 아니면 사람들 분위기에 휩쓸려 내가 정말로 뭘 느끼는지도 모르겠다면요? 애초에 '강한 얼굴'이든 '착한 얼굴'이든 내가 이런 얼굴을 내보이는 이유가 뭘까요?"

좋은 질문이다. 다시 말하지만 '진솔함'이란 모든 것을 여과 없이 드러낸다는 의미가 아니다. '진솔함'이란 사회적으로 안전하다고 느낄 때 비로소 나타난다. 《지나치게 불안한 사람들》에서 나는 '진정한 나'란 두려움 없이 존재하는 나를 의미한다고 썼다. 그렇다고 두려움을 마치 장난감 뱀을 깡통에 쑤셔 넣듯 억누르고 감춰야 한다는 뜻은 아니다. 그보다는 사회적 안전감을 끌어내 더 자연스럽고 편하게 자기 자신이 될 수 있게 해야 한다는 뜻이다. 이것은 다음 주제와 이어진다.

눈과 눈썹은 영혼의 창

감정과 몸은 서로 조화를 이루고 싶어 한다.* 기쁠 땐 웃고, 화날 땐 찡그리고, 실망할 땐 입을 삐쭉 내민다. 그러다 누군가에게 평가받거나 비판받을 위험을 느낄 때, 다시 말해 사회적 안전감이 부족하다고 느낄 때면 '착한 얼굴'이나 '강한 얼굴'을 내보인다. 그리고 이 방법이 장기적으로 역효과를 낸다는 점은 이미 살펴보았다.

다행히 감정과 몸이 애초에 조화를 이루고 싶어 한다는 사실이 해결책이 될 수 있다. 얼굴과 몸이 움직이는 쪽으로 감정도 따라간다. 이에 토머스 린치 박사는 빅 쓰리 플러스 원Big Three Plus One이라고 하는 사회적 안전감의 활성화 기법을 제시했다.[27] 이 기법은 "나는 편안하고 열려 있다"는 신호를 보여주면서 신체를 조율하는 세 가지 직관적인 자세 및 한 가지 의외의 자세로 이루어진다. 비유하자면 마무리로 사회적 안전감이라는 체리를 얹는 것과 같다.

첫째, 앉거나 서서 몸의 긴장을 풀고 편안히 머문다. 미켈란젤로의 〈다비드〉 조각상처럼 한쪽 다리에 무게를 싣고 선 자세 혹은 의자에 몸을 푹 맡기는 느낌을 떠올려보자. 사무실에서 똑바로 앉기보다 푹신한 의자에 몸을 기댄 듯한 편안한 자세를 떠올려보자.

둘째, 숨을 깊이 들이마시고 천천히 내쉰다. 힘든 일을 마치고 성취감을 느낄 때처럼 만족스럽고 여유롭게 하면 된다.

셋째, 반쯤 미소를 짓는다. 가볍고 부드러운 모나리자의 미소를 참고하라.

그런데 여기에 플러스 원이 있다. 눈썹을 살짝 올리는 것인데 아

---

* 내면과 외면이 일치하지 않을 때는 어색하고 부자연스러운 느낌이 든다. 직접 실험해 보자. 예를 들어 몸을 축 늘어뜨리고 얼굴을 찡그린 채 "오늘은 내 인생에서 가장 멋진 날이야"라고 말한다. 아니면 활짝 웃고 손뼉을 치면서 "나는 실망감 때문에 완전히 무너졌어"라고 말한다. 이런 방식은 물속에 파리 트랩을 놓은 격이어서 전혀 효과가 없고 제대로 작동할 리가 없다.

주 살짝만 올려야 한다. 영화 〈오스틴 파워〉 시리즈의 테러리스트 수장 닥터 이블 같은 의미심장한 눈짓이 아니라 친근하고 자연스러운 눈썹의 움직임을 말한다. 미소에 자연스럽게 곁들이는 정도면 된다.

"오, 선생님? 눈썹을 올리라고요?"

"네, 눈썹요."

눈썹을 살짝 올리는 표정은 "나는 당신을 좋아합니다. 당신은 내 사람입니다"라고 알리는 보편적 신호다. 누군가를 만나 악수하거나, 반갑게 인사하거나, 오랜 친구를 우연히 마주치는 순간엔 눈썹이 자연스럽게 올라간다. 눈썹 올리기는 이처럼 호감과 개방성을 나타내는 신호다.

이를 다음과 같이 정리할 수 있다.

1. 편안하고 개방적인 자세로 앉거나 선다.
2. 숨을 들이마시고 천천히 내쉰다.
3. 반쯤 미소를 짓는다.

플러스 원: 눈썹을 살짝 들어 올린다.

사회적 안전감을 나타내는 자세와 표정은 두 가지 피드백 순환 구조를 만들어낸다. 첫째, 주변 사람들에게 당신이 편안하고 개방적이라는 신호를 보내는 긍정적 피드백의 순환 구조를 만드는데 이것은 완벽주의적 자기표현과 정반대다. 또한 스스로에게도 긍정적 피드백의 순환 구조를 만들어준다. 토머스 린치 박사는 말한다. "이 방법은 내면에서 느끼는 감정에도 영향을 미친다. 그리고 사회적 안전 시스템을 활성화하는 역할을 한다."[28]

그러면 당신은 이의를 제기할지도 모른다. "잠깐! '착한 얼굴'이나 '강한 얼굴'을 하지 말라더니, 지금은 또 하나의 가짜 얼굴을 만들라고요?"

린치 박사는 '빅 쓰리 플러스 원' 기법을 20년간 임상 연구한 결과, 이 방법이 결코 가짜가 아니라고 확신하게 되었다.[29] 사회적 안전 시스템은 표정과 자세를 통해 진정으로 활성화될 수 있다. 이 기법을 사용하면 당신 자신을 어떻게 느끼는지 그리고 세상이 당신에게 어떻게 반응하는지가 달라진다. 게다가 대다수 내담자가 이 기법을 가식으로 느끼지 않는다. 린치 박사는 덧붙인다. "눈썹 올리기의 정말 신기한 측면은, 실행하면서 전혀 부자연스럽다고 느끼지 않는다는 점이다. 억지로 농담을 시도하는 편이 훨씬 어색한 느낌이다."[30] 다행스럽게도 숨을 깊이 들이마시고 눈썹을 살짝 올린 표정을 짓는 것은 저녁 내내 억지 미소를 짓는 것보다 훨씬 수월하다.

> **내 삶과 연결하기**
>
> 사회적으로 소외감을 느끼거나 어색한 순간에 '빅 쓰리 플러스 원' 기법을 시도해 보자.

서로의 삶을 공유하려면

지금까지 비언어적 표현에 대해 다루었으니, 이제 실제로 당신이 하는 말에 대해 알아보자.

사람들과 연결되려면 자신을 드러내야 한다. 많은 부분을 감춘다면 사람들에게 자신을 알릴 수 없다. 《지나치게 불안한 사람들》에서 나는 생각하고 행동하고 느끼고 기억하고 공감하는 것을 표현해 대화 상대에게 소통할 여지를 주어야 한다고 설명했다. 이것이 바로 **자기개방**disclosure이고 이런 노력을 통해 주변 사람들에게 흑백으로 존재하던 당신이 생생한 천연색으로 바뀐다. 그러면 더 친숙하고 공감할 수 있는 사람이 될 수 있고 나아가 호감을 줄 수 있다.

하지만 우리처럼 내향적이거나, 사회공포증을 느끼거나, 완벽주의적인 사람들에게는 자기개방이 본능적으로 맞지 않을 수 있다. 우리는 평소 삶을 잘 드러내지 않고, 특히 약점과 문제점은 감추려 한다. 그렇게 하지 않으면 너무 많이 노출되고, 남에게 부담을 주고, 비판받을 위험이 높다고 느끼기 때문이다. 그렇다고 자신을 계속 감추다 보면 사람들과 가까워지기 어렵고, 결국에는 낯선 곳에서 길 잃은 사람처럼 외로움을 느낀다.

부부 역학 연구팀인 아서 아론 박사와 일레인 아론 박사는 누군가와 관계를 맺고 친해지려면 자기개방이 **지속적·상호적·개인적·점진적으로 깊어져야 한다**는 결과를 얻었다.[31] 우선 지속적이고 상호적이어야 하는 이유는 자기개방은 단발성이 아니라 시간이 지나는 동안 점차 앞으로 나아가야 하고, 상대방에게서도 그에 대한 이야기가 돌아와야 하기 때문이다. 사실 우정의 근간은 '내 삶을 보여줄 테니 당신 삶도 보여줘' 하는 상호성이다. 서로의 삶을 공유하는 것이다.

그렇다면 이제 개인적 요소를 자세히 살펴보자.

손잡이의 마법 활용하기

놀랍게도 사람들 대화를 엿듣는 일이 직업인 사람들이 있다. 실제 상황에서 자연스러운 대화가 어떻게 이루어지는지 알기 위해 연구자들이 하는 일이 바로 그것이다. 연구자들은 사람들이 나누는 대화의 상당 부분이 '사회적으로 관련된 이야기', 곧 자신과 사람들, 인간관계에 관한 이야기라는 사실을 발견했다.[32] 1922년 뉴욕 타임스퀘어를 지나 브로드웨이로 걷는 사람이든, 1970년대 멕시코 남부 원주민 시나칸탄족이든,[33] 1990년대 리버풀에 사는 남자든 마찬가지다.[34] 실제로 대화에서 스포츠, 일, 정치 같은 비사회적 주제가 차지하는 비율은 10퍼센트가 넘지 않는다. 다시 말해 모든 대화는 상당 부분 자기 자신과 상대방에 관한 이야기라는 뜻이다.

그러므로 자기 이야기를 하지 **않으면** 안전하고, 불필요한 관심을 끌지 않으며, 겸손해 보일 수 있다.[35] 그런데 대화에서 자신을 배제하면 어떻게 될까? 이는 상대에게 대화의 부담을 전가하려는 것이며, 그 부담을 아무도 떠안지 않으려고 하면 대화는 이런 식으로 흘러간다.

동료 좋은 아침이에요! 주말 잘 보냈어요?

나 네, 좋았어요. 당신은요?

동료 저도요. 편안했어요.

둘 다 [어색한 침묵]

    자기 이야기를 하지 않는 또 하나의 방법은 질문만 퍼붓는 것으로, 이렇게 상대방 이야기를 이끌어내는 데 능숙한 사람들이 있다. 혹은 상대가 기꺼이 무대의 중심에 서기 원하는 사람이라면 당신이 말수가 적은 사람이어도 편안히 듣기만 하면서 대화를 이어갈 수 있다. 하지만 시간이 흘러 결국 아무도 나를 모른다고 느끼고 아무도 자신에게 질문하지 않는 순간이 오면 당황스럽기도 하고 서운해진다.

    분명 더 나은 방법이 있다. 심리학자 애덤 마스트로이안니는 "반응을 요청하는 여담, 고백, 대담한 주장"을 대화 속 '손잡이'라고 부른다.[36] 손잡이는 대화의 문을 열고 점점 더 깊은 이야기로 들어가기 위한 입구 역할을 한다. 손잡이가 관심을 어디로 이끌어가든 경청하고 이해하면서 손잡이가 열어준 그 문으로 들어가 보자. 손잡이는 관심을 끌고, 다른 기억을 떠올리게 하고, 질문을 유도하고, "정말요? 나도 그랬는데!"라고 공감하게 만드는 모든 요소가 될 수 있다. 요점을 이해했는가? 말하는 내용의 어떤 부분이든 손잡이가 될 수 있으며 그 기준은 낮은 편이다.

    손잡이를 활용한 대화는 다음과 같다.

동료에게 말하는 당신 좋은 아침이에요! 주말 잘 보냈어요?

동료 네, 좋았어요. 저희 아버지 집에 손 볼 데가 있어서 아내와 같이 갔어요.

여기서는 일상 대화 속 손잡이가 여러 개 보인다. '아내' '손 볼 데' '아버지' '집'이 모두 대화의 물꼬가 될 수 있다. 이 가운데 마음에 드는 손잡이 하나를 골라 자연스럽게 대화를 이어가면 된다.

- 좋네요! 직접 하는 건가요? 아니면 아내분이 주도하나요?
- 멋지군요! 어떤 일을 했나요?
- 부러워요. 나도 집을 리모델링하고 싶은데 어디서 시작할지 고민이에요.
- 멋져요! 아버님을 자주 뵈러 가나요?
- 우리 아버지 집도 손 볼 데가 많아요. 40년째 그 집에 사시거든요. 지하실이 얼마나 꽉 찼을지 상상이 가죠.
- 대단하네요. 아버님이 근처에 사세요? 아니면 멀리까지 다녀오셨나요?
- 직접 작업하다니 존경스럽군요! 예전에 욕조 테두리에 실리콘을 바른 적이 있는데 능력의 한계를 실감했죠.

어떤 말을 하든 상대가 잡을 손잡이를 함께 건네야 한다. 당신이 생각하는 것, 하는 일, 느끼는 감정, 기억, 공감할 수 있는 경험을 말하면 된다. 반복하건대 개인적 요소를 포함할수록 대화에 의미가 깃든다. 대화 상대에게 당신 이야기를 하면 상대는 당신을 더 선명하게 이해한다. 이미지의 해상도가 높아질수록 상대의 머릿속에서 당신은 점점 더 친숙하고, 호감 가고, 신뢰할 만한 사람으로 자리 잡을 것이다.

예를 들어 동료가 다음과 같이 물을 때 자연스럽게 손잡이를 내주는 방법을 알아보자.

동료 주말은 어땠어요?

나 좋았어요. 나는…

- 애들 데리고 배구 대회에 다녀왔어요. 과장이 아니라 거기서 꼬박 열두 시간을 있었죠.
- 해마다 만드는 펌킨파이를 구웠어요.
- 영화배우 스티브 마틴 자서전을 다 읽었어요. 정말 좋았어요.
- 뜻하지 않게 새벽 네 시까지 〈발더스 게이트 3〉 게임을 했어요.
- 일요일에 파머스마켓에 갔다가 희한하게 생긴 파란색 감자를 샀어요.
- 토요일 아침에 커피 마시러 나갔다가 튜튜 스커트를 입은 튜바 연주자들이 행진하는 걸 봤어요.

그러면 상대는 당신에게 다양한 방식으로 반응할 수 있다.

- 와, 설마 애들이 열두 시간 내내 경기를 하진 않았죠?
- 우리 어머니도 엄청나게 맛있는 펌킨파이를 만들곤 하셨는데 안타깝

게도 이젠 안 하세요. 저탄수 식단을 하시거든요.
- 완벽하네요! 읽어보고 싶은데 책 제목 좀 알려주겠어요?
- 하하! 저도 90년대에 〈젤다의 전설〉 게임을 하면서 그렇게 밤샌 적이 있어요.
- 우리 집에서 두 블록 떨어진 곳에도 괜찮은 파머스마켓이 있는데 어느 파머스마켓인가요?
- 음, 처음 듣는 얘기네요. 그 카페에 한번 가봐야겠군요.

이제 상대가 제공한 정보를 듣고 대화를 이어가면 된다. 마치 공을 주고받는 것과 같다. 그런데 상대가 반드시 손잡이를 알아채고 문을 연다는 보장은 없다. 간단히 "아, 그렇군요" "멋지네요"라고 짧게 답하는 사람도 있을 수 있다. 또 줄곧 잡담만 하는 식으로 대화가 겉돌지도 모른다. 문이 굳게 닫힌 상태이기 때문이다. 그럴 때는 너무 신경 쓰지 말고 그냥 넘어가거나 나중에 다시 시도하면 된다.

우리 같은 사람들은 스스로에게 비현실적으로 높은 기대를 하는 편이라 손잡이가 굳이 특별하거나 인상적이거나 대단할 필요는 없다는 점을 특별히 강조하고 싶다. 기대치를 낮추어 압박감을 줄이라는 뜻이다. 이와 관련된 흥미로운 연구가 있다. 《행복에 걸려 비틀거리다 Stumbling on Happiness》의 저자인 심리학자 대니얼 길버트와 그 동료들은 한 참가자에게는 평점 '별 네 개짜리' 영화를 보여주고, 다른 세 참가자에게는 '별 두 개짜리' 영화를 보여준 결과 다음과 같은 사실을 알게 되었다. 평점이 높은 영화를 본 참가자는 "이어진 사회적 상

호작용에서 배제된 느낌을 받았기 때문에 평범한 영화를 본 다른 참가자들보다 기분이 나빠졌다".[37]

실제로 지나치게 훌륭한 대화를 나누려 애쓰다 보면(인상적으로 보이려 하고, 비범하고 지나치게 똑똑한 모습을 보여주려 하면) "세상의 나머지 모두에게서 멀어질 수도 있다".[38] 한마디로 목표를 높게 잡는 데 익숙한 사람은 기준을 낮추면 어색함을 느낄 수 있지만 실제로는 기준을 낮춤으로써 더 많은 사람을 대화에 자연스럽게 참여시킬 수 있다.

더 깊은 대화를 나누는 방법

다음으로, 자기개방은 점진적으로 진행되어야 한다.

자신의 이야기를 나누는 데는 여러 단계가 있다.[39] 상사에게 말하는 내용이 택시 기사, 마케팅팀의 안젤라, 테니스 친구, 20년 된 친구, 인생의 동반자에게 말하는 내용과 다른 건 당연하다.

하지만 자신에게 지나치게 엄격한 사람은 대화의 깊이를 조절하는 데 어려움을 겪기도 한다. 이들은 관계를 더 발전시키고 싶어 하면서도 피상적 대화에서 계속 벗어나지 못한다. 다음은 자기개방에서 대화가 점점 깊어지는 단계를 보여주는 사례다.

인사: 계속해서 길을 걸으며 건네는 가벼운 인사말.

- 안녕하세요! 반가워요.

- 드디어 금요일이네요!

가벼운 대화: 교통, 날씨, 스포츠 등 가벼운 일상을 주제로 나누는 대화.

- 오늘 아침 다리 앞에서 차가 많이 막히던데 괜찮았어요?
- 오후에 비가 올 것 같군요. 비가 좀 오긴 해야죠!

일반적으로 허용되는 질문과 의견(개인적 정보는 없음): 조금 더 구체적이지만 개인 정보가 나오지 않는 대화.

- 그 신발 어디서 샀어요? 정말 멋져요!
- 그 집 베이글 크기가 자동차 허브캡만 하더군요.
- 아이 치과 의사 선생님이 얼마 전 자율주행차를 사셨대요.

일반적으로 허용되는 개인적 이야기: 조금은 개인적이지만 사회적으로 무난하고, 정서적 요소는 적은 내용의 대화. 이는 대화 속 손잡이가 될 수 있으며 부담스럽지 않을 정도로만 취약한 모습을 드러낸다.

- 3월에 처음으로 5킬로미터 마라톤 참가 신청을 했어요.
- 토요일에 조카를 데리고 수족관에 갔다가 펭귄의 매력에 완전히 빠졌어요. 한 시간이라도 마냥 바라보고 싶었어요.

- 일요일 오후에 코스트코에 갔는데 너무 혼잡했어요. 집에 돌아와서는 피곤해서 바로 드러누웠죠.

내밀하고 개인적인 이야기: 문제나 불안을 털어놓거나 도움이나 지원을 요청하면서 상대를 자신의 삶에 더 깊이 들여놓는 대화. 대화 속 손잡이가 많이 나오며, 신뢰의 신호를 보내는 대화로 취약한 모습을 상당히 드러낸다.

- 여덟 살짜리 아이가 자꾸 말대꾸를 해서 고민이에요. 온갖 방법을 써봤지만 뭐가 최선인지 모르겠어요.
- 저기요, 상사가 방금 나한테 뭐라고 했는지 들어볼래요?
- 나는 이번 학기 논문을 일부러 미루는 것 같아요. 스스로 압박감을 받아야 더 잘한다고 합리화를 하는 거죠.
- 20분 후 발표가 있는데 토할 것 같아요. 화장실에 가서 잠깐 숨 좀 돌려야겠어요.

더욱 내밀하고 개인적인 이야기: 생각이나 감정을 진솔하게 드러내면 상대에게 판단받거나 거부당할 수 있다. 그럼에도 이야기를 공유하면서 상대가 그러지 않을 것을 믿는다는 신호를 보내는 대화. 매우 취약한 모습을 드러내는 대화다.

- 술을 끊어야 할 것 같아요.

- 작년에는 25킬로그램 정도를 감량하면 인생이 달라질 줄 알았는데 여전히 기분이 엉망이에요.
- 솔직히 당신이 정말 좋아요.
- 아, 그 말을 들으니 너무나 부럽군요.

가장 내밀한 이야기: 그동안 누구에게도 말하지 않은 감정이나 고민을 처음으로 털어놓는 대화.

- 이런 말은 해본 적 없는데 사실은….
- 더는 못 하겠어요.
- 나는 이제껏 만난 어느 누구보다도 당신을 믿어요.

가장 깊은 대화는 인생의 동반자, 오랜 친구 등 아주 가까운 관계에서 이루어진다. 하지만 이보다 한두 단계 낮은 상태에서도 충분히 친밀감을 느낄 수 있다. 사실, 깊은 대화는 당신을 취약해지게 한다. 이때 취약성이란 비판이나 거절로 이어질 수 있다고 두려워하는 생각과 감정인데도 기꺼이 표현하겠다는 의지를 뜻한다. 말의 내용만이 아니라 말하는 방식으로도 "이건 내가 평소에 잘 하지 않는 얘기예요"라는 신호를 보낼 수 있다.

완벽주의는 우리가 인상적인 사람이어야 한다고 말한다. 공동체적 존재가 되기보다 유능하고 남달리 뛰어난 사람이 되어야 한다고 속삭인다. 그래서 우리는 친구들과 공유를 한다기보다는 친구들 앞에서 공연을 한다고 느낄 때가 있다. 완벽주의는 우리에게 항상 적절히 행동해야 하며, 모든 것을 제대로 해야 한다고 가르친다. 그러나 정작 사람들과 가까워지는 데 필요한 것은 취약성이다. 남들에게 어느 정도 혼란하고 불완전한 모습을 보여주어야 한다.

가령 배우자나 형제자매, 이미 친한 친구, 새로 친해지고 싶은 지인 등 더 친밀해지고 싶은 사람과의 관계에서 취약성을 공유하면 관계를 더 깊이 다질 수 있다. 취약성은 감칠맛처럼 대화에 깊고 풍부한 맛을 가미한다.

반대로 취약성이 전혀 없는 상태가 있다. 나의 내담자인 에린은 누가 봐도 성공한 인물이다. 그녀는 직장에 다니며 아이들을 키우고, 1년에 두 차례 마라톤 대회에 나가며, 엣시 사이트에서 온라인 상점을 운영해 성공시켰다. 항상 완벽하게 메이크업을 하고, 계절에 맞는 옷을 입고, 세련된 색 조합을 연출한다. 최고의 초콜릿 크루아상 판매처와 과대평가를 받는 레스토랑에 대한 정보가 있으며, 내 얼굴형에 어울리는 헤어스타일을 조언해 주기도 했다. 에린은 스스로를 세련되고 교양 있는 사람이라 생각하고 싶어 하고 결과적으로 그런 모습이 때론 남들에게 판단하는 태도로 보일 수 있는 것도 알고 있다. 그리고 이렇게 말한다. "나는 최상의 선택을 추구하는 사람이에요."

하지만 에린은 깊은 외로움에 빠진 상태였다. 나와 상담하는 동안에도 끊임없이 자신의 위상을 자평하고 친구나 동료들과 비교하는 데 몰두했다. 에린은 자신이 모든 면에서 겨우 버티고 있으나 일, 운동, 부업, 육아 중 어느 것 하나 제대로 못 하는 느낌이라고 했다. 할 일에 치여 동료들과 편하게 어울리거나 오랜 친구들과 긴 문자를 주고받을 여유도 없었다. 그런 에린을 보면서 친구들은 그녀의 바쁜 일정을 방해하는 것을 포기하기로 했다. 에린은 완벽한 외모와 온갖 성취가 위압적으로 보일 수 있다는 것을 안다. 하지만 막상 도움을 요청하거나 취약성을 드러낼 방법을 제안하려고 하면 예민하게 반응했다. "그냥 이게 나예요. 이런 나를 감당하지 못하면 그 사람들 손해죠."

에린을 사회와 분리하는 벽은 바쁜 일정과 판단하는 태도, 끊임없는 비교, 전반적으로 무결점을 추구하는 자세로 인해 더 두터워졌다. 사람들은 때로 감정을 숨기거나 괜찮은 척하는 이유가 있다. 에린에게는 자신을 돋보이게 하는 세련된 태도가 바로 사람들과 갈수록 거리를 두게 하고 그로 인한 단절감을 느끼게 하는 역할을 했으며, 고립의 원인이 되었다.

그렇다면 취약성은 어떻게 작동할까? 우선 취약성에 있어서는 주제가 중요하지 않다. 처음 만나 몇 번 대화를 나누다가 불륜, 수감 경험, 중독 문제를 스스럼없이 털어놓는 사람도 있다. 그런데 이런 얘기를 쉽게 꺼낼 수 있다면 취약성을 드러내는 것이 아니다. 반면 주말에 특별한 계획 없이 빈둥거렸다, 이번 주 내내 직접 요리하지 않고 냉동 피자만 먹었다는 말을 털어놓기보다는 차라리 깨진 유리 위를 걷는 편이 낫다고 생각하는 사람도 있다. 취약성은 인정하기 어려운 부끄럽고 수치스러운 일면과 관련이 있다. 즉 자신을 드러냄으로써 조롱이나 비판을 받을 가능성을 열어두는 것이다.

또한 취약한 이야기를 어떤 식으로 말하는가는 그 내용만큼이나 중요하다. 무심하게 별일 아니라는 듯한 말투로 취약성을 드러내면 상대도 비슷한 태도를 보이며 별일 아닌 것처럼 반응한다.*

반면 부끄러움이나 난처함을 드러내는 비언어적 신호(긴장한 기색, 손으로 얼굴 가리기, 자책하면서 한숨 쉬기)를 함께 사용하면 자신을 더욱 효과적으로 드러낼 수 있다. 이런 신호는 '인정하기 힘든 부끄러운 일'이라는 것을 보여준다. 나는 취약성을 드러내는 이야기를 꺼낼 때면 뭉크의 〈절규〉라는 작품처럼 두 손으로 얼굴을 감싸는 행동을 자주 한다.

부끄러움의 신호는 두 가지를 전달한다는 점에서 중요하다.[40] 첫째, 신뢰다. 우리는 감추지 않는다. 우리의 의심, 실수, 불안, 두려움을 누군가와 나누고도 감정적으로 무너지지 않고 남 탓을 하지도 않는다면 상대를 신뢰한다는 메시지를 전달하는 셈이다. 둘째, 평등이다. 우리가 취약성을 드러내면 누구나 결점 있는 인간이라는 사실을 공유하는 셈이다. 우리는 특별한 존재가 아니다. 남보다 우월하지도 않고 남과 다르지도 않다. 취약성을 드러내는 이야기를 공유함으로써 전문가와 초심자의 관계를 넘어 "당신과 나, 우리 둘은 같은 사람"

---

*　이런 태도가 유용할 때도 있다. 말과 비언어적 표현이 일치하지 않으면 취약성이 줄어들 수 있기 때문이다. 자궁경부암이나 전립선 검사를 받는데 간호사가 아무렇지도 않게 "모든 옷을 벗고 이 가운을 입어주세요"라고 말하는 경우를 생각해 보자. 병원의 이런 단도직입적 태도는 "이건 부끄럽거나 창피한 일이 아니니까 그냥 하세요"라는 메시지를 전달한다. 그러면 사람들은 별일 아닌 것처럼 당황하지 않고 가운으로 갈아입는다.

이라는 신호를 보내는 셈이다.

에린은 이런 이야기를 듣고 싶어 하지 않았다. 그보다 에린은 친구들에게 조언하고 문제 해결을 돕는 역할이 훨씬 편했다. 에린은 이런 면에서 아무 문제가 없다고 생각하며 늘 다정하게 친구들을 도왔고 대체로 다음과 같은 정확한 조언을 해주었다. "이력서에 '관계자님께'라고 적어 보내기보다 담당자의 이름을 넣으면 읽힐 가능성이 높아져요."

하지만 자신의 문제를 조금도 내비치지 않고 조언만 해주는 것은 그녀가 동등하고 공감할 수 있는 친구가 아니라 멘토나 코치 같은 불평등한 관계라는 신호를 보냈다. 하버드 경영대학원의 한 연구에서는 정보를 숨기면 사람들에게 부정적 인상을 주는 것으로 나타났다. 심지어 탈세, 약물 남용 같은 의심스러운 행동조차 숨기기보다는 솔직하게 밝히는 편이 낫다는 것이다.[41] 문제 행동을 덮어야 좋은 인상을 줄 것 같지만 오히려 숨기려는 태도로 비춰지고 나쁜 인상을 준다는 이러한 결과는 직관에 반한다. 그런데 자신의 실수나 약점을 드러내면 남들에게 판단받을 위험이 있지 않을까? 맞는 말이다. 하지만 숨기면 더 큰 사회적 위험을 초래할까? 역시 맞는 말이다.

누구나 믿음이 가고 동등하다고 느끼는 사람에게는 친밀감을 느낀다.[42] 그리고 보통은 내가 솔직히 말하면 상대도 비슷한 정도로 솔직한 이야기를 털어놓는다. 예를 들어 어떤 남자와 잘 사귀고 있던 에린 친구의 경우 남자 친구가 갑자기 연락을 끊고 이른바 '잠수'를 탔다. 에린은 친구 이야기에 공감하며 듣다가 자신도 같은 경험을 한

적이 있고 그때 얼마나 상처를 받았는지 고백하기로 했다. 자신을 불쌍하게 볼까 봐 걱정했으나 예상과 달리 친구는 오히려 해묵은 자기의심을 솔직히 털어놓았고, 둘은 오랜만에 깊이 있는 대화를 나눌 수 있었다.

그다음 주 에린은 여느 때처럼 세련된 옷차림과 완벽한 메이크업으로 상담실에 나타났는데 전보다 훨씬 밝아 보였다. 그리고 장난스럽게 투덜거렸다. "그래요, 선생님 말씀이 맞았어요."

내 삶과 연결하기

상대가 요청하지 않는 조언이나 피드백을 할 때는 상대의 반응을 잘 살펴보자. 상대의 이야기를 경청한 후 당신의 개인적 경험이나 취약성이 담긴 대화 속 손잡이를 건네면서 상대에게 어떤 변화가 일어나는지 살펴보자. 상대와의 관계(상사, 오랜 친구, 새로운 지인)를 고려해 적절한 수준에서 평소보다 조금 더 취약한 모습을 솔직히 드러낼 때 어떤 변화가 일어나는지 주목해 보자.

친해지고 싶은 사람에게 다가가는 법

이제 도전 과제를 제안하겠다. 주변에서 친해지고 싶은 사람 한두 명을 선택한 후 자기개방을 통해 조금 더 깊이 있게 다가가 보기로 하자. 심리학자 토머스 린치는 이를 매치 플러스 원 Match Plus One 이라고 칭한다.[43]

제일 먼저 할 일은 대화 속 손잡이를 제공하는 것이다. 즉 상대에게 대화를 이어가기 위한 작은 정보를 제공하면 된다. 다음으로 상대의 반응을 유심히 살핀다. 그리고 실제로 "나도 그 정도만 이야기할게"라고 말한다. 상대가 개방하는 수준에 맞추고, 그다음에는 조금 더 들어가 본다. 바로 '플러스 원' 부분이다. 상대도 대략 비슷한 수준의 이야기를 꺼낸다면(자기개방은 상호성을 보인다) 대화를 계속 이어갈 수 있다. 이런 대화가 반복되는 사이에 점점 더 관계가 깊어지고, 서로를 지지하고 신뢰를 쌓을 수 있다.

예를 들어 평소에는 가벼운 인사만 주고받던 회사의 접수 담당자와 좀 더 가까워지고 싶고 좋은 기운을 받고 싶다면 가벼운 이야기부터 나눠보자. 오래 알고 지낸 친구와의 관계가 정체된 느낌이라면 평소보다 조금 더 깊은 이야기를 꺼내보자. 낯선 사람이나 배우자 등 누구와 어느 정도 깊이까지 이야기할지는 당신에게 달려 있다.

자밀라는 아직도 이 방법을 연습하는 중이라고 가장 먼저 인정할 것이다. 어떤 친구하고도 속옷만 입고 춤을 춘 적이 없는 건 그게 너무 높은 기준이기 때문이라고 할 것이다. 그래도 최근에 한 친구와 중간고사 과목인 19세기 소설을 벼락치기로 후딱 공부한 후 밤늦게 간단히 요기를 하러 나갔다. 그 자리에서 자밀라는 대학 시절 공부만 했던 게 후회된다고 털어놓았다. 다시 대학 생활을 시작한다면 친구들과 해맑게 놀면서 장난도 치고, 이렇게 밤늦게 치즈 감자튀김을 먹으며 많은 시간을 보내고 싶다고 말했다. 그러자 친구도 자신의 후회되는 감정을 나누었다. 대학 2학년 시절을 통째로 삼켜버린 연애 이야기 그리고 기대와는 달리 외로움과 우울함만 남았던 피렌체 교환학생 경험을 털어놓았다. 두 사람은 두 시간이나 길게 이야기했다. 시험이 점점 다가오는 중이지만 이번만큼은 자밀라도 신경 쓰지 않았다. 치즈 감자튀김과 새로 친구가 될 사람이 시험보다 더 중요했으니까.

에필로그
충분히 괜찮은 나를 위하여

 톰 주노드는 1998년 〈에스콰이어〉 기사 의뢰를 마지못해 수락했다. 그는 날카롭고 비판적인 글을 주로 쓰는 작가로 유명했고 "말할 수 없는 것을 말하는" 작가라는 명성을 자랑스러워했다.[1] 그의 첫 번째 커버스토리(1997년 〈에스콰이어〉에 실린 케빈 스페이시와의 인터뷰를 말하며 스페이시의 성 정체성 문제를 언급해 큰 논란을 일으켰다—옮긴이)는 독자들에게 보이콧 협박과 거센 반발을 불러일으키기도 했다.[2] 그런 그가 "세상에서 가장 친절한 남자"[3] 프레드 로저스에 관한 커버스토리를 맡는 것은 어울리지 않아 보였다.
 마흔 살 톰 주노드는 기존의 명성이 자신에게서 인간성을 앗아간 것은 아닌지 고민하던 차였다.[4] 실제로, 음울하고 냉혹한 기사들은 그에게도 상처를 남겼다. 〈로저스 아저씨네 이웃〉이 처음 방영된 해에 열두 살의 주노드는 이미 대니얼 타이거나 킹 프라이데이(이 프로그램의 인형극 코너에 나오는 캐릭터들—옮긴이)를 즐길 나이는 아니었다. 하지만 어릴 때 이 프로그램을 보고 자란 후배 기자가 로저스를 '미국의 영웅'이라고 칭송하는 말에 주노드는 잠시 고민하다가 기사를 맡기로 했다.

알고 보니 프레드 로저스는 뉴욕 56번가에 작은 아파트를 소유하고 있었는데 〈에스콰이어〉 본사가 있는 55번가에서 불과 몇 걸음 떨어진 곳이었다. 어느 늦은 오후 주노드는 로저스에게 전화해 인터뷰를 요청했다. "톰, 내가 지금 목욕 가운 차림인데 괜찮다면 이리로 오세요."⁵ 예순여덟 살 로저스는 매일 오후 낮잠을 자는 습관이 있었다. "언제든 오셔도 괜찮습니다."

5분 후, 주노드는 문을 두드렸다.

그리고 예상대로 복도 끝 황금빛 문 앞에는 은발의 프레드 로저스가 서 있었다. 그는 안경을 쓰고, 가죽끈이 달린 스웨이드 모카신을 신었으며, 낡고 하늘하늘한 파란색과 노란색 목욕 가운을 걸치고 있었다. 가운 밖으로 진파란색 양말이 가리지 못한 희고 마른 종아리가 드러났다. "어서 와요, 톰." 로저스는 가볍게 고개를 숙여 인사를 건넸다. 그러고는 내게 따라 들어오라고 손짓했다. 안으로 들어가자 로저스가 누웠다. 그게 아니라, 평생 나를 알고 지낸 사람처럼 편안하게 **몸을 늘어뜨렸다**.⁶

프레드 로저스는 20분 만에 주노드가 어린 시절 가장 아끼던 인형

'올드 래빗' 이야기를 끌어냈다. 인터뷰가 끝날 즈음에는 주노드가 로저스에 대해 알아낸 것보다 로저스가 주노드에 대해 더 많은 것을 알게 되었다. 그리고 벽돌 모양 코닥 인스타매틱 카메라로 주노드의 사진을 찍기까지 했다. 오늘 교감을 나눈 사람을 아내에게 보여주고 싶다고 했다.

이후 주노드는 이렇게 적었다. "그에게는 독특한 에너지가 있었다. … 거침이 없고 수줍어하지 않으면서 당연하다는 듯이 친밀감을 요구했다."[7] 그러고는 덧붙였다. "이건 오래 걸리지 않았다. … 순식간에 벌어진 일이었다."[8] 로저스는 어떻게 이런 일을 해냈을까? 20년이 지난 후 주노드는 그들의 첫 만남에 대해 "나는 오랫동안 이 질문의 답을 찾으려 했다"[9]고 적었다.

로저스는 사실 엄격한 기준과 욕구, 모든 세부 사항을 고려하는 성향으로 인해 전혀 다른 길로 갈 수도 있었다. 〈에스콰이어〉 커버스토리 인터뷰를 통해 자신과 자신의 업적을 홍보하거나, 성취 목록에 또 하나의 업적을 추가하거나, 외로웠다고 전해지는 어린 시절의 결핍을 메우려 할 수도 있었다.[10] 주노드를 감동시키려 애쓰거나 '세상에서 가장 친절한 남자'의 이미지를 연출하려 할 수도 있었다. 하지만 그러지 않았다. 대신 로저스는 그에게 가장 의미 있는 방향으로 온전히 뛰어들었다. 바로 인간과의 연결이다. 그는 주노드에게 진심으로 관심을 보였다. 이 책 초반부에 로저스가 주노드에게 한 말을 떠올려 보자. "지금 우리도 보세요. 방금 만났지만 나는 당신이 어떤 사람인지, 앞으로 어떤 사람이 될지 관심이 많아요. 이런 건 멈출 수

가 없어요."¹¹

2016년 프레드 로저스가 세상을 떠난 뒤 주노드는 오랜 친구였던 로저스를 회상하며 이렇게 적었다. "그분은 내게 아주 많은 것을 주었다. 신뢰와 우정을 주면서도 아무런 대가도 바라지 않았다."¹²

로저스의 또 다른 오랜 친구 엘리엇 데일리Eliot Daley는 주노드가 20년 동안 풀지 못한 로저스의 신비로운 에너지의 비밀을 이렇게 설명했다.¹³

그는 완벽히 '보이는 그대로의 사람'이었다. 다만 한 가지 예외가 있었다. 흔히 프레드에게서 알아채지 못하는 것은 엄청난 힘Power이었다. Power의 대문자 P. 프레드는 내가 평생 만난 사람 중에서 가장 강한 사람이었다. … 나는 세상 사람들이 강하다고 여기는 사람을 숱하게 상대해 봤다. 그 중 누구도 프레드의 힘에 비교할 수 없었다. … 그의 힘은 매우 독특한 곳에서 나왔다. 바로 흔들림 없는 자기충족이었다. 자기 소유감이란 자기이익이나 자기만족, 이기심과는 전혀 다른 개념이다. 그는 내게서도, 당신에게서도 아무것도 필요로 하지 않았다. 물론 뭐든 받으면 기뻐하겠지만 그것이 필요한 적은 없었다.

말하자면 로저스는 스스로 충분하다고 느꼈다. 게다가 그는 있는 그대로 충분하다는 정서를 세상에 전파했다. 그걸로 끝이었다. 한번은 〈로저스 아저씨네 이웃〉의 어느 에피소드가 끝나는 순간 로저스는 늘 하던 대로 운동화를 벗고 스웨터를 걸어둔 다음 무대 뒤편의 프랑수아 클레몽을 바라보았다. 25년간 클레몽 경관 역을 맡은 배우였다. "당신은 있는 그대로의 모습으로 매일매일을 특별한 날로 만들어줘요. 지금 그대로의 당신이 좋아요."

클레몽은 한 인터뷰에서 그날 촬영이 끝나고 로저스가 무대를 내려오자 물었다고 했다. "'프레드, 방금 나한테 한 말이에요?' 그러자 로저스가 말했어요. '그럼요, 오래전부터 당신한테 해온 말이에요. 오늘 드디어 들었군요.' 마치 내가 그 자체로 괜찮은 사람이라고 말해주는 것 같았어요. 인생에서 가장 뜻깊은 순간이었지요."[14]

이렇게 조용한 자신감을 가진 프레드 로저스는 과연 의심이나 문제, 자기비판에서 완전히 자유로운 사람이었을까? 전혀 그렇지 않았다. 그가 에피소드 대본을 쓰는 작업을 미루며 초조하게 대문자로 이렇게 타이핑했던 사실을 기억하는가? 이토록 긴 시간이 흘렀는데도 여전히 똑같이 힘들다니.[15] 프레드 로저스는 평생 지극히 인간적인 고뇌를 안고 살았다. 어린 시절에는 뚱뚱했고, 과보호 속에서 자랐으며, 외롭고 병약한 아이였다. 그의 표현대로라면 "상상할 수 있는 모든 유년기의 질병"을 달고 살았다.[16] 괴롭힘을 당했고 "야, 뚱보 프레디! 우리가 널 잡으러 간다, 프레디!"라고 놀림을 받으면서 집으로 도망쳐 오곤 했다.[17]

그 뒤로도 수십 년 동안 로저스는 더 많은 난관에 부딪혔다. 꼬마 아이들을 이해하는 데 천재적 감각을 가진 로저스지만 정작 그 자신의 십 대 시절을 비롯해 십 대 아이들은 "도무지 종잡을 수 없다"고도 했다.[18] 그의 아내 조앤은 십 대의 두 아들 짐과 존이 지하실에서 대마초를 키우는 것을 발견하고 아이들의 사업가 기질에 흥미를 느꼈지만 프레드는 몹시 화를 냈다.[19] 또 존은 자신이 빙판길에서 차 사고를 낸 날 아버지가 몹시 화를 내서 "한 시간 동안 서로 소리를 지르며 싸웠다"[20]고도 회상했다. 삶은 그렇게 계속 이어졌고, 마침내 위암과의 고통스러운 싸움 끝에 프레드 로저스는 위 전체를 절제하는 대수술을 받아야 했다.[21]

프레드 로저스와 마찬가지로 우리도 자기비판에서 완전히 자유로워지고 인생의 온갖 고통을 말끔히 정리한 후에야 우리에게 중요한 무언가를 향해 달려갈 수 있는 것이 아니다. 어떤 변화가 일어나야만 우리에게 중요한 무언가를 할 수 있는 것이 아니다. 우리는 여전히 남들과 끊임없이 비교하고, 《전쟁과 평화》와 맞먹는 내면의 규칙서를 짊어지고, 자존감과 성취가 완벽히 겹치는 다이어그램을 유지할지도 모른다. 하지만 프레드 로저스처럼, 아니면 우리 나름의 방식으로 인간의 연결에 몰두하기로 마음먹을 수도 있다. 우리의 오랜 친구 마이클 투히그 박사는 이렇게 정리했다. "완벽주의적 생각은 그 자체로 좋은 것도, 나쁜 것도 아니다. 문제는 우리가 그것을 어떻게 다루느냐이다."[22]

perfection(완벽)이라는 단어는 그리스어 teleiōsis(완성)에서 유래했는데 그 어근인 telos는 원래 **목표**를 의미했다.[23] 하지만 현대적 해석에서는 **목적**이라는 의미로 바뀌기 시작했다.

기존의 해석인 '목표'는 '무엇'에 초점을 맞춘다. 무엇을 달성할 것

인가? 반면에 새로운 해석인 '목적'은 '왜'에 초점을 맞춘다. 왜 이 일을 하는가? 프랑스어에는 **레종데트르**raison d'être(존재 이유), 일본어에는 **이키가이**生きがい(삶의 의미)라는 어구가 있다. 말하자면 '목적'은 이 어구들이 시사하듯 매일 아침 우리가 침대에서 일어나는 이유 등의 보편적 개념과 닿아 있다.

목적은 보물 상자처럼 한순간에 발견되는 것도 아니고, 타인과 연결되지 않고 타인에게 이익을 주지 않은 채 자기 안에만 머무르는 것도 아니다. 오히려 자신에게 중요한 것이 무엇인지에 대한 끊임없이 변화하고 진화하는 감각이다. 더불어 자신에게 중요한 사람이 누구인지에 대한 감각이다. 우리는 해야 할 일과 어떻게 살고 싶은지를 혼동해서는 안 된다.

그러면 살면서 불가피하게 마주하는 문제는 어떻게 해야 할까? 우리 뇌처럼 결점에 집중하도록 설계된 뇌가 태생적으로 마주하는 크고 작은 짜증 나는 일들을 어떻게 받아들여야 할까? 나의 지도 교수 한 분은 문제를 작은 동물처럼 다루는 법을 내담자들에게 알려주라고 조언하셨다. 가령 문제를 보송보송한 햄스터나 꿈틀거리는 도롱뇽이나 지저귀는 작은 새 같은 동물이라 생각하고 가볍게 쥐는 것이다. 작은 동물을 너무 꽉 쥐어서는 안 되지만 마치 존재하지 않는 것처럼 무시해서도 안 된다. 그러므로 문제를 진지하게 받아들이되 지나치게 중대하게 여겨서는 안 된다. 존중하고 돌봐주되 가볍게 다루어야 한다. 그들의 존재는 삶이라는 패키지에 함께 들어 있는 일부분이므로.

이 책 서두에서는 임상적 완벽주의(얻는 것보다 잃는 것이 더 많은 완벽주의)와 적응적 완벽주의(잃는 것보다 얻는 것이 더 많은 완벽주의)를 비교했다. 두 유형이 크게 달라 보이지 않지만, 실제로는 전혀 다른 길로 이끈다. 따라서 조금만 방향을 조정해도 완전히 다른 방향으로 빠질 수 있다. 거스가 프레젠테이션을 하며 "내가 찾은 이 멋진 돌 좀 보세요!"라고 순수한 열정을 담아 발표하는 것과 남들에게 강렬한 인상을 남겨야 한다는 목표로 딱딱하게 슬라이드를 넘기는 것은 전혀 다르다. 프란체스카가 바람 부는 호박 농장에서 신나게 구르는 것과 머릿속에 그려둔 핀터레스트 스타일의 완벽한 케이크 테이블을 구현하려고 애쓰는 것은 전혀 다르다. 카터가 '좋은 남자 친구'가 되기 위해서가 아니라, 그저 여자 친구에게 타이레놀과 진저에일을 챙겨주며 함께 시간을 보내는 것이 의미 있다고 여겨서 아픈 여자 친구를 돌보는 것은 차원이 다르다. 자밀라는 스터디 파트너에게 대학 시절 공부에만 매달린 것이 후회된다면서 친구들과 더 많은 시간을 보냈어야 했다고 쑥스럽게 털어놓았다. 결국 두 사람은 치즈 감자튀김 앞에서 신입생 때 지금의 나만큼 알았다면 어떤 식으로 행동했을지를 두고 두 시간이나 진지한 대화를 나누었다. 적응적 완벽주의의 목표도 물론 홈런이지만 공이 지나가는 궤적이 달라진다.

나는 여전히 완벽주의적 사람이다. 여전히 기준이 높고 스스로에게 많은 것을 기대한다. 서두에 말했듯이 이 책 《유연한 완벽주의자》는 **현재**의 나한테 필요한 책이었다. 그리고 이 책을 위해 연구와 집필을 하고, 그러는 사이 발견한 개념을 실천하면서 내 사고방식이 계속해서 삶은 '패키지 딜package deal'이라는 개념 쪽으로 바뀌는 것을 느꼈다. 다시 말해 새로운 무언가를 시도할 때 패키지에는 실수도 반드시 포함된다는 사실을 받아들여야 한다. 어색한 의사소통의 오류 역시 친밀한 인간관계라는 패키지에 포함된 불가피한 요소다. 자기비판은 내 뇌의 구조상 늘 나와 함께하는 패키지의 일부지만 그렇다고 꼭 그 소리에 귀를 기울여야 하는 것은 아니다. 해야 할 일이 끝없이 쌓여가는 상태 역시 풍요롭고 충만한 삶이라는 패키지의 한 요소다. 이제 이런 부산물(오해, 실수, 자기비판, 끝없이 쌓여가는 일의 목록)을 너무 심각하게 받아들일 필요가 없다. 이런 것은 내가 의미 있는 무언가를 향해 나아가는 과정에서 자연스럽게 따라오는 요소일 뿐이다.

때로는 내 안의 해묵은 '해야 한다'라는 당위가 다시 올라와 강력한 자석 옆 나침반처럼 나를 흔들어대기도 한다. 때로는 "이건 내게 의미 있는 일이야, 그러니까 반드시 해야 해"라면서 내가 중요하게 여기는 가치를 규칙으로 바꾸기도 한다. 나는 모든 것을 완벽하게 해내고 있지는 않지만 역설적이게도 바로 그것이 포인트다.

그러면 당신은? 당신은 열심히 살아왔다. 이제 당신의 강점에 머무르고, 이미 잘하는 모든 것을 인정하고 존중하며, 지금의 당신을 만든 유전자와 기질, 삶의 경험을 소중히 여기자. 그리고 1965년 UCLA 농구팀의 신입 드림팀과 같은 당신의 자질, 곧 성실성과 세심한 배려, 강한 책임감에 감사하자. 당신을 다음 단계로 데려가줄 방법은 무수히 많다. 스포츠에 비유하면 당신은 이미 홈런을 친 것이나 진배없다.

　더 잘해야 할 필요도, 더 증명할 것도, 더 열심히 노력할 이유도 없다면, 다시 말해 당신이 지금 그대로도 충분하다는 사실을 인정한다면 이제부터 어떻게 살겠는가? 이제부터 펼쳐질 미래가 당신에게 달려 있다면 무엇을 하겠는가?

　자, 당신 자신의 삶에 온 것을 환영한다. 이제 가장 먼저 무엇을 하겠는가?

감사의 말

이 책을 쓰는 과정은 《지나치게 불안한 사람들》을 쓸 때보다 더 어려웠다. 세계적인 팬데믹과 심각한 뇌진탕, 난해한 학술 주제가 걸림돌이었다. 고맙게도 많은 분들의 도움을 받을 수 있었고 그 모든 분께 깊이 감사드린다.

우선 세인트 마틴스 출판사 여러분께 감사드린다. 안나 드브리스 이사는 마법처럼 뛰어난 역량으로 이 책을 훨씬 더 나은 결과물로 발전시켜 주었다. 할 수만 있다면 비행기로 하늘에 '고마워요'라는 감사의 말을 새기고 싶을 정도다. 자밀라 루이스-호턴, 새러 베스 해링, 소피아 라우리엘로, 샐리 로츠, 캐시 구트먼, 로리 프리버에게도 감사드린다. 10년 동안 변함없이 지지해 준 캐시 도일에게도 고마운 마음을 전한다.

문학 에이전시 에비타스 크리에이티브 매니지먼트의 올스타팀 역시 상상 이상으로 엄청난 도움을 주었다. 내 담당 에이전트인 토드 슈스터는 변함없는 지지자이자 완벽한 신사였다. 저스틴 브라우카트와 잭 하우그, 로렌 리보우, 에리카 바우먼, 에린 파일스를 비롯한 많은 이가 여러 해에 걸쳐 손쉬운 일처럼 보일 정도로 온갖 과정을 원활히 진행했다.

리사 스미스 박사와 데이비드 발로 박사 그리고 불안과 관련 장애 센터 CARD: Center for Anxiety and Related Disorders의 모든 분께도 감사드린다. 내가 정석을 다소 벗어난 경로에서 경력을 쌓는 동안 변함없이 보내준 지지에 진심으로 감사를 전한다.

뛰어난 재능과 너그러운 마음씨를 가진 다이애나 하워드는 내가 쓴 두 책 모두에 선명하고 아름다운 일러스트를 그려주었다. 정말 감사드린다!

원고를 읽고 아낌없이 조언해 준 친구들. 카렌 애들러, 알리 아스가르 알리바이, 줄리아 알텐바흐, 애런 콘, 내오미 다롬, 도런 간, 노아 카게야마, 피아 오언스, 베스 시카타니, 샤르바리 탐한카르에게도 감사를 전한다. 이 모두 뛰어난 지성과 따뜻한 마음씨의 소유자다.

나의 독서 친구 안나 골드파브는 든든한 지지와 열정, 단단하면서도 따뜻한 애정을 보내주었다. 빅토리아 슐레비치는 명민한 의견으로 이 책에 놀라운 변화를 가져다주었다. 언제까지나 고마운 마음을 잊지 않을 것이다!

6년을 함께해 준 협업 그룹의 노아 카게야마, 크리스 하우스, 제이슨 하하임에게도 감사드린다. 모두 뛰어나고 대단한 사람들이다. 나를 이 모임과 연결해 준 마리사 G. 프랑코를 비롯한 저자 지원 모임에도 감사드린다.

앞에서 횃불을 들고 팀워크를 이끌어준 제이드 우 그리고 적재적소에서 조언해 준 내오미 던포드, 공동 작업에 힘써준 세이디 홀, 따뜻한 수용과 공감을 보여준 제시 크로스비에게도 깊은 감사의 뜻을 전한다.

다음은 연구자와 임상가, 내가 지도하는 치료사들, 오랜 시간 나와 대화하며 각자의 지식과 경험을 나눠 준 분들이다. 이브마리 블루앙-후동, 제시 크로스비, 조시 커티스, '유니스', 안젤리나 고메즈, 앤드루 힐, 제니퍼 허드슨, 토머스 린치와 에리카 스미스 린치, 앨런 맬린저, 제니퍼 미첼, 클라리사 옹, 트리샤 박, 오시리스 랭킨, AJ 로셀리니, 로즈 샤프란, 베스 시카타니, 마틴 스미스, 마이클 투히그, 앨리나 헤이 워햄, 이 모두에게 감사의 마음을 전한다.

이 책에서 소개한 일부 사례는 내가 지도하는 대학원생과 수련 과정의 치료사들이 상담한 내담자들에게서 가져왔다. 그러니 직접적 노력과 공은 크리스티 커스버트, 스테파니 드크로스, 리즈 유스티스, 앨리 핸드, 피터 루어링-존스, 엘리엇 매로우, 대니얼 모스코우, 마야 노우펄 오시리스 랭킨, 스테파니 스틸, 내딘 타기안, 에린 워드-시에셀스키의 몫이다.

평생 도서관을 사랑해 온 사람으로서 보스턴 대학교 도서관과 케임브리지 공립 도서관에도 감사 인사를 전하고 싶다.

누구보다 나의 내담자 여러분께 깊이 감사드린다. 비밀 유지 서약으로 인해 모두의 이름을 밝힐 수는 없지만 여러분의 용기와 회복력, 열린 마음은 깊은 영감을 주었다. 여러분의 삶에서 한 조각을 함께할 수 있도록 허락하고 배움의 기회를 열어주셔서 정말 감사하다. 이 책은 여러분의 강인함과 성장의 증거다.

이 책에는 잠깐 등장하지만 내 삶에 언제나 든든한 버팀목이 되어주신 부모님 샤론과 댄 헨드릭슨에게 감사드리고 남동생 스티븐 헨드릭슨에게도 고마움을 전한다. 늘 아낌없이 시간과 집을 내어준 수잔 박에게도 감사를 전한다. 무엇보다도 이 책이 존재할 수 있도록 지지와 사랑, 유쾌함을 퍼뜨려준 니콜라스 커리어, 에이드리언과 데이빈 커리어에게 깊이 감사한다. 모두 사랑합니다.

팟캐스트 〈새비 사이콜로지스트 Savvy Psychologist〉를 첫 회부터 들어주신 청취자부터 이제 막 이 책을 처음 집어 든 독자 여러분까지, 모든 분께 진심으로 감사드린다. 모두가 이 책의 모든 글을 써 내려가는 데 원동력이 되어주셨다. 여러분과 이 여정을 함께할 수 있다는 사실이 그지없이 감사하다.

주

프롤로그

1. Neal Gabler, *Walt Disney: The Triumph of the American Imagination*(New York: Knopf, 2006).
2. Erin Glover, "Opening Night, 1937: 'Snow White and the Seven Dwarfs' Premieres at Carthay Circle Theatre," *Disney Parks Blog*, December 21, 2011, https://disneyparks.disney.go.com/blog/2011/12/opening-night-1937-snow-white-and-the-seven-dwarfs-premieres-at-carthay-circle-theatre/.
3. Gabler, *Walt Disney*, 440.
4. Gabler, *Walt Disney*, 441.
5. Gabler, *Walt Disney*, 443.
6. Gabler, *Walt Disney*, 412.
7. Gabler, *Walt Disney*, 436.
8. Gabler, *Walt Disney*, 440.
9. Gabler, *Walt Disney*, 437.
10. Wikipedia, s.v. "Snow White and the Seven Dwarfs(1937 Film)," accessed January 7, 2024, https://en.wikipedia.org/w/index.php?title=Snow_White_and_the_Seven_Dwarfs_(1937_film)&ol-did=1194158663.
11. Gabler, *Walt Disney*, 930.
12. Gabler, *Walt Disney*, 748.
13. Gabler, *Walt Disney*, 749.
14. Gabler, *Walt Disney*, 1000.
15. Gabler, *Walt Disney*, 1001.
16. Gabler, *Walt Disney*, 752.
17. "Josie Carey Interview, by Karen Herman for The Interviews: 25 Years," Television Academy, July 23, 1999, http://televisionacademy.com/interviews.
18. Maxwell King, *The Good Neighbor: The Life and Work of Fred Rogers*(New York: Abrams, 2018), 108.
19. King, *The Good Neighbor*, 144.

20 Jonathan V. Last, "Mr. Rogers' Legacy: 895 Episodes of Lessons," *Philadelphia Inquirer*, Just 12, 2011, https://www.inquirer.com /philly/opinion /currents/20110612 _Mr Rogers legacy 895_episodes_of_lessons.html.
21 King, *The Good Neighbor*, 179.
22 King, *The Good Neighbor*, 179.
23 King, *The Good Neighbor*, 117.
24 King, *The Good Neighbor*, 193.
25 King, *The Good Neighbor*, 187.
26 *Won't You Be My Neighbor?*, directed by Morgan Neville(Los Angeles: Tremolo Productions, 2018).
27 King, *The Good Neighbor*, 307.
28 King, *The Good Neighbor*, 326.
29 "Won't You Be My Neighbor?(2018)—Mister Rogers & Jeff Erlanger Scene(8/10)," YouTube video, 3:23, posted by Movieclips, January 10, 2019, https://www.youtube.com/watch?v=USWXF1XW2zo.
30 "Fred Rogers Inducted into the TV Hall of Fame," YouTube video, 5:59, posted by Julian Park, April 9, 2012, https://www.youtube.com/watch?v=TcNxY4TudXo.
31 "Won't You Be My Neighbor?(2018)—Officer Clemmons Scene(5/10)," YouTube video, 2:41, posted by Movieclips, January 10, 2019, https:// www.youtube.com/watch?v=K6O_Ep9bY0U.
32 François S. Clemmons, *Officer Clemmons: A Memoir*(New York: Catapult, 2021).
33 Tom Junod, "Can You Say… 'Hero'?," *Esquire*, November 1, 1998, http://classic.esquire.com/article/1998/11/1/can-you-say-hero.
34 "Koko the Gorilla Meets Mister Rogers(Mr. McFeely Interview)," YouTube video, 3:44, posted by December 22, 2021, https:// www.youtube.com/watch?v=93gCILhqIvA.
35 Junod, "Can You Say… 'Hero'?."
36 Marc H. Hollender, "Perfectionism," *Comprehensive Psychiatry* 6, no. 2(1965): 94–103, https://doi.org/10.1016/s0010-440 x(65)80016–5.
37 Carmen Iranzo-Tatay et al., "Genetic and Environmental Contributions to Perfectionism and Its Common Factors," *Psychiatry Research* 230, no. 3(2015): 932–39, https://doi.org/10.1016/j.psychres.2015.11.020; Jason S. Moser et al., "Etiologic Relationships Between Anxiety and Dimensions of Maladap- tive Perfectionism in Young Adult Female Twins: Twins, Anxiety, and Perfectionism," *Depression and Anxiety* 29, no. 1(2012): 47–53, https://doi.org/10.1002/da.20890; Mar- tin M. Smith et al., "Perfectionism and the Five-Factor Model of Personality: A Meta- Analytic Review," *Personality and Social Psychology Review* 23, no. 4(2019): 367–90, https://doi.org/10.1177/1088868318814973; Federica Tozzi et al., "The Structure of Perfectionism:

A Twin Study," *Behavior Genetics* 34, no. 5(2004): 483–94, https://doi.org/10.1023/b:bege.0000038486.47219.76; Tracey D. Wade and Cynthia M. Bulik, "Shared Genetic and Environmental Risk Factors between Undue Influence of Body Shape and Weight on Self-Evaluation and Dimensions of Perfectionism," *Psychological Medicine* 37, no. 5 (2007): 635, https://doi.org/10.1017/s0033291706009603.

38 Thomas Curran, *The Perfection Trap: Embracing the Power of Good Enough*(New York: Scribner, 2023); Thomas Curran and Andrew P. Hill, "Perfectionism Is Increasing over Time: A Meta-Analysis of Birth Cohort Differences from 1989 to 2016," *Psychological Bulletin* 145, no. 4(2019): 410–29, https://doi.org/10.1037/bul0000138; A. Hill and M. Grugan, "Introducing Perfectionistic Climate," *Perspectives on Early Childhood Psychology and Education* 4, no. 2(2020): 263–76.

39 Curran and Hill, "Perfectionism Is Increasing over Time."

추가 자료

"Mister Rogers' Neighborhood Death of a Gold Fish 1101." Vimeo video, posted January 28, 2016. https://vimeo.com/153417661(page discon- tinued).

Frank S. Nugent, "The Music Hall Presents Walt Disney's Delightful Fantasy, 'Snow White and the Seven Dwarfs'—Other New Films at Capitol and Criterion," *New York Times*, January 14, 1938.

1장 내 안의 가혹한 비평가

1 Joachim Stoeber and Kathleen Otto, "Positive Conceptions of Perfectionism: Approaches, Evidence, Challenges," *Personality and Social Psychology Review* 10, no. 4 (2006): 295–319, https://doi.org/10.1207/s15327957pspr1004_2.

2 Angela L. Duckworth et al., "Who Does Well in Life? Conscientious Adults Excel in Both Objective and Subjective Suc- cess," *Frontiers in Psychology* 3(2012), https://doi.org/10.3389/fpsyg.2012.00356.

3 John Wesley, *A Plain Account of Christian Perfection(1777) by: John Wesley*(North Charleston, SC: CreateSpace, 2017); Online Etymology Dictionary, s.v. "Conscientious," accessed October 22, 2023, https://www.etymonline.com/word/conscientious.

4 Douglas B. Samuel et al., "A Five-Factor Measure of Obsessive-Compulsive Personality Traits," *Journal of Personality Assessment* 94, no. 5(2012): 456–65, https://doi.org/10.1080/00223891.2012.677885; Nathan T. Carter et al., "The Downsides of Extreme Conscientiousness for Psychological Well-being: The Role of Obsessive Compulsive Tendencies" *Journal of Personality* 84, no. 4(2016): 510–22, https://doi.org/10.1111/

jopy.12177; Raymond Bernard Cattell and Paul Kline, *Scientific Analysis of Personality and Motivation*(San Diego: Academic Press, 1977); Murray W. Enns and Brian J. Cox, "The Nature and Assessment of Perfectionism: A Critical Analysis," in *Perfectionism: Theory, Research, and Treatment*, ed. G. L. Flett and P. L. Hewitt(Washington, DC: American Psychological Association, 2002), 33–62; Paul L. Hewitt and Gordon L. Flett, "When Does Conscientiousness Become Perfectionism? Traits, Self-Presentation Styles, and Cognitions Suggest a Persistent Psychopathology," *Current Psychiatry* 6, no. 7(2007): 49–60.

5   Roz Shafran, Zafra Cooper, and Christopher G. Fairburn, "Clinical Perfectionism: A Cognitive-Behavioural Analysis," *Behaviour Research and Therapy* 40, no. 7(2002): 773–91, https://doi.org/10.1016/s0005-7967(01)00059-6; Roz Shafran, in discussion with the author, December 13, 2021.

6   P. L. Hewitt and G. L. Flett, "Perfectionism in the Self and Social Contexts: Conceptualization, Assessment, and Association with Psychopathology," *Journal of Personality and Social Psychology* 60, no. 3(1991): 456–70, https://doi.org/10.1037/0022-3514.60.3.456.

7   Thomas Curran, *The Perfection Trap: Embracing the Power of Good Enough*(New York: Scribner, 2023).

8   Thomas Curran and Andrew P. Hill, "Perfectionism Is Increasing over Time: A Meta-Analysis of Birth Cohort Differences from 1989 to 2016," *Psychological Bulletin* 145, no. 4(2019): 410–29, https:// doi.org/10.1037/bul0000138.

9   Gordon L. Flett and Paul L. Hewitt, *Perfectionism in Childhood and Adolescence: A Developmental Approach*(Washington, DC: American Psychological Association, 2022).

10 Martin M. Smith et al., "Perfectionism and the Five-Factor Model of Personality: A Meta-Analytic Review," *Personality and Social Psychology Review* 23, no. 4(2019): 367–90, https://doi.org/10.1177/1088868318814973.

11 Andrew P. Hill and Thomas Curran, "Multidimensional Perfectionism and Burnout: A Meta-Analysis," *Personality and Social Psychology Review* 20, no. 3(2016): 269–88, https://doi.org/10.1177/1088868315596286.

12 Martin M. Smith and Simon Sherry, "Young People Drowning in a Rising Tide of Perfectionism," Conversation, February 5, 2019, http://theconversation.com/young-people-drowning-in-a-rising-tide-of-perfectionism-110343.

13 Karina Limburg et al., "The Relationship Between Perfectionism and Psychopathology: A Meta-Analysis," *Journal of Clinical Psychology* 73, no. 10(2017): 1301–26, https://doi.org/10.1002/jclp.22435.

14 Joachim Stoeber and Laura N. Harvey, "Multi- dimensional Sexual Perfectionism and Female Sexual Function: A Longitudinal In- vestigation," *Archives of Sexual Behavior* 45,

no. 8(2016): 2003–14, https://doi.org/10.1007/s10508-016-0721-7; Kathryn Fletcher et al., "Buffering Against Maladaptive Perfectionism in Bipolar Disorder: The Role of Self-Compassion," *Journal of Affective Disorders* 250(2019): 132–39, https://doi.org/10.1016/j.jad.2019.03.003; M. M. Antony et al., "Dimensions of Perfectionism Across the Anxiety Disorders," *Behaviour Research and Therapy* 36, no. 12(1998): 1143–54; Parviz Asgari et al., "Effectiveness of Acceptance and Commitment Therapy on Perfectionism and Resilience in Migraine Patients," *International Archives of Health Sciences* 8, no. 3(2021): 138, https:// doi.org/10.4103/iahs.iahs_115_20.

15   Statewide Suicide Prevention Council, *Alaska Suicide Follow-Back Study Final Report*(Juneau: Alaska Department of Health, 2003), http:// dhss.alaska.gov/SuicidePrevention/Documents/pdfs_sspc/sspcfollowback 2– 07.pdf.

16   R. F. Baumeister and M. R. Leary, "The Need to Belong: Desire for Interpersonal Attachments as a Fundamental Human Motivation," *Psychological Bulletin* 117, no. 3(1995): 497–529, https://doi.org/10.1037/0033–2909.117.3.497.

17   Jessica Buechler, "The Loneliness Epidemic Persists: A Post-Pandemic Look at the State of Loneliness among U.S. Adults," Cigna Group, accessed October 31, 2023, https://newsroom.thecignagroup.com/loneliness-epidemic-persists-post-pandemic-look; J. Blagden, W. Tanner, and F. Krasniqi, "Age of Alienation: Young People Facing a Loneliness Epidemic," Onward, July 8, 2021, https:// www.ukonward.com/reports/age-of-alienation-loneliness-young-people.

18   Timothy P. Carney, *Alienated America: Why Some Places Thrive While Others Collapse*(New York: Harper, 2020); Charles Murray, *Coming Apart*(New York: Crown, 2013); Robert Putnam, *Bowling Alone: The Collapse and Revival of American Community*(London: Simon & Schuster, 2001).

19   "The Facebook Files," *Wall Street Journal*, September 15, 2021, https://www.wsj.com/articles/the-facebook-files-11631713039.

20   Elizabeth Gibney, "Coronavirus Lockdowns Have Changed the Way Earth Moves," *Nature* 580, no. 7802(2020): 176–77, https://doi.org/10.1038/d41586-020-00965-x.

21   Andrea E. Abele and Bogdan Wojciszke, "Agency and Communion from the Perspective of Self Versus Others," *Journal of Personality and Social Psychology* 93, no. 5 (2007): 751–63, https://doi.org/10.1037/0022-3514.93.5.751.

22   David A. Moscovitch, "What Is the Core Fear in Social Phobia? A New Model to Facilitate Individualized Case Conceptualization and Treatment," *Cognitive and Behavioral Practice* 16, no. 2(2009): 123–34, https:// doi.org/10.1016/j.cbpra.2008.04.002.

23   Prem S. Fry and Dominique L. Debats, "Perfectionism and the Five-Factor Personality Traits as Predictors of Mortality in Older Adults," *Journal of Health Psychology* 14, no. 4(2009): 513–24, https://doi.org/10.1177/1359105309103571.

24 Randy O. Frost et al., "A Comparison of Two Measures of Perfectionism," *Personality and Individual Differences* 14, no. 1(1993): 119–26, https://doi.org/10.1016/0191-8869(93)90181-2; David M. Dunkley et al., "The Relation Between Perfectionism and Distress: Hassles, Coping, and Perceived Social Support as Mediators and Moderators," *Journal of Counseling Psychology* 47, no. 4(2000): 437–53, https://doi.org/10.1037/0022-0167.47.4.437; Stoeber and Otto, "Positive Conceptions of Perfectionism"; Peter J. Bieling, Anne L. Israeli, and Martin M. Antony, "Is Perfectionism Good, Bad, or Both? Examining Models of the Perfectionism Construct," *Personality and Individual Differences* 36, no. 6(2004): 1373–85, https://doi.org/10.1016/s0191-8869(03)00235-6.

25 Wikipedia, s.v. "Christian Perfection," accessed November 12, 2023, https://en.wikipedia.org/w/index.php?title=Christian_perfection&oldid=1184836014; Online Etymology Dictionary, s.v. "Perfection," accessed November 19, 2023, https://www.etymonline.com/word/perfection.

추가 자료

Monica Ramirez Basco, *Never Good Enough: How to Use Perfectionism to Your Advantage without Letting It Ruin Your Life*(Ashland, OR: Blackstone, 2020).

Sidney J. Blatt, "The Destructiveness of Perfectionism: Implications for the Treatment of Depression," *American Psychologist* 50, no. 12(1995): 1003–20. https://doi.org/10.1037/0003-066x.50.12.1003.

Gordon L. Flett and Paul L. Hewitt, eds. *Perfectionism: Theory, Research and Treatment*(Washington, DC: American Psychological Association, 2002).

Sharon Martin, *The CBT Workbook for Perfectionism: Evidence-Based Skills to Help You Let Go of Self-Criticism, Build Self-Esteem, and Find Balance*(Oakland, CA: New Harbinger, 2019).

Ved Mehta, "Casualties of Oxford," *The New Yorker*, July 25, 1993, https://www.newyorker.com/magazine/1993/08/02/casualties-of-oxford.

Martin M. Smith et al., "The Perniciousness of Perfectionism: A Meta-analytic Review of the Perfectionism–Suicide Relationship," *Journal of Personality* 86, no. 3(2018): 522–42, https://doi.org/10.1111/jopy.12333.

2장 완벽주의자의 7가지 특징

1 Roz Shafran, Zafra Cooper, and Christopher G. Fairburn, "Clinical Perfectionism: A Cognitive-Behavioural Analysis," *Behaviour Research and Therapy* 40, no. 7(2002): 773–91, https://doi.org/10.1016/s0005-7967(01)00059-6; Roz Shafran, Sarah J. Egan,

and Tracey D. Wade, *Overcoming Perfectionism, 2nd Edition: A Self-Help Guide Using Scientifically Supported Cognitive Behavioural Techniques*(London: Robinson, 2018).
2   Patricia Marten DiBartolo et al., "Shedding Light on the Relationship Between Personal Standards and Psychopathology: The Case for Contingent Self-Worth," *Journal of Rational-Emotive and Cognitive-Behavior Therapy* 22, no. 4(2004): 237–50, https://doi.org/10.1023/b:jore.0000047310.94044.ac; Randy O. Frost et al., "The Dimensions of Perfectionism," *Cognitive Therapy and Research* 14, no. 5(1990): 449–68, https://doi.org/10.1007/bf01172967; P. L. Hewitt and G. L. Flett, "Perfectionism in the Self and Social Contexts: Conceptualization, Assessment, and Association with Psychopathology," *Journal of Personality and Social Psychology* 60, no. 3(1991): 456–70, https://doi.org/10.1037/0022–3514.60.3.456; Paul L. Hewitt et al., "The Multidimensional Perfectionism Scale: Reliability, Validity, and Psychometric Properties in Psychiatric Samples," *Psychological Assessment* 3, no. 3(1991): 464–68, https://doi.org/10.1037/1040–3590.3.3.464; Joachim Stöber, "The Frost Multidimensional Perfectionism Scale Revisited: More Perfect with Four(Instead of Six) Dimensions," *Personality and Individual Differences* 24, no. 4(1998): 481–91, https://doi.org/10.1016/s0191-8869(97)00207-9.

추가 자료

Monica Ramirez Basco, *Never Good Enough: How to Use Perfectionism to Your Advantage Without Letting It Ruin Your Life*(New York: Touchstone, 2000).

3장 불안이 시작된 곳을 찾아서

1   Jennifer H. Mitchell et al., "An Experimental Manipulation of Maternal Perfectionistic Anxious Rearing Behaviors with Anxious and Non-Anxious Children," *Journal of Experimental Child Psychology* 116, no. 1(2013): 1–18, https://doi.org/10.1016/j.jecp.2012.12.006; Jennifer Mitchell, in discussion with the author, December 20, 2021; Jennifer Hudson, in discussion with the author, November 29, 2021.
2   Mitchell et al., "An Experimental Manipulation."
3   Gordon L. Flett, Paul L. Hewitt, Joan M. Oliver, and Silvana Macdonald, "Perfectionism in Children and Their Parents: A Developmental Analysis," in *Perfectionism: Theory, Research, and Treatment*, ed. G. L. Flett and P. L. Hewitt(Washington, DC: American Psychological Association, 2002), 89–132.
4   Flett et al., "Perfectionism in Children."
5   Flett et al., "Perfectionism in Children."

6   Deborah Stornelli, Gordon L. Flett, and Paul L. Hewitt, "Perfectionism, Achievement, and Affect in Children: A Comparison of Students from Gifted, Arts, and Regular Programs," *Canadian Journal of School Psychology* 24, no. 4(2009): 267–83, https://doi.org/10.1177/0829573509342392.

7   Laura Empson, "If You're So Successful, Why Are You Still Working 70 Hours a Week?," *Harvard Business Review*, February 1, 2018, https://hbr.org/2018/02/if-youre-so-successful-why-are-you-still-working-70-hours-a-week.

8   Flett et al., "Perfectionism in Children."

9   Flett et al., "Perfectionism in Children."

10 Naomi R. Wray et al., "Genome-Wide Association Analyses Identify 44 Risk Variants and Refine the Genetic Architecture of Major Depression," *Nature Genetics* 50, no. 5(2018): 668–81, https://doi.org/10.1038/s41588-018-0090-3; Michael G. Gottschalk and Katharina Domschke, "Genetics of Generalized Anxiety Disorder and Related Traits," *Dialogues in Clinical Neuroscience* 19, no. 2(2017): 159–68, https://doi.org/10.31887/dcns.2017.19.2/kdomschke; Olga Giannakopoulou et al., "The Genetic Architecture of Depression in Individuals of East Asian Ancestry: A Genome-Wide Association Study," *JAMA Psychiatry* 78, no. 11(2021): 1258–69, https://doi.org/10.1001/jamapsychiatry.2021.2099; Tracey D. Wade and Cynthia M. Bulik, "Shared Genetic and Environmental Risk Factors between Undue Influence of Body Shape and Weight on Self-Evaluation and Dimensions of Perfectionism," *Psychological Medicine* 37, no. 5(2007): 635–44, https://doi.org/10.1017/S0033291706009603; Toshimitsu Kamakura et al., "A Twin Study of Genetic and Environmental Influences on Psychological Traits of Eating Disorders in a Japanese Female Sample," *Twin Research and Human Genetics* 6, no. 4(2003): 292–96, https:// doi.org/10.1375/136905203322296647; Rachel Bachner-Melman et al., "Anorexia Nervosa, Perfectionism, and Dopamine D4 Receptor(DRD4)," *American Journal of Medical Genetics. Part B, Neuropsychiatric Genetics* 144B, no. 6(2007): 748–56, https:// doi.org/10.1002/ajmg.b.30505.

11 Federica Tozzi et al., "The Structure of Perfectionism: A Twin Study," *Behavior Genetics* 34, no. 5(2004): 483–94, https://doi.org/10.1023/B:BEGE.0000038486.47219.76; Carmen Iranzo-Tatay et al., "Genetic and Environmental Contributions to Perfectionism and Its Common Factors," *Psychiatry Research* 230, no. 3(2015): 932–39, https://doi.org/10.1016/j.psychres.2015.11.020.

12 Iranzo-Tatay et al., "Genetic and Environmental Contributions."

13 Jason S. Moser et al., "Etiologic Relationships Between Anxiety and Dimensions of Maladaptive Perfectionism in Young Adult Female Twins: Twins, Anxiety, and Perfectionism," *Depression and Anxiety* 29, no. 1(2012): 47–53, https://doi.org/10.1002/da.20890.

14 Thomas Curran and Andrew P. Hill, "Perfectionism Is Increasing over Time: A Meta-Analysis of Birth Cohort Differences from 1989 to 2016," *Psychological Bulletin* 145, no. 4(2019): 410–29, https://doi.org/10.1037/bul0000138.

15 "EP 88: Professor Andrew Hill—Perfectionism in Youth Sport," Athlete Development Project, https://athletedevelopmentproject.com/2020/08/ep-88-professor-andrew-hill.

16 "Why Perfectionism Is on the Rise—and How to Overcome It," Goop, https://goop.com/wellness/mindfulness/why-perfectionism-is-on-the-rise-and-how-to-overcome-it/.

17 Thomas Curran, *The Perfection Trap: Embracing the Power of Good Enough*(New York: Scribner, 2023).

18 Simon Kemp, "The Time We Spend on Social Media," DataReportal, January 31, 2024, https://datareportal.com/reports/digital-2024-deep-dive-the-time-we-spend-on-social-media.

19 Editors of O, *Live Your Best Life: A Treasury of Wisdom, Wit, Advice, Interviews, and Inspiration from* O, the Oprah Magazine, 1st ed.(Birmingham, AL: Oxmoor House, 2005).

20 Jean M. Twenge, *iGen: Why Today's Super-Connected Kids Are Growing Up Less Rebellious, More Tolerant, Less Happy—and Completely Unprepared for Adulthood—and What That Means for the Rest of Us*(New York: Atria Books, 2018).

21 M. E. Seligman and M. Csiks- zentmihalyi, "Positive Psychology: An Introduction," *American Psychologist* 55, no. 1(2000): 5–14, https://doi.org/10.1037/0003-066x.55.1.5.

22 Twenge, *iGen*.

23 Sharon F. Lambert, W. LaVome Robinson, and Nicholas S. Ialongo, "The Role of Socially Prescribed Perfectionism in the Link Between Perceived Racial Discrimination and African American Adolescents' Depressive Symptoms," *Journal of Abnormal Child Psychology* 42, no. 4 (May 2014): 577–87.

추가 자료

Josh Cohen, "The Perfectionism Trap," *The Economist*, August 10, 2021, https://www.economist.com/1843/2021/08/10/the-perfectionism-trap.

Sarah Green, "The Hidden Demons of High Achievers," *Harvard Business Review*, May 2011, https://hbr.org/2011/05/the-hidden-demons-of-high-achi.

4장 적당한 자기연민의 힘

1 Harris, Lynden(correspondent), "Kindness Makes a Community," *The Chapel Hill News*, February 17, 2013, 1A.

2   Raymond M. Bergner, *Pathological Self-Criticism*(New York: Springer, 2014).
3   Bergner, *Pathological Self-Criticism*, 46.
4   Bergner, *Pathological Self-Criticism*, 48.
5   Jenny Bozon, "Man Runs Sub-3.30 Marathon While Chain-Smoking Pack of Cigarettes," *Runner's World*, November 16, 2022, https:// www.runnersworld.com/uk/news/a41969594/chinese-smoking-marathon-runner/.
6   G. L. Flett et al., "Perfectionism Cognition Theory: The Cognitive Side of Perfectionism," in *The Psychology of Perfectionism: Theory, Research, Applications*, ed. Joachim Stoeber(New York: Routledge, 2018), 89–110; Patrick Gaudreau, "On the Distinction between Personal Standards Perfectionism and Excellencism: A Theory Elaboration and Research Agenda," *Perspectives on Psychological Science* 14, no. 2(2019): 197–215, https://doi.org/10.1177/1745691618797940; Tracey D. Wade, "Prevention of Perfectionism in Youth," in *The Psychology of Perfectionism*, 265–83.
7   Lorin Taranis and Caroline Meyer, "Perfectionism and Compulsive Exercise Among Female Exercisers: High Personal Standards or Self-Criticism?," *Personality and Individual Differences* 49, no. 1(2010): 3–7, https://doi.org/10.1016/j.paid.2010.02.024.
8   Bergner, *Pathological Self-Criticism*, 92.
9   Kareem Abdul-Jabbar and Raymond Obstfeld, *Becoming Kareem: Growing Up On and Off the Court*(New York: Little, Brown, 2017).
10   Wikipedia, s.v. "Kareem Abdul-Jabbar," accessed March 24, 2024, https://en.wikipedia.org/w/index.php?title=Kareem_Abdul-Jabbar &oldid=1215256424.
11   Abdul-Jabbar and Obstfeld, *Becoming Kareem*, 184.
12   Abdul-Jabbar and Obstfeld, *Becoming Kareem*, 184.
13   Roland Tharp and Ronald Gallimore, "Basketball's John Wooden: What a Coach Can Teach a Teacher," *Psychology Today* 9, no. 8(1976): 74–78; Ronald Gallimore and Roland Tharp, "What a Coach Can Teach a Teacher, 1975–2004: Reflections and Reanalysis of John Wooden's Teaching Practices," *Sport Psychologist* 18, no. 2(2004): 119–37, https://doi.org/10.1123/tsp.18.2.119; Ronald Gallimore, "Surprising Consequences of Researching John Wooden's Teaching Practices: The Backstory of the 1976 Study of the Legendary University of California, Los Angeles Basketball Coach," *International Sport Coaching Journal* 7, no. 2(2020): 256–60, https://doi.org/10.1123/iscj.2020-0008; Ronald Gallimore, Wade Gilbert, and Swen Nater, "Reflective Practice and Ongoing Learning: A Coach's 10-Year Journey," *Reflective Practice* 15, no. 2(2014): 268–88, https://doi.org/10.1080/14623943.2013.868790.
14   Roland G. Tharp and Ralph J. Wetzel, eds., *Behavior Modification in the Natural Environment*(San Diego: Academic Press, 1970).
15   Gallimore and Tharp, "What a Coach Can Teach."

16 "Wooden 1975 Study," UCLA, http://ronaldg.bol.ucla.edu/Rons_UCLA_Homepage/Wooden_1975_study.html.
17 Gallimore and Tharp, "What a Coach Can Teach."
18 Ronald Gallimore and Roland Tharp, "Revisiting John Wooden's Teaching Practice and Philosophy: 'Everyone's a Teacher Who Has Someone Under Their Supervision,'" *Sport Psychologist*, no. 18(2004): 119–37.
19 Tharp and Gallimore, "Basketball's John Wooden."
20 Eunice, in discussion with the author, September 24, 2019.
21 Bergner, *Pathological Self-Criticism*.
22 Kristin Neff, *Self-Compassion: The Proven Power of Being Kind to Yourself* (New York: William Morrow, 2015); "What Is Self-Compassion?," Self-Compassion, March 22, 2011, https://self-compassion.org/what-is-self-compassion.
23 Angus MacBeth and Andrew Gumley, "Exploring Compassion: A Meta-Analysis of the Association Between Self-Compassion and Psychopathology," *Clinical Psychology Review* 32, no. 6(2012): 545–52, https://doi.org/10.1016/j.cpr.2012.06.003; Alexander C. Wilson et al., "Effectiveness of Self- Compassion Related Therapies: A Systematic Review and Meta-Analysis," *Mindfulness* 10, no. 6(2019): 979–95, https://doi.org/10.1007/s12671-018-1037-6.
24 Ulli Zessin, Oliver Dickhäuser, and Sven Garbade, "The Relationship Between Self-Compassion and Well-Being: A Meta-Analysis," *Applied Psychology: Health and Well-Being* 7, no. 3(2015): 340–64, https://doi.org/10.1111/aphw.12051.
25 Allison Kelly et al., "Why Would I Want to Be More Self-Compassionate? A Qualitative Study of the Pros and Cons to Cultivating Self-Compassion in Individuals with Anorexia Nervosa," *British Journal of Clinical Psychology* 60, no. 1(2021): 99–115, https://doi.org/10.1111/bjc.12275; Marios Biskas, Fuschia M. Sirois, and Thomas L. Webb, "Using Social Cognition Models to Understand Why People, Such as Perfectionists, Struggle to Respond with Self-Compassion," *British Journal of Social Psychology* 61, no. 4(2022): 1160–82, https://doi.org/10.1111/bjso.12531.
26 "What Is Self-Compassion?"
27 Alan E. Fruzzetti and Allison K. Ruork, "Validation Principles and Practices in Dialectical Behavior Therapy," in *The Oxford Handbook of Dialectical Behaviour Therapy*, ed. Michaela A. Swales(Oxford, England: Oxford University Press, 2018).
28 Reader DS, email message to author, August 18, 2023.
29 Clarissa Ong, in discussion with the author, February 8, 2023.
30 Reader CM, email message to author, August 18, 2023.
31 Reader SA, email message to author, August 18, 2023.
32 Reader DH, email message to author, August 19, 2023.

33 Reader KC, email message to author, August 18, 2023.
34 CM, email to author.
35 Reader KC, email message to author, August 18, 2023.
36 Eunice, personal communication, September 24, 2019.
37 "ACT for Depression and Anxiety Disorders," Psychwire, online course, https://psychwire.com/harris/act-depression.
38 "Cognitive Defusion(Deliteralization)," Association for Contextual Behavioral Science, https://contextualscience.org/cognitive_defusion_deliteralization.
39 "ACT for Depression and Anxiety Disorders"; Russ Harris, *The Happiness Trap: Stop Struggling, Start Living*(London: Robinson, 2012).
40 "ACT for Depression and Anxiety Disorders."
41 Jesse Crosby, in discussion with the author, February 7, 2023.
42 Jesse Crosby, in discussion with the author, January 30, 2023.
43 Steven C. Hayes et al., "Acceptance and Commitment Therapy and Contextual Behavioral Science: Examining the Progress of a Distinctive Model of Behavioral and Cognitive Therapy," *Behavior Therapy* 44, no. 2(2013): 180–98, https://doi.org/10.1016/j.beth.2009.08.002; Roger Vilardaga et al., "Creating a Strategy for Progress: A Contextual Behavioral Science Approach," *Behavior Analyst* 32, no. 1(2009): 105–33, https://doi.org/10.1007/bf03392178; S. C. Hayes, D. Barnes-Holmes, and B. Roche, *Relational Frame Theory: A Post-Skinnerian Account of Human Language and Cognition*(New York: Plenum, 2001); Rebecca J. Linnett and Fraenze Kibowski, "A Multidimensional Approach to Perfectionism and Self-Compassion," *Self and Identity* 19, no. 7(2020): 757–83, https://doi.org/10.1080/15298868.2019.1669695; Clarissa W. Ong et al., "Is Perfectionism Always Unhealthy? Examining the Moderating Effects of Psychological Flexibility and Self- Compassion," *Journal of Clinical Psychology* 77, no. 11(2021): 2576–91, https://doi.org/10.1002/jclp.23187; Deborah Lee, *The Compassionate Mind Approach to Recovering from Trauma Using Compassion-Focused Therapy*(London: Robinson, 2012).

5장 남들은 내 마음과 다를 수밖에 없다

1 Lisa Brennan-Jobs, *Small Fry: A Memoir*(New York: Grove, 2018).
2 Malcolm Gladwell, "The Real Genius of Steve Jobs," *New Yorker*, November 6, 2011, https://www.newyorker.com/magazine/2011/11/14/the-tweaker.
3 P. L. Hewitt and G. L. Flett, "Perfectionism in the Self and Social Contexts: Conceptualization, Assessment, and Association with Psychopathology," *Journal of*

Personality and Social Psychology 60, no. 3(1991): 456–70, https://doi.org/10.1037/0022-3514.60.3.456.

4   Karen Horney, *Neurosis and Human Growth: The Struggle Towards Self-Realization*(New York: W. W. Norton, 1950).

5   Jack L. Rubins, *Karen Horney: Gentle Rebel of Psychoanalysis*(New York: Dial Press, 1978).

6   Horney, *Neurosis and Human Growth*.

7   P. L. Hewitt and G. L. Flett, *Multidimensional Perfectionism Scale(MPS): Technical Manual*(Toronto: Multi-Health Systems, 2004).

8   Joachim Stoeber, "How Other-Oriented Perfectionism Differs from Self-Oriented and Socially Prescribed Perfectionism," *Journal of Psychopathology and Behavioral Assessment* 36, no. 2(2014): 329–38, https://doi.org/10.1007/s10862-013-9397-7.

9   Elsa Ronningstam, *NPD Basic: A Brief Overview of Identifying, Diagnosing and Treating Narcissistic Personality Disorder*, 4th ed.(Boston: Harvard Medical School, 2021).

10 "Level 1 Radically Open Dialectical Behavior Therapy Blended Learning Course," Radically Open, online course, https://www.radicallyopen.net/training/product/level-1-test.html; "Level 2 for RO DBT Practitioners in Radically Open Dialectical Behavior Therapy," Radically Open, online course, https://www.radicallyopen.net/training/product/radically-open-dialectical-behavior-therapy-blended-learning-course-level-2.html.

11 Thomas R. Lynch, *Radically Open Dialectical Behavior Therapy: Theory and Practice for Treating Disorders of Overcontrol*(Oakland, CA: New Harbinger, 2017); Thomas R. Lynch, *The Skills Training Manual for Radically Open Dialectical Behavior Therapy: A Clinician's Guide for Treating Disorders of Overcontrol*(Oakland, CA: New Harbinger, 2017); "Level 1 Radically Open Dialectical Behavior Therapy"; "Level 2 for RO DBT Practitioners."

12 Brennan-Jobs, *Small Fry*.

13 Brennan-Jobs, *Small Fry*.

14 Walter Isaacson, *Steve Jobs*(New York: Simon & Schuster, 2021).

15 Aysel Köksal Akyol and Güneş Sali, "A Study on the Perfectionist Personality Traits and Empathic Tendencies of Working and Non-Working Adolescents Across Different Variables," *Educational Sciences Theory & Practice* 13, no. 4(2013): 2032–42, https://doi.org/10.12738/estp.2013.4.1861.

16 Brennan-Jobs, *Small Fry*.

17 "Level 1 Radically Open Dialectical Behavior Therapy"; "Level 2 for RO DBT Practitioners."

18 Harriet Lerner, *The Dance of Connection: How to Talk to Someone When You're Mad,*

Hurt, Scared, Frustrated, Insulted, Betrayed, or Desperate(New York: William Morrow, 2002).

19   Brennan-Jobs, *Small Fry*.

20   Nellie Bowles, "In 'Small Fry,' Steve Jobs Comes Across as a Jerk. His Daughter Forgives Him. Should We?," *New York Times*, August 23, 2018, https:// www.nytimes.com/2018/08/23/books/steve-jobs-lisa-brennan-jobs-small-fry.html.

21   Lynch, *Radically Open Dialectical Behavior Therapy*; Lynch, *Skills Training Manual*; "Level 1 Radically Open Dialectical Behavior Therapy"; "Level 2 for RO DBT Practitioners."

22   Lynch, *Radically Open Dialectical Behavior Therapy*; Lynch, *Skills Training Manual*; "Level 1 Radically Open Dialectical Behavior Therapy"; "Level 2 for RO DBT Practitioners."

23   "Level 1 Radically Open Dialectical Behavior Therapy"; "Level 2 for RO DBT Practitioners."

24   Josh Eells, "Bruno Mars: The Private Anxiety of a Pop Perfectionist," *Rolling Stone*, November 2, 2016, https://www.rollingstone.com/music/music-features/bruno-mars-the-private-anxiety-of-a-pop-perfectionist-191397/.

25   Hewitt and Flett, "Perfectionism in the Self and Social Contexts."

26   Eells, "Bruno Mars."

27   Christine Liwag Dixon, "The Untold Truth of Bruno Mars," List, August 31, 2017, https://www.thelist.com/83646/untold-truth-bruno-mars/; "Bruno Mars Is Such a Perfectionist That 'Uptown Funk' Almost Didn't Happen," MTV, November 2, 2016. http://www.mtv.com/news/2950064/bruno-mars-24k-magic-perfectionist/.

28   Thomas Curran, *The Perfection Trap: Embracing the Power of Good Enough*(New York: Scribner, 2023).

29   Curran, *The Perfection Trap*.

30   Aislin R. Mushquash and Simon B. Sherry, "Understanding the Socially Prescribed Perfectionist's Cycle of Self-Defeat: A 7-Day, 14-Occasion Daily Diary Study," *Journal of Research in Personality* 46, no. 6(2012): 700–709, https://doi.org/10.1016/j.jrp.2012.08.006.

31   Kenneth G. Rice et al., "Addressing Concerns about How Perfectionistic Discrepancy Should Be Measured with the Revised Almost Perfect Scale," *Assessment* 26, no. 3(2019): 432–44, https://doi.org/10.1177/1073191117702241.

32   Paul L. Hewitt et al., "The Interpersonal Expression of Perfection: Perfectionistic Self-Presentation and Psychological Distress," *Journal of Personality and Social Psychology* 84, no. 6 (2003): 1303–25, https://doi.org/10.1037/0022-3514.84.6.1303.

33   Hewitt et al., "The Interpersonal Expression"; Mushquash and Sherry, "Understanding the Socially Prescribed Perfectionist's Cycle."

34   Theresa E. Robertson et al., "The True Trigger of Shame: Social Devaluation Is Sufficient,

	Wrongdoing Is Unnecessary," *Evolution and Human Behavior* 39, no. 5 (2018): 566–73, https://doi.org/10.1016/j.evolhumbehav.2018.05.010.
35	Emma Reed Turrell, *Please Yourself: How to Stop People- Pleasing and Transform the Way You Live*(London: Fourth Estate, 2021).
36	Nicole You Jeung Kim et al., "You Must Have a Preference: The Impact of No-Preference Communication on Joint Decision Making," *Journal of Marketing Research* 60, no. 1(2023): 52–71, https://doi.org/10.1177/00222437221107593.
37	Juan F. Domínguez, Sreyneth A. Taing, and Pascal Molenberghs, "Why Do Some Find It Hard to Disagree? An f MRI Study," *Frontiers in Human Neuroscience* 9(2016), https://doi.org/10.3389/fnhum.2015.00718.
38	Turrell, *Please Yourself*.
39	Turrell, *Please Yourself*.
40	Turrell, *Please Yourself*.

추가 자료

Joachim Stoeber et al., "Perfectionism, Social Disconnection, and Interpersonal Hostility: Not All Perfectionists Don't Play Nicely with Others," *Personality and Individual Differences* 119(2017): 112–17, https://doi.org/10.1016/j.paid.2017.07.008.

Daniel Sznycer et al., "Cross-Cultural Invariances in the Architecture of Shame," *Proceedings of the National Academy of Sciences of the United States of America* 115, no. 39(2018): 9702–7, https://doi.org/10.1073/pnas.1805016115

6장 나의 이미지보다 중요한 것

1	Clarissa Ong and Michael Twohig, *The Anxious Perfectionist: Acceptance and Commitment Therapy Skills to Deal with Anxiety, Stress, and Worry Driven by Perfectionism*(Oakland, CA: New Harbinger, 2022).
2	Michael Twohig, in discussion with the author, February 2, 2023.
3	S. C. Hayes, K. Strosahl, and K. G. Wilson, *Acceptance and Commitment Therapy: An Experiential Approach to Behavior Change*(New York: Guilford Press, 1999).
4	Ong and Twohig, *The Anxious Perfectionist*.
5	Clarissa Ong, in discussion with the author, February 8, 2023.
6	Twohig, discussion with the author.
7	Ong, discussion with the author.
8	Twohig, discussion with the author.
9	*Success Index*(n.p.: Populace/Gallup, 2019), https://populace.org/research.

10   Twohig, discussion with the author.
11   Ong, discussion with the author.

7장 당신은 사실 교감을 원했다

1   "BCC to Host COVID-19 Vaccine Clinics," Berkshire Community College, https://www.berkshirecc.edu/news-events/2021/vaccine.php; "WATCH: Yo-Yo Ma Performs at Vaccine Clinic after Receiving Second COVID-19 Shot," WCVB, March 14, 2021, https://www.wcvb.com/article/watch-yo-yo-ma-performs-at-vaccine-clinic-after-receiving-second-covid-19-shot/35831169; Jennifer Jett, "Yo-Yo Ma Gives a Surprise Cello Concert at a Massachusetts Vaccination Site," *New York Times*, March 14, 2021, https://www.nytimes.com/2021/03/14/world/yo-yo-ma-berkshire-community-college.html; David Marchese, "Yo-Yo Ma and the Meaning of Life," *New York Times*, November 23, 2020, https://www.nytimes.com/interactive/2020/11/23/magazine/yo-yo-ma-interview.html.

2   "Yo-Yo Ma Tells Story behind His Cello Performance at Vaccination Center," YouTube video, 2:11, posted by TODAY, March 16, 2021, https://www.youtube.com/watch?v=8t9-SvRv2zg.

3   Yo-Yo Ma(@YoYo_Ma), "In these days of anxiety, I wanted to find a way to continue to share some of the music that gives me comfort. The first of my #SongsOfComfort: Dvořák—'Going Home' stay safe," Twitter post, March 13, 2020, 5:08 p.m., https://twitter.com/YoYo_Ma/status/1238572657278431234.

4   Amanda Burke, "Musicians Yo-Yo Ma, Emanuel Ax Surprise Essential Workers with Pop-up Performances," *Berkshire Eagle*, September 2, 2020, https://www.berkshireeagle.com/archives/musicians-yo-yo-ma-emanuel-ax-surprise-essential-workers-with-pop-up-performances/article_8ea51bbf-463d-54d9-ab45-8490068bfa2c.html.

5   "Yo-Yo Ma Teachers Music and Connection," MasterClass, online course, https://www.masterclass.com/classes/yo-yo-ma-teaches-music-and-connection.

6   D. E. Hamachek, "Psychodynamics of Normal and Neurotic Perfectionism," *Psychology* 15(1978): 27–33.

7   Roz Shafran, Zafra Cooper, and Christopher G. Fairburn, "Clinical Perfectionism: A Cognitive-Behavioural Analysis," *Behaviour Research and Therapy* 40, no. 7(2002): 773–91, https://doi.org/10.1016/s0005-7967(01)00059-6.

8   Ed Diener et al., "Subjective Well-Being: Three Decades of Progress," *Psychological Bulletin* 125, no. 2(1999): 276–302, https://doi.org/10.1037/0033-2909.125.2.276; James T. Austin and Jeffrey B. Vancouver, "Goal Constructs in Psychology: Structure,

Process, and Content," *Psychological Bulletin* 120, no. 3(1996): 338–75, https://doi.org/10.1037/0033-2909.120.3.338.

9 A. E. Abele and B. Wojciszke, "Agency and Communion from the Perspective Of Self Versus Others," *Journal of Personality and Social Psychology* 93, no. 5(2007): 751–63, doi: 10.1037/0022-3514.93.5.751; A. E. Abele and B. Wojciszke, "Communal and Agentic Content in Social Cognition: A Dual Perspective Model," *Advances in Experimental Social Psychology*, 50(2014): 195–255, https://doi.org/10.1016/B978-0-12-800284-1.00004-7.

10 "Yo-Yo Ma Teachers Music and Connection."

11 Joachim Stoeber et al., "Perfectionism and Interpersonal Problems Revisited," *Personality and Individual Differences* 169(2021): 110106, https://doi.org/10.1016/j.paid.2020.110106; Joachim Stoeber et al., "Perfectionism, Social Disconnection, and Interpersonal Hostility: Not All Perfectionists Don't Play Nicely with Others," *Personality and Individual Differences* 119(2017): 112–17, https://doi.org/10.1016/j.paid.2017.07.008.

12 Thomas J. DeLong, *Flying Without a Net: Turn Fear of Change into Fuel for Success*(Boston: Harvard Business Review Press, 2011).

13 "Warren Buffett & Jon Bon Jovi: A Ukulele Duet for Charity," YouTube video, 2:40, posted by Forbes Digital Assets, June 28, 2012, https:// www.youtube.com/watch?v=nCm5-2UN2Ms.

14 "Piers Morgan-Warren Buffett Plays Ukulele for Piers-22/10/2013," YouTube video, 1:37, posted by "smtm: Entertainment," November 13, 2013, https://www.youtube.com/watch?v=lxJw4QEglbA.

15 "Warren Buffett & The Quebe Sisters 'Red River Valley,'" YouTube video, 5:33, posted by the Quebe Sisters, January 28, 2008, https://www.youtube.com/watch?v=A0eEuDAtu2Q.

16 "Philanthropists in Golf Carts Eating Dilly Bars," YouTube video, 3:49, posted by Bill Gates, July 8, 2016, https://www.youtube.com/watch?v=-WnoaY0X7bg.

17 Harriet Lerner, *The Dance of Connection: How to Talk to Someone When You're Mad, Hurt, Scared, Frustrated, Insulted, Betrayed, or Desperate*(New York: William Morrow, 2002).

18 R. M. Ryan and E. L. Deci, "On Happiness and Human Potentials: A Review of Research on Hedonic and Eudaimonic Well-Being," *Annual Review of Psychology* 52, no. 1(2001): 141–66, https://doi.org/10.1146/annurev.psych.52.1.141.

19 Ryan and Deci, "On Happiness and Human Potentials."

20 Patricia Marten DiBartolo et al., "Shedding Light on the Relationship Between Personal Standards and Psychopa- thology: The Case for Contingent Self-Worth," *Journal of Rational-Emotive and Cognitive-Behavior Therapy* 22, no. 4(2004): 237–50, https://doi.

org/10.1023/b:jore.0000047310.94044.ac.
21 Stephen J. Burn, ed., *Conversations with David Foster Wallace*(Jackson: University Press of Mississippi, 2012).

추가 자료

Jennifer Crocker, "Contingencies of Self-Worth: Implications for Self-Regulation and Psychological Vulnerability," *Self and Identity* 1, no. 2(2002): 143–49, https://doi.org/10.1080/152988602317319320.

Jennifer Crocker, Amara T. Brook, Yu Niiya, and Mark Villacorta, "The Pursuit of Self-Esteem: Contingencies of Self-Worth and Self-Regulation," *Journal of Personality* 74, no. 6(2006): 1749–71, https://doi.org/10.1111/j.1467-6494.2006.00427.x.

Kristin D. Neff and Roos Vonk. "Self-Compassion Versus Global Self-Esteem: Two Different Ways of Relating to Oneself," *Journal of Personality* 77, no. 1(2009): 23–50, https://doi.org/10.1111/j.1467-6494.2008.00537.x.

Kenneth G. Rice, Clarissa M. E. Richardson, and Merideth E. Ray, "Perfectionism in Academic Settings," in *Perfectionism, Health, and Well-Being*, eds. Fuschia M. Sirois and Danielle Sirianni Molnar(Cham, Switzerland: Springer International: 2016), 245–64.

Edward D. Sturman, Gordon L. Flett, Paul L. Hewitt, and Susan G. Rudolph, "Dimensions of Perfectionism and Self-Worth Contingencies in Depression," *Journal of Rational-Emotive and Cognitive-Behavior Therapy* 27, no. 4(2009): 213–31, https://doi.org/10.1007/s10942-007-0079-9.

8장 내면의 규칙서 다시 쓰기

1 Stephanie Morrow, "Top Craziest Laws Still on the Books," Legal-Zoom, October 7, 2009, https://www.legalzoom.com/articles/top-craziest-laws-still-on-the-books.
2 Roz Shafran, Zafra Cooper, and Christopher G. Fairburn, "Clinical Perfectionism: A Cognitive-Behavioural Analysis," *Behaviour Research and Therapy* 40, no. 7(2002): 773–91, https://doi.org/10.1016/s0005-7967(01)00059-6.
3 Shafran, Cooper, and Fairburn, "Clinical Perfectionism."
4 Roz Shafran, in discussion with the author, December 13, 2021.
5 Shafran, in discussion with the author.
6 Albert Ellis and R. A. Harper, *A Guide to Rational Living*(Hoboken, NJ: Prentice Hall, 1961).
7 Karen Horney, *Neurosis and Human Growth: The Struggle Towards Self-Realization*(New York: W. W. Norton, 1950).

8 Shafran, discussion with the author; Roz Shafran, Sarah J. Egan, and Tracey D. Wade, *Overcoming Perfectionism, 2nd Edition: A Self-Help Guide Using Scientifically Supported Cognitive Behavioural Techniques*(London: Robinson, 2018).

9장 재미가 자꾸 의무로 바뀐다면

1 A. E. Mallinger, "Demand-Sensitive Obsessionals," *Journal of the American Academy of Psychoanalysis* 10, no. 3(1982): 407–26, https://doi.org/10.1521/jaap.1.1982.10.3.407; Allan Mallinger and Jeannette De Wyze, *Too Perfect: When Being in Control Gets out of Control*(New York: Random House, 1992).
2 Mallinger, "Demand-Sensitive Obsessionals."
3 Karen Horney, *Neurosis and Human Growth: The Struggle Towards Self-Realization*(New York: W. W. Norton, 1950).
4 Mallinger, "Demand-Sensitive Obsessionals."
5 Allan Mallinger, in discussion with the author, July 30, 2020.
6 Mallinger, discussion with the author.
7 Mallinger, "Demand-Sensitive Obsessionals"; Mallinger and De Wyze, *Too Perfect*.
8 Mallinger, discussion with the author.
9 Mallinger, "Demand-Sensitive Obsessionals."
10 Mallinger, discussion with the author.
11 Mallinger, discussion with the author.
12 "Run toward what you're interested in": Michael Twohig, in discussion with the author, February 2, 2023.
13 Clarissa Ong, in discussion with the author, February 8, 2023.
14 Mallinger and De Wyze, *Too Perfect*.
15 Mallinger and De Wyze, *Too Perfect*.

추가 자료

Allan Mallinger, "The Myth of Perfection: Perfectionism in the Obsessive Personality," *American Journal of Psychotherapy* 63, no. 2(2009): 103–31, https://doi.org/10.1176/appi.psychotherapy.2009.63.2.103.

10장 인간은 본래 그런 존재이므로

1 Roz Shafran, Zafra Cooper, and Christopher G. Fairburn, "Clinical Perfectionism: A

Cognitive-Behavioural Analysis," *Behaviour Research and Therapy* 40, no. 7(2002): 773–91, https://doi.org/10.1016/s0005-7967(01)00059-6.

2   Marc H. Hollender, "Perfectionism," *Comprehensive Psychiatry* 6, no. 2(1965): 94–103, https://doi.org/10.1016/s0010-440x(65)80016-5.

3   Thomas R. Lynch, Roelie J. Hempel, and Christine Dunkley, "Radically Open-Dialectical Behavior Therapy for Disorders of Over-Control: Signaling Matters," *American Journal of Psychotherapy* 69, no 2(2015): 141–62, https:// doi.org/10.1176/appi.psychotherapy.2015.69.2.141.

4   Martin Smith, in discussion with the author, February 10, 2020.

5   Sara Hopkins(@sayhopkins), TikTok video, May 5, 2020, https://www.tiktok.com/@sayhopkins/video/6823207652412099846?lang=en.

6   Melissa Dahl, "How to Stop Reliving Embarrassing Memories," Cut, February 6, 2018, https://www.thecut.com/article/how-to-stop-reliving-embarrassing-memories.html.

7   Ferris Jabr, "Mind-Pops: Psychologists Begin to Study an Unusual Form of Proustian Memory," *Scientific American*, May 23, 2012. https://www.scientificamerican.com/article/mind-pops/.

8   Melissa Dahl, *Cringeworthy: A Theory of Awkwardness*(New York: Portfolio, 2018).

9   Thomas R. Lynch, *The Skills Training Manual for Radically Open Dialectical Behavior Therapy: A Clinician's Guide for Treating Disorders of Overcontrol*(Oakland, CA: New Harbinger, 2017).

10 Lynch, *Skills Training Manual*; "Level 1 Radically Open Dialectical Behavior Therapy Blended Learning Course," Radically Open, online course, https://www.radicallyopen.net/training/product/level-1-test.html; "Level 2 for RO DBT Practitioners in Radically Open Dialectical Behavior Therapy," Radically Open, online course, https://www.radicallyopen.net/training/product/radically-open-dialectical-behavior-therapy-blended-learning-course-level-2.html.

11 T. D. Borkovec, O. M. Alcaine, and E. Behar, "Avoidance Theory of Worry and Generalized Anxiety Disorder," in *Generalized Anxiety Disorder: Advances in Research and Practice*, ed. R. G. Heimberg, C. L. Turk, and D. S. Mennin(New York: Guilford Press, 2004), 77–108.

12 "ACT for Depression and Anxiety Disorders," Psychwire, online course, https://psychwire.com/harris/act-depression.

13 Antonio Pierro et al., "'Letting Myself Go Forward Past Wrongs': How Regulatory Modes Affect Self-Forgiveness," *PLOS ONE* 13, no. 3(2018): e0193357, https://doi.org/10.1371/journal.pone.0193357; Julie H. Hall and Frank D. Fincham, "Self-Forgiveness: The Stepchild of Forgiveness Research," *Journal of Social and Clinical Psychology* 24, no. 5(2005): 621–37, https://doi.org/10.1521/jscp.2005.24.5.621; Marilyn

A. Cornish and Nathaniel G. Wade, "A Therapeutic Model of Self-forgiveness with Intervention Strategies for Counselors," *Journal of Counseling and Development* 93, no. 1(2015): 96–104, https://doi.org/10.1002/j.1556-6676.2015.00185.x; Lydia Woodyatt et al., eds. *Handbook of the Psychology of Self-Forgiveness*, 1st ed.(Basel, Switzerland: Springer International, 2017).

14 Jane E. Brody, "Guilt: Or Why It's Good to Feel Bad," *New York Times*, November 29, 1983, https://www.nytimes.com/1983/11/29/science/guilt-or-why-it-s-good-to-feel-bad.html.

15 C. W. Leach, "Understanding Shame and Guilt," in *Handbook of the Psychology of Self-Forgiveness*, ed. L. Woodyat et al.(Cham, Switzerland: Springer Nature, 2017), 17–28, https://doi.org/10.1007/978-3-319-60573-9_2.

16 Annette Kämmerer, "The Scientific Underpinnings and Impacts of Shame," *Scientific American*, August 9, 2019, https://www.scientificamerican.com/article/the-scientific-underpinnings-and-impacts-of-shame/; Helen Block Lewis, *Shame and Guilt in Neurosis*(Madison, WI: International Universities Press, 1974); June Tangney and Ronda Dearing, "Shame and Guilt," in *Encyclopedia of Crime and Punishment*, ed. David Levinson(Thousand Oaks, CA: SAGE, 2002).

17 Maria Miceli and Cristiano Castelfranchi, "Reconsidering the Differences Between Shame and Guilt," *Europe's Journal of Psychology* 14, no. 3(2018): 710–33, https://doi.org/10.5964/ejop.v14i3.1564; June Price Tangney et al., "Are Shame, Guilt, and Embarrassment Distinct Emotions?," *Journal of Personality and Social Psychology* 70, no. 6(1996): 1256–69, https://doi.org/10.1037/0022-3514.70.6.1256.

18 Michael Wenzel, Lydia Woodyatt, and Kyli Hedrick, "No Genuine Self-Forgiveness Without Accepting Responsibility: Value Reaffirmation as a Key to Maintaining Positive Self-regard," *European Journal of Social Psychology* 42, no. 5(2012): 617–27, https://doi.org/10.1002/ejsp.1873.

19 "Opposite Action—Marsha," Vimeo video, 8:32, posted by NowMattersNow.org, July 22, 2014, https://vimeo.com/101373270; Marsha M. Linehan, *DBT(R) Skills Training Manual*, 2nd ed.(New York: Guilford Publications, 2014).

추가 자료

M. Landers, D. Sznycer, and P. Durkee, "Are Self-Conscious Emotions About the Self? Testing Competing Theories of Shame and Guilt Across Two Disparate Cultures," *Emotion*, advance online publication, https://doi.org/10.1037/emo0001321.

11장 시험보다는 실험이 즐겁다

1. Tricia Park, in discussion with the author, March 1, 2022; Is It Recess Yet?, March 14, 2016, https://www.isitrecessyet.com.
2. Is It Recess Yet?
3. Alfred Adler, *Study of Organ Inferiority and Its Psychical Compensation*, trans. Smith Ely Jelliffe(New York: Nervous and Mental Disease Publishing, 1917).
4. Park, discussion with the author.
5. Marc H. Hollender, "Perfectionism," *Comprehensive Psychiatry* 6, no. 2(1965): 94–103, https://doi.org/10.1016/s0010-440x(65)80016-5.
6. Paul Massari, "The Costs of 'Twice as Good,'" Harvard Kenneth C. Griffin Graduate School of Arts and Sciences, February 15, 2023, https://gsas.harvard.edu/news/costs-twice-good; Garry S. Mitchell and Cara E. Furman, "Striver·ish: Young Strivers and the Formation of Ethical Narratives," *Studies in Philosophy and Education* 40, no. 6(2021): 665–70, https://doi.org/10.1007/s11217-021-09788-3.
7. Winston C. Thompson, Abigail J. Beneke, and Garry S. Mitchell, "Legitimate Concerns: On Complications of Identity in School Punishment," *Theory and Research in Education* 18, no. 1(2020): 78–97, https://doi.org/10.1177/1477878520903400; Chela White, "Twice as Good to Get Half as Much? Research Confirms That Your Mama Was Right All Along," LinkedIn, October 7, 2015, https://www.linkedin.com/pulse/twice-good-get-half-much-research-confirms-your-mama-all-chela/.
8. Lee Edward Colston II, "The Problem with Being 'Twice as Good,'" Medium, August 29, 2018, https://medium.com/@Mr.Write/the-problem-with-being-twice-as-good-1de095dcacee.
9. Andrew Tobias, *Best Little Boy in the World: The 25th Anniversary Edition of the Classic Memoir*(New York: Random House, 1993); Adam D. Chandler, "The Best Little Boy in the World—That's Me," *New York Times*, Opinion, May 7, 2013, https://www.nytimes.com/2013/05/07/opinion/the-best-little-boy-in-the-world-thats-me.html.
10. Tobias, *Best Little Boy*.
11. John E. Pachankis and Mark L. Hatzenbuehler, "The Social Development of Contingent Self-Worth in Sexual Minority Young Men: An Empirical Investigation of the 'Best Little Boy in the World' Hypothesis," *Basic and Applied Social Psychology* 35, no. 2(2013): 176–90, https://doi.org/10.1080/01973533.2013.764304.
12. Benjamin T. Blankenship and Abigail J. Stewart, "The Best Little Kid in the World: Internalized Sexual Stigma and Extrinsic Contingencies of Self-worth, Work Values, and Life Aspirations Among Men and Women." *European Journal of Social Psychology* 52, no. 2(2022): 361–76, https://doi.org/10.1002/ejsp.2800.

13 Massari, "The Costs of 'Twice as Good.'"
14 Eugene T. Gendlin, *Focusing*(New York: Bantam, 1981); "Part One: What Is Felt Sense— CUNY COMPosition & Rhetoric Community," CUNY, https://compcomm.commons.gc.cuny.edu/feltsense/part-one-what-is-felt-sense/.
15 Gendlin, *Focusing*.
16 "Part One: What Is Felt Sense."
17 Esta A. Berg, "A Simple Objective Technique for Measuring Flexibility in Thinking," *Journal of General Psychology* 39, no. 1(1948): 15–22, https:// doi.org/10.1080/00221309.1948.9918159; Todd B. Kashdan and Jonathan Rottenberg, "Psychological Flexibility as a Fundamental Aspect of Health," *Clinical Psychology Review* 30, no. 7(2010): 865–78, https://doi.org/10.1016/j.cpr.2010.03.001; Kathlyn M. Cherry et al., "Defining and Measuring 'Psychological Flexibility': A Narrative Scoping Review of Diverse Flexibility and Rigidity Constructs and Perspectives," *Clinical Psychology Review* 84(March 2021): 101973, https://doi.org/10.1016/j.cpr.2021.101973.
18 Park, discussion with the author; Is It Recess Yet?
19 Park, discussion with the author.
20 Park, discussion with the author.
21 Park, discussion with the author; Is It Recess Yet?
22 Naomi I. Eisenberger and Matthew D. Lieberman, "Why Rejection Hurts: A Common Neural Alarm System for Physical and Social Pain," *Trends in Cognitive Sciences* 8, no. 7 (2004): 294–300, https://doi.org/10.1016/j.tics.2004.05.010.
23 Geoffrey L. Cohen and David K. Sherman, "The Psychology of Change: Self-Affirmation and Social Psychological Intervention," *Annual Review of Psychology* 65, no. 1(2014): 333–71, https://doi.org/10.1146/annurev-psych-010213-115137; David K. Sherman et al., "Deflecting the Trajectory and Changing the Narrative: How Self-Affirmation Affects Academic Performance and Motivation Under Identity Threat," *Journal of Personality and Social Psychology* 104, no. 4(2013): 591–618, https://doi.org/10.1037/a0031495; Emily K. Lindsay and J. David Creswell, "Helping the Self Help Others: Self-Affirmation Increases Self-Compassion and Pro-Social Behaviors," *Frontiers in Psychology* 5(2014), https://doi.org/10.3389/fpsyg.2014.00421.
24 Cohen and Sherman, "The Psychology of Change."
25 Park, discussion with the author.
26 Is It Recess Yet?; Tricia Park, "The 'Is It Recess Yet?' Podcast!," Is It Recess Yet?, December 30, 2018, https://www.isitrecessyet.com/the-is-it-recess-yet-podcast.
27 Park, discussion with the author.
28 Park, discussion with the author.
29 Park, discussion with the author.

추가 자료

Janet Metcalfe, "Learning from Errors," *Annual Review of Psychology* 68, no. 1(2017): 465-89, https://doi.org/10.1146/annurev-psych-010416-044022.

12장 문제는 시간 관리가 아니다

1. Dianne M. Tice, Ellen Bratslavsky, and Roy F. Baumeister, "Emotional Distress Regulation Takes Precedence over Impulse Control: If You Feel Bad, Do It!," *Journal of Personality and Social Psychology* 80, no. 1(2001): 53-67, https:// doi.org/10.1037/0022-3514.80.1.53.
2. "Do It Now: Overcoming Procrastination with Fuschia Sirois," Great Courses, online course, 2021.
3. Jesse Harriott and Joseph R. Ferrari, "Prevalence of Procrastination Among Samples of Adults," *Psychological Reports* 78, no. 2(1996): 611-16, https://doi.org/10.2466/pr0.1996.78.2.611.
4. Victor Day, David Mensink, and Michael O'Sullivan, "Patterns of Academic Procrastination," *Journal of College Reading and Learning* 30, no. 2(2000): 120-34, https://doi.org/10.1080/10790195.2000.10850090.
5. Fuschia M. Sirois, Michelle L. Melia-Gordon, and Timothy A. Pychyl, "'I'll Look After My Health, Later': An Investigation of Procrastination and Health," *Personality and Individual Differences* 35, no. 5(2003): 1167-84, https://doi.org/10.1016/s0191-8869(02)00326-4; Eve-Marie C. Blouin-Hudon, Fuschia M. Sirois, and Timothy A. Pychyl, "Temporal Views of Procrastination, Health, and Well-Being," in *Procrastination, Health, and Well-Being*, ed. Fuschia M. Sirois, and Timothy A. Pychyl(Amsterdam: Elsevier, 2016), 213-32.
6. Daniel E. Gustavson et al., "Genetic Relations Among Procrastination, Impulsivity, and Goal-Management Ability: Implications for the Evolutionary Origin of Procrastination," *Psychological Science* 25, no. 6(2014): 1178-88, https://doi.org/10.1177/0956797614526260; Henri C. Schouwenburg and Clarry H. Lay, "Trait Procrastination and the Big-Five Factors of Personality," *Personality and Individual Differences* 18, no. 4(1995): 481-90, https://doi.org/10.1016/0191-8869(94)00176-s.
7. Richard D. Arvey et al., "The Determinants of Leadership Role Occupancy: Genetic and Personality Factors," *Leadership Quarterly*, 17, no. 1(2006): 1-20, https://doi.org/10.1016/j.leaqua.2005.10.009.
8. Gustavson et al., "Genetic Relations Among Procrastination."
9. Dianne M. Tice and Ellen Bratslavsky, "Giving In to Feel Good: The Place of Emotion

Regulation in the Context of General Self-Control," *Psychological Inquiry* 11, no. 3 (2000): 149–59, https:// doi.org/10.1207/s15327965pli1103_03.

10 Piers Steel, "The Nature of Procrastination: A Meta-Analytic and Theoretical Review of Quintessential Self-Regulatory Failure," *Psychological Bulletin* 133, no. 1(2007): 65–94, https://doi.org/10.1037/0033-2909.133.1.65.

11 Marek Wypych et al., "Attenuated Brain Activity During Error Processing and Punishment Anticipation in Procrastination-a Monetary Go/No-Go f MRI Study," *Scientific Reports* 9, no. 1(2019): 11492, https:// doi.org/10.1038/s41598-019-48008-4.

12 R. L. Fee and J. P. Tangney, "Procrastination: A Means of Avoiding Shame or Guilt?," *Journal of Social Behavior & Personality* 15, no. 5(2000): 167–84.

13 Tim Urban, "Inside the Mind of a Master Procrastinator," TED video, 13:54, filmed February 2016, https://www.ted.com/talks/tim_urban_inside_the_mind_of_a_master_procrastinator?language=en.

14 Dan Kiley, *The Peter Pan Syndrome: Men Who Have Never Grown Up*(New York: Dodd, Mead, 1983); Melek Kalkan et al., "Peter Pan Syndrome 'Men Who Don't Grow': Developing a Scale," *Men and Masculinities* 24, no. 2(2021): 245–57, https://doi.org/10.1177/1097184x19874854.

15 Murray Stainton, Clarry Lay, and Gordon Flett, "Trait Procrastinators and Behavior/Trait-Specific Cognitions Stainton," *Journal of Social Behavior and Personality* 15, no. 5(2000): 297–312.

16 Patricia Marten DiBartolo et al., "The Relationship of Perfectionism to Judgmental Bias and Psychopathology," *Cognitive Therapy and Research* 31, no. 5(2007): 573–87, https:// doi.org/10.1007/s10608-006-9112-z.

17 Fuschia M. Sirois and Natalia Tosti, "Lost in the Moment? An Investigation of Procrastination, Mindfulness, and Well-Being," *Journal of Rational-Emotive and Cognitive-Behavior Therapy* 30, no. 4(2012): 237–48, https://doi.org/10.1007/s10942-012-0151-y.

18 Johannes A. Karl and Ronald Fischer, "The Re- lationship Between Negative Affect, State Mindfulness, and the Role of Personality," *Mindfulness* 13, no. 11(2022): 2729–37, https://doi.org/10.1007/s12671-022-01989-2.

19 Philippe Verduyn and Saskia Lavrijsen, "Which Emotions Last Longest and Why: The Role of Event Importance and Rumination," *Motivation and Emotion* 39, no. 1(2015): 119–27, https://doi.org/10.1007/s11031-014-9445-y; Philippe Verduyn et al., "Predicting the Duration of Emotional Experience: Two Experience Sampling Studies," *Emotion* 9, no. 1(2009): 83–91, https://doi.org/10.1037/a0014610; Karen Brans and Philippe Verduyn, "Intensity and Duration of Negative Emotions: Comparing the Role of Appraisals and Regulation Strategies," *PLOS ONE* 9, no. 3(2014): e92410, https://doi.

org/10.1371/journal.pone.0092410; Nico H. Frijda, Batja Mesquita, Joep Sonnemans, and Stephanie van Goozen, "The Duration of Affective Phenomena or Emotions, Sentiments and Passions," in *International Review of Emotion and Motivation*, ed. K. Strongman(New York: Wiley, 1991), 187–225.

20 Sirois, *Do It Now*; Alan R. Frank, "Breaking Down Learning Tasks: A Sequence Approach," *Teaching Exceptional Children* 6, no. 1(1973): 16–19, https://doi.org/10.1177/004005997300600104.

21 Steven A. Safren et al., "A Randomized Controlled Trial of Cognitive Behavioral Therapy for Adherence and Depression(CBT-AD) in Patients with Uncontrolled Type 2 Diabetes," *Diabetes Care* 37, no. 3(2014): 625–33, https://doi.org/10.2337/dc13-0816.

22 Harriet Goldhor Lerner, *Fear & Other Uninvited Guests*(New York: HarperCollins, 2004).

23 Michael J. A. Wohl, Timothy A. Pychyl, and Shannon H. Bennett, "I Forgive Myself, Now I Can Study: How Self-Forgiveness for Procrastinating Can Reduce Future Procrastination," *Personality and Individual Differences* 48, no. 7(2010): 803–8, https://doi.org/10.1016/j.paid.2010.01.029.

24 Fuschia M. Sirois, "Procrastination and Stress: Exploring the Role of Self-Compassion," *Self and Identity* 13, no. 2(2014): 128–45, https://doi.org/10.1080/15298868.2013.763404.

25 Fuschia Sirois and Timothy Pychyl, "Procrastination and the Priority of Short-Term Mood Regulation: Consequences for Future Self," *Social and Personality Psychology Compass* 7, no. 2(2013): 115–27, https://doi.org/10.1111/spc3.12011; Fuschia M. Sirois, "Out of Sight, Out of Time? A Meta- Analytic Investigation of Procrastination and Time Perspective: Procrastination and Time Perspective," *European Journal of Personality* 28, no. 5(2014): 511–20, https:// doi.org/10.1002/per.1947.

26 Hal Ersner-Hershfield, G. Elliott Wimmer, and Brian Knutson, "Saving for the Future Self: Neural Measures of Future Self-Continuity Predict Temporal Discounting," *Social Cognitive and Affective Neuroscience* 4, no. 1(2009): 85–92, https://doi.org/10.1093/scan/nsn042; Johanna Peetz and Anne E. Wilson, "The Temporally Extended Self: The Relation of Past and Future Selves to Current Identity, Motivation, and Goal Pursuit," *Social and Personality Psychology Compass* 2, no. 6(2008): 2090–106, https://doi.org/10.1111/j.1751-9004.2008.00150.x.

27 Eve-Marie C. Blouin-Hudon and Timothy A. Pychyl, "A Mental Imagery Intervention to Increase Future Self-Continuity and Reduce Procrastination," *Psychologie Appliquee[Applied Psychology]* 66, no. 2(2017): 326–52, https://doi.org/10.1111/apps.12088.

28 Hal Hershfield, *Your Future Self: How to Make Tomorrow Better Today*(New York: Little, Brown Spark, 2023); Hal E. Hershfield, "Future Self-Continuity: How Conceptions of

the Future Self Transform Intertemporal Choice," *Annals of the New York Academy of Sciences* 1235, no. 1(2011): 30–43, https://doi.org/10.1111/j.1749-6632.2011.06201.x.

추가 자료

Monica Ramirez Basco, *The Procrastinator's Guide to Getting Things Done*(New York: Guilford Publications, 2010).

Marie My Lien Rebetez, Lucien Rochat, and Martial Van der Linden, "Cognitive, Emotional, and Motivational Factors Related to Procrastination: A Cluster Analytic Approach," *Personality and Individual Differences* 76(2015): 1–6, https://doi.org/10.1016/j.paid.2014.11.044.

13장 비교하는 마음도 통제할 수 있다

1 Leon Festinger, "A Theory of Social Comparison Processes," *Human Relations* 7, no. 2 (1954): 117–40, https://doi.org/10.1177/001872675400700202.
2 Marjorie Rhodes and Daniel Brickman, "Preschoolers' Responses to Social Comparisons Involving Relative Failure," *Psychological Science* 19, no. 10(2008): 968–72, https://doi.org/10.1111/j.1467-9280.2008.02184.x.
3 Stanislas Dehaene et al., "Imaging Unconscious Semantic Priming," *Nature* 395, no. 6702(1998): 597–600, https://doi.org/10.1038/26967; Thomas Mussweiler, Katja Rüter, and Kai Epstude, "The Man Who Wasn't There: Subliminal Social Comparison Standards Influence Self-Evaluation," *Journal of Experimental Social Psychology* 40, no. 5(2004): 689–96, https://doi.org/10.1016/j.jesp.2004.01.004.
4 Richard H. Smith, "Assimilative and Contrastive Emotional Reactions to Upward and Downward Social Comparisons," in *Handbook of Social Comparison*, ed. Jerry Suls and Ladd Wheeler(Boston: Springer, 2000), 173–200.
5 Laura M. Bogart, Eric G. Benotsch, and Jelena D. Pavlovic Pavlovic, "Feeling Superior but Threatened: The Relation of Narcissism to Social Comparison," *Basic and Applied Social Psychology* 26, no. 1(2004): 35–44, https://doi.org/10.1207/s15324834basp2601_4.
6 Liz Jones, "Fatten Me up! What Happened When Former Anorexic Liz Jones Had to Eat Normally for Three Weeks," *Daily Mail*, June 8, 2009, https://www.dailymail.co.uk/femail/article-1191429/Fatten-What-happened-anorexic-Liz-Jones-eat-normally-weeks.html.
7 Emma Nicholls and Arthur A. Stukas, "Narcissism and the Self-Evaluation Maintenance Model: Effects of Social Comparison Threats on Relationship Closeness," *Journal of Social Psychology* 151, no. 2(2011): 201–12, https://doi.org/10.1080/00224540903510852.

8   Dian A. de Vries et al., "Social Comparison as the Thief of Joy: Emotional Consequences of Viewing Strangers' Instagram Posts," *Media Psychology* 21, no. 2(2018): 222–45, https://doi.org/10.1080/15213269.2016.1267647.

9   Smith, "Assimilative and Contrastive Emotional Reactions."

10 Hyunji Kim et al., "Social Comparison Processes in the Experience of Personal Relative Deprivation," *Journal of Applied Social Psychology* 48, no. 9(2018): 519–32, https://doi.org/10.1111/jasp.12531.

11 Festinger, "A Theory of Social Comparison Processes."

12 Gayannée Kedia, Thomas Mussweiler, and David E. J. Linden, "Brain Mechanisms of Social Comparison and Their Influence on the Reward System," *Neuroreport* 25, no. 16(2014): 1255–65, https://doi.org/10.1097/wnr.0000000000000255; K. Fliessbach et al., "Social Comparison Affects Reward-Related Brain Activity in the Human Ventral Striatum," *Science* 318, no. 5854(2007): 1305–8, https://doi.org/10.1126/science.1145876.

13 Fliessbach et al., "Social Comparison Affects Reward-Related Brain Activity."

14 Tobias Greitemeyer and Christina Sagioglou, "The Experience of Deprivation: Does Relative More Than Absolute Status Predict Hostility?," *British Journal of Social Psychology* 58, no. 3(2019): 515–33, https://doi.org/10.1111/bjso.12288.

15 Festinger, "A Theory of Social Comparison Processes."

16 Claire Sanford, "Facebook Whistleblower Frances Haugen Testifies on Children & Social Media Use: Full Senate Hearing Transcript," *Rev* blog, October 6, 2021, http://www.rev.com/blog/transcripts/facebook-whistleblower-frances-haugen-testifies-on-children-social-media-use-full-senate-hearing-transcript.

17 Andrew K. Przybylski et al., "Motivational, Emotional, and Behavioral Correlates of Fear of Missing Out," *Computers in Human Behavior* 29, no. 4(2013): 1841–48, https://doi.org/10.1016/j.chb.2013.02.014.

18 Philippe Verduyn et al., "Social Comparison on Social Networking Sites," *Current Opinion in Psychology* 36(2020): 32–37, https://doi.org/10.1016/j.copsyc.2020.04.002.

19 Mitchell J. Callan, Hyunji Kim, and William J. Matthews, "Age Differences in Social Comparison Tendency and Personal Relative Deprivation," *Personality and Individual Differences* 87(2015): 196–99, https://doi.org/10.1016/j.paid.2015.08.003.

20 Thomas Mussweiler and Kai Epstude, "Relatively Fast! Efficiency Advantages of Comparative Thinking," *Journal of Experimental Psychology: General* 138, no. 1(2009): 1–21, https://doi.org/10.1037/a0014374.

21 Patrick E. McKnight and Todd B. Kashdan, "Purpose in Life as a System That Creates and Sustains Health and Well-Being: An Integrative, Testable Theory," *Review of General Psychology* 13, no. 3(2009): 242–51, https://doi.org/10.1037/a0017152.

22 Anthony L. Burrow and Nicolette Rainone, "How Many Likes Did I Get?: Purpose

Moderates Links Between Positive Social Media Feedback and Self-Esteem," *Journal of Experimental Social Psychology* 69(2017): 232–36, https://doi.org/10.1016/j.jesp.2016.09.005.

23 "Opposite Action—Marsha," Vimeo video, 8:32, posted by NowMattersNow.org, July 22, 2014, https://vimeo.com/101373270.

24 W. Gerrod Parrott and Richard H. Smith, "Distinguishing the Experiences of Envy and Jealousy," *Journal of Personality and Social Psychology* 64, no. 6(1993): 906–20, https://doi.org/10.1037/0022-3514.64.6.906.

25 Richard H. Smith and Sung Hee Kim, "Comprehending Envy," *Psychological Bulletin* 133, no. 1(2007): 46–64, https://doi.org/10.1037/0033-2909.133.1.46.

26 "Opposite Action—Marsha."

추가 자료

Matthew Baldwin and Thomas Mussweiler, "The Culture of Social Comparison," *Proceedings of the National Academy of Sciences of the United States of America* 115, no. 39(2018): E9067–74, https://doi.org/10.1073/pnas.1721555115.

14장 내면에서 진정한 나로 살아가기

1 Charles Darwin, *The Expression of the Emotions in Man and Animals*(Chicago: University of Chicago Press, 1965); R. Plutchik, "A General Psychoevolutionary Theory of Emotion," in *Emotion: Theory, Research, and Experience*, ed. R. Plutchik and H. Kellerman(San Diego: Academic Press, 1980).

2 Karen Horney, *Neurosis and Human Growth: The Struggle Towards Self-Realization* (New York: W. W. Norton, 1950).

3 Olga Mecking, "The Flip Side of Toxic Positivity: Emotional Perfectionism," *Washington Post*, June 9, 2022, https:// www.washingtonpost.com/wellness/2022/06/09/what-is-emotional-perfectionism-toxic-positivity/; Annie Hickox, "Emotional Perfectionism," Dr. Annie Hickox's website, https://dranniehickox.co.uk/resources-blog-neuropsychology/10-mindfulness.

4 Thomas Lynch and Erica Smith Lynch, in discussion with the author, May 10, 2023.

5 "May 1, 1969: Fred Rogers Testifies before the Senate Subcommittee on Communications," YouTube video, 6:50, posted by "danieldeibler," February 8, 2015, https://www.youtube.com/watch?v=fKy7ljRr0AA.

6 Magda B. Arnold, *Emotion and Personality*(New York: Columbia University Press, 1960); Nico H. Frijda, *The Emotions*(Cambridge, England: Cambridge University Press,

1986); Carroll Izard, *Human Emotions*(New York: Plenum, 1977).

7   James J. Gross, "The Emerging Field of Emotion Regulation: An Integrative Review," *Review of General Psychology* 2, no. 3(1998): 271–99, https://doi.org/10.1037/1089-2680.2.3.271; J. J. Gross and R. A. Thompson, "Emotion Regulation: Conceptual Foundations," in *Handbook of Emotion Regulation*, ed. J. J. Gross(New York: Guilford Press, 2007), 3–24.

8   James J. Gross and Robert W. Levenson, "Emotional Suppression: Physiology, Self-Report, and Expressive Behavior," *Journal of Personality and Social Psychology* 64, no. 6(1993): 970–86, https://doi.org/10.1037/0022-3514.64.6.970; Emily A. Butler et al., "The Social Consequences of Expressive Suppression," *Emotion* 3, no. 1(2003): 48–67, https://doi.org/10.1037/1528-3542.3.1.48; Christine R. Harris, "Cardiovascular Responses of Embarrassment and Effects of Emotional Suppression in a Social Setting," *Journal of Personality and Social Psychology* 81, 5(2001): 886–97, https://doi.org/10.1037/0022-3514.81.5.886.

9   Gross, "The Emerging Field of Emotion Regulation"; Gal Sheppes, Gaurav Suri, and James J. Gross, "Emotion Regulation and Psychopathology," *Annual Review of Clinical Psychology* 11, no. 1(2015): 379–405, https://doi.org/10.1146/annurev-clinpsy-032814-112739; Thomas L. Webb, Eleanor Miles, and Paschal Sheeran, "Dealing with Feeling: A Meta-Analysis of the Effectiveness of Strategies Derived from the Process Model of Emotion Regulation," *Psychological Bulletin* 138, no. 4(2012): 775–808, https://doi.org/10.1037/a0027600.

10 T. D. Borkovec, "The Nature, Functions, and Origins of Worry," in *Worrying: Perspectives on Theory, Assessment and Treatment*, ed. G. C. L. Davey and F. Tallis (Hoboken, NJ: John Wiley, 1994), 5–33; T. D. Borkovec, O. Alcaine, and E. Behar, "Avoidance Theory of Worry and Generalized Anxiety Disorder," in *Generalized Anxiety Disorder: Advances in Research and Practice*, ed. R. G. Heimberg, C. L. Turk, and D. S. Mennin(New York: Guilford Press, 2004), 77–108; Amelia Aldao and Susan Nolen-Hoeksema, "Specificity of Cognitive Emotion Regulation Strategies: A Transdiagnostic Examination," *Behaviour Research and Therapy* 48, no. 10(2010): 974–83, https://doi.org/10.1016/j.brat.2010.06.002; Susan Nolen-Hoeksema, Blair E. Wisco, and Sonja Lyubomirsky, "Rethinking Rumination," *Perspectives on Psychological Science* 3, no. 5(2008): 400–24, https://doi.org/10.1111/j.1745-6924.2008.00088.x; Edward R. Watkins, "Constructive and Unconstructive Repetitive Thought," *Psychological Bulletin* 134, no. 2(2008): 163–206.

11 James J. Gross and Hooria Jazaieri, "Emotion, Emotion Regulation, and Psychopathology: An Affective Science Perspective," *Clinical Psychological Science* 2, no. 4(2014): 387–401, https://doi.org/10.1177/2167702614536164; Hooria Jazaieri, Heather

L. Urry, and James J. Gross, "Affective Disturbance and Psychopathology: An Emotion Regulation Perspective," *Journal of Experimental Psychopathology* 4, no. 5(2013): 584–99, https://doi.org/10.5127/jep.030312.

12   Anne G. Halberstadt, V. William Crisp, and Kali L. Eaton, "Family Expressiveness: A Retrospective and New Directions for Research," in *The Social Context of Nonverbal Behavior*, ed. P. Philippot, R. S. Feldman, and E. J. Coats(Cambridge, England: Cambridge University Press, 1999); Sara F. Waters et al., "Keep It to Yourself? Parent Emotion Suppression Influences Physiological Linkage and Interaction Behavior," *Journal of Family Psychology* 34, no. 7(2020): 784–93, https://doi.org/10.1037/fam0000664; Nancy Eisenberg, Amanda Cumberland, and Tracy L. Spinrad, "Parental Socialization of Emotion," *Psychological Inquiry* 9, no. 4(1998): 241–73, https://doi.org/10.1207/s15327965pli0904_1.

13   Horney, *Neurosis and Human Growth*.

14   "Never Give In, Never, Never, Never, 1941," America's National Churchill Museum, https://www.nationalchurchillmuseum.org/never-give-in-never-never-never.html.

15   Clarissa Ong and Michael Twohig, *The Anxious Perfectionist: Acceptance and Commitment Therapy Skills to Deal with Anxiety, Stress, and Worry Driven by Perfectionism*(Oakland, CA: New Harbinger, 2022).

16   "The Role of Emotion Regulation in DBT(Part 1)," Behavioral Tech Institute, April 8, 2019, https://behavioraltech.org/role-of-emotion-regulation-dbt-part-1.

17   Thomas R. Lynch, *The Skills Training Manual for Radically Open Dialectical Behavior Therapy: A Clinician's Guide for Treating Disorders of Overcontrol*(Oakland, CA: New Harbinger, 2017).

18   "Level 1 Radically Open Dialectical Behavior Therapy Blended Learning Course," Radically Open, online course, https:// www.radicallyopen.net/training/product/level-1-test.html; "Level 2 for RO DBT Practitioners in Radically Open Dialectical Behavior Therapy," Radically Open, online course, https://www.radicallyopen.net/training/product/radically-open-dialectical-behavior-therapy-blended-learning-course-level-2.html.

19   Benjamin P. Chapman et al., "Emotion Suppression and Mortality Risk over a 12-Year Follow-Up," *Journal of Psychosomatic Research* 75, no. 4(2013): 381–85, https://doi.org/10.1016/j.jpsychores.2013.07.014; L. Campbell-Sills et al., "Acceptability and Suppression of Negative Emotion in Anxiety and Mood Disorders," *Emotion* 6, no. 4(2006): 587–95, https://doi.org/10.1037/1528-3542.6.4.587; Martin M. Smith et al., "Perfectionism and the Five-Factor Model of Personality: A Meta-Analytic Review," *Personality and Social Psychology Review* 23, no. 4(2019): 367–90, https://doi.org/10.1177/1088868318814973.

20 Kathleen D. Vohs et al., "Ego Depletion Is Not Just Fatigue: Evidence from a Total Sleep Deprivation Experiment," *Social Psychological and Personality Science* 2, no. 2(2011): 166–73, https://doi.org/10.1177/1948550610386123.

21 Debora Cutuli, "Cognitive Reappraisal and Expressive Suppression Strategies Role in the Emotion Regulation: An Overview on Their Modulatory Effects and Neural Correlates," *Frontiers in Systems Neuroscience* 8(2014): 175, https://doi.org/10.3389/fnsys.2014.00175.

22 Lynch, *Skills Training Manual*.

23 Emily A. Butler et al., "The Social Consequences of Expressive Suppression," *Emotion* 3, no. 1(2003): 48–67, https://doi.org/10.1037/1528-3542.3.1.48.

24 "Level 1 Radically Open Dialectical Behavior Therapy"; "Level 2 for RO DBT Practitioners."

25 Lynch, *Skills Training Manual*.

26 Katharina Bernecker, Daniela Becker, and Aiste Guobyte, "If the Party Is Good, You Can Stay Longer—Effects of Trait Hedonic Capacity on Hedonic Quantity and Performance," *Motivation and Emotion* 47, no. 5(2023): 711–25, https://doi.org/10.1007/s11031-023-10021-6; James Goodnight, "Reward Sensitivity," in *The SAGE Encyclopedia of Lifespan Human Development*, vol. 5, 1854–1855(Thousand Oaks, CA: SAGE, 2018); Luke Wayne Henderson, Tess Knight, and Ben Richardson, "An Exploration of the Well-Being Benefits of Hedonic and Eudaimonic Behaviour," *Journal of Positive Psychology* 8, no. 4(2013): 322–36, https:// doi.org/10.1080/17439760.2013.803596.

27 I. C. McManus and Adrian Furnham, "'Fun, Fun, Fun': Types of Fun, Attitudes to Fun, and Their Relation to Personality and Biographical Factors," *Psychology* 1, no. 3(2010): 159–68, https://doi.org/10.4236/psych.2010.13021; Veronika Huta and Richard M. Ryan, "Pursuing Pleasure or Virtue: The Differential and Overlapping Well-Being Benefits of Hedonic and Eudaimonic Motives," *Journal of Happiness Studies* 11, no. 6(2010): 735–62, https:// doi.org/10.1007/s10902-009-9171-4; Veronika Huta, and Alan S. Waterman, "Eudaimonia and Its Distinction from Hedonia: Developing a Classification and Terminology for Understanding Conceptual and Operational Definitions," *Journal of Happiness Studies* 15, no. 6(2014): 1425–56, https://doi.org/10.1007/s10902-013-9485-0.

28 Lynch and Lynch, discussion with the author.

29 Lynch and Lynch, discussion with the author.

30 Lynch and Lynch, discussion with the author.

31 Lynch and Lynch, discussion with the author.

32 Lynch, *Skills Training Manual*; "Level 1 Radically Open Dialectical Behavior Therapy"; "Level 2 for RO DBT Practitioners."

33 Lynch and Lynch, discussion with the author.

34 Michelle Obama, *Becoming*(New York: Crown, 2021).

35 Lynch, *Skills Training Manual*; "Level 1 Radically Open Dialectical Behavior Therapy"; "Level 2 for RO DBT Practitioners."
36 "ACT for Depression and Anxiety Disorders," Psychwire, online course, https://psychwire.com/harris/act-depression.
37 Katharina Bernecker and Daniela Becker, "Beyond Self-Control: Mechanisms of Hedonic Goal Pursuit and Its Relevance for Well-Being," *Personality & Social Psychology Bulletin* 47, no. 4(2021): 627–42, https:// doi.org/10.1177/0146167220941998.
38 Bernecker and Becker, "Beyond Self- Control."
39 Daniela Becker, Nils B. Jostmann, Wilhelm Hofmann, and Rob W. Holland, "Spoiling the Pleasure of Success: Emotional Reactions to the Experience of Self-Control Conflict in the Eating Domain," *Emotion* 19, no. 8(2019): 1377–95, https://doi.org/10.1037/emo0000526.
40 "Hedonism Leads to Happiness," University of Zurich, July 27, 2020, https://www.news.uzh.ch/en/articles/2020/Hedonism.
41 Bernecker and Becker, "Beyond Self-Control"; Malte Friese and Wilhelm Hofmann, "State Mindfulness, Self-Regulation, and Emotional Experience in Everyday Life," *Motivation Science* 2, no. 1(2016): 1–14, https://doi.org/10.1037/mot0000027.

15장 겉모습도 진정한 나로 살아가기

1 Susan T. Fiske, Amy J. C. Cuddy, and Peter Glick, "Universal Dimensions of Social Cognition: Warmth and Competence," *Trends in Cognitive Sciences* 11, no. 2(2007): 77–83, https://doi.org/10.1016/j.tics.2006.11.005; Charles M. Judd, Laurie James-Hawkins, Vincent Yzerbyt, and Yoshihisa Kashima, "Fundamental Dimensions of Social Judgment: Understanding the Relations between Judgments of Competence and Warmth," *Journal of Personality and Social Psychology* 89, no. 6(2005): 899–913, https://doi.org/10.1037/0022-3514.89.6.899.
2 Andrea E. Abele and Bogdan Wojciszke, "Agency and Communion from the Perspective of Self versus Others," *Journal of Personality and Social Psychology* 93, no. 5(2007): 751–63, https://doi.org/10.1037/0022-3514.93.5.751; Andrea E. Abele and Bogdan Wojciszke, "Communal and Agentic Content in Social Cognition," in *Advances in Experimental Social Psychology*, ed. Bertram Gawronski(Amsterdam: Elsevier, 2014), 195–255.
3 Seymour Rosenberg, Carnot Nelson, and P. S. Vivekananthan, "A Multidimensional Approach to the Structure of Personality Impressions," *Journal of Personality and Social Psychology* 9, no. 4(1968): 283–94, https:// doi.org/10.1037/h0026086.
4 Fiske, Cuddy, and Glick, "Universal Dimensions."

5   Fiske, Cuddy, and Glick, "Universal Dimensions"; Abele and Wojciszke, "Agency and Communion."
6   Fiske, Cuddy, and Glick, "Universal Dimensions."
7   Charles M. Judd et al., "Fundamental Dimensions of Social Judgment: Understanding the Relations between Judgments of Competence and Warmth," *Journal of Personality and Social Psychology* 89, no. 6(2005): 899–913, https://doi.org/10.1037/0022-3514.89.6.899.
8   "Level 1 Radically Open Dialectical Behavior Therapy Blended Learning Course," Radically Open, online course, https://www.radicallyopen.net/training/product/level-1-test.html; "Level 2 for RO DBT Practitioners in Radically Open Dialectical Behavior Therapy," Radically Open, online course, https://www.radicallyopen.net/training/product/radically-open-dialectical-behavior-therapy-blended-learning-course-level-2.html.
9   Charles Darwin, *The Expression of the Emotions in Man and Animals*(Chicago: University of Chicago Press, 1965); Ross Buck, "Social and Emotional Functions in Facial Expression and Communication: The Readout Hypothesis," *Biological Psychology* 38, no. 2–3(1994): 95–115, doi: 10.1016/0301-0511(94)90032-9; R. Thomas Boone and Ross Buck, "Emotional Expressivity and Trustworthiness: The Role of Nonverbal Behavior in the Evolution of Cooperation," *Journal of Nonverbal Behavior* 27, no. 3(2003): 163–82, doi: 10.1023/a:1025341931128; Eckart Altenmüller, Sabine Schmidt, and Elke Zimmermann, eds., *Evolution of Emotional Communication: From Sounds in Nonhuman Mammals to Speech and Music in Man*, Series in Affective Science(Oxford, England: Oxford Academic, 2013), online edition; Eva Jablonka, Simona Ginsburg, and Daniel Dor, "The Co-Evolution of Language and Emotions," *Philosophical Transactions of the Royal Society of London. Series B, Biological Sciences* 367, no. 1599(2012): 2152–59, https://doi.org/10.1098/rstb.2012.0117.
10 APA Dictionary of Psychology, s.v. "Emotional Expression," https://dictionary.apa.org/emotional-expression; APA Dictionary of Psychology, s.v. "Suppression," https://dictionary.apa.org/suppression; James J. Gross and Robert W. Levenson, "Emotional Suppression: Physiology, Self-Report, and Expressive Behavior," *Journal of Personality and Social Psychology* 64, no. 6(1993): 970–86, https://doi.org/10.1037/0022-3514.64.6.970.
11 Paul L. Hewitt et al., "The Interpersonal Expression of Perfection: Perfectionistic Self-Presentation and Psychological Distress," *Journal of Personality and Social Psychology* 84, no. 6(2003): 1303–25, https:// doi.org/10.1037/0022-3514.84.6.1303.
12 "Level 1 Radically Open Dialectical Behavior Therapy"; "Level 2 for RO DBT Practitioners"; Thomas Lynch and Erica Smith Lynch, in discussion with the author,

May 10, 2023.

13 "Level 1 Radically Open Dialectical Behavior Therapy"; "Level 2 for RO DBT Practitioners"; Lynch and Lynch, discussion with the author.

14 Lynch and Lynch, discussion with the author.

15 "Level 1 Radically Open Dialectical Behavior Therapy"; "Level 2 for RO DBT Practitioners."

16 Mariana G. Franco, *Platonic: How the Science of Attachment Can Help You Make—and Keep—Friends*(New York: Putnam, 2022).

17 Emily A. Butler et al., "The Social Consequences of Expressive Suppression," *Emotion* 3, no. 1(2003): 48–67, https://doi.org/10.1037/1528-3542.3.1.48.

18 Butler et al., "The Social Consequences"; Gross and Levenson, "Emotional Suppression"; Nicole A. Roberts, Robert W. Levenson, and James J. Gross, "Cardiovascular Costs of Emotion Suppression Cross Ethnic Lines," *International Journal of Psychophysiology* 70, no. 1(2008): 82–87, https://doi.org/10.1016/j.ijpsycho.2008.06.003.

19 Butler et al., "The Social Conse- quences."

20 Benjamin P. Chapman et al., "Emotion Suppression and Mortality Risk over a 12-Year Follow-Up," *Journal of Psychosomatic Research* 75, no. 4(2013): 381–85, https://doi.org/10.1016/j.jpsychores.2013.07.014.

21 Jane M. Richards and James J. Gross, "Emotion Regulation and Memory: The Cognitive Costs of Keeping One's Cool," *Journal of Personality and Social Psychology* 79, no. 3(2000): 410–24, https://doi.org/10.1037/0022-3514.79.3.410; Boris Egloff et al., "Spontaneous Emotion Regulation during Evaluated Speaking Tasks: Associations with Negative Affect, Anxiety Expression, Memory, and Physiological Responding," *Emotion* 6, no. 3(2006): 356–66, https://doi.org/10.1037/1528-3542.6.3.356.

22 James J. Gross and Oliver P. John, "Individual Differences in Two Emotion Regulation Processes: Implications for Affect, Relationships, and Well-Being," *Journal of Personality and Social Psychology* 85, no. 2(2003): 348–62, https://doi.org/10.1037/0022-3514.85.2.348; Iris B. Mauss et al., "Don't Hide Your Happiness! Positive Emotion Dissociation, Social Connectedness, and Psychological Functioning," *Journal of Personality and Social Psychology* 100, no. 4(2011): 738–48, https://doi.org/10.1037/a0022410; Tammy English and Oliver P. John, "Understanding the Social Effects of Emotion Regulation: The Mediating Role of Authenticity for Individual Differences in Suppression," *Emotion* 13, no. 2(2013): 314–29, https://doi.org/10.1037/a0029847; Michael H. Kernis and B. Matthew Goldman, "A Multicomponent Conceptualization of Authenticity: Theory and Research," in *Advances in Experimental Social Psychology*, vol. 38, ed. Mark P. Zanna(Amsterdam: Elsevier, 2006), 283–357.

23 Sanjay Srivastava et al., "The Social Costs of Emotional Suppression: A Prospective

Study of the Transition to College," *Journal of Personality and Social Psychology* 96, no. 4(2009): 883–97, https://doi.org/10.1037/a0014755.

24 Lynch and Lynch, discussion with the author.

25 John D. Eastwood, Daniel Smilek, and Philip M. Merikle, "Differential Attentional Guidance by Unattended Faces Expressing Positive and Negative Emotion," *Perception & Psychophysics* 63, no. 6(2001): 1004–13, https:// doi.org/10.3758/bf03194519; Arne Öhman, Anders Flykt, and Francisco Esteves, "Emotion Drives Attention: Detecting the Snake in the Grass," *Journal of Experimental Psychology: General* 130, no. 3(2001): 466–78, https://doi.org/10.1037/0096-3445.130.3.466; Jukka M. Leppännen and Jari K. Hietanen, "Positive Facial Expressions Are Recognized Faster than Negative Facial Expressions, but Why?," *Psychological Research* 69, no. 1–2(2004): 22–29, https://doi.org/10.1007/s00426-003-0157-2; Judith A. Hall, Erik J. Coats, and Lavonia Smith LeBeau, "Nonverbal Behavior and the Vertical Dimension of Social Relations: A Meta-Analysis," *Psychological Bulletin* 131, no. 6(2005): 898–924, https://doi.org/10.1037/0033-2909.131.6.898; Alexander Todorov et al., "Understanding Evaluation of Faces on Social Dimensions," *Trends in Cognitive Sciences* 12, no. 12 (2008): 455–60, https://doi.org/10.1016/j.tics.2008.10.001.

26 George A. Bonanno et al., "The Importance of Being Flexible: The Ability to Both Enhance and Suppress Emotional Expression Predicts Long-Term Adjustment," *Psychological Science* 15, no. 7(2004): 482–87, https://doi.org/10.1111/j.0956-7976.2004.00705.x.

27 "Level 1 Radically Open Dialectical Behavior Therapy"; "Level 2 for RO DBT Practitioners"; Thomas R. Lynch, *The Skills Training Manual for Radically Open Dialectical Behavior Therapy: A Clinician's Guide for Treating Disorders of Overcontrol*(Oakland, CA: New Harbinger, 2017).

28 Lynch and Lynch, discussion with the author.

29 Lynch and Lynch, discussion with the author.

30 Lynch and Lynch, discussion with the author.

31 Arthur Aron et al., "The Experimental Generation of Interpersonal Closeness: A Procedure and Some Preliminary Findings," *Personality & Social Psychology Bulletin* 23, no. 4(1997): 363–77, https://doi.org/10.1177/0146167297234003.

32 Henry T. Moore, "Further Data Concerning Sex Differences," *Journal of Abnormal Psychology and Social Psychology* 17, no. 2(1922): 210–14, https://doi.org/10.1037/h0064645.

33 John B. Haviland, *Gossip, Reputation and Knowledge in Zinacantan*(Chicago: University of Chicago Press, 1977).

34 R. I. M. Dunbar, Anna Marriott, and N. D. C. Duncan, "Human Conversational

35 Michael Kardas, Amit Kumar, and Nicholas Epley, "Overly Shallow?: Miscalibrated Expectations Create a Barrier to Deeper Conversation," *Journal of Personality and Social Psychology* 122, no. 3(2022): 367–98, https://doi.org/10.1037/pspa0000281; Nicole You Jeung Kim et al., "You Must Have a Preference: The Impact of No-Preference Communication on Joint Decision Mak- ing," *Journal of Marketing Research* 60, no. 1(2023): 52–71, https://doi.org/10.1177/00222437221107593.

36 Adam Mastroianni, "Good Conversations Have Lots of Doorknobs," Experimental History, February 23, 2022. https://www.experimental-history.com/p/good-conversations-have-lots-of-doorknobs.

37 Gerald Cooney, Daniel T. Gilbert, and Tim- othy D. Wilson, "The Unforeseen Costs of Extraordinary Experience," *Psychological Science* 25, no. 12(2014): 2259–65.

38 Cooney, Gilbert, and Wilson, "The Unforeseen Costs."

39 Levels inspired by Lynch, *Skills Training Manual*.

40 Lynch, *Skills Training Manual*; "Level 1 Radically Open Dialectical Behavior Therapy"; "Level 2 for RO DBT Practitioners."

41 L. K. John, K. Barasz, and M. I. Norton, "Hiding Personal Information Reveals the Worst," *Proceedings of the National Academy of Sciences of the United States of America* 113, no. 4(2016): 954–59, https://doi.org/10.1073/pnas.1516868113.

42 Fiske, Cuddy, and Glick, "Universal Dimensions."

43 Lynch, *Skills Training Manual*; "Level 1 Radically Open Dialectical Behavior Therapy"; "Level 2 for RO DBT Practitioners."

추가 자료

Thomas R. Lynch, Shannon A. Lazarus, and Jennifer S. Cheavens, "Mindfulness Interventions for Undercontrolled and Overcontrolled Disorders: From Self-Control to Self-Regulation," in *Handbook of Mindfulness: Theory, Research, and Practice*, eds. Kirk W. Brown, J. David Creswell, and Richard M. Ryan(New York: Guilford Press, 2015), 329–47.

Kristin D. Scheider, Roelie J. Hempel, and Thomas R. Lynch, "That 'Poker Face' Just Might Lose You the Game! The Impact of Expressive Suppression and Mimicry on Sensitivity to Facial Expressions of Emotion," *Emotion* 13, no. 5(2013): 852–66, https://doi.org/10.1037/a0032847.

에필로그

1. Tom Junod, "My Friend Mister Rogers," *Atlantic*, November 7, 2019, https://www.theatlantic.com/magazine/archive/2019/12/what-would-mister-rogers-do/600772/.
2. Junod, "My Friend Mister Rogers."
3. Junod, "My Friend Mister Rogers."
4. Junod, "My Friend Mister Rogers."
5. Tom Junod, "Can You Say… 'Hero'?," *Esquire*, November 1, 1998, http://classic.esquire.com/article/1998/11/1/can-you-say-hero.
6. Junod, "Can You Say… 'Hero'?"
7. Junod, "Can You Say… 'Hero'?"
8. "'He Wanted Me to See That I Was a Good Person': How a Writer's Friendship with Mr. Rogers Inspired a Movie," CBC News, updated August 21, 2020, https://www.cbc.ca/radio/day6/impeachment-fallout-in-ukraine-starmetro-shuts-down-new-pokemon-neil-gaiman-remembering-mr-rogers-more-1.5367148/he-wanted-me-to-see-that-i-was-a-good-person-how-a-writer-s-friendship-with-mr-rogers-inspired-a-movie-1.5367152.
9. "'He Wanted Me to See That I Was a Good Person.'"
10. Maxwell King, *The Good Neighbor: The Life and Work of Fred Rogers*(New York: Abrams, 2018).
11. Junod, "Can You Say… 'Hero'?"
12. Junod, "My Friend Mister Rogers."
13. King, *The Good Neighbor*.
14. Kai Lindholm, "StoryCorps 462: In the Neighborhood," StoryCorps, https://storycorps.org/podcast/storycorps-462-in-the-neighbor hood/.
15. King, *The Good Neighbor*.
16. Anne Fritz, "The Sad Story Behind Mr. Rogers' Hallmark Empathy," *Reader's Digest*, February 21, 2021, https://www.rd.com/article/mr-rogers/.
17. Fritz, "The Sad Story."
18. King, *The Good Neighbor*.
19. King, *The Good Neighbor*.
20. John Rogers. Interview by Jessica Wiederhorn, The Narrative Trust: Fred Rogers Oral History Collection, Fred Rogers Center for Early Learning and Children's Media at St. Vincent College, April 24, 2008.
21. King, *The Good Neighbor*.
22. Michael Twohig, in discussion with the author, February 2, 2023.
23. Wikipedia, s.v. "Christian Perfection," accessed November 12, 2023, http://en.wikipedia.

org/w/index.php?title=Christian_perfection&oldid=1184836014; Online Etymology Dictionary, s.v. "Perfection," accessed November 19, 2023, https:// www.etymonline.com/word/perfection.

추가 자료

George Wirth. Interview by Jessica Wiederhorn. The Narrative Trust. April 24, 2008. Fred Rogers Oral History Collection. Fred Rogers Center for Early Learning and Children's Media, St. Vincent College, Latrobe, PA.

유연한 완벽주의자

초판 1쇄 발행 2025년 11월 5일

지은이 엘런 헨드릭슨
옮긴이 문희경
발행인 김형보
편집 최윤경, 강태영, 임재희, 홍민기, 강민영, 박지연, 김아영
마케팅 이연실, 김보미, 김민경, 고가빈 **디자인** 김지은, 박현민 **경영지원** 최윤영, 유현

발행처 어크로스출판그룹(주)
출판신고 2018년 12월 20일 제 2018-000339호
주소 서울시 마포구 동교로 109-6
전화 070-5038-3533(편집) 070-8724-5877(영업) **팩스** 02-6085-7676
이메일 across@acrossbook.com **홈페이지** www.acrossbook.com

한국어판 출판권 ⓒ 어크로스출판그룹(주) 2025

ISBN 979-11-6774-240-7 03180

- 잘못된 책은 구입처에서 교환해 드립니다.
- 이 책은 저작권법에 따라 보호를 받는 저작물이므로 무단 전재와 무단 복제를
  금지하며, 이 책의 전부 또는 일부를 이용하려면 반드시 저작권자와
  어크로스출판그룹(주)의 서면 동의를 받아야 합니다.

만든 사람들
편집 홍민기 **교정** 박선미 **디자인** 박현민